Aseria
Nuras

Emelie Chiara

Myths of Shapeshifters

between myths

(Band 2)

Die Autorin

Emelie Chiara Schröck, geboren 1999, lebt mit ihrem Lebensgefährten und ihrer Tochter im Herzen der Steiermark/Österreich. Nach ihrer Ausbildung stieg sie als Vizechefin ins Familienunternehmen ein. Schon seit ihren Kindertagen ist sie begeisterte Fantasy Liebhaberin und hat schon damals kurze Geschichten geschrieben. Neben dem Schreiben ist sie ebenfalls eine begeisterte Leserin.

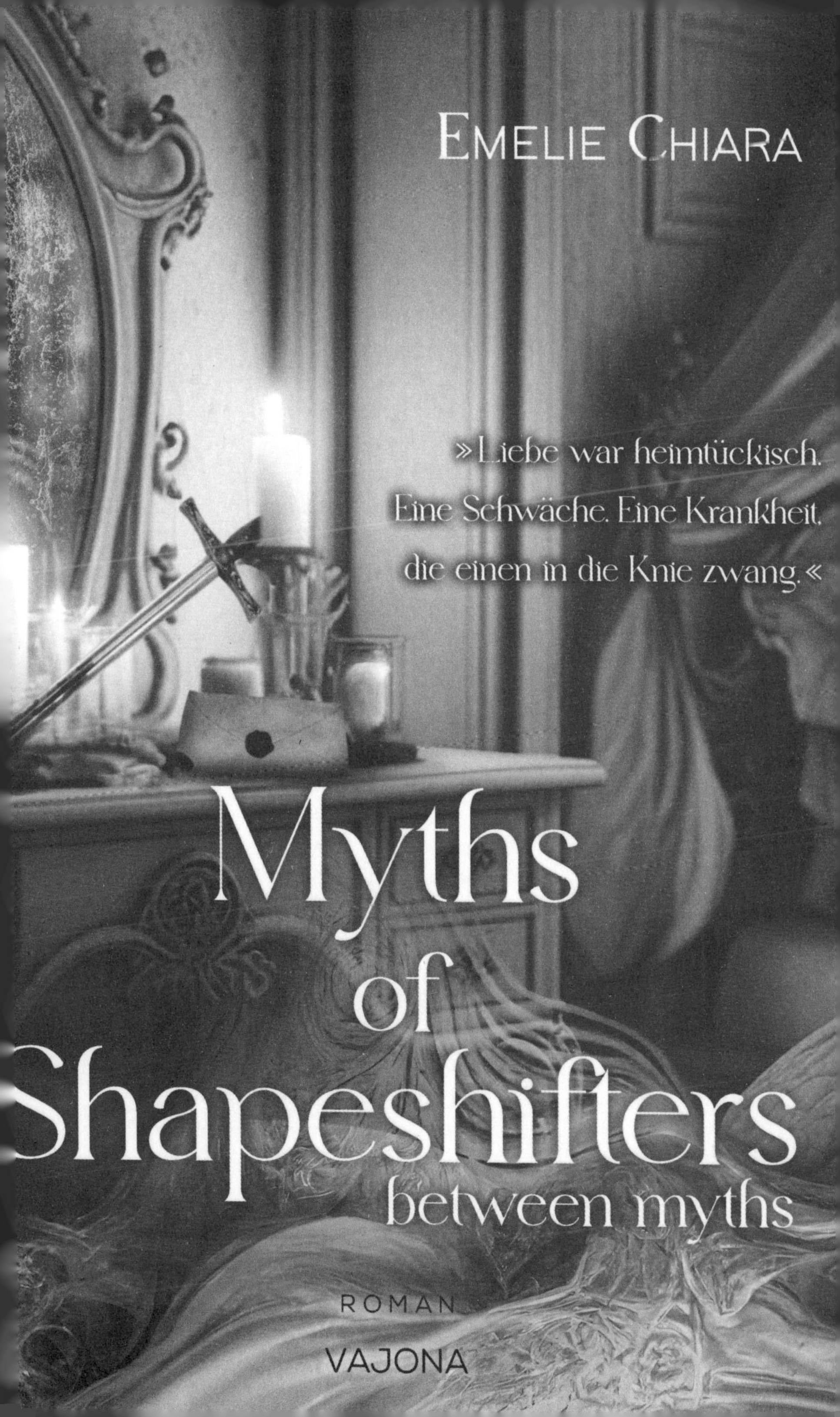
Emelie Chiara
»Liebe war heimtückisch. Eine Schwäche. Eine Krankheit, die einen in die Knie zwang.«
Myths of Shapeshifters
between myths
ROMAN
VAJONA

Dieser Artikel ist auch als E-Book erschienen.

Myths of Shapeshifters – between myths

FSC
www.fsc.org
MIX
Papier aus verantwortungsvollen Quellen
FSC® C014138

Druck und Verarbeitung:
FINIDR, s.r.o.
Lípová 1965
737 01 Český Těšín
Czech republic

Lektorat: Vanessa Lipinski
Korrektorat: Désirée Kläschen und Susann Chemnitzer
Umschlaggestaltung: Julia Gröchel unter Verwendung von Motiven von 123rf
Satz: VAJONA Verlag, Oelsnitz

VAJONA Verlag
Carl-Wilhelm-Koch-Str. 3
08606 Oelsnitz

ISBN: 978-3-98718-208-2

Für alle, die fest daran glauben, dass die Liebe stärker ist als jeder Fluch.

Kapitel 1

Oriana

Noch immer von den Geschehnissen überwältigt, mit dem Schmerz des Verlustes im Herzen, stand ich wie von Wurzeln gefangen da. Prüfend wanderte mein Blick an mir herab, doch keine einzige von Clarence' Ranken schlängelte sich um mich. Nur die beklemmenden Gedanken hielten mich kerzengerade auf den Beinen.

Meine schweißnassen, noch immer gefesselten Hände umklammerten viel zu verzweifelt den Leinenstoff von Zanes Tunika, welche ich mir vor dem Überfall übergestreift hatte. In der ich mich gegenwärtig vollkommen nackt und verletzlich fühlte. Gerade mal bis zur Mitte meiner Oberschenkel reichte der dünne Stoff. Doch selbst wenn ich von Kopf bis Fuß bekleidet gewesen wäre, hätte ich mich vermutlich genauso gefühlt.

In eine Situation gezwungen, in der mir eine unglaubliche Geschichte nach der anderen aufgetischt wurde.

Zuerst spendete mir Zanes Tunika Geborgenheit, da ich etwas von ihm bei mir trug, obwohl er sich unzählige Kilometer von mir entfernt befand.

Bei dem ganztägigen Flug auf Lyras Rücken hatte sich sein Geruch fast vollständig aus dem Stoff verflüchtigt und das geborgene Gefühl mit sich gerissen, sodass sich in mir diese unglaubliche Leere anbahnte.

Ich war allein.

Vor kurzer Zeit war noch alles in Ordnung gewesen. Na ja, soweit es für unsere Umstände Normalität gab. Die Planung der Hochzeit verlief hervorragend, genauso wie das zwischen Zane und mir immer weiter zu etwas Mächtigem heranwuchs. Bevor

Laurent und Clarence mich getäuscht hatten, gestand mir Zane seine Liebe. Er teilte mir seine tiefsten und ehrlichsten Gefühle mit, nur damit ich wenige Minuten später entführt wurde.

Ich wusste weder, wie es Zane ging, noch, ob er wusste, wohin Clarence mich gebracht hatte.

Das musste wohl die Strafe der Götter sein, die nicht tatenlos zusahen, wie wir eine der Sünden begingen, indem wir vor der Hochzeitsnacht miteinander verkehrten.

Vielleicht hatte das Ganze hier auch nichts mit den Göttern zu tun, sondern einfach mit dem hirnrissigen Plan eines liebeskranken Psychopathen. Diese Option lag näher.

Mein rasender Herzschlag vibrierte in meinem Hals, sodass es mir alles abverlangte, nicht an Ort und Stelle meinen Mageninhalt zu entleeren. Obwohl ich mehr als etwas Galle nicht hervorwürgen konnte.

Immer wieder schluckte ich den Speichel, der sich in meinem Mund vor Unwohlsein sammelte, denn mein Verstand drohte den Notausschalter zu betätigen, um mich aus der Realität zu retten.

Wieder einmal.

Alles um mich herum drohte schwarz zu werden. Einfach nur, um meine Seele zu schützen. Und ich spielte einen Atemzug lang mit dem Gedanken, dem Drang nachzugeben, um mich ins Nichts zu stürzen. Zum ersten Mal sehnte ich mich nach der unendlichen Dunkelheit.

Ich, eine Wandlerin? Es konnte sich nur um ein riesiges Missverständnis handeln. Oder … eine Lüge. Es waren falsche Informationen oder ein mieser Trick, um mich in Clarence' Arme zu treiben. Damit ich das Gefühl bekäme, dass die Tatsache, dass wir beide Gestaltwandler waren, etwas an unserer Situation ändern würde. Als ob ich seinen wilden Behauptungen einfach Glauben schenken würde.

Clarence war ein verdammter Lügner, der mir etwas vorgespielt hatte. Was wissen die Götter, welche Mission dahintersteckte. Welche ihn von Beginn an dazu getrieben hatte, mir nahezukommen, an den Prüfungen teilzunehmen, mir bei der

Flucht behilflich zu sein, um mich zuletzt dennoch zu entführen.

Nie im Leben würde ich ihm nur ein einziges Wort aus seinem verlogenen Mundwerk glauben. Selbst wenn es stimmte, dass ich eine Gestaltwandlerin war oder dass meine Mutter eine gewesen war, würde es nichts an der Situation zwischen uns ändern.

Und er war ein größerer Narr, als ich dachte, wenn er anderer Meinung war.

Er glaubte, er hätte Anspruch auf mich und meine Hand? Wieso? Weil wir beide angeblich Wandler waren und er dachte, die dritte Prüfung wäre zu seinen Gunsten ausgegangen, wenn Zane nicht …

Die Götter im Himmel mögen ihm beistehen, wenn ich ihm das Gegenteil beweisen würde.

Clarence' Finger strich durch das schneeweiße Fell des Leoparden, der als Antwort wie ein zahmes Kätzchen schnurrte. Ein Geräusch, welches mir einen Schauer unter die Haut jagte.

»Wir brauchen deine Hilfe, um den Fluch zu brechen«, behauptete Clarence und kraulte weiterhin den Schneeleoparden hinterm Ohr.

Ein absurdes Bild.

Die strahlend blauen Augen des Tieres, des Wandlers, bohrten sich in meine und verstärkten mein Unwohlsein. Ob er von der Ermordung einer seiner Männer wusste? Dass ich ihm den Kopf abgeschlagen hatte, ohne auch nur einen Moment lang zu überlegen? Nur um ihn danach wie Abfall am Boden liegen zu lassen.

Nach dem Tod meiner Eltern war das einer der prägendsten Momente in meinem bisherigen Leben. Es hatte mich verändert, obwohl ich es aus meinem Kopf zu halten versuchte. Wenig überraschend, dass es mir nicht gelang.

Immer wieder spürte ich die warmen, feuchten Spritzer auf meiner Haut. Sah das verzerrte Gesicht direkt vor meinem, das sich in seine menschliche Form zurückverwandelte und auf dem grasbedeckten Boden aufschlug. Die leeren, schmerzgeweiteten Augen, die noch viel zu jung waren. Noch viel zu wenig vom Leben gesehen hatten.

Ich schüttelte die Gedanken beiseite, die würden mir gegenwärtig ohnehin nichts bringen. »Wie kommst du auf die Idee, dass ich euch helfen würde, nach allem, was du mir verschwiegen hast?« Ich schluckte schwer. »Nach allem, was du mir angetan hast.«

Er löste seine Hand aus dem weißen Fell und trat einen Schritt näher an mich heran. Automatisch wich ich einen Schritt zurück. »Es geht hier nicht nur um mich oder meinen Bruder oder um die Differenzen, die sich zwischen uns befinden. Es geht um alle unschuldigen Wandler, die seit zwei Jahrzehnten im Exil leben. Gezwungen in ihren Tiergestalten hier draußen zu hausen«, sagte Clarence und machte eine raumumfassende Geste. »Kannst du dir vorstellen, wie es für sie war? Die ganzen Jahre über?« Er versuchte seine energische Stimme etwas zu besänftigen, als er weitersprach. »Ich verstehe, dass du es nicht für mich tun willst, nachdem, was passiert ist.« Er schüttelte den Kopf. »Aber, Oriana, ich bitte dich. Tu es für sie. Sie leiden.« Mit dem Kinn deutete er hinter mich.

Sofort wirbelte ich herum und entdeckte genau das, wovor ich mich gefürchtet hatte. Unzählige Gestaltwandler in ihren Tiergestalten befanden sich hinter mir. Schulter an Schulter aufgereiht, als würden sie sich vorzeigen wollen. Wölfe, Rehe, Bären, Katzen, Füchse. Verfluchte, vermutlich unschuldige Seelen. Ihre Blicke brannten scharf auf meinem Körper. Und plötzlich fühlte sich meine Haut viel zu klein für mich an.

Gestern noch hätte ich mir vor purer Angst vermutlich in die Hose gemacht, doch heute war es nicht die Angst, die meine Knie zittern ließ. Es war die Ungewissheit, was gleich passieren würde. Das mulmige Gefühl, dass ich dieser Situation hilflos ausgeliefert war.

Noch immer gruben sich die Onyxfesseln tief in mein Fleisch und unterdrückten meine Magie. Machten mich ihnen gegenüber vollkommen wehrlos. Wenn sie sich auf mich stürzen und in der Luft zerfetzen würden als Rache für meine Taten, konnte ich rein gar nichts dagegen unternehmen.

Wobei sie aber nicht vergessen sollten, dass ich damit auch Clarence' Leben rettete.

Unwillkürlich fragte ich mich, ob Clarence mich vor ihnen beschützen würde. Doch eigentlich konnte ich mir diese Frage schenken. Er war einer von ihnen. Er würde ihnen vielleicht sogar helfen, mich zu töten.

Ich schnaubte. »Was soll ich deiner Meinung nach tun? Was erwartest du von mir?«

»Dass wir zusammenarbeiten. Nur zusammen können wir etwas bewirken, um die Gestaltwandler zu befreien«, erwiderte er.

Egal, was er von mir verlangte, es war irrelevant, denn sobald die Fesseln von meinen Handgelenken wären, würde ich Clarence zermalmen für das, was er Zane und mir angetan hatte. Und ich würde keine Gnade walten lassen. Selbst wenn er mich mit *guten Absichten* entführt hatte, um anderen zu helfen, war Zane verletzt worden. Und ich hier gefangen. Weit, weit weg von meinem Zuhause und ohne Perspektive, dieses bald wiederzusehen.

Nachdem sich Lyra in die Lüfte erhoben hatte, hatte Laurent seine Zähne tief in Zanes Bein vergraben.

Was danach passierte, wollte und konnte ich mir nicht ausmalen.

Das würde ich den beiden niemals verzeihen.

Dafür würden sie mit ihrem Blut bezahlen.

»Wieso sollte ich euch helfen?«, zischte ich. »Völlig egal, ob ich eine Wandlerin bin oder nicht. Kein Fluch lastet auf mir, geschweige denn auf jemandem, den ich liebe.« Meine Stirn verzog sich und warf eine Falte. »Und wie du dich vielleicht erinnerst, einer von ihnen hat uns beinahe getötet.«

Ein Muskel in Clarence' Kiefer zuckte, während er die Zähne fest aufeinanderbiss. »Wie bereits erwähnt, murrte er, »war der, der uns angegriffen hat, einer derjenigen, die selbst von hier verbannt wurden.« Mit der Hand deutete er auf die umstehenden

Wandler. »Sie verdienen es nicht, dass du so von ihnen denkst. Sie sind Menschen wie du und ich. Menschen, die in der Blutlinie eines Gestaltwandlers geboren wurden. Denen die Gabe in die Wiege gelegt wurde.« Er schnaubte und unterstrich damit die Ernsthaftigkeit seiner Worte. »Sie haben es sich nicht ausgesucht. Und verdammt, es ist eine Gabe – ein Geschenk. Und kein Fluch sollte dies eindämmen. Oriana, niemand hat sie gefragt, ob sie dieses Leben führen *möchten*. Die Gabe wurde ihnen vererbt, genauso wie deine Mutter Königin Juliette sie dir vererbt hat.«

Als er den Namen meiner verstorbenen Mutter erwähnte, bebte mein gesamter Körper. »Wehe, du nimmst ihren Namen noch einmal in deinen dreckigen Mund«, zischte ich und riss erneut an den Fesseln. »Du bist es nicht wert, ihren Namen auszusprechen und sie in deine Geschichte mit hineinzuziehen.«

Wenn ich nur meine Magie benutzen könnte, würde ich sie auf ihn schleudern. Ohne zu überlegen, ob sie mich ebenfalls zerstören würde. Sie summte kühl durch meine Venen und setzte meinen Körper in eiskalte Flammen.

»Ist sie es dir nicht wert, dass du um ihren Stammbaum kämpfst? Um ihre Brüder und Schwestern.«

»Halt deinen verdammten Mund!« Ohne seine Worte abzuwarten, überwand ich die Distanz zwischen uns und trat ihm, so fest ich konnte, seitlich gegen sein Knie.

Sein Bein knickte zur Seite wie ein dürrer Grashalm im Wind. Ein grölender Schrei sammelte sich in seiner Kehle und brach in einer unmenschlichen Lautstärke über seine Lippen.

Daraufhin verwandelte sich mein Mund in ein breites Grinsen. Meine Magie war vielleicht durch die Fesseln gebannt, genauso wie meine Hände bewegungsunfähig, doch meine Beine waren intakt. Und ich musste das nutzen, was mir zur Verfügung stand.

Beinahe verlor ich das Gleichgewicht und wackelte auf einem Fuß, bis ich wieder sicher stand. Clarence, der mit einem eingeknickten Bein gekrümmt dastand, bot mir den perfekten Moment, erneut einen Treffer zu landen. Ich würde ihm zehnmal die Kniescheibe aus dem Gelenk katapultieren, wenn dies meine Fahrkarte hier raus wäre.

Diesmal zielte ich auf seine Mitte und trat noch fester als zuvor. Nur weil ich wusste, dass ich nicht fliehen konnte, würde ich es mir nicht nehmen lassen, ihn bei jeder Gelegenheit zu bekämpfen. Unwichtig, wie lächerlich es auf die unzähligen Augenpaare wirken mochte, die auf uns gerichtet waren. Die Wut kochte in meinen Adern.

Natürlich war mir bewusst, dass ich damit meine Situation vermutlich nicht bessern würde. Da Clarence sowieso in Kürze von seinen Verletzungen geheilt werden würde.

Bevor ich seinen empfindlichsten Punkt treffen konnte, schnappte er blitzschnell meinen Knöchel und riss ihn hoch, sodass ich rückwärts zu Boden ging. Mit einem dumpfen Knall prallte ich mit dem Rücken voran auf dem steinernen Höhlenboden auf. Jegliche Luft entwich aus meinen Lungen, als sich der brennende Schmerz über meinen Körper ausbreitete.

Ob ich schrie oder nicht, bemerkte ich nicht, da der Schmerz alles um mich herum ausblendete. Clarence beugte sich seelenruhig über mich und schüttelte den Kopf. Aus dieser Perspektive wirkten die Schatten rund um seine Augen noch tiefer. Seine sonst so golden schimmernden Locken noch matter.

»Tz. Siehst du? Wenn du dein Armband abnehmen würdest, würde deine Magie deinen Körper um einiges schneller heilen. Den Schmerz wirst du sonst noch tagelang spüren. Aber es liegt nicht an mir.«

Erneut versuchte ich, ihn zu treten, und wieder schnappte er meine Beine, währenddessen ich um mich schlug. »Fass mich nicht an!«

»Ich weiß, es ist im Moment alles zu viel für dich. Aber ich schwöre dir, wenn du dich nicht beruhigst, bleibt mir nichts anderes übrig, als dich in die Zelle zu stecken.«

Sofort hielt ich inne. »In eine Zelle? Das würdest du nicht wagen«, zischte ich, obwohl ich wusste: Er würde es wagen.

Clarence schmunzelte emotionslos. »Mittlerweile hast du

bemerkt, welche Überraschungen in mir stecken, also fordere mich lieber nicht heraus.« Eine Sekunde später ließ er meine Beine los und ging mit leichtem Humpeln wieder auf den Schneeleoparden zu. Mir den Rücken zugewandt, fügte er noch leise hinzu: »Um unser aller willen.«

Bei dem Knacken, als Clarence nach unten griff und sein Bein zurechtrückte, stellten sich alle feinen Härchen in meinem Nacken auf. Schmerzend verzog sich meine Miene, als das nächste Knirschen folgte. Am liebsten hätte ich meine Hände auf meine Ohren gepresst, wenn da nicht meine geliebten Onyxfesseln wären.

Obwohl mein Körper bei jedem Atemzug schmerzte, bei jeder Bewegung ächzte, kämpfte ich mich auf meine Ellenbogen.

»Sie wird sich mit ihrer Herkunft sicherlich bald abfinden. Du weißt doch genau, wie es bei Laurent und dir damals war«, hörte ich eine liebliche, weibliche Stimme.

Sofort riss ich die Augen auf und rappelte mich weiter hoch, nur um zu sehen, wie der Schneeleopard sprach.

Der verdammte Schneeleopard *sprach*.

Mehrmals blinzelte ich ungläubig.

War ich auf den Kopf gefallen?

»Das kann nicht sein«, murmelte ich mit weit aufgerissenen Augen.

Der Leopard legte den Kopf schräg und schaute direkt zu mir herab. »Sei nicht so überrascht, dass wir sprechen können. Wir sind zwar verflucht, als Tiere zu leben, doch das bedeutet nicht, dass wir nichts Menschliches mehr in uns tragen.«

Sie erhob sich und schüttelte ihren Körper, bevor sie wie eine gewöhnliche Katze den Rücken durchstreckte und mit den Krallen über den Boden schabte. Ein Geräusch, das mir eine warnende Gänsehaut über den Körper schickte. Solche, die einem verriet, dass jeden Moment etwas Schreckliches passieren könnte und man sich auf das schlimmste Szenario vorbereiten sollte.

Ich stand auf und wich wie ein verschrecktes Tier einen Schritt nach dem anderen zurück. Meine Hände wanderten an mein rasendes Herz, während mein Atem viel zu abgehackt ging. Von links nach rechts und zurück schnellte mein Kopf und musterte meine Umgebung. Die Tiergestalten befanden sich nur im hinteren Teil der Höhle, sodass mir niemand im Weg stand. Ausgenommen Clarence und der Schneeleopard. Doch ich musste es versuchen.

Allein die Götter wissen, was gleich passieren würde.

Die Luft zwischen uns war zum Zerreißen gespannt, weshalb ich einmal tief durchatmete, meinen sämtlichen Mut zusammenkratzte und meine Gedanken klärte.

Dann rannte ich los.

»Sie macht es uns auch extra schwer. Hol sie zurück«, befahl der Schneeleopard, dessen Stimme plötzlich nicht mehr ganz so lieblich klang wie zuvor.

Ganz im Gegenteil.

Tränen blitzten hervor, welche über meine Schläfen peitschten, während ich, so schnell mich meine Beine trugen, aus der Höhle flüchtete. Ich schlängelte mich geduckt durch den engen Ausgang, wobei mir die spitzen Steinwände die Tunika aufrissen und meine Arme gleich dazu. Doch das nahm ich nur am Rande wahr.

Alles an der Situation war falsch. Ich musste nach Hause nach Westerys zu Zane, den Hinterhalt aufklären, dem Mord an meinen Eltern nachgehen, und ich würde in weniger als einer Woche heiraten. Das hier war nichts, in das ich involviert sein wollte. Ein normales, langweiliges Leben, welches ich zuvor in Aseria geführt hatte, war alles, wonach ich mich sehnte. Dass ich so einen Gedanken jemals zu denken wagen würde, war genauso verrückt wie die Tatsache, dass ich eine Wandlerin sein sollte. Dass Clarence und Laurent Wandler waren und dass ich solchen Wesen helfen sollte, von denen ich vor Kurzem eines kaltblütig getötet hatte. Es musste ein Albtraum sein, aus dem ich einfach nicht aufwachte.

Nachdem ich den Höhlenausgang erreicht hatte, übersah ich in meiner Euphorie eine Einkerbung im Geröll und ging zu Boden. Ich rang kurz nach Luft, stemmte mich aber sofort wieder hoch.

Ich musste ein Versteck finden und das so schnell wie möglich.

Das Einzige, was ich sah, waren Bergspitzen, wohin das Auge auch fiel. Keine Spur oder Weg, der hier rausführte. Besser gesagt: Hier runterführte.

Doch bevor ich einen weiteren Schritt nach vorne machen konnte, schlossen sich Arme um meine Mitte und rissen mich heftig zurück. Mit dem Rücken – der ohnehin höllisch schmerzte – prallte ich gegen Clarence' Brust. Mit den Beinen in der Luft zappelnd, trat ich um mich. »Lass mich verdammt noch mal los!«, kreischte ich. »Du Monster! Du verdammtes Monster. Lass mich los!«

Ohne nur ein einziges Wort von sich zu geben, trug er mich zurück in die Höhle. Zeigte dabei keine Regung, noch kämpfte er gegen meine Schläge und Tritte an. Vorbei an dem Schneeleoparden und den anderen Gestaltwandlern, die seelenruhig dastanden und uns beobachteten. Weiterhin schrie ich und kämpfte gegen Clarence' festen Griff an.

Im hintersten Teil der Höhle befand sich ein Gang, in den er mich schleppte. Fackeln säumten die Höhlenwände, während Clarence mehrmals abbog und ich jegliche Orientierung verlor. In dem Gewirr aus dunklen Tunneln gefangen, verflüchtigte sich mein Zorn gegen ihn. Stattdessen verwandelte er sich in bittere Angst. Hier war die Chance bei null, dass es Zane irgendwie gelingen würde, mich zu finden, wenn er noch leben sollte. Ich musste fest daran glauben, dass er das tat, sonst würde ich ebenso sterben. Stück für Stück.

Ich war auf mich alleine gestellt, mit einem Verrückten und unzähligen Gestaltwandlern tief in einem Berg verborgen.

Tränen flossen ungehindert von meinen Wangen. »Bitte«, bettelte ich und vergaß jeglichen Stolz dabei. »Lass mich gehen. Bring mich zurück.« Meine Fingernägel umklammerten seine Hände, die weiterhin um meine Mitte geschlungen waren.

»Du lässt mir keine andere Wahl, Oriana.« Er stieß die Luft heiß aus, was ich direkt in meinem Nacken spürte. »Wir sind gleich da.«

»Was?«, keuchte ich und blickte hektisch um mich. »Clarence, bitte«, flehte ich mit viel zu dünner Stimme. »Bring mich nicht in die Zelle.« Zwar wusste ich nicht, wo sich diese Zelle befand, dennoch wollte ich sie lieber nicht von innen zu Gesicht bekommen.

Ich legte meinen Kopf in den Nacken, sodass er auf Clarence' Schulter ruhte und ich zu ihm aufsehen konnte. Aber das, was ich sah, gefiel mir ganz und gar nicht. Sein Gesicht war zu einer eiskalten Miene verzogen, die Zähne so fest aufeinandergebissen, dass sein Kiefer hervortrat. Die Augen starr nach vorne gerichtet und vollkommen leer.

»Wenn ich dir was bedeute, dann lass mich gehen.« Meine Lippe bebte, während ich in sein Gesicht blickte. »Clarence. Bitte«, hauchte ich und fixierte sein Gesicht. »Sieh mich an. Bitte, Clarence, es muss nicht so enden. Du kannst mich zurückbringen, dir wird nichts geschehen, das verspreche ich mit allem, was ich habe.«

Für einen Augenblick schloss er die Augen, als würden ihm die Worte genauso nahegehen wie mir. Dann richtete er seinen Blick auf mich. Kurz entgleiste ihm seine emotionslose Miene. So kurz, dass ich es beinahe übersehen hätte, wenn ich seinen Blick nicht so krampfhaft festgehalten hätte. »Du willst das nicht. Ich kenne dich.« Lautlos formten meine Lippen ein »Bitte.«

Er biss sich auf die Unterlippe und seine Stirn warf eine Falte, bevor er den Kopf schüttelte und wieder nach vorne blickte. »Es tut mir leid.«

Es dauerte, bis ich den Blick von ihm löste und meinen Kopf wieder anhob. Er stellte mich ohne Vorwarnung auf dem Boden ab.

Direkt vor uns befand sich eine mächtige verwitterte Holztür. Das Nächste, was mir ins Auge fiel, waren die dicken Ketten, die links und rechts aus der Wand ragten und quer über die Tür gespannt waren. Ein rostiges Schloss prangte in der Mitte.

Clarence, der hinter mir stand, griff um mich und umfasste mit einer Hand meine Onyxfesseln. Mit seiner freien Hand fischte er einen Schlüssel aus seiner Hosentasche.

O Götter.

Er konnte mich doch nicht *dort* reinstecken.

»Es muss eine andere Möglichkeit geben, Clarence, bitte«, schluchzte ich, während er den Schlüssel ins Schloss schob. Das Knacken des Schlosses und das darauffolgende Knarren der alten Holztür krochen mir bis in die Knochen. Panisch riss ich erneut an den Fesseln und kämpfte gegen Clarence' Griff an. »Bitte, Clarence. Nein. Bitte.« Vor lauter Tränen verschwamm meine Sicht. »Clarence, tu mir das nicht an.«

»Es ist nicht meine Entscheidung. Ich hoffe, du kannst mir irgendwann verzeihen«, murmelte er dicht an meinem Ohr, bevor er mich mit seinem Körper weiter in die dunkle Höhle drängte.

»Bitte!«, kreischte ich und rammte meine Fersen in den Boden. Mit Fingernägeln, Händen und Beinen kämpfte ich dagegen an. Schrie um mein Leben, denn ich wusste, sobald ich in der Höhle wäre, würde ich für eine sehr lange Zeit kein Tageslicht mehr zu Gesicht bekommen. »Clarence. Nein. Bitte. Nein. Nein. Nein.« Mein Kreischen überschlug sich in meinen Ohren.

Im nächsten Moment vergrub er eine Hand in meinem Haar, wirbelte mich herum und drückte seine verschwitzte Stirn an meine. Keuchend schnappte ich nach Luft, als er meinen Kopf zurückzog. Meine Kopfhaut schmerzte in seinem Griff, den er nach meinem Keuchen etwas lockerte. Jedoch war er weiterhin fest genug, um mich an Ort und Stelle zu fixieren. Meinen Kopf tief in den Nacken gelegt, blickte ich in sein verzerrtes Gesicht auf. Was musste ihm zugestoßen sein, dass es den Schimmer in seinen Augen vernichtet hatte. Das Glitzern seiner bernsteinfarbenen Iriden. Das solch eine Leere in seinem Gesicht zurückgelassen hatte. Nichts war mehr von dem Mann übrig, welchen ich kennengelernt hatte. Der immer eine blöde Bemerkung auf der Zunge und ein Grinsen auf den Lippen hatte. Überwältigt standen wir sekundenlang schweigend und schwer atmend da.

So viel hatte sich in den letzten Wochen zwischen uns verändert.

Er hatte sich verändert, genauso wie ich.

Gegenwärtig brannten seine Berührungen auf meiner Haut wie giftige Säure, die sich durch Fleisch und Knochen fraß, bis sie in meinem Innersten angelangt war. Das Gift, das sich in meinem Magen ausbreitete, rief eine übernatürliche Übelkeit hervor.

Seine Nase streifte über meine. »Glaub mir, unser Wiedersehen hatte ich mir unter anderen Umständen vorgestellt. Und es war bestimmt nicht alles richtig, was ich getan habe.« Ich erschauderte bei seiner Nähe. »Aber es geht hier nicht *nur* um dich oder mich.«

Meine gefesselten Hände versuchten nach seiner Hand zu greifen, mit der er mich am Oberarm festhielt, um ihn irgendwie zur Vernunft zu bringen. Wenn er sich nach meiner Nähe sehnte, könnte ich es vielleicht zu meinem Vorteil nutzen.

»Bring mich nach Hause. Wir finden gemeinsam eine Lösung.« Meine Finger klammerten sich um seine. »Clarence, bitte.«

»Oriana, verzeih mir«, murmelte er dicht an meinen Lippen, bevor er mich umdrehte und in die finstere Höhle stieß.

Schluchzend prallte ich mit den Knien auf dem Steinboden auf. Ein stechender Schmerz durchzuckte meine Knochen. Steine gruben sich in meine Handflächen und meine nackten Beine.

Das konnte nicht wirklich passieren. Clarence würde niemals … Doch, genau das würde er. Er wäre zu allem fähig, um selbst daraus Profit zu schlagen, selbst wenn es bedeutete, mich zu entführen, um mich danach in eine dunkle Zelle zu sperren.

Das Letzte, was ich vernahm, war der dumpfe Knall, als die Tür hinter mir ins Schloss fiel, bevor die unendliche Dunkelheit mich mit Haut und Haaren verschluckte.

Kapitel 2 Clarence

Oriana heute Nacht in die Zelle zu sperren, war so nicht geplant. Zumindest hatte ich keinen blassen Schimmer, dass es tatsächlich so weit kommen würde. Sie hatte mich schwer beeindruckt, dass es ihr trotz der Fesseln beinahe gelungen war, mich ernsthaft zu verletzen. Das musste ich zugeben.

Der erste Tritt hatte meine Kniescheibe aus dem Gelenk katapultiert. Wenn ich ein gewöhnlicher Mann wäre, hätte sie mich vermutlich genügend verletzt, um mich außer Gefecht zu setzen. Dass ich den nächsten Tritt rechtzeitig abgefangen hatte, bevor sie größeren Schaden anrichten konnte, war ein Segen der Götter. Schon bevor ich nach Westerys gereist war, hatte meine Tante Amara gedroht, dass Oriana die Zelle von innen sehen würde, falls sich Oriana gegen uns aufbringen würde. Dabei war es mein Plan, sie in meiner Nähe schlafen zu lassen. Im Nebenzimmer oder vielleicht sogar in meinem.

Zwischen Oriana und mir hatte sich vor einigen Wochen auf unserer gemeinsamen Reise eine Verbindung entwickelt. Wir hatten uns näher kennengelernt und der Umgang zwischen uns war unkompliziert. Er fühlte sich beinahe so natürlich an, als wären wir von Beginn an dafür bestimmt gewesen, zueinanderzufinden – dass nur die Umstände unsere Wege in verschiedene Richtungen geführt hatten. Deshalb war ich der vollen Überzeugung, dass sie sich freuen würde, mit mir zu kommen, sodass ich die Option mit der Zelle nicht in Betracht zog.

Nachdem Zane sie *entführt* hatte, tat ich alles in meiner Macht Stehende, um einen perfekten Plan zu schmieden, Oriana zurückzubekommen. Mein Bruder Laurent und ich reisten nach Westerys.

Kurz bevor wir vor der magischen Grenze waren, lauerte uns der Schneeleopard vom Eiswald auf. Doch ehe nur einer von uns einen Angriff hätte starten können, begann das Tier zu sprechen. Mit einer Stimme, die ich aus meinen Kindertagen wiedererkannte. Einer Stimme, die mir so vertraut war. Weil diese Stimme es war, die mir in meiner Kindheit nachgerufen hatte, was ich zu tun und zu lassen hatte. So lange, bis sie plötzlich spurlos verschwand und nur meinen Cousin Kyler zurückließ. Damals waren wir gerade mal vier gewesen. Kyler noch jünger.

Der Gestaltwandler entpuppte sich als die Schwester meiner Mutter – meine Tante *Amara*. Jahrelang war sie wie vom Erdboden verschluckt gewesen und selbst ihr Sohn Kyler hatte nicht gewusst, wo sie steckte.

Nachdem Laurent und ich den Schock über ihr plötzliches Auftauchen verarbeitet hatten, weihte sie uns in ihr Vorhaben ein. Behauptete, sie versuche schon seit Jahren an uns heranzukommen. Dass sie damals im Eiswald Zane verjagen wollte und daher Laurent und ihm nachgesprintet war. Und als ihr dies nicht gelang und sie zurück in den Wald kam, war von mir keine Spur mehr.

Natürlich, denn nur eine Sekunde, nachdem sie mich ignoriert hatte und weitergelaufen war, floh ich. Nur ein Narr wäre einen Moment länger als nötig in diesem gruseligen Wald geblieben. Noch dazu unbewaffnet mit einem Gestaltwandler.

Es wäre eine Lüge, wenn ich behaupten würde, dass ihre plötzliche Präsenz mein Leben nicht um hundertachtzig Grad gedreht und meine persönliche Hauptaufgabe, Oriana zu meiner Frau zu machen, hintangestellt hätte. Denn das, was Amara mir erzählte, war eine Nummer größer als die Thronfolge von Floranys oder meine eigenen Gefühle.

Die vergangenen Wochen waren schrecklich gewesen. Ich hatte keine Ahnung, wie es Oriana ging. Was Zane mit ihr anstellte. Schlaflos waren die Nächte gewesen, und in den wenigen, in denen ich vor Erschöpfung doch in den Schlaf fand, plagten mich unaussprechliche Albträume.

Doch nichts war so verletzend wie vor Zanes Gemächern zu stehen, in der Gestalt einer seiner Wachen und die beiden zu hören. Orianas lustvolles Stöhnen war ein Geräusch, welches ich nie wieder vergessen würde. Es hatte sich tief in mein Gehirn gebrannt. Ein Geräusch, welches auf direktem Weg in weitaus intimere Bereiche von mir gewandert war. Bis ich realisierte, wieso sie diese Töne von sich gab. Wer diese aus ihr trieb. Von dort an verwandelten sich meine anfänglichen Sorgen um sie in giftige Eifersucht. In unaussprechlichen Schmerz.

Laurent hatte sofort bemerkt, wie meine Magie in mir summte, wie sie sich ihren Weg nach draußen bahnte. Weshalb mein Bruder Oriana begleitete, während ich Zane ablenkte.

In dem Moment, in dem ich ihr Gesicht nach Wochen zum ersten Mal wiedersah, hätte ich sie am liebsten in meine Arme geschlossen, mein Gesicht in ihre Haare vergraben, um ihren Duft einzuatmen, und sie nie wieder losgelassen. Ihr einen keuschen Kuss auf die geschwollenen Lippen gehaucht. Ohne zu bedenken, wo diese nur Minuten zuvor gewesen waren. Dort, wo sie lange Zeit nicht mehr sein würden, denn meine Tante würde Oriana – bevor sie ihren Anteil ihres Planes nicht in die Tat umsetzen würde – nicht so schnell wieder gehen lassen.

Dass ich mich an jenem Abend in Westerys unter dem Palast in Zane verwandelt hatte, tat ich nicht, um Oriana zu berühren. Wenn die Lichtverhältnisse nur etwas besser gewesen wären und sie genau hingesehen hätte, wäre ihr aufgefallen, dass es nicht wahrhaftig ihr Zane war. Doch die Schatten verhüllten meine bernsteinfarbenen Augen. Das Einzige, das ich nicht verwandeln konnte.

Es war egoistisch und falsch von mir, sie ein weiteres Mal zu küssen, nachdem sie dachte, ich wäre *er*. Aber ich konnte nicht anders. Ihre Lippen auf meinen war alles, wonach ich mich sehnte, und in diesen kurzen Augenblick war es zweitrangig, dass sie dachte, ich wäre wer anderes.

Obwohl es falsch war.

Natürlich bevorzugte ich es, dass Oriana bei mir war, doch die Umstände lagen mir jetzt schwer im Magen.

Deshalb entschied ich mich gegen die Anweisungen von Amara beziehungsweise gegen den Teil ihres Befehls, der besagte, sie müsse *alleine* die Nacht in der Zelle verbringen. Obwohl mich Oriana trotz ihrer Onyxfesseln in Stücke hätte reißen können, brachte ich es nicht übers Herz, sie allein in der düsteren Zelle zu lassen.

Sie hatte seit mindestens einem Tag nichts mehr zu sich genommen. Weder Nahrung noch Wasser. Hatte sich vollkommen verausgabt und war vermutlich durch ihre Entführung am Boden zerstört. Natürlich war mir bewusst, dass ich an dem ganzen Schlamassel Schuld trug. Bevor ich ihr meine aufgezwungene Gesellschaft leisten würde, musste ich zuerst noch einige Dinge erledigen und besorgen.

»Wo ist Laurent?«, vernahm ich eine weibliche Stimme flüsternd hinter mir, gerade als ich etwas Essbares in der bescheidenen Küche zusammensuchte.

Küche war vielleicht der falsche Ausdruck. Vorratskammer passte eher, denn mehr als einige Regale mit Vorräten, ein großes Becken für den Abwasch und eine hölzerne Anrichte gab es nicht.

Ich wirbelte herum und erkannte einen Spatz, der auf dem Rand des Regalbodens direkt neben der Eingangstür hockte.

Vivienne.

Laurent und sie hatten sich die Zeit über, die wir hier verbrachten, sehr gut miteinander angefreundet. *Angefreundet*. Eine Verliebtheit würde ihre Beziehung besser beschreiben.

Für mich war es unvorstellbar, wie es sein musste, als verfluchter Wandler geboren zu werden. Sich niemals in seiner wahren menschlichen Gestalt befunden zu haben. Ihre Mutter war zur Zeit der Verbannung mit ihr schwanger gewesen und so kam sie schon in einer Tiergestalt zur Welt. Sie wusste nicht, wie es sein könnte. Wie einfach sie ihr Leben führen könnte, wenn es uns gelingen würde, den Fluch zu brechen.

Genau für Wandler wie sie tat ich das. Genau für solche wie sie mussten wir den Fluch brechen.

Für die Unschuldigen.

Hineingeboren in eine Familie – in einen Fluch, den man nie selbst zu verschulden hatte. Den man sich nicht ausgesucht hatte und dessen Konsequenzen man trotzdem sein Leben lang trug.

Obwohl alle Gestaltwandler trotz des Fluchs zwischen den verschiedensten Tiergestalten wechseln konnten, hatten die meisten eine Handvoll Lieblingsgestalten, in denen sie den Großteil der Zeit verweilten.

Ich griff nach ein paar Brötchen und legte sie auf das Tablett.

»Er wurde gefangen genommen«, antwortete ich auf ihre Frage, die sie vor einer gefühlten Ewigkeit gestellt hatte.

Laurent zurückzulassen war eines der schwersten Dinge, die ich jemals hatte tun müssen. Zumal es nicht meine Entscheidung gewesen war.

Vivienne flatterte zu mir und hockte sich direkt vor mich. Die Flügel wieder dicht an ihren Körper gelegt, schaute sie mich mit schräg gelegtem Kopf an. »Du hast dein Mädchen zurückgebracht, welches überdeutlich nicht hier sein möchte.« Sie schüttelte ihren kleinen federnbesetzten Kopf. »Was für eine Szene sie veranstaltet hat. Als wären wir irgendwelche Monster, die ihr gleich die Haut vom Leibe schälen würden. Und für sie hast du Laurent zurückgelassen? Du hast ihn ausgeliefert, um ein Mädchen zu holen, das dich bekämpft?«, zischte sie und verengte die Augen. »Wie konntest du nur.«

Automatisch umfasste ich den Rand des Tabletts fester, sodass meine Knöchel weiß hervortraten. »Sie ist nicht nur meinetwegen hier, falls du das vergessen hast. Amara braucht sie, um den Fluch zu brechen. Das müsstest du ganz genau wissen«, versuchte ich ihr zu erklären und legte dieselbe finstere Miene auf. »Und glaub mir, dass Laurent in Westerys ist, ist schlimmer für mich, als du vielleicht denkst. Dieser Idiot.«

»Ach ja?«, zwitscherte sie süffisant. »Du scheinst dir nur Gedanken um deine Geliebte – wie hieß sie noch? ach ja, Oriana – zu machen.« Danach breitete sie ihre kleinen braunen Flügel aus und erhob sich.

»Sie werden ihm nichts antun, solange sie wissen, dass wir Oriana haben«, versicherte ich ihr, obwohl ich mir diese Lüge nicht mal selbst abkaufte. Dennoch versuchte ich, an ihr festzuhalten. »Und wenn du jemals Laurent in die Arme schließen möchtest, ohne Haare, Federn oder Schuppen auf deiner Haut, die euch trennen, dann würde ich dir raten, uns zu helfen, anstatt gegen Oriana oder mich zu arbeiten.«

Mehrmals blinzelte sie. »Du hättest zurückbleiben sollen, nicht er.« Die Stimme getränkt mit Schmerz.

Wem erzählst du das, hätte ich beinahe erwidert.

Vermutlich hatten meine forschen Worte sie tiefer getroffen als gewollt. Denn bevor sie aus dem Raum flog, pickte sie mir mit ihrem fiesen, spitzen Schnabel in den Arm.

»Musste das sein?«, murrte ich und musste dem Drang, über die Stelle zu reiben, widerstehen, da ich mit beiden Händen das Tablett umklammerte.

»Du bist ein Widerling, weißt du das, Clarence.« Direkt vor meinem Gesicht flatterte sie in der Luft. »Das nächste Mal ist es dein ekelhaftes Gesicht.« Demonstrativ pickte sie in meine Richtung und ich zuckte zurück. »Also schlaf besser mit offenen Augen.« Und damit flatterte sie aus dem Raum.

Ekelhaftes Gesicht war eine widersprüchliche Beleidigung. Zumal Laurent ein sehr ähnliches Gesicht hatte, das ihr etwas den Kopf verdreht hatte.

Vivienne war eine kleine Kämpfernatur, das hatte ich auf die harte Tour gelernt. Und seit dem ersten Tag, an dem wir in der Höhle des Emryn angekommen waren, war sie wie besessen von Laurent und machte auch kein Geheimnis daraus. Selbst wenn Laurent sich für sie interessierte, dachte sie ernsthaft, er würde sein restliches Leben mit einem Vogel zusammenleben? Oder einem Fuchs oder sonst irgendeinem Tier?

Laurent musste sich ebenso immer verwandeln und ich wusste, dass er es nur tat, wenn er es musste.

Mir war bewusst, dass Vivienne nicht wusste, wie es für sie sein könnte, in ihrer menschlichen Hülle zu stecken, und es daher nicht vermisste. Aber gegen mich zu arbeiten, wäre eine Verschwendung ihrer Fähigkeiten.

Sobald ich mich um Oriana gekümmert hätte, würde ich versuchen, die kleine, bissige Vivienne auf unsere Seite zu ziehen. Obwohl es mir vermutlich erst dann gelingen würde, wenn Laurent zurück wäre. Erst dann hätte ich den Funken einer Chance, sie wohlzustimmen.

Kapitel 3 Oriana

Langsam öffnete ich meine schweren Augen. So weit es mir die verkrusteten Wimpern gestatteten. Jegliches Zeitgefühl war mir entglitten und ich hatte keine Ahnung, wie lange ich weggetreten war.

Ob Stunden oder Tage.

Ohne Fenster konnte ich nicht erkennen, welche Tageszeit wir hatten. Um mich herum war es düster und nur eine einzelne Öllampe spendete etwas gedämmtes Licht, was die Atmosphäre keineswegs in einen angenehmen Schimmer hüllte. Im Gegenteil. Es wirkte wie eine längst vergessene Gruft, in der sich Fledermäuse tummelten und Spinnennetze die Ecken säumten. Der Staub, vermutlich aus den verwitterten Gebeinen von ehemaligen Gefangenen, die seit Jahrhunderten hier verrotteten. Der die gesamte Zelle mit einem Film überzog.

Ob mir dasselbe Schicksal wie ihnen bevorstand?

Als sich meine Augen an die schlechten Lichtverhältnisse gewöhnten, bemerkte ich, dass ich mich nicht mehr auf dem steinernen Boden befand, sondern zugedeckt auf einer Art Pritsche lag. Nachdem ich die Decke – die jemand über mich geworfen haben musste – zurückgeschlagen hatte, entdeckte ich, dass mich nicht mehr Zanes Hemd umhüllte. Stattdessen trug ich schwarze Stoffhosen und ein viel zu großes weißes Shirt.

Wer zur Hölle war das?

Meine Knie und Handflächen, genauso wie mein Rücken, schmerzten noch immer vom Sturz. Die Onyxfesseln waren entfernt und nur noch ein roter Rand an meinen Handgelenken erinnerte an sie. Als ich mich aufsetzte, bemerkte ich Clarence, der mit dem Rücken an die Wand gelehnt am Boden kauerte. Seinen Kopf auf die Seite gekippt, schlief er. Mit einer Seelenruhe hob und senkte sich sein Brustkorb. War er es, der mich umgezogen hatte? Hatte er mich ausgezogen, während ich wehrlos am Boden lag …

Hatte er mich nackt gesehen?

Hatte er den Moment ausgenutzt, so wie unter dem Palast in Westerys, als er mich küsste, da ich dachte, er wäre Zane?

Einen Moment später befand ich mich schon auf meinen wackligen Beinen und überwand die wenigen Meter, die sich zwischen uns befanden. Augenblicklich begann meine Magie zu summen und strömte durch meinen Körper. Nachdem mein Eis so lange Zeit unterdrückt worden war, durchflutete mich die Befriedigung, meine Magie endlich wieder zu spüren. Rund um meine blau glühenden Handflächen wirbelten feine Schneeflocken, tanzten förmlich in der Luft. Bereit, Clarence einen deftigen Denkzettel zu verpassen.

Für alles.

»An deiner Stelle würde ich das nicht tun«, warnte er mit geschlossenen Lidern und emotionsloser Miene.

»Du Mistkerl! Was hast du mit mir gemacht?«, zischte ich und richtete meine Arme auf ihn. Als ob das aktuell mein größtes Problem wäre. Dennoch war es das, welches ich zuerst angehen würde.

Clarence öffnete gelassen die Augen und rappelte sich auf, bis er mir gegenüberstand. Meine Hände nur Zentimeter von seinem Gesicht entfernt, wartete ich auf seine nächsten Worte, bevor ich ihm meine Magie entgegenschleudern würde.

Er schnalzte lässig mit der Zunge. »Andere würden sich dafür bedanken.«

»Ich soll mich bedanken? Wofür? Dafür, dass du mich angefasst hast, während ich nicht bei Bewusstsein war? Du perverser Mistkerl.«

Gerade als meine Magie herausbrach, schloss sich etwas um meine Arme und wickelte sich streng herum. Eine Ranke, die aus dem Boden geschossen kam, wie ich später erkannte. Clarence wich meinem Eisstrahl noch rechtzeitig aus. Verdammt.

Er schmunzelte emotionslos. »Ich bin leider der einzige anwesende Mensch.« Beiläufig zuckte er mit den Schultern. Ich öffnete meinen Mund, um ihm meinen gesamten Schimpfwort–Wortschatz vorzuführen, doch da unterbrach er mich mit einer Geste.

»Vivienne hat dich umgezogen.«

»Wer verdammt noch mal ist Vivienne?«, schnauzte ich. Trotzdem nahm der weibliche Name eine gewisse Last von meiner Brust.

Er seufzte. »Eine Spatzenfreundin. Na ja, sie hat sich in einen Menschenaffen verwandelt, damit sie dir helfen konnte.« Mit dem Rücken lehnte er sich gegen die Höhlenwand, legte den Kopf zurück, während sein Blick zur Decke wanderte.

»Zanes Tunika hätte ich trotz des zerfetzten Zustands bevorzugt. Also, wieso hat sie mich umgezogen?« Ich biss die Zähne fest aufeinander, um ihm nicht die nächste Gemeinheit an den Kopf zu werfen.

Er lachte. »Du warst nur in ein Hemd gekleidet und ich dachte, du benötigst bestimmt frische Sachen. Wie gesagt, ich habe nur angewiesen, dass du umgezogen wirst, mehr nicht. Niemals hätte ich dich angefasst. Du kennst mich.«

»Ich dachte, ich kenne dich, doch du hast dich in der letzten Zeit als vollkommen anderer Mann entpuppt«, räumte ich ein. »Oder sollte ich besser – als *anderer Gestaltwandler* – sagen?«, fügte ich gehässig hinzu. Zwar kannte ich diese Spatzen-Vivienne nicht, die anscheinend auch gerne eine Affengestalt annahm, jedoch war mir jede beliebige Frau lieber als Clarence. Vermutlich wäre mir jeder dahergelaufene Mann sogar lieber gewesen als Clarence.

Er schmunzelte. Das erste Mal, dass das Schmunzeln seine emotionslosen Augen erreichte. »Es war notwendig, dich umzuziehen.«

»Warum«, zischte ich, mittlerweile genervt davon, dass ich ihm jede einzelne Information aus der Nase ziehen musste.

Danach senkte er den Blick auf mein wutverzerrtes Gesicht. »Du hast dir in deine nicht vorhandene Hose gemacht, ok? Du warst längere Zeit bewusstlos und der Körper, der lässt locker …«

»Stopp!«, unterbrach ich ihn. Sofort vernahm ich die pochende Hitze in meinen Wangen. Das konnte doch nicht wahr sein, dass ich mich bewusstlos am Boden liegend erleichtert hatte. Und Clarence hatte mich beinahe … gesäubert und umgezogen … Bei den Göttern.

Mochten sie Vivienne für ihre Bereitschaft segnen.

»Lass uns das mit dem … du weißt schon, mal vergessen.«

»Du meinst, dass du dich angepinkelt hast?«, sagte er süffisant.

»Halt deinen Mund!«, keifte ich und wehrte mich gegen die Ranken, die sich bei meiner Gegenwehr fester um meine Handgelenke zogen.

»Ich würde es sehr willkommen heißen, wenn du es unterlassen könntest, zu probieren, mich andauernd zu verletzen«, argumentierte er gelassen. »Ich habe kein Problem damit, die Onyxfesseln wieder anzubringen, um auf Nummer sicherzugehen, wenn ich dir nicht vertrauen kann.«

»Du bist ein widerwärtiger Mistkerl«, zischte ich ihm entgegen und riss an meinen Armen. »Lass mich los.«

»Erzähl mir doch etwas, was ich noch nicht weiß.« Danach zog er überraschenderweise seine Ranken vollständig zurück und gab meine Arme frei.

Ich rieb mir über meine schmerzenden Handgelenke und atmete einmal tief durch. Sammelte dabei meine Gedanken – meine Emotionen. Ich musste hier weg. Nur Informationen und Verbündete würden mir bei meiner Flucht von Nutzen sein. Wenn es tatsächlich stimmte und meine Mutter, genauso wie ich, eine Wandlerin war, könnte ich meine Fähigkeiten nutzen, um zu fliehen. Denn nur als Tier, welches fliegen konnte, würde ich es von diesem Berg schaffen. Vorausgesetzt, es würde mir gelingen, aus der Zelle zu entkommen.

»Ich bin noch immer derselbe, den du kennengelernt hast«, sagte Clarence, als ich nichts erwiderte.

»Ach wirklich«, spuckte ich ihm entgegen. »Der Clarence, den ich kennengelernt habe, würde mich nicht entführen, um mich bei einem Haufen Wandler gefangen zu halten. Er würde mich nicht in einer dreckigen Zelle verrotten lassen.«

Mit einer Hand wischte er fest über sein Gesicht. »Es ist nicht, wie du denkst. Wie du weißt, bist du nicht nur meinetwegen hier.« Er raufte seine Haare und wirkte dabei so, als würde er die nächsten Worte nur schwer hervorbekommen. »Selbst wenn ich nicht gewesen wäre, hätte ein anderer Handlanger von Amara dich geholt. Die Gestaltwandler brauchen deine Hilfe. Die Hilfe aller fünf Königreiche.«

Fragend verzog ich meine Augenbrauen.

»Amara?«

»Meine Tante.«

»Was? Wie … Und aller fünf Königreiche? Warte, Warte.« Überrascht wedelte ich mit einer Hand umher. »Alle fünf Königreiche. Das heißt, du benötigst auch … Zanes Hilfe. Oder Stellas? Dusan? Rohana?«, zählte ich auf und ich riss spürbar meine Augen auf. »Du … Wenn du meinen Geschwistern etwas antust oder es vorhast, dann –«

»Bleib ruhig. Ich werde niemandem etwas antun. Auch dir nicht. Höchstens Zane, wenn es Laurent nicht schon erledigt hat.«

Ich schluckte schwer und merkte, wie meine Augen unter aufsteigenden Tränen brannten. Ich erwiderte nichts, sondern drehte mich nur weg.

»Laurent würde ihn nicht töten, so ist er nicht. Ich kenne meinen Bruder«, versuchte er mich zu beruhigen. »Bei deinem geliebten Zane bin ich mir nicht so sicher.«

»Was soll das heißen?«, zischte ich und drehte mich zu Clarence zurück.

»Wir wissen doch alle, zu was die westerische Königsfamilie fähig ist. Sie foltern gern. Und ich schwöre, wenn sie Laurent etwas antun, nur weil er helfen wollte, den Fluch zu brechen, werde ich derjenige sein, der Zane tötet.« Er zog die Luft ein. »Aber ja, ich brauche Zane oder Stella oder seine Eltern. Irgendwen. Deswegen reichst auch du aus. Ich brauche Rohana nicht oder Dusan.«

Ein kühles Lachen brach aus mir hervor. »Und wovon träumst du nachts? Du denkst doch nicht wirklich, dass Zane oder ich euch freiwillig helfen, nachdem, was du getan hast. Außerdem, was war mit der ›Ich erhebe Anspruch auf dich‹-Sache?« Ich lachte emotionslos. »Du wirst übrigens brennen dafür, dass du mich hast glauben lassen, du wärst Zane.«

Clarence' Blick senkte sich zum Boden. »Dafür möchte ich mich entschuldigen. Meine Emotionen sind mit mir durchgegangen ... Es war schlimmer, als ich dachte, dich wiederzusehen. Mit ihm. Deine Worte zu hören.« Danach hob er wieder seinen Blick zu mir. »Oriana, bitte verzeih mir. Ich habe mich wie ein Idiot verhalten.«

»Da sind wir schon zwei mit derselben Meinung.« Trotzig drehte ich den Kopf zur Seite, um Clarence nicht weiterhin ansehen zu müssen. Egal, wie intensiv es mich in den Fingerspitzen kitzelte, ihn zu verletzen, ich wollte nicht erneut an die Onyxfesseln gehängt werden. Ich gestand es mir nur ungern ein, aber Clarence war meine Fahrkarte hier raus. Er war der Einzige, aus dem ich mir einen Verbündeten zusammenbasteln konnte. Obwohl er derjenige war, der mir den ganzen Schlamassel erst eingebrockt hatte.

Oriana, ein rationaler Gedanke.

Zögernd schaute ich wieder in Clarence' Richtung und bemühte mich um eine neutrale Miene. »Du hast zuvor erwähnt, du hättest die vergangenen Tage dein vollkommenes Scheißverhalten reflektiert. Wie lange war ich weggetreten?«

»Das war nie mein Wortlaut«, antwortete er. »Aber es waren eineinhalb Tage. Ich musste dir Wasser einflößen.«

Eineinhalb Tage, seitdem ich hier drin steckte ... »War ... war jemand hier drin, währenddessen?«

»Nur ich. Ausgenommen Vivienne. Aber nur das eine Mal.«

Ein Moment der Stille verweilte zwischen uns. Mir lagen

unzählige Fragen auf der Zunge. Die eine wichtiger als die andere, und nur Clarence war fähig, diese zu beantworten.

Leise räusperte ich mich. »Stimmt das, was du gesagt hast?«

Er verzog seine Stirn. »Was genau meinst du?«

»Das mit meiner Mutter und mir. Dass wir Wandler sind. Wandler waren«, verbesserte ich mich.

Es war einfach absurd, dass es stimmen könnte. Meine Mutter hätte mir so etwas nie verschwiegen. Es würde bedeuten, dass mein Leben eine einzige Lüge war.

»Dein Kristallarmband hat deine Gabe von Beginn an unterdrückt, weshalb du sie nie bemerkt hast. Selbst als du alt genug wurdest«, erklärte er. »Es bewirkt dasselbe wie mein Amulett.«

Ich erinnerte mich an Clarence' Amulett. Es war der einzige Schmuck, den Laurent und er getragen hatten. »Ich kann die Gabe nicht kontrollieren, also wie sollte ich euch eine Hilfe dabei sein, den Fluch der Wandler zu brechen?«

»Es geht um die Magie der königlichen Blutlinie. Wenn man sie in einem Ritual bündelt, könnte es uns gelingen, die Wandler wieder zu befreien«, meinte Clarence. »Genau mit dieser Magie wurden sie vor zwei Jahrzehnten verbannt.«

»Nicht mehr und nicht weniger, Clarence?«

»Nicht mehr, nicht weniger.«

»Du wirst mich danach nicht töten? Du wirst mich gehen lassen?«

»Oriana.« Clarence kam einen Schritt auf mich zu. »Ich würde dich nie … niemals töten und ich werde dich niemals wie eine Gefangene behandeln.«

»Was für ein schlechter Lügner du doch bist.« Ich sah mich demonstrativ um.

»Ich –«

Ich unterbrach Clarence, denn ich wollte nicht noch eine seiner billigen Entschuldigungen hören. »Wie willst du es schaffen, die anderen drei Königreiche zu überreden? Wie du selbst weißt, hassen alle die Wandler. Selbst wenn es dir gelingen würde, alle fünf Königreiche dazu zu bringen, dem Ritual zuzustimmen, wie willst du die Gestaltwandler in die Gesellschaft integrieren?« Ich schüttelte den Kopf. Der Plan war beinahe unmöglich zu realisieren. Allein wenn Zane Clarence in die Finger bekommen würde, wäre er innerhalb von Sekunden mit Haut und Haaren verbrannt. Bis nur noch ein elendiges Häufchen glühende Asche übrig bleiben würde. Vorausgesetzt, ich würde ihm nicht zuvorkommen.

»Da kommst du ins Spiel«, meinte Clarence. »Du könntest Zane davon überzeugen, dann wären es schon mal drei der fünf Königreiche. Wenn drei bereit wären, zu handeln, würde es uns bestimmt gelingen, Seylen und Nuras ebenfalls zu überzeugen. Zumal mein Cousin Kyler sich vor Kurzem in die nurische Königsfamilie eingeheiratet hat.«

Ich warf meinen Kopf in den Nacken und ließ Clarence' Worte auf mich wirken. Der Plan war zum Scheitern verurteilt.

Und die einzige Möglichkeit, hier rauszukommen.

»Wenn wir davon ausgehen, es würde uns gelingen, dass alle fünf Königreiche zustimmen ... Wie sicher bist du dir, dass es funktionieren wird? Die Magie zu bündeln und den Fluch zu brechen? Und denkst du, es ist eine gute Idee, alle Wandler auf die Menschheit loszulassen? Sie wurden aus gutem Grund verbannt.«

Nun war es Clarence, der den Kopf schüttelte und schmunzelte. »Und das wäre welcher? Oriana, sag es mir. Wieso wurde uns seit Kindertagen eingetrichtert, wie böse die Wandler seien. Wieso?«, schnauzte er deutlich gereizt. »Nicht zu vergessen, dass ich einer bin, Laurent, deine Mutter und du.«

Als ich in Westerys nach dem verwirrenden Gespräch mit Königin Sierra die Bibliothek aufgesucht hatte, um nach unter Verschluss gehaltenen Aufzeichnungen aus der Zeit zu suchen, in der die Verbannung der Gestaltwandler stattgefunden hatte, wurde ich abgewiesen. Es hieß, es wäre nichts Nennenswertes über diese Zeit in den Archiven vermerkt. Zanes Mutter meinte, es gebe Geschichten, die besser verschwiegen bleiben sollten, um seine Liebsten zu schützen. Was hatte sich vor zwei Jahrzehnten wirklich zugetragen?

Ich hatte keine Antwort auf Clarence' Frage, deshalb erachtete ich es als besser, meinen Mund zu halten.

»Dachte ich es mir doch«, schnaubte er. »Wenn du dich dazu entscheidest, uns zu helfen, musst du zuvor lernen, deine Magie zu kontrollieren.«

»Ich kann meine Magie kontrollieren«, log ich, obwohl mir klar war, dass Clarence sofort wusste, dass es eine Lüge war. Erst vor wenigen Tagen hatte er eine Demonstration meiner stümperhaften Künste aus erster Reihe miterlebt.

»Wir wissen beide, wie schlecht du deine Fähigkeiten beherrschst. Wie schnell dein Magiespeicher gänzlich gelehrt ist und wie deine Fähigkeiten deinen Körper verzehren.« Er stieß sich lässig von der Höhlenwand ab. »Morgen bei Sonnenaufgang starten wir mit dem Training.«

»Da hast du etwas in den falschen Hals bekommen. Ich habe dem Ganzen nie zugestimmt.«

»Wenn du zurück nach Hause willst, wird dir wohl oder übel nichts anderes übrig bleiben. Amara wird dich davor nicht gehen lassen. Vollkommen egal, was du mir … bedeutest.« Mit zusammengepressten Lippen nickte er mir zu und machte einen Schritt nach dem anderen in Richtung Ausgang.

»Wohin willst du?«, fragte ich überrumpelt. Nicht dass ich wollte, dass er blieb. Dennoch beängstigte mich die Vorstellung, allein in dieser versifften Zelle zu hocken. Vollkommen abgeschottet von der Außenwelt.

Mit der Hand deutete er unschuldig auf die Tür. »Ich besorge dir was zu essen.« Seinen Blick, der über meinen Körper wanderte, spürte ich überdeutlich. »Du hast seit Tagen nichts gegessen. Ich bin gleich wieder da.« Bevor er die Tür erreichte, fügte er noch hinzu: »Versuch inzwischen bitte niemanden umzubringen. Damit meine ich auch dich selbst.« Er spähte über seine Schulter. »Du weißt genau, was passiert, wenn du jemanden angreifst.«

Die Zähne fest aufeinandergebissen, verdrehte ich die Augen und presste ein zynisches »Ja« hervor.

Es würde kein Weg daran vorbeiführen, die Gefügige zu spielen. Mit den Onyxfesseln würde es mir nie gelingen, zu fliehen. Das war glasklar. Wenn ich mich ruhig verhalten würde, würden sie bestimmt mit der Zeit nachlässiger werden, und mich nicht mehr so stark bewachen. Wenn sie dachten, ich wäre auf ihrer Seite und würde nach ihrer Pfeife tanzen. Es gab nur eine Seite, auf der ich stand. Eine einzige Seite, für die ich mich immer entscheiden würde. Und das war meine eigene.

Nachdem Clarence die Zelle verließ, hörte ich, wie der Schlüssel ins Schloss gesteckt und die Zelle verschlossen wurde. Sofort wirbelte ich herum und durchforstete mit meinen Augen den Raum. Doch viel zu sehen gab es nicht. Viel mehr als die Pritsche, die Öllampe und ein einfacher Eimer befand sich nicht in der Zelle. Kein Fenster, kein Boden, nur kühles dunkles Gestein. Und jede Menge Staub – oder zerbröselte Knochen. So genau wollte ich es gar nicht wissen.

Das beklemmende Gefühl, eingesperrt zu sein, breitete sich schlagartig in meinem Körper aus und raubte mir beinahe den Atem. Ich fragte mich, wie oft man in so kurzer Zeit eigentlich entführt werden konnte. Obwohl … das mit Zane war – wenn man es genau nahm – keine Entführung. Zumindest nicht, nachdem ich die Wahrheit erfahren hatte.

Wie drastisch konnte sich ein Leben in wenigen Wochen und Monaten ändern? Bisher hatte ich stets jemanden an meiner Seite, der mir beistand. Mir gut zuredete oder mir aus der Klemme half. Diesmal war ich auf mich allein gestellt. Niemand würde kommen, um mich zu befreien.

Wie auch?

Gefangen auf einem Berg, tief in einer geheimen Höhle, von der ich nie zuvor gehört hatte. In Höhen, in die ein normaler Sterblicher nicht gelangte, außer mit einem geflügelten Pferd, wie Lyra eines war. Aufgeben war dennoch keine Option. Viel mehr spornte diese Aussichtslosigkeit meinen Überlebenswillen nur weiter an.

Ich musste zurück nach Westerys. Zurück zu Zane. Zu meiner

Schwester. Als meine Gedanken zu ihm abdrifteten, verspürte ich einen stechenden Schmerz in meiner Brust, der mich in die Knie zwang.

Ich schleppte mich zurück auf die Pritsche und stützte mein Gesicht in meine Hände, nachdem ich rückwärts auf die harte Matratze gefallen war.

Wie Zanes Feuer brannten meine Tränen auf meinen Wangen, die ich nicht länger zurückhalten konnte. In dem Moment, in dem Zane und König Dawn aufgetaucht waren, dachte ich, die Situation würde gut ausgehen. Gut ausgehen für Zane und mich, nicht für Clarence. Doch ich hatte falsch gehofft, denn genau das Gegenteil trat ein. Ich fragte mich, wie es Zane wohl ging und wie schlimm die Verletzungen waren, die Laurent ihm zugefügt hatte. Ob er mich genauso schrecklich vermisste wie ich ihn?

Vollkommen verlassen, starrte ich auf die Holztür und stellte mir vor, wie es wäre, wenn Zane jede Sekunde hereingestürmt kommen und mich in seine starken Arme nehmen würde. Wie er seine Lippen sehnsüchtig an meine legen würde. Atemlos von der Erleichterung, mich endlich gefunden zu haben. Wie er Clarence mit seinem Feuer niedermetzeln würde, ihn bis zur Unkenntlichkeit verbrannte. Genauso wie jeden, der es wagen würde, sich zwischen uns zu stellen.

Was er wohl aktuell mit Laurent machte? So sehnsüchtig der vorherige Gedanke war, umso schlimmer war der gegenwärtige. Innig hoffte ich, dass die Verletzung, die Laurent Zane zugefügt hatte, milder ausgefallen war, als ich aus der Entfernung erkennen konnte. Laurent wollte mich zurückbringen. Er hatte nur seinen idiotischen Bruder beschützt, ohne zu wissen, wie schlimm es für ihn enden würde. Nichts anderes hätte ich für meine Geschwister getan. Vollkommen irrelevant, wie hirnrissig oder unüberlegt die Mission gewesen wäre, hätte ich Dusan oder Rohana geholfen. Ich hätte an der vordersten Front für das gekämpft, was ihnen wichtig wäre. Wofür sie einstehen würden.

Natürlich entschuldigte es nicht Laurents Verhalten, jedoch konnte ich ihn einerseits verstehen und hatte beinahe Mitleid mit ihm. Zane würde unaussprechliche Dinge mit ihm anstellen. Und bei dem Gedanken versickerten die Tränen langsam und ein unwohles, übles Gefühl ersetzte die Traurigkeit.

Die nächste Vermutung durchzuckte meinen Körper wie ein Blitz. Was, wenn Laurent ihnen verraten würde, wo Clarence mich hingebracht hatte? Was, wenn er Zane helfen würde, mich zu finden, als eine Art Entschuldigung? Oder damit er nicht in einen dampfenden Haufen Kohle verwandelt werden würde? Vorausgesetzt, Laurent wusste von der Höhle des Emryn und dass Clarence mich hierherbrachte. Er musste es wissen.

Dennoch klammerte ich mich nicht an dieses Szenario, so schön es auch wäre. Denn wenn dieser Fall nicht eintreten und niemand kommen würde, um mich zu retten …

Ich war es, die mich retten musste.

Ich, ganz alleine.

Egal, wie dreckig und unmoralisch es auch werden könnte.

Kapitel 4 Clarence

Es vergingen ein paar Tage, bis wir mit dem Training tatsächlich beginnen konnten. Zuerst lag es an mir, Oriana zu stärken, ehe wir begannen. Nach dem zweiten oder dritten Tag starteten wir mit leichten Übungen. Das Bündeln. Das Formen. Das Eindämmen.

Und nun standen wir erneut am Felsvorsprung. »Du musst deine Magie richtig bündeln, bevor du sie materialisierst. Ansonsten wird sie jedes Mal unkontrolliert aus dir herausbrechen«, versuchte ich Oriana zu erklären, die mit geschlossenen Augen ihre Gabe durch sich strömen ließ. »Horche tief in dich, in das Gefühl, das Rauschen, das Prickeln, wenn sich deine Magie zu erkennen gibt. Nimm dieses Rauschen und verwandle es in etwas, das du kontrollieren kannst. In etwas Greifbares.«

Mit halb geöffneten Lidern schaute sie zu mir. »Ich weiß nicht, wie ich das anstellen soll.«

»Stell dir vor, wie sich ein Schneesturm um deine Hände bildet.« Demonstrierend wedelte ich mit den Armen umher.

Sie nickte knapp. Kurz danach begannen ihre Finger blau zu glühen und sie biss die Zähne fester zusammen.

»Gut so.« Ich ging einen Schritt näher an sie heran, als die Schneeflocken rund um sie in der Luft herumwirbelten. Es war ein eigenartiges Gefühl, Schnee bei so warmen Temperaturen zu sehen, ohne dass sie davonschmolzen. Da die Flocken aus Magie entstanden waren, würden sie jeder Wetterbedingung standhalten.

»Lass den Sturm stärker wüten. Beschwöre ihn zu einem Orkan. Einer zerstörerischen Katastrophe. Einer solchen, mit der du uns fast getötet hättest.«

Langsam öffnete sie die Augen und rief mir über das Wirbeln ihres Schneesturms zu: »Und was jetzt? Wie rufe ich es zurück?« Ihre Haare wehten rund um ihren Kopf und sie stemmte die Beine fest auf den Boden.

»Fühle jede Faser der Schneeflocken, des Sturmes. Stell dir vor, wie sie kleiner werden, ruhiger und weniger … lebensbedrohlich.« Mein Blick wanderte über den nicht kleiner werdenden Wirbelsturm, in dem Oriana das Zentrum bildete. »Ziehe das Rauschen in dich zurück. Nimm es aus dem Sturm.«

Ich wusste, Oriana wurde das Wichtigste über ihre Magie beigebracht. Auch wie man sie bändigt. Doch in größeren Mengen, noch dazu gepaart mit starken Emotionen, war es beinahe unmöglich, ohne die richtige Technik solch eine enorme Menge an Magie zurückzurufen, ohne dabei jemanden zu verletzen. Besonders sich selbst.

Für das Ritual musste sie jedoch ihre Fähigkeiten perfekt kontrollieren, weshalb wir schon den dritten Tag infolge miteinander trainierten.

Von Stunde zu Stunde schlug sie sich besser und traute sich mehr, aus sich herauszukommen.

Doch zuvor hatten wir mit kleineren Mengen Magie experimentiert. Dies hier war beinahe so groß wie damals, als Laurent und ich sie geholt hatten. Es verwunderte mich, dass sie bisher noch nicht versucht hatte, mich mit ihrer Magie zu verletzen. Vielleicht lag es daran, dass sie keine Lust auf die Onyxfesseln hatte. Oder schlau genug war, um zu verstehen, dass sie hier ohnehin nicht wegkommen konnte.

Zumindest nicht ohne fremde Hilfe.

Langsam, aber kontinuierlich wurde der Wirbelsturm geringer. Gleichzeitig wurde Orianas Miene angespannter, als sie den Kiefer fester zusammenpresste. Sogar durch die unklare Sicht, die ich auf sie hatte, bemerkte ich, wie viel Kraft es ihr abverlangte, den Sturm zurückzurufen. Doch genau dafür hatten wir die vergangenen Tage trainiert. Amara meinte, ich solle sie so lange unterrichten, bis sie bereit war, uns zu helfen.

Nicht mehr – nicht weniger.

Daher war sie nicht besonders begeistert gewesen, als ich Oriana versuchte wie einen Gast, und nicht wie eine Gefangene zu behandeln. Vermutlich hatte Amara Angst, dass Oriana sich ansonsten ihre Freiheit nicht verdienen wollen würde, indem sie ihre Kräfte beherrschen lernte. Oder dass sie sich gegen sie wenden könnte.

Amara war eine vorsichtige Frau, wenn es darum ging, jemandem ihr Vertrauen zu schenken. Aber wer könnte es ihr verübeln, nach allem, was ihr widerfahren war.

Was allen Gestaltwandlern widerfahren war.

Seitdem ich Oriana in ihre Zelle verfrachtet hatte, waren sich die beiden Damen kein weiteres Mal begegnet. *Den Göttern sei Dank*. Erst wenn Oriana fähig wäre, ihre Magie zu kontrollieren, wollte Amara sie wieder zu Gesicht bekommen.

Oriana lernte schnell, denn der Sturm wurde kleiner und kleiner. So weit, bis er sich vollständig verflüchtigt hatte und sie mit den Knien voran am Boden zusammensackte. Durchflutet von Magie, Erschöpfung und Euphorie zugleich, stemmte sie sich auf die Hände, legte ihren Kopf in den Nacken, um mit einem breiten Lächeln in den Himmel zu blicken. Schwer atmend brach ein ungläubiges Lachen aus ihr hervor.

»Verdammte Götter. Ich habe es geschafft.«

Während ihr Blick auf mich fiel, kräuselten sich meine Lippen ebenfalls zu einem Lächeln. »Verdammt, ja.« Einen Moment später ging ich zu ihr und bot ihr meine Hand an. »Du bist so weit«, gab ich mit einem Grinsen zu.

Ohne meine Hand zu ergreifen, rappelte sie sich auf die Beine.

»Das bedeutet, dass du mir jetzt zeigen willst, dass ich angeblich eine Wandlerin bin, was?«, fragte sie und zog die Augenbrauen fordernd in die Stirn.

»Erst nachdem du dich ausgeruht hast und wir mit Amara besprochen haben, wie es mit dir weitergeht.«

Genervt stieß sie die Luft aus. »Tu, was du meinst. Aber eins ist klar: Ich bin nicht diejenige, die sich ausruhen muss.«

Ein kurzes Lachen brach aus mir heraus. »Du hast gerade einen wütenden Schneewirbelsturm zurückgerufen. Natürlich bist du erschöpft. Sieh dich doch an. Und höre ich hier ein kleines bisschen Neugier heraus, wie das Wandeln funktioniert?« Demonstrativ blickte ich an ihr herab. Die dunklen Locken standen verfilzt in alle Himmelsrichtungen. Der nasse Schweiß klebte ihre Kleidung wie eine zweite Schicht Haut an ihren Körper.

Sie folgte meinem Blick. »Wow. Das hört man gerne. Vielen Dank auch und nein«, murrte sie und stieß mich gegen die Brust, weg von ihr. »Ich will nur endlich wieder nach Hause, und umso schneller das hier geht, umso besser.«

Das saß.

Natürlich wusste ich, dass sie mich hasste, nachdem, was passiert war. Niemals würde sie mir verzeihen, was ich ihr angetan hatte, und ich konnte es ihr nicht mal verübeln.

Aber die Hoffnung stirbt zuletzt, nicht wahr?

Ich seufzte. »Du weißt genau, wie ich das gemeint habe.«

»Klar. Dann bring mich zurück in meine gemütliche Zelle. Ich kann es kaum erwarten.« Nach einem dramatischen Augenrollen und einem gekünstelten Lächeln schritt sie an mir vorbei und steuerte direkt auf den Höhleneingang zu. Die Haare flogen wie bei einer Hexe hinter ihr her und dennoch war sie einfach atemberaubend schön.

Morgen würden wir ihr die Grundregeln des Wandelns beibringen. Und sie wird ihre Gestaltwandlerfähigkeit bestimmt genauso schnell erlernen, wie sie ihre Eismagie unter Kontrolle gebracht hatte.

Dann würde sie mir glauben, dass wir uns ähnlicher sind, als sie vielleicht dachte. Das Einzige, was mir wie ein Haufen Steine im Magen lag, war der Gedanke, dass ich Oriana heute Abend zu Amara bringen musste, und ich hatte keine Ahnung, welches Ende das Treffen nehmen würde.

Oriana stand Amara in ihrem Temperament in nichts nach, weshalb die Situation leicht gefährlich werden konnte. Bei einem war ich mir jedoch sicher. Es würde verdammt unterhaltsam werden.

Kapitel 5 Oriana

Nachdem ich mit dem Training fertig war, hatte Clarence mich erneut in meine Zelle gebracht. Damit ich mich den restlichen Tag ausruhen konnte.

Ich hasste es hier und ich würde Clarence nie verzeihen, dass er zuließ, dass ich hier schlafen, essen und sonst was für Dinge tun musste.

Der Wunsch zu fliehen schien größer denn je.

Da ich meine Eismagie nun vollständig unter Kontrolle hatte, wusste ich, ich würde es schaffen, aus diesem Gefängnis zu entkommen. Irgendwie würde es mir gelingen, Clarence und Amara zu überwältigen. Nur wie ich von der Bergspitze runterkommen würde, stand noch in den Sternen.

Dann gab es noch die anderen Wandler, aber ich würde lieber sterben, als mich noch mal in diese Zelle bringen zu lassen.

Es gab zwei mögliche Optionen.

Nummer eins: Ich würde herausbekommen, wo sich Lyra befand. Und wenn das Glück auf meiner Seite wäre, würde sie mir vielleicht helfen zu fliehen. Vielleicht würden ein paar Leckereien ihre Kooperationsbereitschaft etwas vergrößern.

Nummer zwei: Ich müsste lernen, mich zu verwandeln. Das wäre auf jeden Fall die sicherere Möglichkeit, da ich mich nur auf mich selbst verlassen müsste und mein Erfolg nur von mir abhängig wäre. Falls Clarence die Wahrheit sagte.

Ich versuchte, nett zu ihm zu sein. Nur nicht so nett, dass er meinem geplanten Hinterhalt auf die Schliche kam. Wenn er etwas für mich fühlte, würde es mir gelingen, ihn zu benutzen.

Egal für welches der zwei Szenarien ich mich entscheiden

würde, beide Möglichkeiten waren riskant und ich wusste nicht, wie Amara es handhaben würde, sollte sie mich bei meinem Fluchtversuch erwischen. Vermutlich würde sie mich auf der Stelle mit ihren Klauen in der Luft zerfetzen, während sie mich mit ihren messerscharfen Zähnen festhält. Vielleicht würde sie auch Zane oder meinen Bruder Dusan erpressen. Mich in kleinen Stücken zu ihnen zurückschicken. Sie benötigte jemanden mit Eismagie und jemanden mit Feuermagie. Wer es aus den königlichen Familien schlussendlich war, war irrelevant. Genauso gut könnte Dusan meinen Platz einnehmen. Oder sogar meine Schwester Rohana.

Deshalb war ich wie ein Bogen gespannt, wie der kommende Abend verlaufen würde. Ob sie vielleicht nicht meine Familie, sondern mich zu erpressen versuchte, damit ich ihr helfen würde. Denn das war nicht mein Krieg, den ich zu kämpfen hatte. Nicht meine Schlacht. Meine Mission war einzig und allein zu fliehen, nach Westerys zu gelangen, um zu Zane zurückzukommen.

Rückwärts ließ ich mich auf die steinharte Pritsche fallen, während meine Gedanken wie bei jeder Gelegenheit zu Zane wanderten.

Tagelang, sobald ich allein war, hatte ich mir wie ein kleines Mädchen die Augen ausgeheult. Bis meine Augen zugeschwollen und mein Gesicht aufgeschwemmt war. Bis sich meine Trauer in Wut verwandelte und diese mir behilflich war, an meiner Magie zu arbeiten. Deshalb hatte ich die letzten Tage immer wieder in der Zelle meine Magie beschworen, um sie besser kennenzulernen.

Jedes Mal, wenn meine selbstbemitleidenden Tränen versickert waren und meine Augen so dick geschwollen, dass ich beinahe nichts mehr sah, summte meine Magie in mir. Diesmal würde sie mich retten und dabei alle meine Feinde in den Abgrund reißen.

Das mechanische Geräusch, das ertönte, als Clarence den Schlüssel im Schloss drehte, jagte mir jedes Mal aufs Neue einen Schauer über den Rücken.

Doch diesmal war es anders.

Diesmal wurde der Schauer von einem flauen Gefühl im Magen begleitet. Seit Tagen hatte ich das Verlies nur verlassen, um mit Clarence zu trainieren. Dabei war mir keiner der anderen Wandler begegnet. Es wirkte beinahe so, als würden sie sich vor mir verstecken oder ausschließlich tief in der Höhle des Emryn zurückgezogen hausen. Wie Tiere eben.

Nachdem die alte Holztür aufgestoßen worden war, war ich umso verwirrter, als überraschenderweise statt Clarence mir ein unbekannter Gestaltwandler gegenüberstand. Sofort beschleunigte sich mein Herzschlag, denn darauf war ich nicht vorbereitet. Kein Bisschen.

Der Fuchs, der wenige Meter von mir entfernt regungslos stand, war unnatürlich groß gebaut. Sein silbergraues Fell stand buschig von seinem Körper ab, während andere Stellen dicht an seinen Körper gelegt waren. Wenn ich es nicht besser wüsste, hätte ich ihn für einen mit der Räude infizierten Fuchs gehalten.

»Wer bist du?«, fragte ich und machte mir keine Mühen, mein Misstrauen in der Stimme zu verbergen.

Er trat einen Schritt nach dem anderen in die Gruft, bis er direkt vor mir stehen blieb.

»Man nennt mich Lark«, antwortete der Fuchs.

»Wo ist Clarence?«, entgegnet ich, während ich meine Arme vor der Brust verschränkte.

Der Wandler schnaufte. »Ich soll dich zu Amara bringen, wurde mir aufgetragen. Wo sich dein kleiner Liebhaber aktuell befindet, interessiert mich nicht. Ich bin nicht sein Kindermädchen.«

Beim Wort *Liebhaber* wurde mir kotzübel.

Noch immer war es eigenartig, ein Tier sprechen zu hören. Wie sich das Maul zu Wörtern verformte, vermischt mit den beinahe menschlichen Gesten, war einfach verstörend und faszinierend zugleich.

Wenn es stimmte, was Clarence behauptet hatte, dann könnte ich mich ebenfalls in *so was*, verwandeln. Mir würde eine Schnauze, Pfoten, Schuppen, Flügel oder sonst was wachsen.

»Dann bring mich zu ihr«, antwortete ich und setzte ein gespieltes Lächeln auf. Das war es, was ich heute Abend sein würde. Die gefügige, kooperative Prinzessin, die ihnen helfen würde, ihr Ziel zu erreichen. Alles, nur um aus ihren Fängen zu entkommen.

Also folgte ich dem räudigen Fuchs durch die Tunnel. Unwillkürlich fragte ich mich, wie es ihm gelungen war, den Schlüssel ins Schloss zu stecken und mit seinen Pfoten herumzudrehen. Ob er sich zuvor in ein anderes Tier verwandelt hatte, so wie diese Vivienne, von der Clarence mir erzählt hatte?

Mehrmals bogen wir ab und ich konnte mich kaum an den Weg zur Zelle erinnern, da damals die Panik meinen Körper und Geist fest im Griff gehabt und meine gesamte Aufmerksamkeit darauf gelegen hatte, mich von Clarence zu befreien. Keine Menschenseele – besser gesagt – keine tierische Seele hielt sich in den Gängen auf. Das war aber nichts Neues für mich.

Wortlos bewegten wir uns immer weiter vorwärts, bis der Silberfuchs plötzlich stehen blieb. Abrupt hielt ich ebenfalls inne. Gerade noch rechtzeitig, dass ich nicht in ihn hineinlief.

Vor uns ragte erneut eine ebenso verwitterte Holztür auf wie die vor meiner Zelle. Doch diese zierten keine rostigen Ketten oder ein dickes Schloss. Nur eine verschnörkelte zinnerne Türklinke befand sich auf dem Türblatt, die der Fuchs nach einem kurzen Kontrollblick über seine Schulter mit einer Pfote nach unten drückte.

Er stieß die Tür auf und gab den Durchgang frei. Damit signalisierte er mir, dass ich vor ihm eintreten sollte. Nachdem ich einmal schwer geschluckt hatte, setzten sich meine Beine zaghaft in Bewegung. Jeden Schritt nahm ich überdeutlich wahr. Dennoch bemühte ich mich, meinen Gesichtsausdruck gelassen zu halten. Obwohl ich seit Tagen nicht mehr so aufgeregt gewesen war.

Ein weiterer in den Felsen gehauener Raum erstreckte sich vor mir. Unzählige winzige Öllampen schimmerten an der Decke, die mit Seilen den Raum wie ein Netz aus Lichtern überspannten. Beinahe hätte die Atmosphäre heimelig gewirkt, wenn da nicht die angespannte Aura gewesen wäre, die den gesamten Raum füllte. Denn wenige Meter entfernt befand sich Amara in ihrer Schneeleopardengestalt. Clarence und eine Handvoll anderer Gestaltwandler neben ihr. Ein Waschbär, ein paar Greifvögel, ein kleiner Vogel – vielleicht war das Vivienne – und einig andere Kleintiere.

So viel zum Thema, er wusste nicht, wo sich Clarence aufhielt … Das dumpfe Geräusch, als die Tür hinter mir ins Schloss fiel und von den hohen Höhlenwänden widerhallte, ließ mich unwillkürlich zusammenzucken, gefolgt von einem Schauer, der mir eine Gänsehaut im Nacken verpasste.

Alle Anwesenden waren mucksmäuschenstill, sodass ich meine schwere Atmung deutlich wahrnahm, während ich den Raum durchquerte.

»Oriana«, sagte Amara kühl und trat auf ihren Tatzen einen Schritt hervor. »Welche Freude, dich wiederzusehen. Ich hoffe doch, diesmal mit besseren Manieren.«

Mein Kiefer schmerzte, so fest biss ich die Zähne zusammen, um die Bemerkungen zu unterdrücken, die ich ihr nur zu gerne an den Kopf geworfen hätte. Doch ich hatte mir geschworen, mich zurückzuhalten. Sie mussten mir vertrauen, damit ich eine Chance hatte zu fliehen.

Ich verbeugte mich theatralisch. Vielleicht so theatralisch, dass es spöttisch wirkte. *Ups.* »Es freut mich ebenfalls, Clarence' geliebte, verschollene Tante wiederzusehen.« Ein Lächeln umspielte meine Lippen.

Sie sollte ruhig wissen, dass ich nicht gänzlich im Dunklen stand. Clarence hatte mir während unserem Training erzählt, was passiert war. Unter anderem von dem überraschenden Auftauchen seiner Tante und den damit verbundenen Ereignissen. Und warum ich meine Zeit in der Zelle verbringen musste, anstatt bei ihm. Nicht dass ich in seinen Unterkünften nächtigen wollte, doch ein etwas gepflegterer Ort wäre angenehmer gewesen.

»Ach. Da du jetzt weißt, wer ich bin, und ich weiß, wer du bist, sind die Förmlichkeiten wohl geklärt«, sagte sie und ihr Blick wanderte eine verstohlene Sekunde lang in Clarence' Richtung und verfinsterte sich. »Nun denn. Vielleicht hat dir mein reizender, durchaus gesprächiger Neffe ebenfalls erzählt, was wir von dir erwarten.«

Clarence stand regungslos neben ihr und zeigte keine Veränderung bei der Erwähnung seines Namens oder dem grimmigen Blick seiner Tante.

Ich nickte. »Ich weiß durchaus, was ihr von mir wollt.« Ein Schmunzeln bildete sich auf meinen Lippen und ich schüttelte leicht den Kopf. »Deshalb freut es dich bestimmt zu hören, dass sich die Magie der königlichen Blutlinie von Aseria gänzlich unter meiner Kontrolle befindet.«

»Großartig. Deshalb bist du heute Abend hier, damit wir die nächsten Schritte, die wir einleiten, mit dir besprechen können.« Mit dem Kopf deutete sie hinter sich, wo sich ein runder Tisch mit einem Dutzend Stühlen drumherum befand. »Setzen wir uns doch.«

Mit einem erneuten freundlichen Nicken schlenderte ich zum Tisch und hüpfte auf einen Stuhl. Clarence nahm wortlos neben mir Platz und die Wandler in ihren Tiergestalten gesellten sich ebenfalls zu Tisch.

Erneut bot sich mir ein ungewöhnliches Bild von den unterschiedlichsten Tieren, die auf die Stühle sprangen, kletterten oder flogen, um es sich gemütlich zu machen.

Clarence füllte zuerst mir, danach sich selbst einen Kelch bis zum oberen Rand, bevor er mir einen reichte.

Ich beugte mich zu ihm und senkte die Stimme. »Was ist das? Wein? Ist das nicht etwas viel?« Bei förmlichen Versammlungen schenkte man Wein gewöhnlich nur ein paar Finger breit ein. Nicht gefühlt die halbe Flasche.

»Glaub mir. Wir werden es brauchen«, erwiderte er und nickte mir zu, während er mir den Kelch direkt vor die Nase hielt. Erst da ergriff ich das Glas.

»Zum Wohle«, sagte er und stieß gegen mein Glas, bevor er es in wenigen Zügen seine Kehle hinabgoss. Seine Augenbrauen verzogen sich und er schüttelte den Kopf, als er sich gleich die nächste Portion eingoss. Ihn so ungesittet zu sehen, ließ ein Lachen in mir aufsteigen, welches ich jedoch rechtzeitig in meiner Kehle erstickte.

Ich nippte an der dunkelroten Flüssigkeit und stellte danach das Glas vorsichtig auf dem Tisch ab, damit nichts überschwappte.

»Wie lauten eure nächsten Schritte?«, wollte ich wissen.

Amara feilschte nicht lange. »Du musst Prinz Zane und jeweils jemanden aus der königlichen Familie von Seylen und Nuras überreden, uns zu helfen. Da mein Sohn nicht gut auf mich zu sprechen ist, wirst du ihn gemeinsam mit Clarence überzeugen müssen, seine Frau zu überreden.«

»Sohn?«

»Richtig. Mein Sohn, Kyler, Clarence Cousin.«

Ich sah zu ihm hinüber und dachte direkt: Kein Wunder, dass Kyler nicht mehr mit ihr sprach.

Ich lachte emotionslos. »Ist das ein Witz? Und wie soll ich das eurer Meinung nach anstellen?« Provokant schoss eine meiner Augenbrauen in die Höhe und ich nahm einen weiteren Schluck.

»Bei deinem Geliebten fallen dir bestimmt einige *Tätigkeiten* ein, wie du es schaffst, damit er alles tut, was du von ihm verlangst. Obwohl er dies sicherlich jetzt schon tut, nicht?« Amara verzog ihr Maul zu einem Grinsen, sodass ihre spitzen Zähne hervorblitzten. »Falls du bei Prinz Zane damit Erfolg hast, könntest du es bei den anderen beiden Königreichen mit … derselben Methode versuchen. Hm, was sagst du dazu?«

Unkontrolliert klappte mein Mund auf, überwältigt von ihrer Aussage, dass ich für ihren Plan meinen Körper einsetzen sollte. Ihn wie eine Opfergabe allen Prinzen in den restlichen drei Königreichen anbieten sollte.

Bei den verdammten Göttern im Himmel.

Ich setzte bereits an, etwas zu sagen, doch Clarence kam mir zuvor. Worüber ich diesmal froh war, denn nach solch einem respektlosen Vorschlag war meine Zunge lockerer denn je.

»Zügle deine Wortwahl, Tante«, knurrte Clarence. »Ich erinnere dich gerne daran, dass Oriana im vollen Besitz ihrer Magie ist und derzeit keine Onyxfesseln trägt.« Er blickte auf seine eigene Hand, die um den filigranen Stiel des Kelches spielte. »Oh, an meinen Handgelenken kann ich ebenfalls keine Onyxfesseln erkennen.« Mit gespielter Überraschung verzog er das Gesicht. »Also rate ich dir: Wähle deine Worte weiterhin ohne Bedacht und du hast zwei neue Feinde.«

Dass ich bereits ihr Feind war, behielt ich für mich. Noch immer mit geöffnetem Mund wirbelte ich zu Clarence herum.

Er bot seiner Tante die Stirn.

Ich gab es ungern zu, aber das war der Clarence, den ich kennengelernt hatte. Der mir auf unserer kurzen Reise nach Floranys ans Herz gewachsen war.

Götter, wie konnte das ein und dieselbe Person sein, die mich entführt hatte?

Amara blinzelte mehrmals, bevor sich ihr Blick klärte und sie ihn von Clarence losriss, um sich an mich zu wenden. »Ich bitte um Verzeihung. Mein Vorschlag war -« Sie räusperte sich. »Unangebracht.«

Das hätte ich – wenn ich in ihrer Haut stecken würde – ebenfalls behauptet. Clarence hielt zu mir und unwillkürlich schlich sich der Gedanke in meinen Kopf, dass er sich vielleicht gegen seine Tante wenden könnte. Für mich. Dass er mit viel Glück tatsächlich ein Verbündeter werden könnte.

»In Ordnung. Ich enttäusche dich nur ungern. Zane wird euch nicht helfen.«

»Das wird er«, war sich Amara sicher.

»Also schickst du mich zurück nach Westerys, damit ich Zane davon überzeuge, euch ebenfalls zu helfen?« Ich nahm einen großen Schluck der roten Flüssigkeit.

Die restlichen Wandler hatten die gesamte Zeit kein Wort von sich gegeben und machten auch diesmal keine Anstalten, sich zu rühren.

Amara lachte. »Nein, mein Kind. Wir wissen beide, wie das enden würde.«

Natürlich würde sie mich nicht zurück nach Hause schicken. Aber es war einen Versuch wert.

»Wir schicken einen Raben unter deinem Namen nach Westerys, um Zane ein Angebot zu machen.«

Mein Blick wanderte zu Clarence, der mittlerweile schon den zweiten Kelch geleert hatte, dann weiter zu den anderen anwesenden Gestaltwandlern.

Dann sah ich wieder zu Amara. »Du willst Zane erpressen, zuzustimmen«, stellte ich fest. »Erst wenn er zustimmt, lasst ihr mich gehen, nicht wahr? Falls ihr mich überhaupt freilasst.« Schnaubend schüttelte ich den Kopf. »Deshalb habt ihr mich entführt, anstatt in einem normalen Gespräch mit uns darüber zu sprechen.«

Natürlich steckte mehr dahinter.

»Du bist ein schlaues Kind«, meinte Amara und blickte zu Clarence, bevor sie weitersprach. »Bring sie zurück in ihre Zelle. Das Treffen ist beendet.« Danach hüpfte sie von ihrem Stuhl und die anderen Anwesenden taten es ihr gleich. »Ach, ich hätte beinahe etwas vergessen«, säuselte sie und nickte zu dem kleinen Vogel, der sich daraufhin erhob und auf mich zusteuerte.

Instinktiv rückte ich samt meines Stuhls zurück, doch der Vogel umfasste eine meiner vorderen Haarsträhnen, während er die andere Klaue wie eine Schere benutzte und mir die Strähne abknipste. Gleich danach kratzte er mit den Krallen über meine Wange und wischte die Blutstropfen, die aus meiner Haut quollen, mit der Haarsträhne ab. So schnell es geschehen war, so schnell war er wieder weg und ließ die Locke in Amaras Pfote fallen.

»Damit sie wissen, dass du wirklich bei uns bist«, trillerte Amara süffisant.

Sofort schoss meine Hand zu der viel zu kurzen Strähne, die mir wie ein missglückter Versuch von selbstgeschnittenen Stirnfransen in die Stirn fiel. »Das ist gerade nicht wirklich passiert«, murrte ich und schloss die Augen.

Nur Clarence blieb weiterhin sitzen und richtete sein Wort an mich. »Komm, ich bring dich zurück.«

Ich wartete, bis alle den Raum verlassen hatten, bevor ich antwortete.

»Hast du davon gewusst?«, schnauzte ich. »Hast du davon gewusst, dass deine Tante mich als Druckmittel gegen Zane verwendet?« Plötzlich war die fehlende Locke Schnee von gestern.

Clarence nahm einen kräftigen Schluck aus seinem Kelch.

Meine Stimme wurde lauter und energischer, als ich weitersprach. »Verdammt. Ich habe gefragt, ob du es wusstest!«

Schlagartig durchflutete die Magie meine Adern.

Als Clarence noch immer nicht antwortete, schloss ich eine Hand fest um die Tischplatte. Beinahe schmerzhaft krallte ich mich in das Holz, das unter meinen Nägeln nachgab, bis meine Knöchel weiß hervortraten.

»Ich vermutete es«, begann er leise. »Aber mit Sicherheit wusste ich es nicht. Sie hat mir aufgetragen, dich zu holen, als meine Frau. Damit du mich heiraten würdest. Und –« Clarence schluckte merklich, bevor er fortfuhr. »Und sie hatte mir aufgetragen, dich zu zwingen, wenn du nicht freiwillig mitkommst, denn du würdest dich früher oder später trotzdem in mich verlieben, wenn wir genügend Zeit zusammen verbringen. Aber in den Moment, an dem ich dich durch Zanes Gemächer gehört hatte …« Er schloss die Augen und legte seinen Kopf in den Nacken. »Nur am Rande erwähnte sie, dass sie deine Magie brauchen würde. Aber wie dringend ahnte ich zuerst nicht. Zumindest dachte ich, du würdest uns sowieso helfen, wenn –« Wenn ich mich in ihn verlieben würde, sagte er zwar nicht, jedoch wusste ich, worauf er hinauswollte.

»Ich hätte nicht gedacht, dass du so naiv bist, Clarence.«

»Liebe macht naiv.«

»Liebe macht in deinem Fall dumm.«

Ich verfolgte jede seiner Regungen genau. Empfand beinahe Mitleid mit ihm. Seine eigene Tante, die jahrelang verschollen war, hatte ihn benutzt, um an mich ranzukommen. Um mich als Druckmittel zu verwenden. Erst jetzt war ihm klar geworden, dass er genauso eine unbedeutende Schachfigur in ihrem Plan war.

Selbst wenn er vom Schachbrett verschwinden würde, wären genügend andere Figuren da, um das Spiel zu ihren Gunsten zu drehen.

»Clarence«, murmelte ich und ließ meinen Blick quer durch den Raum wandern, um sicherzugehen, dass sich niemand sonst hier befand. »Ich glaube, deine Tante verfolgt ihre eigenen Pläne und lässt dich außen vor.«

Götter, wie konnte ich ernsthaft Mitleid für ihn empfinden?

»Selbst wenn. Sie kämpft für alle Gestaltwandler, für ihre Freiheit. Die unschuldigen Seelen, die unterdrückt wurden, verflucht wurden.« Seine Stimme war von Schmerz geprägt und seine Augen genauso matt wie an jenem Tag, an dem er mich hierhergebracht hatte.

»Und rechtfertigt es das? Ist es dir das wert? Wenn sie für alle Gestaltwandler kämpft, wieso besteht sie dann darauf, dass du mir nicht zeigst, wie ich mich verwandle?« Automatisch umklammerte ich den Tisch fester, und erst als Clarence' Blick auf meine Hand fiel, erkannte ich den hellen Film, der das Holz überzog.

»Heb dir deine Energie für das morgige Training auf«, schlug Clarence vor, rückte den Stuhl zurück und stand auf.

»Welches Training? Ich dachte, wir wären fertig.« Verwirrt sah ich zu ihm auf.

»Du kannst deine Eismagie kontrollieren. Mal sehen, wie gut du dich im Wandeln schlägst.« Er rückte den Stuhl, auf dem ich saß, ebenfalls zurück, um mir zu signalisieren, dass ich aufstehen sollte. Anscheinend interessierte ihn Amaras Verbot nicht. Jedoch ging er auch nicht näher auf meine Frage ein. »Ich bringe dich jetzt in deine Zelle. Aber zuvor gib mir dein Armband.«

Ich räusperte mich.

»Was?« Mein skeptischer Blick sprang von seiner ausgestreckten Hand zu meinem Handgelenk zurück zu seiner Hand. »Seit fünf Jahren habe ich es nicht abgenommen«, murmelte ich und strich mit federleichten Fingern über die feinen Kristalle. »Ich kann es nicht abnehmen. Damals, als meine Mutter es mir zu meinem sechzehnten Geburtstag geschenkt hat, meinte sie, ich solle es niemals abnehmen. Dass es mich immer beschützen würde, solange ich es trage.« Fest umklammerte ich das Armband, während die Erinnerungen auf mich einrasselten. Ich konnte es nicht einfach abnehmen, nicht an solch einem Ort, an dem ich die Sicherheit, die von ihm ausging, mehr als sonst brauchte. Hier, wo ich es am dringendsten benötigte, um etwas von *zu Hause* bei mir zu tragen. Ausgenommen den Diamantanhänger von Zane. Doch mein Kristallarmband war für meinen Ursprung … für Aseria … meine Eltern …

Clarence legte seine Hand über meine, die noch immer mein Armband fest umklammerte. »Ich weiß, wie schwer es ist. Aber wenn du es weiterhin trägst, werden sich deine Wandlerfähigkeiten nicht zeigen.«

Ich starrte zuerst auf unsere Hände, überrascht von der plötzlichen Berührung, danach in Clarence' Gesicht.

»Willst du es mir genauso wegnehmen wie meine Freiheit?«

»Nein, Oriana«, seufzte er. »Ich quäle mich schon genug deswegen. Bitte, nimm es einfach ab.«

Ich sah darauf. »Wie kann es sein, dass mein Armband die Fähigkeit unterdrückt?«

Erneut rückte er seinen Stuhl zurück, nahm wieder neben mir Platz und stützte sich mit dem Ellenbogen auf der Tischplatte ab. »Amara meinte, dass in unseren Gegenständen«, er gestikulierte zwischen uns, »deinem Armband und meinem Amulett, eine Träne des Ältesten der Wandler eingeschlossen wurde, um uns zu schützen.« Beiläufig zuckte er mit den Schultern. »Ob ihre Geschichte stimmt, weiß ich leider nicht. Aber eins weiß ich, sie unterdrücken es tatsächlich.«

»Unsere Mütter waren Freundinnen«, erzählte ich. »Deine Mutter, Zanes und meine. Wusstest du das?« Ich erinnerte mich an das Gespräch mit Sierra bei den Vorbereitungen für die Hochzeit …

Seine Augenbrauen verzogen sich. »Das von Zanes Mutter wusste ich nicht.«

»Sie war es, die es mir erzählt hat. Dass sie einst mit Madeline und Juliette zusammen in einem kleinen Dorf gelebt hatte.« Der Name meiner Mutter blieb mir beinahe in der Kehle stecken und erinnerte mich daran, was meine eigentliche Aufgabe war. Ihren Tod aufzuklären.

»Und nur noch Zanes Mutter ist übrig«, meinte Clarence. »Was für ein Zufall«, ergänzte er spöttisch.

Versuchte er tatsächlich, Sierra für etwas verantwortlich zu machen, was unseren Müttern zugestoßen war? Clarence' Mutter starb im Wochenbett, weshalb mich seine Andeutung verwirrte. Doch ich musste weiterhin taktisch bleiben. Er musste mir das Wandeln beibringen, und sobald ich es beherrschen würde, konnte ich fliehen. Deshalb ging ich auf seine Andeutung nicht weiter ein und ignorierte sie schlichtweg.

»Ich bin müde«, meinte ich stattdessen. »Bring mich in meine Zelle.« Dass ich mich diese Worte sagen hörte, schreckte mich, während ich sie noch laut aussprach.

Verwirrt starrte er in mein Gesicht, so als ob ich ihn gerade geohrfeigt hätte. Vermutlich war er genauso verwundert. Aber was blieb mir denn schon großartig übrig?

Schließlich nickte er nur, die Verwirrung ins Gesicht geschrieben. »Okay, in Ordnung … Wie du willst. Komm«, stammelte er, bevor er mich in meine geliebte Zelle begleitete.

Kapitel 6 Zane

Verbrannte Haut, gemischt mit den wohligen Schreien, die unkontrolliert aus Laurents Kehle hervorbrachen, war alles, was es benötigte, um meine Rache etwas zu befriedigen. Zwar war es nur ein Tropfen auf dem heißen Stein, aber dennoch besser als nichts, an dem ich meine Wut auslassen konnte. Aber egal wie viele Qualen ich ihm zufügte, keine von ihnen würde mir Oriana zurückbringen. Weshalb sie schlussendlich eine reine Verschwendung meiner Zeit waren. Und dennoch konnte ich es nicht lassen.

Nur die eisernen Fesseln hielten seinen Körper aufrecht an der Verlieswand. Tagelang versuchten wir jegliche Foltermethoden, um Orianas Aufenthalt aus ihm herauszubekommen. Doch dieser Bastard hielt dicht.

Natürlich fragte ich mich, ob er nichts wusste, aber ich konnte mir nicht vorstellen, dass er nicht einmal ahnte, wo sich sein Bruder mit Oriana aufhielt.

Meine Drohbriefe, welche ich nach Floranys gesendet hatte, wurden mit Unwissenheit beantwortet. König Garbhan wusste angeblich von keiner Entführung oder wo sich seine zwei Sprösslinge aktuell befanden. Na ja, ich wusste, wo sich einer von ihnen befand. Jedoch verschwieg ich es in meinen Briefen.

Ein Krieg mit Floranys war eines der letzten Dinge, die ich jetzt brauchte.

Mein bester Spion Irac war weiterhin in Seylen gefangen, weshalb er ebenfalls keine große Hilfe darstellte. Niemand anderem vertraute ich genügend, um ihn nach Floranys zu schicken, damit er nach Informationen suchen würde. Zuerst wollte ich selbst hinreisen, doch mein Vater riet mir eindringlich davon ab, da er vermutete, dass Clarence sie nicht zurück nach Floranys gebracht hatte.

So dumm war selbst er nicht.

Jeden Tag ging ich quer durch meine Gemächer, sodass bestimmt bald eine Furche im Steinboden zu sehen sein würde. Meinen Bediensteten befahl ich, die Laken nicht zu wechseln, damit ein Funken von Oriana bei mir blieb. Es trieb mich in den Wahnsinn, nicht zu wissen, wo dieser blonde Bastard sie hin verschleppt hatte. Wie es ihr gegenwärtig ging.

Bei den Göttern … Was dieser liebeskranke Idiot mit ihr vermutlich anstellte …

Mit beiden Händen hämmerte ich gegen die steinerne Wand, sodass sich meine Goldringe schmerzhaft in mein Fleisch bohrten. Das war das einzige Gefühl, das neben der Wut aktuell meinen Körper in Besitz nahm.

Schmerz.

Der Schmerz, der mein Herz im festen Griff hatte, war unbeschreiblich. Öfter als ich an einer Hand abzählen konnte, musste mich mein Vater von Laurent zerren, damit ich ihn nicht umbrachte. Es war mir beinahe nicht möglich, mich zu kontrollieren.

Die tiefe, reine Liebe, die ich für Oriana empfand, brachte meine schlimmste Seite hervor. Fast genauso schlimm war es, als Rohana von dem Verschwinden ihrer Schwester erfuhr. Dass sie mich dafür hasste, nahm ich ihr nicht übel. Genauso wenig wie ihre Ohrfeige, die ich wirklich verdient hatte.

Ich hatte sie nicht beschützen können. Ich hätte sie beschützen müssen. Es war meine alleinige Schuld. Alles, was ihr Schreckliches widerfahren war – widerfahren würde –, war meine Schuld.

Und ich hasste mich dafür.

Jeden. Einzelnen. Tag.

Doch anstatt im Selbstmitleid zu versinken, entschied ich mich, alle zu vernichten, die für diese Situation verantwortlich waren.

Während ich in Gedanken versunken durch den Kerker huschte, hörte ich, wie Laurent neben mir zu husten begann.

Dieser Bastard war endlich aufgewacht.

»Das wurde auch Zeit«, schnaubte ich und blieb vor ihm stehen.

Erneut hustete er, sodass Blut aus seinem Mund spritzte und seine zerfranste Tunika befleckte.

Jedes Mal, wenn ich ihn verbrannte, ihn verprügelte, heilte er wenige Stunden später vollständig.

»Mir gefällt das Ganze genauso wenig wie dir. Also rück verdammt noch mal mit der Sprache raus.« Blitzschnell schoss meine Hand zu seinem Gesicht und umklammerte seinen Kiefer, damit ihm nichts anderes übrig blieb, als mir ins Gesicht zu sehen. »Zum hunderttausendsten Mal. Wo ist Oriana? Wo hat er sie hingebracht?«, presste ich durch zusammengebissene Zähne hervor.

»Ich erzähle dir gar nichts«, spuckte er mir entgegen.

Angewidert verzog ich das Gesicht und ließ ihn ruckartig los. Wieder zog ich meine Kreise in dem Verliesabteil. Grübelte, wie ich etwas aus ihm herausbekommen würde. Folter brachte bei diesem Scheißkerl nichts. Egal wie unaussprechlich grausam die Taktiken meines Vaters waren, die selbst mich nicht kaltließen.

Wenn meine Mutter herausfinden würde, was aktuell mit dem Sohn ihrer ehemaligen Freundin geschah, würde sie meinem Vater und mir die Hölle heißmachen. Nach Orianas Entführung hatte sie mir alles über ihre Vergangenheit erzählt. Leider hatte sie ebenfalls keinen blassen Schimmer, wo Clarence sie hingebracht haben könnte.

»Bei den Göttern im Himmel«, hörte ich die entsetzte Stimme meiner Mutter vom Zelleneingang.

Wenn man vom Teufel spricht.

Sofort stürmte sie in den Raum, direkt auf Laurent zu. »Was habt ihr mit ihm angestellt?«, fragte sie mit zu viel Mitleid in der Stimme, wenn es nach mir ging.

Ihr Kopf schnellte in meine Richtung und ihre Augen glühten beinahe vor Wut. Würde sie über dieselbe Feuermagie wie ich verfügen, hätte sie mich vermutlich alleine mit ihrem hasserfüllten Blick zu Asche verbrannt.

Ich zuckte beiläufig mit dem Schultern. Folter war, bei den Göttern, nicht meine Lieblingsbeschäftigung, jedoch war es unvermeidlich. Wenn es irgendeine Chance gab, dass Laurent verraten würde, wo Oriana war, würde ich weitermachen. Bis zum bitteren Ende. Egal, mit welchen begangenen Gräueltaten ich leben musste.

»Er ist noch immer Madelines Sohn, Zane. Sag mir nicht, dass du ihn seit einer Woche hier unten so misshandelst. Das war bestimmt die Idee deines Vaters, richtig?« Sie schüttelte ihren Kopf und legte eine Hand an Laurents blutbefleckte Wange. »So bist du nicht Zane. Nein.«

»Ihr kanntet meine Mutter?«, krächzte Laurent.

Ich trat einen Schritt an die beiden heran. »Hätte er vor einer verdammten Woche mit der Sprache rausgerückt, würde er nicht hier hängen.«

Laurent schmunzelte, soweit es ihm möglich war.

»Mach ihn los. Wir können das bestimmt auf eine gesittetere Weise regeln«, meinte meine Mutter. »Laurent?« Sie umfasste mit der zweiten Hand sein Gesicht und hielt es hoch, damit er ihrem Blick begegnete. »Wenn du willst, dass das hier aufhört, dann verrate uns, wo Oriana ist. Ich bitte dich. Im Gegenzug erzähle ich dir, woher ich deine Mutter kannte.«

Einige Atemzüge starrte er meine Mutter an, bevor er begann mit leiser Stimme zu sprechen. »Sobald ihr sie findet, werdet ihr Clarence und mich töten.«

»Darauf kannst du Gift nehmen«, sagte ich und biss die Zähne fest aufeinander. Bei Laurent würde ich vielleicht noch ein Auge zudrücken, aber Clarence würde mit Sicherheit den Tod durch meine Hand finden.

Der Kopf meiner Mutter wirbelte herum. »Du bist keine allzu große Hilfe, Zane. Wie wäre es, wenn du wieder zurück nach oben gehst, während ich mich mit Laurent unterhalte.«

Ein sarkastisches Lachen brach aus mir hervor. »Ich lasse dich sicher nicht mit ihm hier allein.«

»Es sind genügend Wachen hier, die mich im Notfall beschützen.« Sie machte eine raumeinfassende Geste. »Also geh. Wir unterhalten uns später.«

Einen letzten Blick warf ich zu Laurent und deutete drohend mit dem Finger auf ihn. »Irgendwelche Tricks und ich werde dir eigenhändig den Kopf herunterreißen und ihn vor den Toren von Floranys aufspießen. Gleich neben dem Kopf deines Bruders.« Danach verschwand ich.

Meine glühenden Hände ballte ich zu Fäusten und versuchte auf dem Weg in meine Gemächer niemanden in Brand zu setzen, wenn neugierige Blicke auf mich trafen. Seit Tagen verbrachte ich die meiste Zeit unter dem Palast in den Baracken, um Laurent zum Singen zu bringen. Mein Vater leistete mir den Großteil der Zeit mit dem größten Vergnügen Gesellschaft.

»Prinz Zane!«, hörte ich eine weibliche Stimme hinter mir rufen. Ohne auf sie zu reagieren, führte ich meinen Weg zielsicher fort.

»Bitte bleibt stehen!«, ertönte es erneut. Diesmal wirkte die Stimme noch eine Oktave höher.

Ich biss die Zähne fester aufeinander und wirbelte herum. Im Schnellschritt kam Mirabelle auf mich zu. Seit dem Ball vor einigen Wochen hatte ich sie nicht mehr zu Gesicht bekommen.

»Mirabelle«, stellte ich ernüchtert fest. »Was wollt Ihr?«

Sie machte einen kurzen Knicks und während sie sich erhob, strich sie ihr viel zu enges Korsett zurecht. »Die Höflinge fragen sich, wo Eure Prinzessin aus dem Norden steckt.«

»Vermutlich meint Ihr Euch selbst, wenn Ihr von *den Höflingen* sprecht«, stellte ich kühl fest.

»Wäre das denn verwerflich?« Ihre rosa geschminkten Lippen verzogen sich zu einem unschuldigen Schmollmund, sodass mir beinahe mein Frühstück von heute Morgen wieder hochkam.

»Euch haben meine Angelegenheiten schlichtweg nicht zu interessieren. Seid froh, weiterhin am Hof leben zu dürfen. Ginge es nach mir, wärt Ihr vor einem Jahr in Flammen aufgegangen.« Ich hielt es nicht für nötig, meine Gedanken zu beschönigen.

Ihr Miene blieb zu einem sanften Lächeln verzogen, als ob ich ihr nicht gerade erzählt hätte, dass ich sie damals gerne getötet hätte. Sie verschränkte stattdessen die Arme hinter ihrem Rücken und drückte mir ihre fast entblößte Brust weiter entgegen. Wenn sie tatsächlich annahm, dass ich bei ihren absichtlich freizügigen Kleidern nachgeben würde, hatte sie auf das falsche Pferd gesetzt. Nichts interessierte mich weniger als ihre Brust.

Seitdem ich Oriana kennengelernt hatte, blendete ich automatisch jede Frau gänzlich aus. Vollkommen irrelevant, wie diese gekleidet war, sich mir an den Hals schmiss oder nicht. Dies war eine natürliche Handlung, ohne dass ich darüber nachdenken musste.

Mein Herz gehörte allein Oriana.

Ihr gehörte alles von mir.

»Als ich gestern im Gewächshaus spazieren war, hörte ich einige Damen tuscheln, dass Ihr die Prinzessin leid geworden seid und sie deshalb nicht mehr in Westerys verweile.« Sie seufzte, was beinahe einem Stöhnen glich. »Jetzt steht uns nichts mehr im Weg. Daher dachte ich, ich suche Euch auf, Prinz.« Unschuldig leckte sie sich über die Unterlippe.

Die Wut, die in mir kochte, war kaum im Zaum zu halten. Schon im Verlies verlangte es mir einiges ab, mich zu kontrollieren. Mirabelle verstärkte den Drang, etwas zu zerstören, wie ein Brandbeschleuniger. Sie war der Grund gewesen, weshalb Oriana vor über einem Jahr abgereist war und uns beinahe dieses Leben verweigert geblieben wäre. Nachdem Mirabelle den Kelch mit Wein über Orianas Kleid gekippt hatte und diese daraufhin direkt aus dem Raum gestürmt war, hätte ich Mirabelle beinahe vor aller Augen zu Asche verbrannt. Mein Vater hatte einschreiten müssen, sonst würde mir diese Frau heute nicht gegenüberstehen. Vielleicht wäre es besser für alle Beteiligten gewesen, wenn er sich zurückgehalten hätte. Doch eine Hofdame vor aller Augen zu töten, wäre nicht besonders *prinzlich*, meinte mein Vater.

Obwohl mir sonst der unvergessliche Moment, an dem Oriana sich an Mirabelle gerächt hatte, vorenthalten geblieben wäre.

Das war aber auch schon das einzig Gute an Mirabelle.

»So viel Zeit kann nicht vergehen, dass ich das Interesse an Oriana jemals verlieren würde. Ihr gehört mein Herz.« Symbolisch legte ich meine flache Hand auf mein schmerzendes Herz. Bei den Göttern, wann war ich zu solch einem schnulzigen Mann geworden? »Tut uns beiden bitte einen Gefallen und verschwindet.«

Es wirkte, als würde sie meine Abneigung nur noch mehr anspornen, denn sie kam einen Schritt näher. Langsam legte sie ihren Kopf in den Nacken und blickte durch die schwarz geschminkten Wimpern zu mir auf, die wie Spinnenbeine aneinanderklebten. Ihre blauen Augen wirkten fahl im Gegensatz zu Orianas Prachtexemplaren, die wie ein paar der wertvollsten Saphire strahlten.

»Ziert Euch nicht so.« Sie versuchte, ihre Hand an meine Brust zu legen, doch bevor es ihr gelang, schnappte ich ihr Handgelenk. Zuerst entlockte ihr der plötzliche Körperkontakt ein verführerisches Lächeln. Doch kurz darauf begannen meine Finger zu glühen, während ich den Griff verstärkte und ihr mitten ins Gesicht blickte.

»Prinz Zane, Ihr tut mir weh«, sagte sie und ich schmeckte ihre wachsende Panik deutlich heraus. Ruckartig versuchte sie, mir ihr Handgelenk zu entziehen, doch ich hielt es warnend einen Moment länger fest.

»Solltet Ihr es jemals wagen, mich zu berühren, oder sollte ich Euch noch ein einziges Mal zu Gesicht bekommen, wird das nächste Aufeinandertreffen anders ausgehen. Habt Ihr mich verstanden? Seid dankbar, dass ich Euch damals nicht aus dem Palast verbannt habe. Aber jetzt ist Eure Zeit abgelaufen.«

Sie schaute mich einen Atemzug lang an. Ein zweiter Atemzug verging, bis sie fest blinzelte. »Wisst Ihr was? Ich bereue nichts. Selbst wenn dieser Mann nicht aufgetaucht wäre, hätte ich mich Oriana und Euch in den Weg gestellt. Ich arbeite seit Jahren an dieser Verbindung mit Euch und alles wurde mir genommen in dem Moment, in dem diese Eisprinzessin auftauchte«, zischte sie mir entgegen und erst jetzt gab ich ihr Handgelenk frei.

Ich zog die Stirn kraus. »Wovon sprecht Ihr? Was für ein Mann?«

»Vor einem Jahr hat er mir geraten, Prinzessin Oriana zu blamieren, denn dann hättet Ihr nur Augen für mich.« Tränen blitzten in ihren Augen auf. »Wenn Prinzessin Oriana öffentlich gedemütigt würde und Ihre Ehre beschmutzt, hättet Ihr danach kein Interesse mehr an ihr.« Die Tränen rannen nun über ihre Wangen und hinterließen schwarze Rinnen. »Aber der Mann hatte gelogen.« Mit dem Handrücken wischte sie eine Träne beiseite. »Es hat die Situation nur verschlimmert.«

Unberührt von ihrem gegenwärtigen Gefühlsausbruch musste ich erfahren, wer ihr diesen Floh ins Ohr gesetzt hatte. Wer dafür verantwortlich war.

»Wer war der Mann?«, hakte ich nach.

»Ich weiß es nicht. Ich kannte ihn nicht«, schniefte sie. »Ich hatte ihn nie zuvor gesehen, aber auf dem Ball waren damals so viele unbekannte Gesichter.«

Ich wandte meinen Blick von ihrem verheulten Gesicht ab. Die Zufälle häuften sich und es lag nahe, dass hinter allem derselbe Täter steckte.

Die Frage lautete dennoch: Wieso?

Wer würde Mirabelle dazu drängen, sich zwischen Oriana und mich zu stellen, ausgenommen ihr viel zu ausgeprägtes Selbstbewusstsein.

Wer hatte einen Vorteil davon, die Beziehung zwischen Oriana und mir zu sabotieren? Das ausschlaggebende Puzzleteil fehlte, das alles zu einem deutlichen Bild zusammenfügen würde.

»Nun geht mir endlich aus den Augen«, schnauzte ich ihr entgegen. So schrecklich es sich auch anhören mochte. Meine gesamte Aufmerksamkeit lag darauf, Orianas Aufenthalt herauszubekommen.

Mirabelle wischte mit den Händen die restlichen Tränen von

ihren Wangen und verbeugte sich kurz. »Mein Prinz.« Sie nickte und verschwand schneller, als ich sie jemals hatte laufen gesehen. Ich war aktuell nicht der ehrenwerte Prinz Zane von Westerys. Ich war ein gewöhnlicher Mann, der alles dafür tun würde, die Liebe seines Lebens zurückzubekommen.

Einige Stunden später saß ich an meinem Arbeitstisch. Während ich die bernsteinfarbene Flüssigkeit in meinem Glas schwenkte, ging ich die Unterlagen durch, die mein Berater Gason mir hatte zukommen lassen. Vor Kurzem war er mit einigen seiner Männern von Aseria weiter nach Seylen gereist.

Gason bestand zwar darauf, eine offizielle Besprechung zu veranstalten, doch ich hatte aktuell keinen Nerv dafür, irgendjemanden um mich zu haben.

Mit Alkohol in meinem Blut stöberte ich mich durch die Stapel an Dokumenten und Aufzeichnungen aus Seylen. Ein ins Nichts führendes Gespräch nach dem anderen ging ich durch. Nebensächliche Informationen, dass sie einen der Köche ausgewechselt hatten oder der König das Schloss umdekorieren ließ.

Ernüchternd musste ich feststellen, dass allesamt Schnickschnack waren.

Solange wir nicht einen Gegenzauber finden würden, damit Mabel uns erzählen könnte, was wirklich passiert war, würden nur Mirabelles Worte uns Hinweise liefern. Natürlich könnte ich versuchen, sie so zu quälen wie Laurent. Nur wusste ich, was das mit Oriana machen würde. Also ließ ich den Gedanken lieber schnell sein.

Die physische Trennung von meiner Geliebten war unaushaltbar. Jeder Knochen fühlte sich zu groß für meinen Körper an. Jede Emotion zu intensiv, während jeder Atemzug zu einer Höllenqual wurde.

Albträume raubten mir den Schlaf, die sich viel zu real anfühlten. Albträume, in denen unaussprechliche Dinge passierten und ich hilflos danebenstand. Alles mitansehen musste, während ich mich keinen Millimeter bewegen konnte. In meinen Träumen war ich genauso mittellos wie in der echten Welt. Ich konnte so wütend sein, wie ich wollte, so viele Menschen töten oder ganz Floranys niederbrennen und dennoch würde es mir nicht weiterhelfen. Nichts davon würde mir meine Oriana zurückbringen.

Nur Laurent konnte helfen.

Vielleicht würde es meiner Mutter gelingen, etwas aus ihm herauszubekommen.

Ein Klopfen ertönte. »Prinz Zane, ein Rabe aus Aseria.«

Einen Moment lang schloss ich die Augen und atmete tief durch. »Ihr könnt eintreten.«

Mein Kommandant Gavriel, den ich seit der Reise nach Westerys kaum mehr zu Gesicht bekommen hatte, trat ein.

»Ach Gavriel, du bist es.« Ich ging zu der Bar und richtete ihm einen Drink. »Whiskey wie immer?«

Er nahm an meinem Arbeitstisch Platz. »Vier Finger breit.«

»Ebenso einen harten Tag?«, fragte ich. Klimpernd fügte ich noch einen großen Eiswürfel hinzu, bevor ich ihm das Glas reichte.

»Das solltest du lesen.« Ein großzügiger Schluck von seinem Getränk folgte, bevor er sich räusperte. »Der Absender des Briefes ist Prinzessin Oriana. Zumindest wurde er unter ihrem Namen versendet.«

Mein Herz und meine Atmung setzten für mehrere Augenblicke aus. Vielleicht hatte ich mich verhört. Meine Ohren könnten mir einen Streich gespielt haben. »Habe ich richtig verstanden?«

Er streckte mir den versiegelten Brief entgegen und kippte danach den nächsten Schluck hinunter. »Sieh selbst.«

Ohne zu überlegen schnappte ich mir den Brief. Und tatsächlich. Orianas Name.

Meine Finger fuhren die einzelnen Buchstaben auf dem Umschlag nach. Der erste Gedanke, der sich in meinem Kopf schlich, war, dass es ihr vielleicht gelungen war zu fliehen. Vielleicht hatte sie es geschafft, ihm zu entkommen, und war untergetaucht.

Doch die Euphorie hielt nicht lange genug an, dass sie sich in mir festsetzte. Denn nachdem ich das Siegel erbrochen und den Brief geöffnet hatte, merkte ich, dass er nicht von Oriana stammte. Denn es war eindeutig nicht ihre Handschrift. Langsam nahm ich am Arbeitstisch neben Gavriel Platz und begann zu lesen.

Ich musste erneut in einem meiner Albträume gefangen gehalten sein. Was in dem Brief stand, konnte nicht der Wahrheit entsprechen, es konnte einfach nicht wahr sein.

Zögernd streichelte ich mit dem Finger über die schwarze kleine Haarsträhne, die dem Brief beigefügt war. Eine ihrer Haarsträhnen … mit angetrocknetem Blut.

Wie in einer Stockstarre fixierte ich das Papier. Vernahm ein eintöniges Rauschen in meinen Ohren, fühlte es in meinen Adern. Und urplötzlich standen meine Hände in Flammen. Schwarze Brandflecken breiteten sich überall da aus, wo meine Finger den Brief berührten, bis er sich in ein Häufchen Asche verwandelte.

Mitsamt Orianas blutiger Haarsträhne.

Irgendeine Frau namens Amara hielt Oriana gefangen.

»Zane«, hörte ich Gavriel durch das Rauschen.

»Sie wollen sie an Clarence verheiraten, wenn ich nicht zustimme, sie bei ihrem Plan zu unterstützen.«

»Welchen Plan?«

Langsam sah ich von dem Häufchen Asche in meinen Händen zu meinem ersten Kommandanten auf. »Alle Gestaltwandler zu befreien.« Die Worte brannten auf meiner Zunge wie ätzendes Gift. »Und sobald ihre Ehe vollzogen sein wird, besteht keine Chance mehr auf eine Annullierung oder Scheidung. Du weißt, wie die Gesetze sind.«

Ich wandte mich von Gavriel ab, steuerte erneut auf die Bar zu und nahm einen kräftigen Schluck direkt aus der Flasche. Angewidert verzog ich das Gesicht, während die Flüssigkeit noch in meinem Hals brannte.

Wenn das so weiterging, würde ich noch zum Alkoholiker werden.

Gavriel schüttelte den Kopf. »Diese altertümlichen Regeln

gelten doch in Westerys seit der Herrschaft deiner Eltern nicht mehr«, räumte er ein.

»In Westerys nicht, nein.« Ich nahm einen erneuten tiefen Schluck. »Aber sollte die Hochzeit auf floranischem Boden stattfinden, würden die alten Gesetze gelten und nur der König persönlich könnte diese Verbindung auflösen.« Ein emotionsloses Lachen brach aus mir hervor, während ich meinen Blick wieder auf meinen Kommandanten richtete. »Und wie wir beide wissen, wird das niemals passieren.«

»Was hast du vor? Wirst du in den Krieg ziehen?«

Erneut zog ich Kreise durch den Raum, ging hektisch auf und ab in der Hoffnung, einen klaren Gedanken zu fassen. Einen rationalen Gedanken, der nicht ›ich töte jeden um mich herum‹ war.

»Berufe ein Treffen ein«, befahl ich und Gavriel erhob sich nur eine Sekunde später.

»Zu Befehl.« Symbolisch salutierte er, bevor er den Raum verließ.

Sobald die Tür hinter ihm ins Schloss fiel, schnappte ich mir die Whiskeyflasche, nahm einige letzte Schlucke und schmiss sie mit einem kehligen Schrei auf den Lippen gegen die Wand. Die Flasche zerbarst in tausende Teile und die bernsteinfarbene Flüssigkeit rann von dem hellen Verputz.

Die Tür schwang auf und einer meiner Wachmänner stürmte herein. »Prinz Zane, ist bei Euch alles in Ordnung?« Sein Blick fand zuerst die befleckte Wand, auf die ich starrte, danach die Scherben, die am Boden lagen. »Soll ich ein Dienstmädchen schicken?«

Ich schüttelte meinen Kopf aus der Starre. Dass eines der Dienstmädchen meinen Wutanfall ausbaden müsste, wollte ich nicht. »Nicht nötig, danke«, erwiderte ich schwer atmend.

Er nickte und verschwand ohne ein weiteres Wort.

Kapitel 7 Oriana

Nachdem ich aufgewacht war, versuchte ich irgendwelche Veränderungen an mir zu entdecken. Gestern Abend mein Kristallarmband abzulegen, fiel mir schwerer als gedacht. Seit über fünf Jahren hatte ich es getragen. Tag und Nacht.

Ich hatte es unter den dünnen Stoff, der ein Kopfkissen darstellen sollte, gelegt und war schlafen gegangen.

Clarence meinte, mein Körper könnte sich, während ich schlief, von der dauerhaft unterdrückten Gabe erholen, damit wir früh am Morgen mit unseren Übungen starten könnten.

Bisher merkte ich jedoch nichts davon.

Die Informationen, die beim gestrigen Gespräch mit Amara gefallen waren, machten mir weiterhin zu schaffen und verfolgten mich bis in meine Träume. Die Angst, dass sie Zane oder meiner Familie etwas antun könnte, wenn sie oder ich nicht kooperieren würden, wuchs stetig. Doch die Angst spornte mich genauso weiter an, mich meinem Geburtsrecht zu stellen. Und immer mehr hoffte ich, dass alle hier richtig liegen würden, dass ich wirklich eine Wandlerin war. Dann könnte ich es wenigstens für meine eigenen Zwecke beanspruchen, um von hier zu verschwinden.

»Wieso heißt es eigentlich *die Höhle des Emryn*?«, fragte ich, als Clarence einige Stunden später in meiner Zelle auftauchte.

Er schmunzelte. »Emryn war einer der ersten Gestaltwandler, so erzählt man es sich. Angeblich gehörte er zu den drei Ältesten der Gestaltwandler und hat damals mit seinen Brüdern die Höhle als Zufluchtsort geschaffen.«

»Meinst du, die Ältesten der Wandler, die mit ihrer Träne mein Kristallarmband verzaubert haben?«

Er nickte. »Genau. Ich habe sie selbst nie getroffen. Sie sind halb Mythos, halb Wahrheit und nur wenige hatten bisher die Ehre, ihnen tatsächlich zu begegnen.«

Ich zog meine Augenbrauen fragend zusammen. »Wieso das?«

Clarence zuckte beiläufig mit den Schultern. »Sie leben in den Wäldern und schon vor der Verbannung war es beinahe unmöglich, sie zu finden. Viele haben es versucht, sind jedoch gescheitert«, erzählte er. »Aber nun kommen wir zu dem, wieso wir hier sind.«

Und damit würgte er jegliche weitere Frage meinerseits ab. Es gab unzählige Dinge, die ich über die Gestaltwandler nicht wusste. Und alles, was ich in Büchern oder von Erzählungen jemals aufgeschnappt hatte, entsprach nicht der Wahrheit.

»Aber natürlich«, stimmte ich zu, denn zu lernen, wie ich mich verwandeln konnte, war tausend Mal wichtiger als meine Fragen.

»Sich in eine andere Gestalt zu verwandeln ist einfacher, als man als Außenstehender vielleicht denken mag«, begann er. »Das Wichtigste ist, dass du dir deine Gestalt in deinem Kopf bildlich vorstellst. Du musst den Menschen oder das Tier fühlen, in das du dich verwandeln möchtest.«

Er begann seine Hose zu öffnen und streifte sie von seinen Beinen.

Ich trat einen Schritt zurück. »Verdammt, was machst du da?«

Clarence ignorierte mich und knöpfte weiterhin seelenruhig seine Tunika auf, während er untenrum nur noch weiße Boxershorts trug.

So schrecklich sein Charakter auch war und so ungern ich es zugab, er sah verdammt gut aus. Alleine für den Gedankengang wollte ich mich am liebsten selbst ohrfeigen.

Als er nur noch in seine Unterhose gekleidet vor mir stand, legte er den Kopf in den Nacken und schloss die Augen. Seine ausgestreckten Arme begannen zu glühen und langsam verwandelte sich seine Haut in Federn, seine Füße in scharfe Klauen. Mit einem hellen Aufleuchten stand mir plötzlich ein überdurchschnittlich großer Adler gegenüber. Und neben ihm seine kaputten weißen Boxershorts.

Deswegen hatte er sich zuvor ausgezogen.

Automatisch wich ich einen Schritt zurück. Gleichermaßen beeindruckt, als auch mulmig zu Mute.

»Du kannst es schon jahrelang kontrollieren. Natürlich ist es für dich einfach«, meinte ich und deutete mit der Hand auf ihn.

Zuerst kam ein Krächzen aus seinem gelben Schnabel, bevor er sich räusperte und normal zu sprechen begann. »Es gab damals niemanden, der es Laurent oder mir beigebracht hatte. Wir mussten selbst probieren, wie wir es gezielt einsetzen können.« Er legte den Kopf schief und musterte mich wie das Raubtier, welches er gegenwärtig war. Und obwohl ich wusste, dass mir nichts passieren würde, beschleunigte sich mein Herzschlag, als er näher an mich heranhopste.

»Und wie stelle ich es an?«, wollte ich wissen und zog die Augenbrauen hoch.

Clarence breitete seine Flügel aus, soweit es ihm in der Zelle möglich war, und hopste flügelschlagend näher heran. Hob seine Klauen und schrammte sie über meinen Oberschenkel.

Unkontrolliert löste sich ein grölender Schrei aus meiner Kehle und mein Körper kippte nach vorne. Sofort presste ich eine Hand auf meinen Schenkel, doch zwischen meinen Fingern quoll bereits warmes Blut hervor. Der schwarze Baumwollstoff meiner Hose war vollkommen zerfetzt, und nachdem ich die Hand von der Wunde genommen hatte, um einen Blick zu riskieren, sah ich die tiefen Kratzspuren, aus denen immer mehr Blut sickerte. Niemals zuvor hatte ich solch einen intensiven, brennenden körperlichen Schmerz empfunden. Wenn ich nicht mein Bein unter meinen Fingern gespürt hätte, hätte ich gedacht, es wäre mir herausgerissen worden.

Durch zusammengebissene Zähne zischte ich. »Du verdammter Mistkerl.« Wutentbrannt blickte ich zu Clarence auf.

Erneut kam ein Krächzen aus seinem Schnabel.

»Was für ein unsittlicher Sprachgebrauch für eine Prinzessin, selbst für dich«, verspottete er mich.

Ich wusste zwar, dass Clarence nicht mehr mein Freund war. Wie auch, er hatte mich entführt und hier eingesperrt. Doch ich dachte nicht, dass er mich so stark verletzen würde.

Sein neugieriger schneeweißer Kopf senkte sich zu meiner Wunde. »Lass mich mal sehen.«

Aus meiner Hand schoss ein Schneestoß, der ihn gegen die Wand katapultierte, während ich schrie. »Fass mich nicht an! Ich schwöre dir, ich bring dich um! Dich und deine Psychotante!«

Vorsichtig rappelte er sich wieder vom Boden auf und richtete seine Flügel, bevor er sie dicht an seinen Körper legte.

»Wenn du lernen willst, wie man sich verwandelt, dann bring mich nicht um«, knurrte er, soweit es seine Stimme zuließ.

Sein Blick fiel erneut auf mein Bein. »Dachte ich es mir doch.« Von links nach rechts und wieder zurück wanderte sein Kopf, während er mich musterte. »Dachte ich es mir doch, dass ich recht habe.«

Mit zusammengezogenen Augenbrauen sah ich an mir herab und bemerkte, dass mein Bein nicht länger blutete. Meine Gesichtszüge lockerten sich, als ich erkannte, was gerade mit mir geschah. Mein Schmerz ließ deutlich nach.

»Das kann nicht sein«, murmelte ich geistesabwesend. Mit einem Ruck riss ich den Stoff der Hose weiter auseinander, um eine bessere Sicht auf die Verletzung zu bekommen. Und als ich die leichte Kruste auf den Kratzspuren sah, wurde mein Körper von meiner Magie kühl durchströmt, als ob sie die Fähigkeit des Wandelns ummantelte und mit ihr verschmolz. Sich mit ihr verbündete, sodass ich sie ebenfalls in meinen Venen fühlte. Doch dieses war kein kühles Gefühl. Es fühlte sich nach der puren Lebensessenz an. Wie das Summen der Bienen, wie die Flügelschläge eines Vogels, wie das kraftvolle Brüllen eines Löwen, das Galoppieren von Hufen, das Fauchen eines Raubtieres oder der Biss einer Giftschlange.

Intensiv, lebendig und so fremd in meinem Körper.

Mit einem hellen Licht verwandelte Clarence sich wieder in seine menschliche Gestalt. »Ich hatte recht. Du hast es in dir. Fühlst du es?« Er trat einen Schritt näher an mich heran. »Fühlst du die Gabe deiner Mutter?«

Das Einzige, was ich gerade fühlte, war verdammt viel Scham. Clarence war in seiner menschlichen Gestalt und splitterfasernackt.

Und ich starrte von meiner Wunde zu ihm und wieder zurück. »Du bist –« Ich gestikulierte in seine Richtung. Vermutlich reichte ihm dies als Zeichnen, um sich seine zuvor ausgezogenen Klamotten zu schnappen und sich zu bedecken.

Aber ich hatte bereits *alles* gesehen.

»Ich kann mich gleich wieder anziehen oder auch später, wie du willst.«

»Besser gleich.« Jedoch wandte ich den Blick nicht ab.

Was ihn vermutlich amüsierte, denn er grinste schief, als er langsam in seine Kleidung schlüpfte.

»Um auf deine vorherige Frage zurückzukommen – ja, ich spüre sie.« Aus irgendeinem Grund fühlte ich mich plötzlich meiner Mutter näher als seit Langem. Obwohl sie nicht hier war oder jemals wieder hier sein würde, fühlte es sich so an, als ob sie im Moment direkt vor mir stehen würde. Meine Haut berühren würde und bildlich sah ich ihr Lächeln vor mir. Den Stolz in ihren Augen, dass ich mein Erbe angenommen hatte.

Zumindest zweifelte ich nicht mehr daran.

Der brennende Schmerz war nur noch ein unangenehmes Pochen und ich blinzelte mich zurück in die Realität.

»Wie fühlst du dich?«, fragte Clarence und berührte meine Schulter. Götter war ich froh, dass er nicht mehr nackt war.

Ich sah von seiner Hand auf meiner Schulter zu seinem Gesicht. Starrte in seine bernsteinfarbenen Augen. Ein Moment verweilte, in dem keiner von uns sprach. Erst als ich meine Augen verengte und meine Zähne aufeinanderbiss, entfernte er seine Hand von mir.

So weit waren wir noch lange nicht.

»Bitte entschuldige.« Er wich einen Schritt zurück.

»War es wirklich nötig, mich so stark zu verletzen, um herauszufinden, ob mein Körper die Gabe zulässt? Hättest du mir nicht einfach einen kleinen Schnitt verpassen können, anstatt mein halbes Bein aufzureißen?«, wollte ich wissen. »Was wäre passiert, hätte sich mein Körper nicht selbst geheilt?«

Er presste die Lippen aufeinander und blickte im Raum umher. »Vielleicht habe ich aus Versehen eine Arterie erwischt«, gab er zu und rieb sich mit beiden Händen übers Gesicht. »Tut mir fürchterlich leid.«

»Und was jetzt? Wie verwandle ich mich?«

»Ich denke, das reicht für heute. Bevor noch jemand wirklich zu Schaden kommt.« Wieder fand sein Blick mein verletztes Bein. »Schone dich den restlichen Tag über. Morgen machen wir weiter.«

Plötzlich schwang die Tür auf und schlug gegen die Höhlenwand dahinter. Clarence wirbelte herum und ich folgte seinem Blick. Ein winziger Spatz flatterte in den Raum. Ich fragte mich, wie dieser die Kraft aufbringen konnte, die schwere Tür zu öffnen, geschweige denn, sie so aufzuschlagen.

»Was ist hier los?«, wollte der hellbraune Vogel wissen. Vivienne, wie ich vermutete. »Ich habe Schreie gehört.«

Sie flog auf der Stelle und ihr Kopf schnellte in alle Richtungen, bis der Spatz bei meiner Verletzung innehielt.

Ich riss die Augen auf und versuchte, dennoch ruhig zu bleiben. Das, was Clarence hier mit mir machte, mir zeigte, wie ich mich verwandeln konnte, war von Amara streng verboten worden. Wenn sie es erfahren würde …

»Woher hast du diese Wunde, Prinzessin?«, fragte mich der Vogel. Die letzten Worte spuckte er mir abwertend entgegen.

Automatisch schoss meine Hand auf die Verletzung, um diese zu bedecken, obwohl ich genau wusste, dass es keinen Sinn hatte, sie zu verstecken. Der Spatz hatte sie bereits entdeckt.

Fragend schaute ich zu Clarence, der sich räusperte. »Das ist Vivienne«, erklärte er und deutete mit dem Kopf auf den Vogel.

»Nenne mich einfach Oriana.«

»Ich weiß genau, wer du bist. Du bist Clarence' Geliebte, für die Laurent seine Freiheit verloren hat.« Sie flog immer tiefer, bis sie sich auf dem Boden vor unsren Füßen niederließ. »Also erzähl, Prinzessin. Woher hast du diese Verletzung und woher kamen die Schreie?«

Das Schlucken fiel mir schwer. »Die Verletzung ist von dem Training gestern«, log ich, obwohl ich mir sicher war, sie würde mir diese billige Lüge keine Sekunde lang abkaufen.

Langsam legte sie ihren winzigen Kopf schräg. »Hältst du mich für so dämlich? Soll ich dir die Augen auskratzen für deine Lüge?«

»Vivienne«, mahnte sie Clarence von der Seite.

Nun richtete sie das Wort an ihn. »Hast du ihr die Wunde zugefügt?«

Angespannt war keine Beschreibung für die gegenwärtige Situation. Die Luft stand förmlich in Flammen. Ein falsches Wort, eine falsche Bewegung und sie drohte zu explodieren. Mit Folgen, die ich nicht zu denken wagte.

»Du weißt ja, welche *Tiere* Gestaltwandler im Bett sind«, scherzte Clarence mit einem aufgesetzten Grinsen.

»Schmutzig und haarig?«, warf ich ein und presste meine Lippen zu einem Strich zusammen, damit ich nicht auflachte.

Clarence jedoch hielt sein Lachen nicht zurück, sondern warf seinen Kopf in den Nacken und lachte herzhaft los.

»Versuchst du uns etwa zu verspotten?«, zischte Vivienne und auf einmal war mir nicht mehr zum Lachen zumute. Obwohl sie aktuell in einer weniger angsteinflößenderen Gestalt verweilte, hieß das nicht, dass sie sich nicht innerhalb von Sekunden in einen bösen Wolf oder einen Löwen verwandeln konnte.

»Denkt nicht, ich wüsste nicht, was hier vor sich geht«, drohte der Spatz. Mit flatternden Flügeln kam sie auf mich zugeschossen und kratzte mir mit ihren kleinen, aber dennoch scharfen Krallen über die Wange.

Reflexartig schlug ich sie mit meiner blau glühenden Hand zur Seite. Daraufhin klatschte sie gegen die Steinwand. Ihr schneeüberzogener Körper zitterte heftig, als sie am Boden lag und sich aufkämpfte.

Gleichermaßen schockiert über ihren Angriff wie über meine Verteidigung klappte mein Mund auf und ich hielt die Hand davor.

Vivienne begann zu glühen und war dabei, sich zu verwandeln. Clarence stellte sich schützend zwischen uns. »Das ist genug. Raus mit dir, Vivienne.«

Noch immer in ihrer Vogelgestalt erhob sie sich und fixierte mein Gesicht. Meine Wange. »Da trägt wohl jemand sein Armband nicht.« Sie lachte emotionslos. »Das wirst du bereuen.« Danach flatterte sie aus meiner Zelle.

Mit leichten Fingern fuhr ich über die feinen Kratzer, die sie an meiner Wange hinterlassen hatte. Umso verwunderter war ich, als ich kein Blut auf meiner Haut spürte, genauso wenig wie eine Kruste. Ihre Krallen hatten mich nur gestreift, trotzdem hätte sie Spuren hinterlassen müssen. Doch ich spürte nichts außer makelloser Haut.

Clarence durchschnitt als Erster die Stille. »Verfluchte Scheiße«, schimpfte er und rieb sich übers Gesicht.

»Was für unangebrachte Worte für einen Prinzen«, versuchte ich zu scherzen.

Sein Atem ging schwerer als zuvor. »Ich muss los.«

Ein emotionsloses Lachen kam aus mir heraus. »Bist du tatsächlich nur gekommen, um mich zu verletzen und mich dann hier allein zu lassen? Ist das dein verdammter Ernst?«

»Ich muss etwas erledigen. Bis morgen, Oriana. Ruh dich aus.« Danach steuerte er direkt auf den Ausgang zu, öffnete die alte Holztür und verschloss sie, nachdem er die Zelle verlassen hatte.

Alles, was seit Viviennes Auftauchen passiert war, ging zu schnell.

Ich legte mich auf die Pritsche. Das gesunde Bein angewinkelt, legte ich das leicht verletzte darauf, damit es hochgelagert war. Vielleicht würde das den Heilungsprozess weiter beschleunigen. Keine Ahnung, wie das Ganze funktionierte.

Clarence' Wunden, die ihm der Wandler damals auf der Waldlichtung zugefügt hatte, waren nach einem Tag verheilt gewesen. Genauso war die Verbrennung, die Zane ihm verpasst hatte, nach einigen Stunden vollständig verschwunden.

Da die Tatsache, dass ich eine Gestaltwandlerin war, sich nun präsenter und realer anfühlte, fragte ich mich, wie Zane wohl reagieren würde, falls ich ihn jemals wiedersehen würde. Was würde er sagen? Würde er mich trotzdem heiraten wollen? Oder würde er in mir ein Monster sehen und mich nie wiedersehen wollen?

Der Kronprinz von Westerys und eine geheime Gestaltwandlerin.

Bei den Göttern im Himmel.

Das konnte doch niemals ein gutes Ende finden.

Wenn meine Herkunft in falsche Ohren kommen sollte, könnte verlangt werden, dass ich ebenfalls verbannt werde. Wie *sie*.

Laurent und Clarence hatten sich bei der Verbannung innerhalb der magischen Mauer befunden, weshalb der Fluch sie nicht betraf. Genauso wie bei meiner Mutter und dadurch auch bei mir.

Plötzlich fühlte ich mehr Mitleid als je zuvor für die verfluchten Wandler. Was wohl schlimmer war: Jahrelang ein normales Leben zu führen, nur um dann in die Wälder als Tier verbannt zu werden, oder nur die Tiergestalt gewohnt zu sein?

Clarence hatte mir erzählt, dass viele von ihnen niemals in ihrer menschlichen Gestalt gewesen waren. Ich wusste kaum etwas über die Verbannung und es gab ebenfalls kaum Informationen, an die ich rankommen konnte. Das Einzige, was ich wusste, war, wie man sie aufheben konnte.

Die nächste Frage schoss mir durch den Kopf. Was, wenn Vivienne Amara berichten würde, was sie gesehen oder nicht gesehen hatte? Deswegen hatte es Clarence plötzlich so eilig. Sobald sie davon Wind bekommen würde, wäre meine Verliestür bestimmt für immer versiegelt und ich würde erst wieder rausgelassen werden, um ihr mit meiner Magie zu helfen. Danach würde mein Kopf über den Höhlenboden rollen.

Kapitel 8 Clarence

»Du hast nach mir geschickt?«, fragte ich, nachdem ich die Tür des Besprechungszimmers hinter mir geschlossen hatte.

Nur wenige Stunden nach dem unangenehmen Aufeinandertreffen zwischen Oriana, Vivienne und mir war Lark auf der Suche nach mir gewesen. Er meinte, er würde mich im Auftrag von Amara suchen. Als ich fragte, was der Grund für die plötzliche Einberufung sei, schwieg er und eskortierte mich bis zum Besprechungszimmer. Nun stand ich hier, während ihr Raubtierblick über mich schweifte.

»Ich muss mit dir reden, Neffe.« Sie hüpfte von ihrem Stuhl und kam mit langsamen, anmutigen Schritten näher.

Ich war mir sicher, dass Vivienne, nur Sekunden nachdem sie die Zelle verlassen hatte, zu Amara gestürmt war, um ihr alles zu erzählen, was sie gesehen hatte. Und dass ich jetzt hier war, um meine Strafe zu bekommen. Selbst wenn es nur Vermutungen von Vivienne waren. Handfeste Beweise hatte sie ihr nicht liefern können.

»Ich bin hier.« Ich straffte die Schultern und versuchte mir in meinem Gesicht nichts von meiner innerlichen Unruhe anmerken zu lassen. »Was wolltest du so Dringendes von mir, Tante?«

»Prinz Zane hat auf unseren Brief geantwortet.« Sie verzog ihr Maul zu einem breiten Lächeln, sodass ihre Zähne hervorblitzten. »Er wird voraussichtlich in zwei Tagen eintreffen.«

Meine Stirn warf eine tiefe Falte der Verwunderung. Ich hatte mir auf dem Weg hierher schon die wildesten Bestrafungen zusammengereimt, die sie mir aufbürden würde. Doch dass Zane tatsächlich einem Handel zugestimmt hatte, traf selbst mich unvorbereitet. Und das, obwohl ich wusste, dass Zane vermutlich ans Ende der Welt reisen würde, um Oriana zu retten.

Vielleicht wollte ich dieses Szenario einfach nicht wahrhaben.

»Wie soll er hierherkommen?«, wollte ich wissen. Nur als Tier, welches fliegen konnte, schaffte man es auf den Gipfel des Berges.

»Falls du dich erinnerst, hast du nicht nur deinen Bruder bei der Entführung deiner liebsten Oriana zurückgelassen, sondern auch seinen Pegasus.«

Wie könnte ich das nur jemals vergessen.

»Du hast ihm unseren Aufenthaltsort verraten und wie er uns erreicht? Zu welchem Zweck?« Ich trat einen Schritt näher an meine Tante heran. »Unter welchen Bedingungen kommt er hierher? Um Oriana mitzunehmen, wenn er sich entscheidet, uns zu helfen? Amara, du kennst Prinz Zane nicht. Er wird uns Feuer unterm Hintern machen. Wortwörtlich. Er und seine Männer.«

Ungern erinnerte ich mich an die verkohlte Wunde, die er an meiner Schulter hinterlassen hatte. Der Geruch meines eigenen verbrannten Fleisches hing mir Tage danach noch in der Nase.

»Nicht wenn wir ihn zwingen, Onyxfesseln während des Treffens zu tragen. Das war meine Forderung, um uns zu zeigen, dass er zu uns kommt, um zu kooperieren«, sagte Amara.

Ungläubig schüttelte ich den Kopf. »Und du willst mir allen Ernstes weismachen, dass er zugestimmt hat?«

»Du glaubst nicht, was Männer alles machen für ihre Geliebten«, schnurrte sie. »Du müsstest das am besten wissen.«

Touché.

»Und wie, denkst du, wird sein Aufenthalt ablaufen? Er kommt auf Laurents Pegasus in die Höhle des Emryn geflogen, wir unterhalten uns etwas, trinken Tee, essen Kuchen und er wird deinem Plan zustimmen? Einfach so?«

»Clarence. Denkst du nicht, ich habe noch ein Ass im Ärmel? Mit der Hochzeit von Oriana und dir habe ich es geschafft, ihn hierher zu locken. Mit der öffentlichen Bekanntgabe, dass seine geliebte Prinzessin von Aseria, die zukünftige Königin von Westerys, eine Gestaltwandlerin ist, werde ich ihn erpressen, an unserem Plan mitzuwirken.« Amara lachte lauthals los. Ein hinterlistiges Lachen, das mich an eine Hexe aus einem Märchen erinnerte.

Wenn sie Zane und Oriana damit drohte, ihr Erbe zu veröffentlichen, was würde Zane daran hindern, Laurent oder mich öffentlich an den Pranger zu stellen? Nur eine Handvoll Personen wussten von Laurents und meinen Fähigkeiten. Ich war mir nicht einmal im Klaren darüber, ob unser Vater Bescheid wusste.

Nie zuvor hatten wir uns vor anderen verwandelt, ausgenommen vor Zane und seinen Männern. So schrecklich die Vorstellung auch war, Oriana wieder zurück in Zanes Arme zu treiben, schlimmer wäre es, Oriana als Mittelpunkt einer öffentlichen Hinrichtung zu sehen. Ihr Adelstitel würde ihr diesmal nicht aus der Patsche helfen. Westerys und Aseria würden einer Exekution von Oriana niemals zustimmen, doch es waren noch immer Floranys, Seylen und Nuras, die vermutlich alles dafür geben würden, ihre Macht zu demonstrieren.

So wichtig Amaras Plan auch war, den Fluch der Wandler aufzuheben, ihre Methoden waren fraglich. Und erstmals stellte ich diese infrage. Obwohl ich ihre Herangehensweise schon viel früher hätte überdenken sollen.

Zuerst dachte ich, es wäre eine Win–win-Situation. Sie bekäme Oriana für ihren Plan, die Gestaltwandler zu befreien, und ich bekäme meine langersehnte Chance, Orianas Herz für mich zu gewinnen. Derzeit verweilte sie schon mehrere Tage hier, und obwohl wir uns nur zu den Trainingseinheiten gesehen hatten, wurde ihre zynische Art mir gegenüber immer geringer. Dennoch ließ ich sie in ihrer Zelle versauern. Welcher liebende Mann machte so etwas? Allerdings hatte ich keine Wahl. Wenn ich Oriana aus der Zelle holen würde, würde ich Amaras Anweisungen nicht befolgen und ich wollte mir nicht ausdenken, was sie diesbezüglich mit mir oder gar Oriana anstellen würde.

Öfter lachte Oriana oder behandelte mich wie damals, als wir gemeinsam auf der Flucht gewesen waren. Was meine Hoffnung stärkte, dass sich ihre Gefühle für mich wieder verändern könnten. Natürlich würde es eine gewisse Zeit in Anspruch nehmen. Aber irgendwann.

»Das heißt, Zane und Oriana werden wieder vereint, sobald er dem Handel zustimmt?«, wollte ich wissen. Jedes der Worte brannte mir bitter auf der Zunge.

»Sollte es keine Zwischenfälle während seines Aufenthalts geben, spricht nichts dagegen, die beiden gemeinsam gehen zu lassen.«

»So viel dazu, dass du mir hilfst, dass Oriana meine Frau wird und ich somit den Deal mit meinem Vater einhalten kann«, murrte ich und biss die Zähne fest aufeinander.

Eigentlich war das eines der Versprechen, die Amara mir gegenüber geäußert hatte, weshalb ich auch ohne zu überlegen zugestimmt hatte, bei ihrem Plan zu helfen. Dass sie ihren Teil der Abmachung plötzlich nicht einhalten wollte, änderte die Situation. Drastisch.

Aus Amara brach ein kehliges, tiefes Lachen, was beinahe einem Knurren glich. »Du denkst doch nicht wirklich, dass dein Vater diesen Deal einhalten wird? Selbst wenn du es schaffen würdest, dass Oriana dich heiratet, würde er dich zwingen, den Thron zu besteigen. Und sie mit dir als deine Königin. Aber vielleicht ist es genau das, was du anstrebst.«

»Wieso sollte er ihn nicht einhalten? Er war es schlussendlich, der den Handel vorgeschlagen hat, damit Laurent der Thron zugesprochen wird, wenn ich in die aserische Königsfamilie einheirate. Somit wären Aseria und Floranys eine Einheit und eine dementsprechend starke Allianz.«

Amara war jahrelang verschwunden gewesen, hatte ihren Sohn zurückgelassen und jetzt behauptete sie, dass mein Vater mich hinters Licht führen wollte?

»Warum, denkst du, verstößt dein Vater Laurent, seitdem ihr kleine Kinder seid?«, begann meine Tante mit einem süffisanten Unterton. »Warum, denkst du, behandelt er ihn, seitdem er ein kleines, unschuldiges Baby ist, wie ein Stiefkind, ein Kind zweiter Klasse. Schon damals, als noch weit und breit keine Fragen bezüglich der Thronfolge im Raum stand.« Sie legte ihren Kopf schief und ihr Maul verzog sich wieder zu einer breiten Fratze. »Clarence, wieso, denkst du, verhält er sich so? Wieso behandelt er ihn wie einen Stiefsohn?«

»Du bist vollkommen verrückt«, schnaubte ich und schüttelte den Kopf. »Laurent ist mein Zwillingsbruder, wie man unschwer erkennen kann.« Demonstrativ wirbelte mein Finger vor meinem Gesicht umher. »Klar haben wir verschiedene Augen – und Haarfarben, doch unsere Gesichter sind fast identisch. Jeder Blinde würde erkennen, dass wir Zwillinge sind. Also wehe, du versuchst mir diesen giftigen Floh ins Ohr zu setzen, er sei nicht mein Bruder, denn das ist unmöglich.«

Nun war es offiziell, meine Tante hatte den Verstand verloren. Laurent und ich waren Zwillinge. Wie konnte sie dann nur auf den Gedanken kommen, mir solch eine unlogische Lüge aufzutischen?

»Ich habe nie gesagt, dass ihr keine Brüder seid. Aber hast du dich noch nie gefragt, wieso Laurent über keine Magie verfügt? Abgesehen vom Gestaltwandeln, was eure Mutter euch vererbt hat, verfügt er nicht über die Magie der königlichen Blutlinie. Die Magie *deines* Vaters.«

Mein Kiefer schmerzte, so fest biss ich die Zähne aufeinander, um meine Magie im Zaum zu halten. »Wir sind hier fertig.«

Amara richtete sich auf und fletschte die Zähne. »Wir sind hier fertig, wenn ich es sage, *Neffe*.« Die weißen buschigen Nackenhaare aufgestellt, fauchte sie mir bedrohlich entgegen. Genauso wie damals im Eiswald, als sie uns verfolgt hatte. Wie ein wildgewordenes Raubtier. Vielleicht machte es genau das aus einem. Ein Tier mit nur einem Instinkt. Dem Überlebensinstinkt.

»Deine Lügen kannst du dir schenken«, knurrte ich, wirbelte herum und ging Richtung Ausgang, ohne sie auch nur eines einzigen Blickes zu würdigen.

»Du wirst es noch bereuen, mir den Rücken zu kehren«, drohte Amara und ihre Stimme hatte nichts Menschliches mehr an sich.

Sie war das reine Raubtier.

»Bis später, *Tante.*« Das letzte Wort betonte ich extra schnippisch.

Obwohl ich wusste, dass sie mir falsche Informationen zuspielte, schmerzte der Gedanke, sie könnte auf irgendeine unerklärliche Weise recht haben.

Kurz bevor ich die Tür erreicht hatte, richtete sie erneut das Wort an mich. Diesmal war ihre Stimme ruhig. »Hast du dich nie gefragt, was wirklich mit Madeline passiert ist?«

Bei dem Namen meiner Mutter hielt ich sofort inne, bewegte mich keinen weiteren Schritt. Wie gefesselt stand ich da, den Rücken weiterhin meiner Tante zugewandt.

»Wenn ich du wäre, würde ich einige Dinge hinterfragen«, schnurrte sie beinahe amüsiert. »Ich würde deinem geliebten Vater einige Fragen stellen bezüglich deines *Zwillingsbruders* und des Todes eurer Mutter.« Sie stieß ein hexenartiges Lachen aus, bevor sie fortfuhr. »Wie soll sie noch mal gestorben sein? Ach ja. Unerklärlicher Tod im Wochenbett. Eigenartig, wie Madeline eine Zwillingsgeburt überleben konnte und mehrere Wochen später plötzlich verstirbt. Und noch dazu ohne irgendwelche Anzeichen.«

Ich hatte eindeutig genug gehört. Sofort wirbelte ich herum. Noch in der Bewegung blitzte ein Licht auf und ich verwandelte mich in Rekordzeit. Meine Kleidung riss und mein Aufschrei wurde von einem übernatürlichen Brüllen abgelöst, während meine Haut mit einem ledrigen Film überzogen wurde, auf dem sich schwarz glänzende Schuppen bildeten.

Amara wich ruckartig zurück.

Ich schlängelte mich näher an meine Tante heran, bevor ich meinen gigantischen Kopf anhob und ein ohrenbetäubendes Brüllen ausstieß.

Mein riesiger Körper füllte den Raum beinahe vollständig aus, wenn ich mich gänzlich aufrichtete. In der Gestalt eines Wyrm – halb Schlage, halb Drache – demonstrierte ich mein Magiearsenal.

Meine Mutter hatte mir das Gen der Gestaltwandler geschenkt, sowie mein Vater die Magie der königlichen Blutlinie. Die seltene

Kombination aus beidem ermöglichte es mir, die Gestalt jedes Wesens anzunehmen. Und in Amaras weit aufgerissenen Augen sah man, dass es ihr gerade erneut bewusst geworden war. Sie war zwar meine Tante und hatte von mir nichts zu befürchten, dennoch stand sie plötzlich mit gesenktem Kopf da. Wusste, dass eine Herausforderung ihrerseits nicht gut für sie enden würde.

Ich riss mein Maul auf und präsentierte ihr die unterarmgroßen messerscharfen Zähne, die aus meinem Kiefer ragten. Sich in ein gewöhnliches Tier zu verwandeln, erforderte je nach Größe ein gewisses Maß an Magie, doch sich in einen Wyrm zu verwandeln, verlangte mehr. Nur wenn man in der Blutlinie der königlichen Magie und dem Wandlergen geboren wurde, besaß man genügend Kraft, um sich in ein magisches Tier zu verwandeln. Etwas, wozu vermutlich nur Oriana sowie ihre Geschwister und ich in den gesamten fünf Königreichen in der Lage waren. Weshalb ich guter Dinge war, dass sie ebenfalls in wenigen Tagen lernen könnte, sich zu verwandeln. Und dass meine Tante durch die Demonstration meiner Kraft gelernt hätte, mich in Zukunft nicht herauszufordern.

»Clarence, ich habe das nicht so gemeint. Ich meine –«, stotterte sie und schluckte merklich, bevor sie weitersprach. »Ich hätte es dir früher erzählen sollen. Vermutlich direkt nach unserem Aufeinandertreffen. Jetzt war nicht der richtige Moment.«

»Behalte deine Lügen für dich.« Die Wände erzitterten unter meinem gewaltigen Körper. »Nimm nie wieder den Namen meiner Mutter in den Mund. Hast du mich verstanden?« Um meinen Worten Nachdruck zu verleihen, brach erneut ein so tiefes Grollen aus meinem Rachen, sodass der Untergrund erzitterte.

»Bei den Göttern, was ist hier los?« Lark stieß die alte Holztür auf und fiel regelrecht in den Raum.

»Amara«, rief er. »Amara, geht es dir gut?«

Den Kopf tief am Boden, bewegte ich mich immer näher an Lark heran, der mittlerweile winselte. Wie ein kleiner Fuchswelpe trat er mit eingezogenem Schwanz und geducktem Kopf einen

Schritt nach dem anderen zurück. Natürlich könnte er sich in ein größeres Tier verwandeln, aber mir würde keines einfallen, welches es mit einem Wyrm aufnehmen könnte. Und das war ihm ebenfalls bewusst.

Eigentlich spielte ich diese Karte nur ungern aus, doch da meine Tante anscheinend drauf und dran war, mich zu belügen und mir falsche Versprechungen zu machen, blieb mir keine andere Wahl.

»Ich war hier sowieso fertig.« Es dauerte einige Sekunden, bis ich wieder meinen normalen Körper bewohnte und hinzufügte: »Bevor einer von euch Kötern noch auf den Teppich macht.«

Einen letzten Blick warf ich zu Amara, bevor ich abhaute. Nackt.

Ich öffnete die oberste Schublade meines Nachtkästchens und zog mein Amulett heraus. Umfasste das fein geschliffene Holz und fuhr mit den Fingern über die Insignien von Floranys. Ein langer Seufzer kam über meine Lippen, als ich mich rückwärts ins Bett fallen ließ und die Halskette an meine Brust drückte. Es war das Einzige, was ich von meiner Mutter hatte. Das Einzige, was sie zurückgelassen hatte.

Wieso sollte unser Vater uns über den Tod unserer Mutter belügen? Es ergab genauso wenig Sinn, wie die Behauptung, Laurent wäre nicht mein Zwilling. Jedoch fragte ich mich, was für ein Grundgedanke hinter Amaras Lügen steckte. Was sie damit zu erreichen erhoffte.

Ein Klopfen an der Tür riss mich aus meinen Gedanken. Sofort setzte ich mich auf.

»Komm rein«, sagte ich zu demjenigen, wer immer es auch war.

Ein Knarren löste sich, als jemand langsam die Tür öffnete.

»Ich muss mit dir reden.«

Bei den Göttern.

Vivienne.

Kapitel 9 Oriana

Die verheerende Fleischwunde an meinem Oberschenkel hatte sich – den Göttern sei Dank – über Nacht vollkommen geschlossen. Mittlerweile war nur noch eine wulstige rote Narbe zu erkennen. Ob diese ebenfalls verblassen würde oder ob ich sie als unschöne Erinnerung zurückbehalten würde, wusste ich nicht. Ich hätte Clarence gefragt, doch der war seit gestern Morgen nicht mehr aufgetaucht. Seit Vivienne unseren kleinen Unterricht gestört hatte, war er nicht mehr in meine Zelle gekommen.

Die Nacht war alles andere als wohltuend. Ich hatte in dem Verlies keinerlei Verbandszeug, womit ich mein Bein verbinden hätte können. Deshalb wurde ich öfters wach, weil der Stoff der hauchdünnen Decke sich an der Wunde festklebte. Die Schmerzen, die das Herausziehen der Decke verursachten, waren kaum zu beschreiben.

Wie war Clarence auf die glorreiche Idee gekommen, mir solch eine Wunde zu verpassen, nur um mich dann alleine in meiner Zelle verrotten zu lassen? Unwillkürlich fragte ich mich, ob ihm vielleicht etwas zugestoßen und dies der Grund dafür war, dass er mich allein ließ. Nachdem Vivienne uns beinahe dabei erwischt hätte, wie Clarence mich weiter unterrichtete, war sie bestimmt zu Amara geflogen, um ihr davon zu berichten.

Wieso der kleine Spatz solch einen Groll gegen mich hegte, war mir schleierhaft. Sie hatte Clarence geholfen, mich frisch einzukleiden, als ich … Als ich tagelang bewusstlos war.

Bewusstlos ist besser, als zuzugeben, dass man sich in die Hose gemacht hat.

Solange er sich nicht blicken ließ, versuchte ich mich auf eigene

Faust zu verwandeln. Doch schon nach weniger Zeit gab ich auf, denn ohne die richtigen Anweisungen war es unmöglich. Immer wieder tauchte ich in meine Magie ab, aber das Einzige, was ich fand, war meine Eismagie. Das Gestaltwandeln war hinterlistig tief in mir versteckt und egal, wie oft ich in mich abtauchte, die Gabe gab sich nicht zu erkennen. Nicht mal ein winziger Funke von dem Lebenselixier fand ich in mir. Mir blieb nichts anderes übrig, als zu hoffen, dass Clarence irgendwann wiederkommen würde, um mit mir weiterzutrainieren.

Und als ich schlussendlich den Schlüssel hörte, der im Schloss umgedreht wurde, setzte ich mich auf meiner Pritsche auf in der Erwartung, Clarence gleich gegenüberzustehen.

»Was willst du hier?«, fragte ich schnippisch, als ich bemerkte, dass es nicht Clarence war. »Willst du mir diesmal die Augen auskratzen?«

»Ich bin hier für einen kleinen … nennen wir es *Austausch*«, sagte Vivienne und flatterte näher an mich heran.

Ihre gelbgoldenen Augen bohrten sich förmlich in meine. Dass sie hier war, allein, konnte nichts Gutes bedeuten.

»Was für einen Austausch?«

»Informationen gegen einen Gefallen, wie hört sich das für dich an?« Sie flatterte so weit an mich heran, dass sie jetzt direkt vor meinen Füßen saß, während ich auf sie hinabsah. Was für Informationen könnte Vivienne haben, die ich benötigte, und welche verlangte sie von mir?

»Woher soll ich wissen, dass sich deine Informationen für mich lohnen?« Eine meiner Augenbrauen schoss fragend nach oben.

»Ich weiß genau, dass du deine Flucht planst, Mädchen.«

Augenblicklich begann mein Herz heftiger zu schlagen. Weiterhin bemühte ich mich, meinen Gesichtsausdruck gleichgültig zu behalten.

»Jeder, der hier wäre, würde versuchen zu fliehen. Welche Informationen willst du im Gegenzug?«, fragte ich kühl, stimmte ihrer Feststellung weder zu, noch stritt ich sie ab. Dass ich von hier flüchten wollte, war ein legitimes Begehren.

»Nein, nein, nein.« Vivienne schüttelte ihren federnbesetzten Kopf. »Ich bekomme den Gefallen und du dafür die Informationen.«

»Welche Informationen hast du, die für mich so unglaublich wichtig wären?« Mit zusammengebissenen Zähnen versuchte ich mein Augenrollen zurückzuhalten. Womöglich würde sie sie mir sonst auskratzen.

»Ich kann dir verraten, wo sich Lyra befindet«, bot sie an.

»Und was soll ich mit dieser Information anfangen? Wie du unschwer erkennen kannst, komm ich hier nicht raus«, schoss ich zurück.

Das Schloss oder die Holztür einzufrieren hatte nicht funktioniert. Das hatte ich noch in der ersten Nacht, die ich hier verbracht hatte, versucht und war gescheitert.

»Wenn du so klein wie eine Biene, ein Käfer oder eine Fliege wärst, würdest du durchs Schlüsselloch passen. Dich in solch ein kleines Tier zu verwandeln, sollte relativ einfach für dich werden. Außerdem würdest du in der Insektengestalt nur kurz verweilen müssen.«

Ein emotionsloses Lachen brach aus mir heraus, als Vivienne meine Gedanken laut aussprach. Denn genau das war mein Plan, nachdem mir Clarence das Wandeln beigebracht hätte.

»Wieso sollte ich dir vertrauen? Was ist der Gefallen, den du als Austausch forderst?«

Niederschmetternd seufzte sie. »Clarence hat Laurent für dich zurückgelassen. Ich will, dass du ihn im Austausch für die Information freilässt, sobald du zurück bist.« Sie schluckte merklich, bevor sie weitersprach. »Falls er noch am Leben ist.«

Wie gerne hätte ich ihr gesagt, dass ich mir sicher war, dass Laurent noch am Leben war. Doch es wäre eine glatte Lüge.

Als ich nichts erwiderte, richtete sie erneut das Wort an mich. »Denkst du, er lebt noch?«

»Ich … ich weiß es nicht«, gab ich schweren Herzens zu. »Als ich ihn das letzte Mal gesehen habe, hatte er gerade seine Zähne in meinem Verlobten vergraben.« Alleine bei der Erinnerung krampfte mein Herz erneut.

Ich konnte diese Gefühle nicht zulassen, zu sehr würden sie mich schwächen und ich würde kurzerhand im Selbstmitleid ertrinken. Weshalb ich versuchte meine Gedanken, so gut es ging, zu verdrängen. Nur gelang es mir nicht immer. Selbst im Traum verfolgten mich die Erinnerungen an den Kampf …, daran, wie er gekämpft hatte, wie er meinen Namen voller Sehnsucht gehaucht hatte. Welche drei Worte er zuvor gesprochen hatte, aber auch an seine Verletzung …

Jede Nacht hörte ich seine Stimme in meinen Träumen, fühlte seine Haut auf meiner und genau das schenkte mir unbeschreiblich viel Kraft, das alles hier durchzustehen. Denn ich wusste, dass ich zu ihm zurückmusste. Dass wir eines Tages wieder vereint sein würden.

»Zane lässt ihn vermutlich am Leben, solange er ihn als Druckmittel verwenden kann«, meinte ich mit viel zu dünner Stimme.

Zanes Name brannte auf meiner Zunge vor Schmerz. Seit Tagen hatte ich ihn nicht mehr laut ausgesprochen. Das Szenario, das ich ihn vielleicht nie wiedersehen würde, kam trotz meiner Mühen, meine Gedanken zu verdrängen, an die Oberfläche.

»Ich hatte denselben Gedanken«, gab sie zu. »Deshalb bin ich hier. Ich möchte mir nicht die Frage stellen, was wäre, wenn ich früher gehandelt hätte. Wenn es schon zu spät gewesen wäre.«

»Und du vertraust mir, dass ich mein Versprechen einhalten werde?«, fragte ich und sah ihr direkt in ihre goldgelben Augen.

Sie schnaufte. »Mir bleibt nichts anderes übrig. Auf Clarence, den liebeskranken Mistkerl, ist auf jeden Fall noch weniger Verlass.«

»Dann haben wir einen Deal«, sagte ich mit erhobener Stimme.

»Wir haben einen Deal«, stimmte sie zu. »Trainiere in der Zwischenzeit weiter. Ich bin mir nicht sicher, wann Clarence dich wieder besuchen kommt.«

Ich kniff die Augen etwas zusammen. »Was ist mit ihm?«

Vielleicht hatte ich mit meiner Vermutung recht, dass Amara von unseren Trainingseinheit Wind bekommen hatte.

»Die Besprechung zwischen Amara und ihm ist gestern etwas

aus dem Ruder gelaufen. Ich hörte, dass er sich angeblich in einen Wyrm verwandelt hat, um ihr zu drohen und seine Macht zu demonstrieren.«

»Wieso seine Macht zu demonstrieren? Ich dachte, ihr könnt euch alle in jegliches Wesen verwandeln«, wandte ich ein und schüttelte den Kopf. »Ausgenommen in eure menschliche Gestalt natürlich.«

»Wow, wie feinfühlig von dir«, schnaubte sie und pickte in meine Richtung. »Nein, wir können uns nicht in übernatürliche Wesen verwandeln, dafür reicht unsere Gabe nicht. Dies gelingt einem nur, wenn man als Gestaltwandler in der Linie der königlichen Blutlinie geboren wurde.«

Das bedeutete, es würde *mir* gelingen. Automatisch bildete sich ein dezentes Schmunzeln auf meinen Lippen.

»Ich weiß genau, was du gerade denkst. Aber lass dir eines gesagt sein, es ist sehr kräftezehrend, sollte es dir tatsächlich gelingen.« Vivienne nickte, bevor sie zur Tür flatterte. »Lyra befindet sich außerhalb der Höhle des Emryn in einer kleineren, abgelegenen Höhle auf dem gleichen Bergvorsprung.« Danach verschwand sie.

Nun lag es an mir, etwas aus dieser Information zu machen. Es würde zu lange dauern, meine vollständigen wandlerischen Fähigkeiten zu erlernen, sodass ich es schaffen könnte, mich aus eigener Kraft von dem Berg zu fliegen. Zumal ich keine Fortschritte in meinen Selbstexperimenten machte. Zu groß wäre das Risiko, dass meine Kraft mich verlassen würde – wenn ich es erst mal schaffen würde – und ich mich zurückverwandeln und in die Tiefe stürzen würde. Ich musste lernen, mich zu verwandeln, das stand außer Frage. Ein winziges Insekt würde erst mal reichen, um aus der Zelle zu gelangen.

Kapitel 10 Zane

»Es gibt doch bestimmt einen anderen Weg«, murrte ich, während Laurent seinem hellbraunen Pferd über die Mähne streichelte.

Wie sollte ich eine Tagesreise mit ihm auf seinem verdammten Pegasus überstehen, ohne ihn umzubringen?

»Wenn du in die Höhle des Emryn willst, gibt es nur diesen Weg. Außer du treibst irgendwo einen zweiten Pegasus auf. Tu dir keinen Zwang an.« Kapitulierend hielt er die Hände vor seinem Körper in die Höhe. »Viel Glück dabei.«

Der einzige Grund, wieso er noch lebte, war, dass er mein Wegweiser zur Höhle des Emryn war. Zu Oriana. Ein guter Schachzug von Clarence. Obwohl ich mich fragte, wieso er so sicher war, dass ich seinen Bruder nicht schon längst getötet hatte. Wenn es nach mir gegangen wäre, hätte er an dem Abend, an dem Clarence mit Oriana geflohen war, sein Leben verloren. Es war die Idee meines Vaters gewesen, ihn zu foltern, um Informationen aus ihm herauszubekommen. Was sich im Nachhinein betrachtet als Griff in die Toilette herausgestellt hatte. Danach hatte selbst meine Mutter versucht zu ihm durchzudringen, doch er hielt dicht. Loyal bis zum Ende. Das musste man ihm lassen.

»Eine Tagesreise werde ich bestimmt überstehen, ohne dich vom Pegasus zu werfen«, lenkte ich ein und biss danach die Zähne fest aufeinander.

»Fantastisch.« Laurent legte ein breites Grinsen auf. Seine Fähigkeit, sich zu verwandeln, heilte seine Wunden vollständig und kein einziger Kratzer war von den Foltermethoden zurückgeblieben.

So, als ob nie etwas passiert wäre.

Leider hatte ich diese Fähigkeit nicht, sondern musste mich einige Tage mit einem humpelnden Bein herumschlagen. Die Verletzung, die mir Laurents Zähne zugefügt hatten, war den Göttern sei Dank nicht tief genug, um ernsthaften Schaden anzurichten, dennoch hatte mich die Wunde eingeschränkt.

Aber das war es nicht, was ich ihm übel nahm, denn er hatte nur seinen Bruder verteidigt. Was jeder loyale Bruder getan hätte.

Wir würden einen Tag unterwegs sein, an dem ich ihn *nicht* erwürgen dürfte. *Oder* verbrennen. Etwa bei Nachteinbruch würden wir die Höhle des Emryn voraussichtlich erreichen. Dann würde es sich nur noch um Momente handeln, bis ich Oriana wiedersehen würde und sie in meine Arme schließen könnte.

Als ob jemand mein Herz in seiner Hand zerquetschen würde, fühlte sich der Gedanke daran an, was ihr widerfahren sein könnte. Was sie Schreckliches durchmachen musste, während ich keine Möglichkeit hatte, sie aus dieser Hölle zu erlösen. Zwar wusste ich, dass es nicht in meiner Macht stand, dennoch änderte diese Erkenntnis nichts an dem Gefühl, ich wäre der Feigling in ihrer Geschichte. Einfach weil ich sie nicht retten konnte.

Einen Moment lang schloss ich die Augen und stieß die Luft aus, bevor ich mich auf den Pegasus hievte. Das Tier stieg auf der Stelle nervös umher, während ich versuchte, es mir möglichst bequem auf ihm zu machen.

»Auf geht's«, trällerte Laurent und hievte sich ebenfalls auf den Pegasus, gleich hinter mich.

Einen solch intensiven Körperkontakt mit jemandem zu haben, dem ich vor einem Tag noch schreckliche Brandwunden zugefügt hatte, weckte gemischte Gefühle in mir. Einerseits war ich auf Laurents Hilfe angewiesen. Andererseits juckte es mich in den Fingerspitzen, ihm die nächste Wunde zu verpassen. Bei jedem derartigen Gedanken biss ich die Zähne fester aufeinander, bis der Schmerz tief in meinem Kiefer zuckte, und rief mir ins Gewissen, für wen ich das tat.

Für Oriana.

Da war kein Platz für mein männliches Ego.

Für sie würde ich mit diesem Bastard bis ans Ende der Welt fliegen, wenn sie dort auf mich warten würde. Deshalb beschwerte ich mich nicht länger. Es würde nichts an der unangenehmen Situation ändern. Außerdem wäre die Reise zur Höhle des Emryn wahrscheinlich noch das Angenehmste, wenn ich einen Gedanken daran riskierte, was noch auf mich zukommen würde, ehe ich endlich Oriana in die Arme schließen könnte.

Im Brief hieß es zwar, dass es ihr gut ginge, dennoch krampfte sich mein Magen zu einem Ball. Und dann war noch der Gedanke, das meine Feinde alles Mögliche erfinden würden, um mich zu ihnen zu locken. War es wirklich ihr Blut auf der Haarsträhne?

Da uns nur ein Pegasus zur Verfügung stand und diese magischen Wesen ausschließlich in Floranys anzutreffen waren, konnten nur Laurent und ich die Reise antreten. Dieses Mal war ich auf mich allein gestellt, ganz ohne meine Truppen als Rückendeckung, und trotzdem verspürte ich keinen einzigen Funken der Angst bei dem Gedanken an das, was mir noch bevorstand. Das Einzige, was ich in mir fühlte, war die Sehnsucht nach ihr. Die Sorge um Orianas Wohlergehen und vielleicht auch der Wunsch nach Rache, die tief in mir loderte.

»Kann es sein, dass ich deine Entschuldigung überhört habe?«, säuselte Laurent etwas später hinter mir. Durch den peitschenden Gegenwind wurden seine Worte zwar gedämpft, aber leider nicht vollkommen verschluckt.

»Das liegt vielleicht daran, dass ich mich nicht entschuldigt habe«, gab ich als Antwort. »Soll ich mich etwa dafür entschuldigen, dass dein verdammter Zwillingsbruder ein Vollidiot ist und du ebenso?«

»Das war jetzt aber nicht nett.«

»Gut.« Ich schloss die Augen und atmete die frische Luft ein, die mein Gesicht umspielte, nur damit ich nicht zurücklangen und ihm einen Schlag verpassen würde. »Dass du noch zu Scherzen aufgelegt bist.«

»Soll ich mein Leben jetzt wegwerfen? Und wenn du ehrlich zu dir selbst bist, verstehst du meinen Standpunkt«, sagte Laurent mit ruhiger Stimme. »Wenn es deine Schwester gewesen wäre, hättest du dein Leben gelassen, anstatt ihren Aufenthalt zu verraten.«

»Der Unterschied ist, dass meine Schwester so etwas Hirnrissiges niemals tun würde.« Erst während ich die Worte laut aussprach, bemerkte ich, was für eine enorme Lüge es gewesen war. Stella wäre die Person, der ich solch einen Einfall am ehesten zutrauen würde. Sie dachte nie weiter als bis zu ihrem aktuellen Schritt. Ohne Blick auf die Konsequenzen, die sich aus gewissen Handlungen ergeben könnten. Ihre Art war es, welche sie so besonders machte, und obwohl wir uns täglich zankten, würde ich die Welt für sie in Brand stecken. Deshalb verstand ich Laurents Sichtweise. Wenn ich in seiner Haut gesteckt hätte, hätte ich mit hoher Wahrscheinlichkeit genauso gehandelt. So ungern ich mir dies auch eingestand.

»Du musst auch mein Handeln verstehen.« Ich stieß die Luft aus. »Ich habe und würde niemals zögern, Dinge zu begehen, die unausweichlich für die Sicherheit und das Wohlergehen von Oriana sind.«

Laurent lachte. »Ich weiß und ich verstehe es. Ehrlich. Es ändert trotzdem nichts daran, dass du mich fast umgebracht hast.«

»Du wirst erst Ruhe geben, wenn ich mich entschuldige, nicht wahr?« Die Vorstellung, dass ein paar belanglose Worte für ihn solch eine große Bedeutung hatten, dass sie die Geschehnisse der vergangenen Tage einfach wettmachen würden, war einfach verrückt. Wenn mich jemand tagelang gefoltert hätte, würde ich auf deren Entschuldigung scheißen. Aber ich konnte genauso wenig von mir auf andere schließen. Laurent war in der Tat vollkommen anders gestrickt als ich selbst. Also überwand ich mich und presste ein halbherziges »Bitte um Verzeihung« hervor.

Trotz des Gegenwindes konnte ich ihn förmlich grinsen hören. »War das denn wirklich so schwierig?«, feixte er.

»Es bereitet mir körperlichen Schmerz«, scherzte ich, denn auf einmal war die zuvor angespannte Stimmung verblasst. Wie von Zauberhand einfach davongeblasen. Das lag vermutlich daran, dass wir uns auf direktem Weg zur Rettung von Oriana befanden. Und Laurent sich ebenfalls in falscher Sicherheit wog. Denn keiner von uns wusste, was auf uns warten würde. Wie wir Clarence und Oriana gegenüberstehen würden. Wissen die Götter, wem sonst noch.

Nach einer Weile fragte Laurent mit einem süffisanten Unterton: »Und? Angst, dass dich deine Prinzessin nicht zurücknimmt?«

Den Nerv, den er mit seinen Worten getroffen hatte, ließ ich nicht zum Vorschein kommen. Stattdessen antwortete ich mit derselben belustigten Miene. »Wenn Oriana so scharf darauf gewesen wäre, deinen trotteligen Bruder zu heiraten, wäre wohl kaum eine Entführung vonnöten gewesen.« Doch so selbstsicher die Worte aus mir kamen, genauso hinterließen sie einen bitteren Beigeschmack.

Einen Moment lang erinnerte ich mich an den Abend in dem Gasthaus in Floranys. Sie war mit ihm dort gewesen. Allein. Und ich hatte keine Ahnung, welche Gefühle sie ihm gegenüber gehabt hatte. Niemals würde ich ihr dies verübeln, aber ich würde lügen, wenn ich behauptete, dass es mir damals nicht einen verdammten Stich ins Herz verpasst hätte. Doch dann rief ich mir die vergangenen Tage ins Gewissen. Dachte an unsere gemeinsame Zeit, die sie eindeutig zu genießen schien. Ich dachte an die Worte, die ich dicht an ihre Lippen gehaucht hatte, bevor sie verschwand. Die Worte, die ich mit jeder Pore, mit jeder Faser meines Körpers fühlte.

»Ich schwöre, wenn ich vorher gewusst hätte, dass Oriana nicht freiwillig mitkommen würde, hätte ich es Clarence ausgeredet. Zumindest hätte ich versucht, eine Lösung zu finden, die weniger mit einer Entführung zutun hätte.« Laurent wirkte durchaus aufrichtig.

Wenn er nicht der Zwilling dieses vollkommenen Psychopathen wäre, würde ich vielleicht behaupten, dass eine Freundschaft mit ihm durchaus möglich gewesen wäre. Hätten die Umstände anders gelegen. Hätte er nicht geholfen, meine Verlobte zu entführen.

»Was meinst du mit einer anderen Lösung?«, fragte ich und zog verwirrt die Stirn kraus. »Offensichtlich ist Oriana an keiner Verbindung mit Clarence interessiert. Weshalb eine andere Lösung? Wolltet ihr sie einfach zu ihrem *Glück* zwingen?«

»Es ... Es ist nicht nur für Clarence, wie du vielleicht schon mitbekommen hast.«

»Ja. Amara – die denselben Dachschaden hat wie ihr – versucht mich zu erpressen, schon klar. Aber ihr Plan ergibt bisher keinen Sinn, also rück raus mit der Sprache. Mehr als: *Wenn du nicht in die Höhle des Emryn kommst, mit Laurent lebend an deiner Seite, werde ich Oriana an Clarence verheiraten. Anbei eine Strähne mit ihrem Blut als Beweis.* Ach ja, meine Lieblinge nicht zu vergessen, die Onyxfesseln, die ich während meines Aufenthalts tragen soll.«

»Das soll sie dir wohl besser selbst erzählen«, murmelte Laurent hinter mir, sodass seine Stimme nur ein leises Flüstern im Wind war. Und ich wusste, wenn er nicht vorhatte, sein Wissen mit mir zu teilen, könnte ich sonst was veranstalten, er würde dennoch standhalten.

Also blieb mir keine andere Wahl, als die Zeit abzuwarten.

Kapitel 11 Oriana

Den gesamten Tag über hatte sich Clarence nicht blicken lassen. Erst kurz bevor ich die Hoffnung aufgegeben und mich dazu entschieden hatte, es mir auf meiner Pritsche bequem zu machen, schlenderte er in die Zelle. Und zwar so, als ob alles in reinster Ordnung wäre. Und nicht, als hätte er gestern in einer verdammten Wyrmgestalt seine Tante bedroht.

Mit etwas Brot und Hartkäse auf einem Tablett schenkte er mir stumm ein Lächeln, während er es mir hinhielt. Ich fragte mich, ob er jede meiner Mahlzeiten zubereitete und meine Kleidung wusch, denn da er der einzige Mensch in der Höhle des Emryn war – wie er behauptet hatte – wüsste ich nicht, wer sonst dafür verantwortlich gewesen sein könnte. Die mörderische Vivienne half ihm bestimmt nicht mehr. Im Endeffekt war es irrelevant und ich verschwendete keinen weiteren Gedanken daran.

Nickend nahm ich das Tablett entgegen, hockte mich im Schneidersitz auf meine Pritsche und begann zu essen.

»Wo warst du?«, wollte ich wissen und biss danach in das Brot. Als er nichts erwiderte, fuhr ich mit vollem Mund fort. »Ich habe gehört, dass du dich gegen deine Tante aufgebracht hast.«

Clarence setzte sich ebenfalls in den Schneidersitz, direkt vor mein improvisiertes Bett, und sah zu mir auf. »Woher weißt du das? War Amara bei dir?« Seine Miene wirkte bedrückt.

Ich schüttelte den Kopf. »Vivienne hat mir etwas zu essen gebracht, da du nicht gekommen bist.« Eine Lüge, die mir jetzt, wo ich etwas Festes zwischen den Zähnen hatte, leicht über die Lippen kam. Den gesamten Tag hatte ich keinen Bissen gegessen. Aufgewühlt von den Informationen hatte ich vergessen, Vivienne nach etwas Essbaren zu fragen. Vermutlich hätte sie mich sowieso nur ausgelacht, oder mir etwas hartes Brot in die Zelle geworfen. Nur weil wir so etwas wie einen Deal ausgehandelt hatten, bedeutete das nicht, dass sich ihr unerklärlicher Hass auf mich plötzlich in Luft aufgelöst hatte.

Er legte den Kopf schief und musterte mich von oben bis unten. »Anscheinend hat sie dich in einem Stück zurückgelassen oder haben sich die Wunden bereits geschlossen?«

»Sie hat mich in einem Stück gelassen«, stimmte ich zu. »Diesmal gab es keine Attacke von ihr. Kein Augenauskratzen oder Sonstiges«, erklärte ich und schob mir danach ein Stück von dem Käse in den Mund.

Dass sie mir einige interne Informationen zugesteckt hatte, behielt ich für mich. Obwohl Clarence anscheinend eine Meinungsverschiedenheit mit seiner Tante hatte, vertraute ich ihm kein Stück. Dass er mich weiterhin trainierte, trotz des Verbots von Amara, änderte ebenfalls nichts daran. Mittlerweile konnte ich mich neben ihm befinden, ohne ihn alle zehn Sekunden erwürgen zu wollen, aber das würde nur so lange andauern, bis ich mich verwandeln könnte. Danach wäre ich bei der erstbesten Gelegenheit über alle Berge. In diesem Fall *runter vom Berg.*

»Weißt du, was Vivienne gegen mich hat? Ich meine, ich kenne sie kaum und trotzdem scheine ich ihr Erzfeind zu sein.«

Clarence lachte emotionslos, atmete tief durch, bevor er begann zu erzählen. »Es liegt nicht persönlich an dir, sondern daran, dass Laurent deinetwegen gefangen genommen wurde.« Er seufzte. »Es ist aber nicht deine Schuld, sondern meine. Meine allein.« Seine Schultern senkten sich kaum merklich, aber ich registrierte jede Geste genau.

»Natürlich ist das nicht meine Schuld. Ihr hättet mich zurückbringen sollen, als ihr die Chance dazu hattet«, murmelte ich atemlos und biss mir danach auf die Innenseite meiner Wange, damit ich die Tränen, die sich ankündigten, unterdrücken konnte.

Jeden Tag, jede Stunde, jede Sekunde, die ich von Zane getrennt verbrachte, zerriss mein Herz ein weiteres Mal. Stahl einen Teil meiner Seele. Bereitete meinem Körper physischen Schmerz. Seit einer Woche war ich hier, in diesem Verlies, ohne jegliches Tageslicht. Seitdem ich meine Eismagie unter Kontrolle hatte, hatte ich die Höhle nicht mehr verlassen. Jedes Zeitgefühl hatte sich verflüchtigt. Nur an den Mahlzeiten konnte ich abschätzen, ob Tag oder Nacht war. Und wenn ich nicht bald hier rauskommen würde, würde ich durchdrehen. Mehr als ich sowieso schon am Durchdrehen war.

»Oriana.« Mein Name, der über seine Lippen kam, war kaum mehr als ein heiseres Flüstern. »Ich konnte nicht … Nicht nur wegen des Plans, den Fluch zu brechen. Ich …« Er fuhr sich mit der flachen Hand stramm übers Gesicht und senkte seinen Blick auf den Untergrund vor ihm. »Du weißt, was ich empfinde, und ich bin mir sicher, wenn Zane bei den Prüfungen nicht betrogen und ich gewonnen hätte, wäre es anders verlaufen. Du hättest mich geliebt anstatt ihn.«

Ich schob das Tablett beiseite und setzte mich gerade auf. Das Unwohlsein, mit ihm diese Richtung von Gespräch einzulenken, breitete sich in mir aus. Denn ich hatte Angst, wie diese Unterhaltung enden würde. Ich durfte ihn nicht von mir stoßen, denn die Wahrscheinlichkeit war zu groß, dass er mir danach nicht mehr helfen würde, mich zu verwandeln. Deshalb musste ich sachlich bleiben und ihm keine Gemeinheiten an den Kopf werfen.

Durchatmen, Oriana.

Im Hinterkopf bahnte sich ein Gedanke an, er könnte sich verwandeln und mich aus Kränkung töten. Gegen einen Wyrm hätte meine Eismagie keine Chance. Zumindest glaubte ich das. Und es wäre niemand hier, der mir beistehen würde.

Also wählte ich meine nächsten Worte mit Bedacht. »Clarence.« Ich räusperte mich, während sein Blick wieder in meine Richtung wanderte. »Wir kennen uns kaum, wie kannst du darauf versessen sein, dass ich mich in dich verliebe. Die Geschichten, die ich hörte, von deinen Damenbekanntschaften, deinen Feiern. Es gibt unzählige Damen da draußen, die alles Mögliche dafür tun würden, nur ein Quäntchen deiner Aufmerksamkeit auf sich zu ziehen.« Und keines meiner Worte war gelogen. Wäre Zane nicht in dem Gasthaus aufgekreuzt, wüsste ich nicht, wie sich die Dinge zwischen uns entwickelt hätten.

»Du kanntest Zane ebenfalls kaum und hast dich dennoch in ihn verliebt.« Die letzten Worte stieß er durch zusammengebissene Zähne hervor, während sein Blick angespannter wurde.

Bei der überraschend wechselnden Stimmung stellten sich automatisch die feinen Härchen auf meiner Haut auf. Als ich einen Blick auf seine Hände warf, erkannte ich, dass er sie zu strammen Fäusten geballt hatte, sodass seine Adern deutlich hervortraten.

»Das mit Zane war anders. Wir kannten uns schon vorher. Ich kann es nicht erklären, aber –«

»Ach, spar dir das«, unterbrach er mich mit viel zu energischem Ton. »Du kannst dir nicht vorstellen, was du mir damit antust. Was ich mir für dich aufbürde.«

Ich lachte emotionslos. »Was du dir aufbürdest?« Erneut brach ein Lachen aus meiner Kehle hervor. »Du warst es, der mich entführt hat.« Ich erhob mich und stand jetzt über ihm, blickte auf ihn hinab. »Wegen dir, Clarence, wegen dir verrotte ich in dieser Zelle. In einer Zelle ohne jegliches Tageslicht, gefangen gehalten von deiner Tante und dir.«

Nun war er es, der sich erhob und mich um einen Kopf überragte, während er auf mich herabsah. »Wenn ich dich nicht geholt hätte, wäre jemand anders gekommen und hätte dich hierhergebracht«, knurrte er. »Und glaub mir, diese Entführung wäre noch unangenehmer verlaufen.«

»Du bist ein verdammter Mistkerl, Clarence«, zischte ich und hob meinen Blick, der sich scharf in seinen bohrte. Meine Magie summte unter meiner Haut, durchflutete mich. *Ein einziges Mal*, verlangte sie. *Lass mich ein einziges Mal heraus.*

Er trat einen Schritt näher an mich heran, sodass sich unsere Brust beinahe berührte, und grinste dabei spöttisch. »Wenn ich ein Mistkerl bin, wie nennst du dann deinen Geliebten?« Herausfordernd hob er eine Augenbraue, während er weiterhin grinste.

Mittlerweile war er mir unangenehm nah und trotzdem behielt ich meine erhobene Haltung bei und wich keinen Schritt zurück. Vielleicht war es genau das, was er von mir erwartete. Dass ich mich vor ihm zurückzog, aber da hatte er sich geschnitten. Abgehärtet von den vergangenen Ereignissen würde ich jedem, der sich mir in den Weg stellen würde, mutig die Stirn bieten.

Vergiss nie, wie stark du bist, waren Zanes Worte gewesen, welche ich für allezeit in meinem Herzen tragen würde.

Er lehnte sich noch näher an mich heran, bis ich seine Wange an meiner spürte. Schmerzhaft biss ich meinen Kiefer aufeinander, um nicht zurückzuweichen. Diese Genugtuung würde ich ihm nicht gönnen.

»Wie nennst du ihn, wenn er dich nimmt?«, flüsterte er dicht an meinem Ohr.

Sofort begann mein Herz beinahe schmerzhaft gegen meine Rippen zu hämmern. Einen Moment fragte ich mich, ob ich mich verhört hatte. Doch nachdem Clarence sein Gesicht zurückgezogen und ich sein forderndes Grinsen gesehen hatte, wusste ich, dass ich schon richtig gehört hatte.

»Ah ja …« Er wich einen Schritt zurück. »Das habe ich vergessen zu erwähnen. An dem Abend, als ich vor Zanes Gemächern in der Gestalt einer seiner Wache verweilte und du mit einer solch freizügigen Nachtkleidung in sein Zimmer geschlüpft bist, haben wir danach *alles* gehört.« Er wandte sich von mir ab und ging in der Zelle auf und ab.

Er hatte mich und Zane gehört. Und obwohl es mir egal sein sollte, machte sich der Anflug von Scham in mir breit. Sofort spürte ich die Hitze in meinen Wangen. Als ob es nicht ausgereicht hätte, mich in einer Zelle wie ein Tier eingesperrt zu halten. Nein, er musste mich zusätzlich demütigen.

»Jeden noch so kleinen Laut habe ich gehört.« Er schüttelte den Kopf, ließ seinen eindringlichen Blick über meinen Körper schweifen, danach biss er sich auf die Unterlippe und lenkte den Blick von mir. »Und soll ich dir etwas verraten?« Ich öffnete den Mund, aber bevor ich etwas sagen konnte, sprach er weiter. »Es hat mir mein verdammtes Herz zerrissen, zu hören, welche Laute du von dir gibst, und zu wissen, dass es Zane ist, der diese aus dir lockt.« Beide Hände vergrub er in seinen goldenen Locken, als er sich umdrehte und sich ein paar Schritte entfernte. »Es hätte so einfach zwischen uns laufen können.«

Er blieb abrupt stehen, steuerte wieder direkt auf mich zu und packte mich an den Oberarmen. Seine bernsteinfarbenen Augen bohrten sich in meine. »Ich wäre dir ein besserer Ehemann, als Zane es jemals sein könnte.« Eine Hand löste er von meinem Arm und legte sie an meine Wange. »Ich liebe dich.«

Perplex starrte ich ihn an, vergaß, wie man spricht. Bis diese drei Worte mich wieder wachrüttelten. Die drei Worte, die Zane mir vor Kurzem zugeflüstert hatte.

»Und ich weiß, dass du ebenfalls tief in dir Gefühle für mich hast, selbst wenn du nicht zugibst, sie zu fühlen. Sie könnten sich entwickeln. Wachsen. Alles könnte gut ausgehen.« Seine Augen wanderten über mein ausdrucksloses Gesicht, bis sie an meinen Lippen hängenblieben und er die Lider senkte. Genauso wie seine Lippen langsam meinen näherkamen.

Ich schloss meine Augen vor Angst, was gleich passieren würde. »Bitte, lass mich los«, hauchte ich atemlos. Und als ich meine Augen wieder öffnete, fing ich seinen lodernden Blick auf, denn er hatte nur Zentimeter vor meinem Mund innegehalten. Angst durchflutete meinen Körper, dass er mich wieder ungefragt küssen würde. Wie damals, als er sich für Zane ausgab. Das hatte ich beinahe verdrängt.

»Nimm deine Hände von mir«, zischte ich durch zusammengebissene Zähne, als er nicht reagierte, mich stattdessen wie ein verschrecktes Reh anstarrte. »Lass mich verdammt noch mal los«, schrie ich ihm nun entgegen, als er sich noch immer nicht bewegte. Doch anstatt mich loszulassen, wie ich es gefordert hatte, verstärkte er seinen Griff.

Verzweifelt zog er die Augenbrauen zusammen. »Oriana, ich bin verliebt in dich.«

Eiskalt loderte meine Magie und breitete sich zu meinen

Fingerspitzen aus, die ich einen Moment später auf Clarence' Brust legte, ehe ich ihm einen Stoß verpasste.

Niemand in den gesamten fünf Königreichen würde mich jemals gegen meinen Willen berühren. Seine Gefühle für mich waren mir vollkommen egal.

Der Schneestoß schleuderte ihn von mir und katapultierte ihn gegen die steinerne Höhlenwand. Nun stand ich selbstsicher, breitbeinig, einige Meter von ihm entfernt. Durchflutet von meinem Zorn spornte er weiter meine Magie an. Unkontrolliert sprühten Schneefunken aus meinen Handflächen und überzogen den Boden mit einer eisglatten Schicht bis zu den Wänden hinauf.

Clarence' Gesicht verzerrte sich vor Schmerz, als sein Rücken mit einem dumpfen Aufprall aufkam und er danach am Boden zusammensackte. Innerhalb von wenigen Sekunden war die gesamte Zelle von einer Eisschicht bedeckt. Selbst die Temperatur hatte sich schlagartig gesenkt, sodass meine unkontrollierten Atemzüge Wolken vor meinen Lippen verursachten.

Clarence stemmte sich mit den Armen auf, währenddessen warf er seinen Blick auf mich. Ich konnte mich nicht entscheiden, wie ich seinen Gesichtsausdruck deuten sollte. Es war eine gefährliche Mischung aus Enttäuschung und Wut. Zwei unglaublich intensive Emotionen, die ich in ihm besser nicht herausgefordert hätte. Zumindest solange ich von seiner Tante und ihm festgehalten werden würde. Ohne eine realistische Aussicht auf Flucht. Trotz alledem hatte er kein Recht dazu, mich zu berühren und mir seine ungefragten Gefühle aufzuzwingen. Er wusste, dass seine Gefühle für mich nichts ändern würden, und dennoch stellte er meine Einstellung diesbezüglich infrage.

Weiterhin schwer atmend schaute ich zu ihm herab, nachdem meine Augen über die eisüberzogenen Wände gewandert waren. Er machte keine Anstalten, sich zu Wehr zu setzen, genauso wenig kam ein einziges Wort über seine Lippen. Noch auf seinen Knien verharrend, starrte er mich an. Als ob er sich ebenfalls im Zwiespalt zwischen seinen Emotionen befand. Sich nicht entscheiden konnte, mich gegen meinen Willen weiterhin zu bedrängen oder mich bis zum Ende meiner Lebtage hier verrotten zu lassen.

Beides waren keine Wunschvorstellungen von mir.

Es vergingen einige Augenblicke, in denen niemand von uns sprach oder sich bewegte. Rein die gefallenen Worte und die darauffolgenden Taten schwebten zwischen uns.

Erst eine gefühlte Ewigkeit später erhob er sich, die Augen kühl und emotionslos. »Ich habe so noch nie für jemanden empfunden.« Er schluckte merklich, senkte den Blick. »Noch nie hatte ich diese Worte ausgesprochen, sie so ehrlich gefühlt, und trotzdem ist es nicht genug. Es war nie genug. Ich war nie genug.«

Meine Schultern entspannten sich bei dem plötzlichen Stimmungswechsel. Auf unerklärliche Weise hatte ich ein Fünkchen Mitleid mit ihm. Denn ich hatte diese Worte selbst noch nie laut ausgesprochen, ausgenommen zu meiner Familie, obwohl sie schon länger auf meiner Zunge tanzten und gesagt werden wollten. Worte, die so unendlich viel Kraft ausdrückten, auch wenn sie so eine geringe Anzahl an Buchstaben besaßen. Obwohl sie zu vielen Menschen zu leicht über die Lippen kamen und noch öfter nicht der Wahrheit entsprachen. Noch schlimmer war es vermutlich, sie aufrichtig zu fühlen und zurückgewiesen zu werden.

Zu gut konnte ich mich an den Abend meines Verlobungsballs erinnern, an dem mir derselbe Schmerz zugefügt worden war. Von der Person, an die ich dabei war, mein Herz zu verlieren. Ein bedeutender Unterschied lag jedoch zwischen dem damaligen Ereignis und der gegenwärtigen Situation. Ich hatte mein Happy End bekommen, wenn auch nur vorübergehend. Für Clarence würde es keines geben. Ihm würde nur ein gebrochenes Herz bleiben und dafür schenkte ich ihm ein Quäntchen meines Mitleids.

Aus erster Hand wusste ich, wie leichtsinnig man handeln konnte, wenn Gefühle im Spiel waren. Gefühle, die man nicht beiseiteschieben konnte, ohne sich selbst dabei zu belügen.

Langsam zog ich meine Magie zurück, genauso wie Clarence es mich gelehrt hatte, und verschränkte meine Hände hinter meinem

Rücken. Versuchte ihm damit zu demonstrieren, dass ich nicht weiter darauf aus war, ihm zu schaden.

Denn dafür benötigte ich meine Kräfte nicht. Meine Worte reichten …

»Du kannst nicht von mir erwarten, deine Nähe, deine Gefühle zuzulassen, wenn du mich gegen meinen Willen hier festhältst.« Mein Blick wanderte erneut in der Zelle umher, damit ich Clarence' nicht begegnen musste. »Du weißt, was ich für Zane empfinde.«

»Du bist vor ihm geflohen. Wir waren tagelang auf der Flucht vor ihm, nur damit du dich sofort wieder in seine Arme drängst?« Er schüttelte den Kopf. »Das ist Wahnsinn, Oriana. Purer Wahnsinn. Du verschweigst mir, obwohl ich es war, der dir geholfen hat, der, der sich um dich gekümmert hat, wieso du vor ihm geflüchtet bist. Was hat sich geändert?«

Ich legte den Kopf schief. »Du willst wissen, was sich geändert hat?«, zischte ich und meine Stimme wurde erneut energischer. »Ich habe erfahren, dass jemand, der mir sehr wichtig war, meine Beziehung zu Zane seit über einem Jahr sabotiert. Für jeden Schritt, den wir gemeinsam vorwärtsgemacht haben, wurden uns fünf zurück aufgezwungen.« Ich presste meine Lider aufeinander und senkte die Stimme. »Seit über einem verdammten Jahr waren meine Gefühle ein reines Auf und Ab. Zuneigung, die sich plötzlich in Schmerz verwandelte, und umgekehrt. Und nie waren Zane oder ich für diesen Schmerz verantwortlich. Trotzdem waren wir gezwungen, diesen zu durchleben.« Bei dem Gedanken sammelten sich Tränen hinter meinen geschlossenen Lidern, während meine Stimme dünner wurde. »Es tut mir leid, Clarence. Es tut mir verdammt noch mal leid, dass du dich in mich verliebt hast. Es tut mir leid, dass ich dich nicht zurückliebe. Aber es ist Zane. Es ist seit über einem Jahr nur Zane und daran wird keine Zeit der Welt etwas ändern. So lange könnt ihr mich hier nicht einsperren, dass sich meine Gefühle ändern.« Erst als ich die Wahrheit laut ausgesprochen hatte, öffnete ich wieder die Augen und sah Clarence an. Sah ihn *wirklich* an. Registrierte seine glasigen

Augen, bevor sich eine Träne daraus löste. Sie hatte jedoch keine Chance, über seine Wange zu laufen, denn sofort fuhr er sich mit der flachen Hand übers Gesicht.

»Es hätte so einfach sein können«, murmelte Clarence erneut. »So. Einfach.« Er ließ mir nicht die Möglichkeit zu antworten, denn er stürmte sofort aus dem Verlies und knallte die alte Holztür hinter sich ins Schloss.

Kraftlos sackte ich am Boden zusammen, als ich allein war. Die zittrigen Finger hatte ich in meinen verfilzten Locken vergraben, als das erste Schluchzen von vielen aus mir hervorbrach. Zuerst presste ich die Zähne schmerzhaft aufeinander, bevor ich einen ohrenbetäubenden Schrei ausstieß und meine Magie um mich schleuderte. Schwaden aus Schnee, gemischt mit einem beißenden Wind.

Erneut war ich der Mittelpunkt eines durch meine Zelle wütenden Schneewirbelsturms.

Meine Chance war vertan. Clarence würde mir nie im Leben weiterhin helfen, mich zu verwandeln. Niemand würde kommen, um mich zu retten. Ich würde hier verrotten. Alleine und einsam würde ich einfach sterben, ohne dass es wer mitbekam oder es wen scherte. Mit jedem Tag, den ich hier verbrachte, wuchs mein Hass, meine unbezwingbare Wut.

Amara hatte ich seit Tagen nicht mehr zu Gesicht bekommen. Generell wurde ich außen vor gelassen.

Als ich meinen Wirbelsturm mit einer Geste explodieren ließ und er gegen die Wände peitschte, regte sich die Tür. Mein Kopf wirbelte in die Richtung. Ich wartete, bis irgendjemand reingestürmt kommen und mir erneut die Onyxfesseln an die Handgelenke knipsen würde. Doch nichts in der Art passierte.

In dem Moment, in dem ich realisierte, dass niemand durch die Tür trat, weil niemand die Tür bewegt hatte – außer ich –, begann mein Herz euphorisch zu schlagen. Blitzschnell robbte ich mich vom Boden auf und schlich auf leisen Sohlen zu der verwitterten Tür. Während ich meine Hände vorsichtig anhob und auf die Klinke zubewegte, bemerkte ich, wie unfassbar stark ich zitterte.

Zu schön wäre es, wenn sich meine Vermutung bewahrheiten würde.

Ich hielt einen Atemzug inne, als ich das kühle Metall unter meinen Fingern spürte. Überlegte, wie es weitergehen würde. In welche Richtung ich meinen Plan umschmeißen müsste, um hier rauszukommen.

Mit geschlossenen Augen drückte ich die Klinke nach unten, während mein Herz mir bis zum Hals schlug und mir jegliche Luft zum Atmen raubte. Jeder Laut, den das Öffnen der Tür verursachte, vibrierte förmlich durch meinen Körper, als ob meine Sinne plötzlich verschärft wären. Die Gänsehaut, die sich über meine Haut ausbreitete, jagte mir einen Schauer über den Rücken.

Mehr als einige Millimeter wagte ich mich im Moment nicht, die Tür zu öffnen. Zu groß war die Angst, umherstreifende Gestalten könnten die unverschlossene Tür bemerken. Clarence war anscheinend so voller Enttäuschung aus der Zelle gestürmt, dass er tatsächlich vergessen hatte, sie zu verschließen.

Bei den heiligen Göttern.

Das konnte doch nur ein Traum sein.

Nachdem ich die Tür vorsichtig wieder geschlossen hatte, drückte ich meinen Rücken dagegen und rutschte an ihr herunter. Das Gesicht in die Hände vergaben, schossen ungehindert Tränen hervor.

Lautlos formten meine Lippen ein nie endendes Dankesgebet an die Götter.

Endlich waren sie auf meiner Seite.

Ich würde es schaffen, zu entkommen.

Kapitel 12 Zane

Mein Herz raste wie verrückt, während Laurents Pegasus die letzten Flügelschläge ausführte, bevor seine Hufe über den Untergrund des Bergvorsprungs schabten. Die Nacht hatte schon vor mehreren Stunden den Tag abgelöst und je näher wir der Höhle des Emryn kamen, umso flauer wurde das Gefühl in meinem Magen. Rings um uns ragten unzählige Gipfelspitzen empor, die im Mondlicht wie riesige tödliche Speerspitzen wirkten.

Laurent, der mir noch immer unangenehm im Nacken saß, schnaufte erleichtert, bevor er sich von seinem Pegasus schwang.

»Endlich.« Er kraulte dem Pferd über den Kopf. »Jetzt geht der Spaß erst richtig los.« Sein Blick wanderte zu mir, während ich ebenfalls abstieg. »Wenn ich dir einen Rat geben darf, mach keine Faxen mit meiner Tante.«

Ich zog die Augenbrauen zusammen. »Deiner Tante?«, fragte ich verwirrt.

»Amara, ja.«

Seit einem Tag flogen wir gemeinsam, näher aneinander als angenehm, und jetzt dachte er, mir so nebenbei die Information zuzuspielen, dass die Person, die Oriana hier festhielt, seine Tante war. Zumindest war sie die Verfasserin des Briefes.

»Wieso deine Tante? Was hat sie damit zu tun?«

»Dass wirst du gleich sehen.« Er deutete mit einer Handbewegung an, dass ich ihm in den Höhleneingang folgen sollte, der direkt vor uns aufragte

Niemand sonst befand sich auf dem Felsvorsprung. Einzig und allein der heulende Wind leistete uns Gesellschaft. Er verpasste der sowieso angespannten Stimmung den gewissen Touch an Grusel.

»Wenn das irgendein mieser Trick sein sollte, wirst du ihn bereuen«, schnauzte ich durch zusammengebissene Zähne. Ich wusste nicht, was mich erwarten würde. In welchem Zustand mir Oriana gegenübertreten würde, was sie durchleben musste in der Zeit, in der ich sie nicht retten konnte.

Seitdem ich den Brief mit den Anweisungen erhalten hatte, zerbrach ich mir den Kopf darüber, was Amara von mir verlangen würde im Austausch für Oriana. Und wieso Clarence alles dafür gab, sie zu entführen, nur um mir danach einen Handel für ihre Freiheit vorzuschlagen. Nun ja, wie kürzlich erfahren, war nicht Clarence der Strippenzieher hinter den Geschehnissen, sondern seine Tante.

Alles ergab keinen Sinn und genau das verursachte solch ein flaues Gefühl. Es fühlte sich nicht an, als würde ich Oriana aus den Fängen ihrer Entführer retten, sondern als würde ich mich zu ihr in deren Fänge begeben. In die Höhle der Löwen. Besser gesagt, in die Höhle der Gestaltwandler. Doch selbst wenn es so kommen sollte, würde ich alles in meiner Macht Stehende tun, um wenigstens Oriana da rauszuholen. Selbst wenn es bedeuten würde, mich ihnen auf dem Silbertablett zu servieren.

Daher folgte ich Laurent in die Höhle und ließ jeglichen vernünftigen Gedanken auf dem Felsvorsprung zurück.

»Wie soll ich da durchpassen?« Mit dem Kopf deutete ich auf den viel zu kleinen dunklen Eingang.

»Lässt es dein Riesenego nicht zu, dich etwas zu bücken?«, meinte Laurent, duckte sich und betrat den Eingang.

»Wenn ich einen Kopf kürzer wäre, so eine halbe Portion wie du, hätte ich auch kein Problem, da durchzupassen.« Mit eingezogenem Kopf und gekrümmtem Oberkörper kämpfte ich mich durch den schmalen Tunnel.

Einen Bruchteil einer Sekunde erhellte ein Lichtblitz die finstere Nacht, bevor anstatt Laurent vor meiner Nase ein Glühwürmchen schwebte. Erst einmal zuvor war ich bei seiner Verwandlung Augenzeuge gewesen. Diesmal hatte er wenigstens nicht die Absicht, mein Bein zu verschlingen. Das würde jedoch nicht bedeuten, dass niemand am Ende des Gangs warten würde, der genau das vorhatte.

»Es ist nicht immer die Größe«, säuselte Laurent in seiner Insektengestalt.

»So etwas behaupten auch nur die Kleinen.«

Wir beide wussten, dass wir nicht von der Körpergröße sprachen.

»Du weißt, dass du Onyxfesseln tragen musst?«

Ich atmete tief durch.

»Ja«, zischte ich durch die Zähne.

Mein Vater hätte mich fast im Kerker angebunden und eigenhändig gefoltert, als er erfuhr, dass ich mich ohne meine Magie auslieferte. Allerdings verstand ich seinen Ärger. Würde mir ein Fremder von diesem Plan erzählen, würde ich ihn ebenfalls für vollkommen verrückt halten. Aber da ich selbst in dieser Situation feststeckte und es keinen anderen Weg gab, Oriana zu retten, musste ich diesen einschlagen. Irrelevant, wie leichtsinnig es war. Wenn es nur eine kleine Chance geben würde, meine Liebe zurückzubekommen, würde ich sie eingehen.

Etwa zwanzig Meter vor mir erhellte ein sanftes Licht den Durchgang. Eine Gänsehaut breitete sich augenblicklich über meinen Körper aus. Genauso wie die Ungewissheit, was in wenigen Atemzügen auf mich zukommen würde.

»Sind wir da?«, fragte ich, bekam jedoch keine Antwort von Laurent. Eine Sekunde nachdem ich meine Frage gestellt hatte, stürmte er vor. Sofort hetzte ich ihm nach. »Bleib verdammt noch mal stehen«, schrie ich ihm hinterher, doch im nächsten Moment blitzte Laurents Licht am Ende des Tunnels auf.

Er hatte sich erneut verwandelt. Am Ende des Durchgangs fiel ich mit den Knien voran in eine weitläufige Höhle. Das Mondlicht fiel durch die großzügige Öffnung an der Oberseite und spiegelte sich auf dem Gewässer wider, das sich inmitten der Höhle befand. Rund um den See säumten Fackeln den Bereich, als hätte sich hier irgendein Hexenzirkel niedergelassen, der gerade dabei war, ein mystisches Ritual zu vollziehen.

Wie verzaubert wirkte die Ausbuchtung des Berges, und als mein Blick die Dutzenden Tiergestalten fand, wusste ich, dass die Höhle wirklich verzaubert war. Keine Hexen, stattdessen bewohnten Gestaltwandler sie.

Intensiv leuchtende Augen fixierten mich und jede meiner Regungen. Noch nie in meinem Leben hatte ich solch eine Scheißangst gehabt. Noch nie war es so wichtig gewesen, aus einer Sache lebendig rauszukommen, denn es hing diesmal nicht nur mein eigenes Leben davon ab.

Meine Magie loderte durch meine Venen wie glühende Lava. Ich könnte alles und jeden hier innerhalb von Sekunden in einen Haufen Kohle verwandeln und ich würde dabei nicht mal ins Schwitzen kommen. Doch ich hatte keine Ahnung, wo sich Oriana befand oder was sie mit ihr angestellt hatten. Es war ungewiss, ob ich sie ohne Hilfe finden würde, wenn ich mich tatsächlich dazu entscheiden würde, alle um mich herum einfach zu töten. Einen Moment lang schien diese Möglichkeit attraktiv, doch dann rief ich mir ins Gewissen, dass jetzt nicht der richtige Zeitpunkt war, irgendetwas auszuprobieren.

»Wie ich sehe, habt Ihr gut hergefunden, Prinz Zane«, hörte ich eine weibliche, liebliche Stimme direkt neben mir.

Sofort rappelte ich mich vom Boden auf, währenddessen ertönte das Klacken der Onyxfesseln, die Laurent um meine Handgelenke knipste. Sofort wirbelte mein Kopf in Laurents Richtung.

»Nichts für ungut«, sagte er und presste die Lippen aufeinander, während er beiläufig mit den Schultern zuckte, als ob das hier keine große Sache wäre. Als ob er mich nicht gerade vollkommen meiner Macht beraubt hätte, während ich umgeben von meinen Feinden war.

Danach wanderte mein forschender Blick in die andere Richtung, aus der die weibliche Stimme zuvor ertönt war. Da erkannte ich, zu wem die Stimme gehörte. Ich würde diese Gestalt überall wiedererkennen.

Diese eisblauen Augen. Es war der Schneeleopard, der uns damals bei der dritten Prüfung im Eiswald verfolgt hatte.

Sein Maul verzog sich zu einer beinahe menschlichen grinsenden Fratze. »Nun lernen wir uns endlich persönlich kennen. Ich bin Amara von Floranys, wie mein Neffe Laurent dir vermutlich bereits verraten hat«, schnurrte sie wie ein Kätzchen. Doch es war nicht diese Art von Schnurren, die ich bei Oriana so verdammt liebte. Nein. Es war ein hinterlistiges, täuschendes Schnurren, hinter dem eine Bestie steckte, die bereit war, einen in Stücke zu reißen.

Vermutlich hatte sie in meinem Blick sofort erkannt, dass ich sie vom ersten Aufeinandertreffen an durchschaute, denn ihre Augen wurden zu Schlitzen, als sie weitersprach. »Ihr Männer seid alle gleich, wenn es um eure Liebsten geht.« Sie schnaubte belustigt. »Plötzlich verwandeln sich die Alphamännchen, die Königreiche regieren, Schlachten führen in gehirnlose Marionetten ihrer primitiven Gefühle. Sagt mir, Prinz Zane, seid Ihr genauso wie alle anderen Männer, oder verweilt noch ein einziger rationaler Gedanke gegenwärtig in Eurem Kopf?« Noch bevor ich antworten konnte, fuhr sie fort. »Ach, was für eine beschränkte Frage meinerseits, entschuldigt mich. Wenn Ihr noch einen klaren Kopf hättet, wärt Ihr nicht hier. Gefesselt.«

»Asila richtig?« Ich wartete nicht, ob sie ihren Namen korrigieren würde, aber ich sah, wie sich ihre Miene verfinsterte, als ich sie absichtlich mit falschem Namen ansprach. »Ihr hört Euch wie eine alte, verbitterte Jungfer an, die nie geliebt worden ist.« Ich hielt meine gefesselten Arme vor mich. »Oder wie eine Mätresse, die nie mehr war. Wie bedauerlich.«

»Schluss damit!«, fauchte sie und ihre schneeweißen Nackenhaare sträubten sich buschig. »Wenn Ihr gekommen seid, um mich zu beleidigen, könnt Ihr gleich wieder verschwinden.«

»Nichts lieber als das. Bringt mir Oriana und wir sind schneller weg, als Euch lieb ist«, räumte ich ein und der Muskel in meinem Kiefer zuckte. »Wo ist sie?« Suchend blickte ich um mich, konnte sie jedoch nirgends erkennen.

»Wenn unser Handel abgeschlossen ist, werden wir sie Euch überreichen.«

Und erneut wurde über ihr Leben wie über ein billiges Warengut verhandelt. Wie mussten diese Barbaren sie nur behandelt haben?

Wenn dieser Deal zu Ende sein würde, würden alle mit ihren erbärmlichen Leben dafür bezahlen. Doch erst lagen noch strategische Verhandlungsmethoden vor mir.

Kapitel 13 Zane

»Folgt mir«, forderte Amara.

Laurents Blick wanderte in meine Richtung. Ich nickte zustimmend, bevor er meinen Oberarm packte und wir Amara tiefer in die Höhle folgten.

Mehrmals bogen wir in immer düster werdende Tunnel ab, vorbei an alten morschen Türen und Durchgängen. Alle paar Meter erhellten vereinzelnd Fackeln die Dunkelheit. Der modrige Geruch, gemischt mit der Enge der Gänge, raubte mir beinahe den Atem. Während solch einer Situation seinen Feinden ausgeliefert zu sein, verstärkte meine Panik nur.

Es war selten, dass ich zugab, dass ich tatsächlich Angst hatte, aber ich hatte sie. Nicht primär um mein Leben, sondern um Orianas und was mit ihr passierte, wenn ich mein Leben verlieren und sie nicht retten könnte.

Immer wieder rief ich mir Orianas wunderschönes Gesicht vor mein inneres Auge.

Ihr liebliches Lächeln.

Ihre zarte, weiche Haut.

Ihr Herz.

Sie war das alles wert. Alles. Und wenn ich bis ans Ende der Welt gehen müsste, gefangen in einen Käfig steigen, um danach ins Meer geworfen zu werden.

Ich würde zustimmen.

So verrückt es auch klingen mochte.

Orianas Sicherheit war meine oberste Priorität und ich hoffte nur, dass es nicht zu spät war. Dass ich nicht zu spät gekommen war.

Vor einer der hölzernen Türen hielten wir inne. Laurents Hand wanderte nach vorn und drückte die Türklinke nach unten. Er warf einen kurzen Blick in meine Richtung, als eine Art Aufforderung, um einzutreten.

Hinter der Tür erstreckte sich ein großzügiger Raum, an dessen Decke unzählige kleine Lichter herabhingen. Am gegenüberliegenden Ende befand sich ein ovaler Tisch mit mehreren Stühlen ringsherum. Sonst war der Raum relativ schlicht gehalten, soweit ich erkannte.

Wenigstens legte sich meine vorherige Platzangst ein wenig und meine Lunge nahm wieder genügend Sauerstoff auf. Obwohl ich im Hinterkopf behielt, dass ich mich noch immer in einer Höhle, mitten in einem Berg, auf einer verdammten Gipfelspitze befand. Gefesselt und umgeben von meinen Feinden.

Weiterhin schweigend steuerten wir auf die Sitzgruppe zu.

Laurent schob meinen Stuhl zurück, damit ich mich setzen konnte. »Noch irgendetwas gefällig, Madam?«, zog er mich auf. Leise genug, sodass nur ich es hörte.

Unter normalen Umständen hätte ich vermutlich laut losgelacht bei der absurden Szene. Aber nichts an der Situation war normal oder gar amüsant. Nicht so lange ich im Unklaren darüber war, wie es Oriana ging oder wo sie sie gefangen hielten.

Alle, die uns gefolgt waren, nahmen rund um den Tisch Platz. Erst da registrierte ich die unterschiedlichen Tiergestalten. Ein Fuchs, ein Waschbär, ein kleiner Vogel, eine riesige, haarige Spinne. Augenblicklich stattete mir meine Gänsehaut erneut einen Besuch ab.

Direkt gegenüber von mir ließ sich der Schneeleopard nieder und fixierte mich mit seinem Blick. »Bringt unserem Gast etwas zu trinken«, rief Amara einem Reh zu, danach galt ihre gänzliche Aufmerksamkeit erneut mir. »Wein oder lieber Whiskey, Prinz?« Sie lachte und wartete meine Antwort nicht ab. »So ein stattlicher Prinz, wie Ihr einer seid, trinkt bestimmt gerne Whiskey. Mit Eis, wie ich vermute.« Erneut glich ihre Stimme einem Schnurren.

Mein Blick war weiterhin nichtssagend. »Kommen wir zum

Punkt, Esmara.« Der Blick, der sich in ihrem Gesicht abzeichnete, wenn ich sie absichtlich mit dem falschen Namen ansprach, war göttlich.

»Wie Ihr wollt.« Sie blickte zu Laurent, der daraufhin nickte. »Oriana ist nicht nur wegen Clarence und seinen Gefühlen für sie hier. Wir brauchen ihre Eismagie, genauso wie wir Eure Feuermagie benötigen.«

Meine Stirn warf eine Falte. »Warum?«

»Wir benötigen alle Magien der fünf Königreiche, um den Fluch, der auf uns lastet, zu brechen.«

Fragend zog ich eine Augenbraue in die Stirn. »Wozu dann die ganze Entführungssache? Ich meine, war das verdammt noch mal nötig? Hätte ein normaler Informationsbrief nicht ausgereicht, um ein Treffen zu vereinbaren?«, brach es energisch aus mir hervor. »Ist das Euer verdammter Ernst?«

Amara legte den Kopf schräg, schaute mich wie das Raubtier an, das sie war. »Hättet Ihr denn zugestimmt?«, fragte sie kühl.

Ich schnaubte. »Natürlich nicht, aber es wäre wenigstens ein zivilisierterer Versuch gewesen.« Wenn das Amaras einziger Grund war, ihren Neffen zu beauftragen, Oriana zu entführen – von seinen dämlichen Gefühlen mal abgesehen -, konnte sie nur verrückt sein. »Das bedeutet, wenn ich zustimme, Euch zu helfen, gebt Ihr mir Oriana zurück?«

Amara nickte.

»Was würde passieren, wenn wir uns dagegen entscheiden? Wie wollt Ihr Oriana dazu zwingen, Clarence zum Gemahl zu nehmen?« Die Worte brannten auf meiner Zunge. Die Kombination aus *Oriana* und *Clarence zum Gemahl nehmen*, spornte meine unterdrückte Magie an.

»Dann würden wir öffentlich bekannt geben, dass die Verlobte des Kronprinzen von Westerys, die zukünftige Königin von Westerys, eine Gestaltwandlerin ist. Sollte sie oder Ihr Euch weigern bei unserem Plan mitzuwirken« Ihr Maul verzog sich erneut zu dieser hinterlistigen Fratze.

Aus meiner Kehle drang ein herzhaftes Lachen bei ihren

Worten. »Niemand wird Euch diese Lüge abkaufen. Wie wollt Ihr es beweisen? Ihr Schnurrhaare und eine Schnauze aufmalen?«

Amaras hinterlistige Miene wanderte über die Anwesenden, die ebenfalls schmunzelten. »Wer will es ihm sagen? Irgendwelche Freiwilligen?«

»Mir was sagen?« Sofort zierte mein Gesicht wieder der Ausdruck von Gleichgültigkeit, obwohl es in mir völlig anders aussah. Mein Herzschlag ging viel zu schnell, doch versuchte ich trotzdem neutral zu wirken.

Nun ergriff der braune Spatz das Wort. »Oriana ist eine von uns.« Sie legte eine melodramatische Pause ein. »Eine Gestaltwandlerin.« Alle Augen waren auf das kleine Geschöpf gerichtet, dessen Stimme kaum mehr als ein Piepsen darstellte. Sie atmete tief ein, bevor sie weitersprach. »Ihre Mutter Juliette hat es ihr vererbt.«

»Deine Lügen kannst du dir sparen.« Wenn Oriana eine Gestaltwandlerin wäre, wüsste ich davon. Ihr Versuch, mich in die Irre zu führen, würde ihnen nichts bringen. So ein wichtiges Detail hätte sie mir niemals verschwiegen. Außerdem hätte ich es gemerkt, oder?

Laurent, der neben mir saß, richtete das Wort an mich. »Es ist wahr. Frag deine Mutter, sie wird es dir bestätigen.«

Mein Kopf schnellte in seine Richtung, jeder Muskel in meinem Gesicht war schmerzhaft angespannt. »Was hat meine Mutter damit zu tun?«

Er atmete tief durch, bevor er antwortete. »Als sie vor ein paar Tagen bei mir im Kerker war, habe ich sie gefragt, ob sie von Orianas Herkunft wüsste. Sie hat zugestimmt, über die Fähigkeiten von Königin Juliette und unserer Mutter Madeline gewusst zu haben.«

»Solltest du sie nicht mehr wollen, kann sie ja Clarence zur Frau nehmen, so wie von Anfang an geplant«, sagte Amara. »Jeder von ihnen in der Linie der Gestaltwandler geboren und der königlichen Blutlinie. Aus ihren Kindern würden die stärksten Herrscher hervorgehen, die die fünf Königreiche je gesehen haben.«

Noch bevor Amara fertig sprechen konnte, erhob ich mich so blitzschnell, dass der Stuhl hinter mir mit einem lauten Knall umkippte. Schmerzhaft gruben sich die Onyxfesseln tiefer in mein Fleisch, als ich versuchte, meine Magie freizulassen.

Die Gestaltwandler zuckten zusammen.

»Haltet sofort Euren verlogenen Mund!«, knurrte ich ihr entgegen. Ohne Fesseln hätte ich sie dafür schon ausgelöscht und dabei leiden lassen.

»Es stimmt, was man sich über Euer aufbrausendes Temperament erzählt, Prinz Zane. Aber ich muss Euch leider enttäuschen, es handelt sich um die Wahrheit«, sagte sie. »Ich rate Euch, zuzustimmen um unser aller willen.«

»Ich will sie sehen«, forderte ich. »Wo ist sie? Ich will mit eigenen Augen sehen, dass es ihr gut geht.«

Amaras Blick wanderte zu dem weißgrauen Fuchs. »Sag Clarence, er soll sie herbringen.«

Bei Clarence' Namen wütete meine Magie noch intensiver als zuvor. Bald würde ich meinen eigenen Körper von innen heraus versengen. Noch nie in meinem Leben wurde meine Magie unterdrückt, und dass ich gegenwärtig so angespannt war wie eine Bogensehne, verstärkte diesen unterdrückten Drang, alles um mich herum in Schutt und Asche zu legen.

»Beruhig dich«, flüsterte Laurent mir von der Seite zu, als Amara ihren Blick gerade abgewandt hatte, um mit dem Fuchs neben ihr zu sprechen. Doch ich nahm seine Worte nur am Rande wahr. Zu sehr war ich mit meiner Magie beschäftigt, diese irgendwie im Zaum zu halten, damit sie mich nicht selbst töten würde. Denn es könnte passieren, sollte sie von selbst herausbrechen.

Der Fuchs sprang von seinem Stuhl und huschte aus dem Raum.

»Eure Gefühle werden Euch noch zum Verhängnis werden«, meinte Amara mit einem halben Grinsen.

»Sagt mir etwas, das ich noch nicht weiß«, antwortete ich. Dass Oriana Fluch und Segen in einer Person verkörperte, wusste ich, als ich sie das erste Mal gesehen hatte. Ich wusste, wenn ich für diese Frau tiefere Gefühle entwickeln würde, könnte man diese gegen mich verwenden. Aber es hielt mich trotzdem nicht davon ab, mich kurzerhand mit jeder Faser meines Körpers in sie zu verlieben. Keine Sekunde lang hatte ich dagegen angekämpft, mein Herz ungeschützt in ihre Hände zu betten.

Kapitel 14 Zane

Es dauerte verdächtig lange, bis der Fuchs sich wieder in den Raum schlich. Minuten, die sich anfühlten wie eine zehrende Ewigkeit.

»Wo ist sie?«, fragte ich erneut, diesmal durch zusammengebissene Zähne.

Er würdigte mich keines Blickes, sondern lief mit gesenktem Kopf direkt zu Amara. Ihre zuerst belustigte Miene verließ schlagartig ihr Gesicht, als der Fuchs bei ihr angekommen war und ihr etwas zuflüsterte, das ich jedoch nicht verstand. Daraufhin weiteten sich ihre Augen, und da wusste ich, irgendetwas stimmte hier nicht.

»Wo. Ist. Oriana«, sagte ich erneut.

Amara schluckte merklich und blinzelte einige Male, bevor sie begann zu sprechen. »Sie … sie ist nicht in ihrer Zelle.«

Eine Sekunde lang schloss ich die Augen und atmete tief durch. »Wie meint Ihr das, sie ist nicht in ihrer Zelle? Wo um Götters Namen ist Oriana und was soll das heißen, Zelle?!«, brüllte ich ihr entgegen.

»S–Sie muss sich irgendwo in den Gängen aufhalten«, stotterte Amara.

Alle Anwesenden schauten sich mit Verwirrung im Gesicht an und tuschelten.

Obwohl ich gefesselt war, stürmte ich zur Tür. Wenn sie sich irgendwo in den Gängen befinden würde, würde ich sie finden. Laurent zögerte nicht lange und folgte mir wortlos.

»Was soll das, bleibt hier! Meine Leute sind schon auf der Suche nach ihr, es handelt sich nur um Minuten, bis sie gefunden wird«, rief Amara uns hinterher. Weder Laurent noch ich drehten uns zu ihr um.

Jetzt, wo ich wusste, Oriana konnte ganz in der Nähe sein, konnte Amara zur Hölle fahren.

»Was willst du?«, schnauzte ich Laurent entgegen, der mir auf den Fersen klebte, als ich mit beiden Händen die alte Holztür aufstieß.

»Allein findest du sie nie.« Während er mir in die dunklen Gänge folgte, verwandelte er sich in einen Wolf. Dieselbe Gestalt, in der er mich damals angegriffen hatte. Der Phantomschmerz seiner messerscharfen Zähne in meinem Bein durchzuckte mich.

Unzählige Tiere stürmten in den Gängen umher, vermutlich auf der Suche nach Oriana. Sie durfte also noch nicht lange als vermisst gelten. Was meine Chance, sie zu finden, erhöhte.

»Ich brauche deine Hilfe nicht, wenn du sie danach zu deiner Tante schleppst.« Dann bog ich nach links ab.

Laurent folgte weiterhin.

»Nimm mir die verdammten Fesseln ab, wenn du schon unbedingt helfen willst«, forderte ich, aber er zögerte. »Nimm sie ab!«

»Warte«, schnaubte er und bremste abrupt ab. »Ich rieche sie.« Erst als er Oriana erwähnte, hielt ich ebenfalls inne und vergaß die Fesseln.

Sofort legte er seine Schnauze auf das kalte Gestein zu unseren Füßen und versuchte augenscheinlich ihre Witterung aufzunehmen.

»Wo ist sie?«

»Ich glaube, hier lang.« Er deutete mit dem Kopf nach rechts.

»Wenn du mich in die Irre führen willst, werde ich dir trotz der Fesseln eigenhändig die Gliedmaßen ausreißen.«

»Es geht hier nicht mehr nur um Amara, dich oder mich, sondern um Orianas Sicherheit. Was wissen die Götter, was sie anstellt, um von hier zu flüchten?«

Wie ein Blitz fuhr die Erkenntnis in mein Herz und spaltete es beinahe. Wir befanden uns hunderte Meter vom Boden entfernt, auf irgendeinem Berg, von dem man ohne magische Kräfte nicht runterkommen würde.

Also nickte ich und folgte Laurent, als dieser nach rechts abbog. Immer schneller bewegten sich meine Beine, während ich Laurent hinterherhetzte, der so oft abbog, dass ich nicht mehr mitzählte. Noch immer stand meine Haut in Flammen von der unterdrückten Magie, sodass ich mir am liebsten beide Hände abgehackt hätte, nur um diesen Schmerz nicht mehr spüren zu müssen.

Je weiter wir liefen, umso weniger Gestaltwandler kreuzten unseren Weg und ich fragte mich, ob mich Laurent nicht doch in eine Falle lockte. Doch diese Frage löste sich wenig später in Luft auf, als er plötzlich abbremste.

Jegliche Luft entwich meinen Lungen, als ich zwei weit aufgerissenen Augen begegnete. Genauso blau leuchtend wie die zwei ausgestreckten Hände, um die Wirbel aus Schnee tanzten.

Als ich ebenfalls anhielt, fiel ich nach vorne und meine Knie schrammten über den harten Untergrund. In einem stummen Gebet formten meine Lippen sehnsüchtig ihren Namen, während kein Ton meinen Mund verließ. Eine Handvoll Sekunden verzogen, in denen wir alle drei wie in einer Schockstarre verweilten.

Erst als Oriana ihre Arme senkte, befreite ich mich aus meiner Starre und stürmte auf sie zu.

Weiterhin hielten die Onyxfesseln meine Hände zusammen, jedoch hielten sie mich nicht davon ab, meine Arme über Orianas Kopf zu heben und sie in eine fordernde Umarmung zu ziehen. Niemand hätte mich nur eine einzige Sekunde länger von ihr fernhalten können. Mein Körper schrie nach ihr und hätte alles dafür gegeben.

Sofort schlang sie ihre Arme fest um meine Mitte und umklammerte sehnsüchtig meine Tunika, während sie ihr Gesicht in meine Brust vergrub.

Meine Nase streifte ihre Haut, bevor ich mein Gesicht in ihre Halsgrube legte und ihren Duft inhalierte, erst da realisierte ich, dass ich sie gefunden hatte.

Wir hatten uns gefunden und sie lebte.

Aber ging es ihr auch wirklich gut?

Als ein Schluchzen über ihre Lippen brach, bildeten sich Tränen hinter meinen geschlossenen Lidern. Erleichterung würde nicht annähernd beschreiben, was ich fühlte. In dem Moment, als ich Orianas wunderschönes und unversehrtes Gesicht sah, beruhigte sich meine Magie schlagartig.

Alles um uns wurde nebensächlich.

»Zane«, hauchte sie verzweifelt und vergrub ihre Nase noch tiefer in meiner Tunika. »Du … Du hast mich gefunden.« Erneut brach ein Schluchzen aus ihr.

Es kostete mich meine gesamte Willenskraft, meine Arme von ihr zu lösen. Wir mussten hier weg, und das so schnell wie möglich. Das hatte oberste Priorität. So schwer es auch war.

Später hätten wir genügend Zeit für uns. *Später*, sagte ich mir.

»Bist du verletzt?«, fragte ich mit zusammengezogenen Augenbrauen. Sofort wanderten meine Augen über ihren Körper und prüften sie auf offensichtliche Wunden. Auf den ersten Blick wirkte sie unversehrt, jedoch dünner. Obwohl sie nur etwas mehr als eine Woche weg gewesen war.

»Mir geht es gut.« Ebenfalls musterte sie meinen Körper. Sofort griff sie nach meinen Händen und umfasste die Onyxfesseln. »Verdammt«, fluchte sie.

Laurent stand wortlos neben uns, weiterhin in seiner Wolfgestalt. Erst als ich in seine Richtung sah, lenkte ich Orianas Aufmerksamkeit auf ihn.

»Jetzt ist deine Chance, deine Fehler wiedergutzumachen.« Mit dem Kinn nickte ich zu meinen Fesseln.

Er blickte zwischen uns hin und her, bevor er seufzte. »Clarence und du wollen mich schon töten, was macht da eine Person mehr.« Er zuckte lässig mit den Schultern.

Ein kurzer Lichtblitz, danach stand er uns in seiner menschlichen Gestalt gegenüber. Er kramte in seiner Hosentasche den Schlüssel hervor und steckte ihn in das Schloss. Götter sei Dank, schlüpfte er danach sofort in seine Hosenbeine und ersparte mir den unangenehmen Anblick seines nackten Körpers. »Ohne einen Pegasus schaffen wir es nicht von dem Berg runter. Oder kannst du dich verwandeln, Oriana?«

»Wir?« Ich schüttelte den Kopf. »Was meinst du mit wir? Und mit verwandeln?« Mein Blick war zwischen Laurent und Oriana hin- und hergerissen.

»Nein, kann ich nicht.« Oriana schüttelte den Kopf und schaute mich mit einem Blick an, der sagte: *Erklär ich dir später*.

Doch ich verschwendete keinen weiteren Gedanken daran, ob Amara mit ihrer Behauptung recht hatte oder nicht. Das war im Moment irrelevant. Es zählte einzig und allein, uns schnellstmöglich hier wegzubringen. Später hätten wir genügend Zeit, die unwichtigen Details zu klären.

Wieder sagte ich mir: *später*.

Laurent stieß ein emotionsloses Lachen aus. »Ihr nehmt mich natürlich mit. Amara wird mich für den Verrat hinrichten.«

»Niemals nehme ich dich mit. Wegen dir sind wir erst in dieser Situation«, schnaubte ich. »Außerdem, wieso verwandelst du dich nicht in einen Pegasus und fliegst uns hier weg?«

»Vivienne hat mir verraten, wo sich Lyra befindet«, warf Oriana ein.

Sowohl Laurents als auch mein Kopf wirbelten zu Oriana.

»Vivienne?«, schmunzelte er. »Anscheinend bin ich nicht der einzige Verräter unter uns. Und dann genau meine Vivienne.« Er zuckte gleichgültig mit den Schultern. »Und auf deine Frage: Ich kann mich in einen Pegasus verwandeln, doch ich schaffe es nicht, euch beide eine ganze Tagesreise bis nach Westerys zu fliegen. Wir können meine Pegasus-Stute nehmen.« Blitzschnell löste er meine Fesseln.

»Wir müssen nur erst mal von dem Berg runter. Den Rest schaffen wir allein.«

Als ich das Klacken des Schlosses vernahm, kurz bevor die Fesseln am Boden aufkamen, strömte meine Magie glühend durch mich hindurch. Breitete sich in jeder Faser meines Körpers aus.

Sofort schnappte ich Orianas Taille und presste sie an mich, legte die andere Hand in ihren Nacken und drückte ihr einen Kuss auf die Stirn.

»Wir schaffen das«, murmelte ich. Sie nickte, die Augen mit Tränen gefüllt.

Danach schlossen sich unsere Finger ineinander und ich riss sie mit, als ich losstürmte. Laurent gab den Weg an und lief vor uns her. Erneut steuerten wir nach links, danach rechts und umgekehrt. Wir würden es schaffen, von hier wegzukommen. Wir mussten es schaffen.

Als wir dem Ausgang immer näherkamen, schrie plötzlich jemand.

»Da sind sie.« Mehrere hektische Schritte folgten.

Aus dem Gang, in den wir abbiegen mussten, steuerten ein Dutzend Wandler direkt auf uns zu.

»Gibt es einen anderen Weg?«, fragte ich, Laurent zugewandt.

»Wir müssen hier lang.« Mit dem Kopf deutete er auf die Wandler.

»Verdammt«, fluchte ich. Zuerst sah ich Oriana an, die mir einen verzweifelten Blick zuwarf, danach umfasste ich ihre Finger einen Augenblick fester, bevor ich sie zur Seite stieß.

Eine Sekunde schloss ich die Augen. Danach loderten Flammen um meine Hände und erhellten die düsteren Gänge. Magie durchströmte jeden Winkel meines Körpers.

Die Gestaltwandler stoppten vor uns.

Ich trat vor Oriana und Laurent.

»Geht aus dem Weg«, forderte ich und ließ demonstrativ meine Flammen noch heller leuchten.

Bei einem kurzen Blick über die Schulter bemerkte ich Oriana, die ebenfalls ihre Eismagie beschworen hatte und diese um sich tanzen ließ. Einer meiner Mundwinkel zog sich nach oben und ich verspürte diesen enormen Drang, sie zu schnappen und zu küssen, als die Kriegerin in ihr zum Vorschein kam. Die zarten Schneeflocken wirbelten um ihren Körper und spielten mit ihren

Haaren. Die Miene eine Mischung aus Angriffslust und Verführung, als sie mir direkt in die Augen sah.

Bei den Göttern im Himmel, wenn wir uns nicht in solch einer katastrophalen Situation befunden hätten, hätte ich mich nicht zurückgehalten, sondern ihr verdeutlicht, wie unglaublich wahnsinnig sie sowohl meinen Körper als auch meinen Verstand machte.

Einer der Wandler verwandelte sich nach einem Lichtblitz von einem Waschbären in einen weitaus größeren Bären und nahm wieder meine Aufmerksamkeit in Anspruch. Mit einem weit aufgerissenen Maul, aus dem ein Brüllen grollte, schlug er mit seiner Pratze nach mir.

Noch halb abgelenkt von der Schönheit hinter mir, verfehlte er mich nur knapp.

Aus Orianas Kehle drang ein erstickter Schrei, als ich im letzten Moment zur Seite auswich.

»Bei den Göttern, wenn ihr nicht verschwindet, werde ich euch auslöschen«, knurrte ich. »Das ist eure letzte Chance.«

Laurent machte einen Schritt auf die Wandler zu. »Verschwindet«, zischte er. »Na los!« Mit einer Geste unterstrich er seine Forderung.

»Es ist eine Schande, dich als einen von unseres gleichen zu bezeichnen«, knurrte der Bär durch zusammengebissene Zähne. »Du elendiger Verräter.«

»Und du wirst tot sein, wenn du nicht aus dem Weg gehst«, sagte Laurent. »Lieber ein Verräter als tot.«

»Und ich bin lieber tot als ein feiger Verräter«, zischte der Bär.

»So könnten wir den ganzen Tag weitermachen.«

Das reichte mir als Antwort und als Motivation für mein Handeln. Ich breitete meine glühenden Hände vor mir aus und schleuderte ihm einen Stoß meines Feuers entgegen.

Das Fell des Tieres brannte sofort und er ging in eine einzige riesige Flamme auf. Unverzüglich wichen die umstehenden Gestaltwandler zurück und wurden dabei Zeugen als ihr Kamerad wie ausgetrocknetes Gestrüpp lichterloh brannte. Die ohrenbetäubenden Schreie des brennenden Tieres hallten durch die Gänge und es würde sich nur um Minuten handeln, bis die nächsten von ihnen auftauchen würden.

Laurent und Oriana schnappten hinter mir merklich nach Luft, während der Bär sich auf den Boden warf und sich in seine natürliche Gestalt, einen Menschen, verwandelte. Er wälzte sich so lange am Boden, bis sein Leben endgültig erlosch und mit ihm die Flammen. Zurück blieb nur ein dampfender Haufen Asche.

Erneut warf ich einen Blick zu Oriana, die mit offenem Mund auf den toten Wandler starrte. Ihr Eis war ebenfalls erloschen. Erst als ich mich räusperte, lenkte sie ihren Blick auf mich. Einen Moment lang machte ich mir beinahe Sorgen, wie sie reagieren würde, da sie sah, wie ich ohne zu zögern einen *Menschen* getötet hatte.

Aber es ging um unser Leben. Um ihr Leben.

Ihre Brust hob und senkte sich rasendschnell, während sie merklich schluckte. Sie trat näher an mich heran und ich spürte ihre Präsenz dicht an meinem Rücken, als ich meinen Blick nach vorne richtete und die anderen Gestaltwandler beobachtete.

Weiterhin glühten meine Arme mit meinem Feuer. Während ich Orianas Finger an meinem Rücken und meiner Schulter fühlte, blinzelte ich sehnsüchtig unter ihrer Berührung. Automatisch loderten meine Flammen heller.

Auf den Zehenspitzen stehend, legte sie ihre Lippen dicht an mein Ohr, sodass mir ihr warmer Atem einen Schauer über den Körper schickte.

»Verbrenne sie alle«, flüsterte sie. »Jeden, der sich uns in den Weg stellt.«

Bei den Göttern.

Überwältigt von ihren Worten stieß ich ein ungläubiges Lachen aus.

Sie löste sich von mir und ich vernahm erneut, wie sich ihr Eissturm um sie aufbaute.

Noch bevor ich einen Schritt vortreten konnte, lenkte Oriana ihre Magie direkt auf zwei der Wandler und schleuderte sie quer durch den Gang.

Nun waren Laurent und ich es, die nach Luft schnappten. Ich übernahm die restlichen und schickte ihnen einen Feuerschwall entgegen. Die einen flüchteten, die anderen taten es dem Bären gleich und gingen in Flammen auf.

»Verdammt, du kannst dir nicht vorstellen, wie sehr ich dich liebe, Oriana«, hauchte ich. Sofort umfasste ich ihr Kinn grob mit meiner Hand und zog ihren Kopf in den Nacken. Das Lächeln, das ihr Gesicht zierte, während ein leises, erschrockenes Stöhnen ihre Lippen verließ, ließ mich beinahe alles um uns herum vergessen.

Ich hatte sie gefunden.

Sie hatte mich gefunden.

Ich würde die gesamte Welt in Brand stecken, um Oriana zu beschützen, und jeden töten, der ihr Schaden zugefügt hatte.

Der liebliche Geschmack ihrer Lippen war alles, was ich brauchte. Alles, nach dem ich mich sehnte.

Laurent räusperte sich neben uns. »Ich will euch nicht stören. Ihr habt euch vermisst, bla bla bla … Ihr wollt euch bespringen, bla bla bla … Alles schön und gut, aber bitte, *nachdem* wir von hier verschwunden sind und ohne meine Anwesenheit.«

Als ich mich zurückzog, umfasste sie mein Gesicht und küsste mich ein weiteres Mal – ein letztes Mal.

Behutsam legte ich meine Hand auf Orianas zarte Finger, die weiterhin meine Wange hielten, und nickte Laurent zu, der daraufhin den Weg vorgab.

Vorbei an dem Häufchen Asche und den Gestaltwandlern, die sich gerade erst aufrappelten, rannten wir durch die Gänge.

Einzig unsere Schritte und abgehackten Atemzüge waren zu hören. Erneut summte bedrohlich meine Magie, nachdem wir mehrmals abgebogen waren. Niemand kam uns entgegen, obwohl der Lärm unserer vorherigen Auseinandersetzung bestimmt durch die Tunnel in alle Richtungen getragen worden war.

Entweder hatten sie Angst, wir würden sie allesamt vernichten, oder ihnen wurde der Befehl erteilt, sich zurückzuziehen. Ich vermutete Letzteres.

Kapitel 15 Oriana

So angespannt und euphorisch gleichermaßen hatte sich mein Körper das letzte Mal gefühlt, als ich vor einigen Wochen den Wandler im Wald getötet hatte. In dem Moment, in dem ich Laurent vor mir sah und nur eine Sekunde später Zane mir gegenüberstand, dachte ich, es müsse sich um einen Traum handeln. Dass ich mir beim Rausschleichen irgendwo den Kopf gestoßen hätte und mir deshalb meine Augen einen Streich spielten. Dass Clarence zufällig vergessen hatte, die Tür zu verschließen, und nur ein paar Stunden später Zane vor mir stand, konnte doch nur ein Traum gewesen sein.

Ein Traum oder ein riesengroßer Zufall. Schicksal.

Unzählige Fragen brannten auf meiner Zunge, doch dies war nicht der passende Moment, um nur eine von ihnen zu stellen.

Die Gänge der Höhle waren wie ausgestorben, als ich meine Zelle verließ – jetzt im Nachhinein wusste ich, wieso. Niemand von ihnen wollte die Ankunft von Zane verpassen. Genau das war meine Chance gewesen, unbemerkt aus der Zelle zu schlüpfen. Nur war es beinahe unmöglich, den Weg nach draußen zu finden, ohne am Besprechungsraum vorbeizukommen, weshalb ich ewig in dem Irrgarten der dunklen Gänge herumirrte.

Während ich neben Zane und Laurent herlief, merkte ich, dass es tatsächlich keinen anderen Weg gab, die Höhle zu verlassen, als durch den Haupteingang. Umso selbstsicherer war ich, da ich wusste, ich hatte meine Magie vollkommen unter Kontrolle und konnte sie beliebig einsetzen. Egal wer oder was sich uns in den Weg stellen würde, ich würde es zerstören. Vorausgesetzt, Zane würde mir nicht zuvorkommen.

Gemeinsam waren wir beinahe unbesiegbar und niemand könnte sich mit unseren Kräften messen, ausgenommen einem:

Clarence.

Doch seit unserer Auseinandersetzung hatte ich ihn nicht mehr gesehen.

»Wo sind Clarence und Amara?«, fragte ich, Laurent zugewandt.

Sein Kopf wirbelte in meine Richtung. »Amara ist vermutlich auf der Suche nach dir. Wo Clarence aktuell steckt, weiß ich nicht. Seitdem wir hier angekommen sind, habe ich ihn nicht gesehen.«

»Besser für ihn«, knurrte Zane.

»Wie bist du überhaupt freigekommen?«, wollte Laurent wissen und zog die Stirn kraus. »Ich meine, du wurdest doch bestimmt gefangen gehalten, oder? Mit Fesseln an die Wand gekettet, kann ich mir vorstellen.«

Ich schluckte schwer. »In einer Zelle, ja«, antwortete ich und bemerkte Zanes Blick auf mir, sah jedoch nicht in seine Richtung. »Aber nein. Ich wurde an keine Wand gefesselt und gefoltert. Clarence und ich hatten vor wenigen Stunden eine kleine … nennen wir es mal *Auseinandersetzung*. Er ist wutentbrannt aus der Zelle gestürmt und hat dabei vergessen, die Tür zu verschließen. Und nachdem alle Gestaltwandler aus den Gängen verschwunden waren – vermutlich dank eurem Auftritt –, konnte ich unbemerkt aus dem Raum schlüpfen.«

»Eine Auseinandersetzung? Hat er dir etwas angetan?«, fragte Zane und die Sorge verzerrte sein Gesicht. »Ein Grund mehr, ihn zu töten.«

»Er hat mir nichts angetan«, räumte ich ein. Dass mit der tiefen Fleischwunde, die er mir vor wenigen Tagen zugefügt hatte, verschwieg ich. »Wir hatten eine Meinungsverschiedenheit, mehr nicht. Wir sollten erst mal von hier verschwinden«, sagte ich und wollte nicht mehr Drama machen, da es gegenwärtig nichts zur Sache tat.

Plötzlich bremste Laurent ab und legte seinen Finger an seine Lippen. Das internationale Zeichen, ruhig zu sein.

Zuerst schaute ich Laurent an, dann Zane, der daraufhin nickte.

Laurent kam näher an uns heran. »Es befinden sich Leute direkt bei dem Eingang der Höhle«, flüsterte er und horchte erneut gespannt. »Wir werden kämpfen müssen, um durchzukommen.«

»Woher weißt du das? Hörst du es etwa?«, flüsterte ich mit gerunzelter Stirn.

Laurent nickte. »Wenn wir in Sicherheit sind, lehre ich dich, wie du nur deine Ohren veränderst, um zu hören wie ein Tier.«

Diesmal war ich es, die nickte und dabei die Lippen fest aufeinanderpresste. Im Augenwinkel bemerkte ich Zanes forschenden Blick, der über mein Gesicht glitt. Vermutlich auf der Suche nach etwas nicht Menschlichem.

Öfter als einmal hatte ich einen Albtraum gehabt, der sich viel zu real angefühlt hatte. In dem Zane mich jagte, mich zu töten versuchte wie ein wildes Tier – oder einen Gestaltwandler.

An seinen ehrlichen Gefühlen würde ich niemals zweifeln, doch dass ich plötzlich eine vollkommen andere Frau war als jene, in die er sich verliebt hatte, rief Szenarien in meinem Unterbewusstsein hervor, die besser nicht zu meiner Realität werden würden.

Meine Herkunft änderte einfach alles.

Scham war nicht das passende Wort dafür, wie ich mich fühlte, wenn Laurent meine Herkunft erwähnte, aber dennoch war es zum Verwechseln ähnlich. Dieses unwohle Grummeln meines Magens, die schwitzigen Handflächen, gemischt mit der Hitze, die in meine Wangen stieg.

Zanes Finger streiften kaum merklich über meine. Erst da sah ich zu ihm.

»Ich liebe dich«, flüsterte er mir zu, als ob er meine Gedanken gelesen hätte.

Noch bevor ich etwas antworten konnte, machte sich Laurent mit einem leisen Räuspern wieder bemerkbar. »Tötet so wenige wie möglich … Sie … sie haben es nicht verdient. Aber tötet so viele wie nötig, damit wir heil davonkommen.« Er atmete tief durch, bevor er weitersprach. »Ich gebe euch Rückendeckung.«

Zane nickte. »Verstanden.«

»Bring sie heil da raus. Wir treffen uns außerhalb der Höhle.« Danach machte er eine salutierende Geste und ging geduckt vor, bis er um die Ecke bog und verschwand.

Erst als Laurent außer Sichtweite war, richtete Zane das Wort an mich. »Bleib dicht hinter mir. Sollte es hart auf hart kommen, musst du verschwinden, sobald du die Möglichkeit dazu hast.«

Ich nickte, weil ich wusste, dass Zane wollte, dass ich mich retten würde. Deshalb widersprach ich nicht, dass ich ohne ihn von hier nicht verschwinden würde. Obwohl genau das mein Gedanke war. »Natürlich«, sagte ich stattdessen. »Wir müssen hier entlang, dann nach rechts, dann müssten wir den Eingang erreichen.«

Je näher wir unserem Ziel kamen, umso schmerzhafter hämmerte mein Herz in meiner Brust. Wir müssten an den Wandlern vorbeikommen und danach Lyra und Laurent finden. Und selbst wenn uns das gelingen sollte, gab es keine Garantie, dass sie uns nicht verfolgen würden.

Dass ich vor mehreren Wochen in den Wäldern vor Floranys einen Wandler getötet hatte, war anders als das Gefühl, das ich jetzt spürte, wenn ich daran dachte, dass vermutlich mehrere heute Abend ihr Leben lassen würden.

Wir mussten hier weg. Um *jeden* Preis.

Am Ende des Gangs erkannte man ein dezentes Licht, das vermutlich vom Mond stammte, der sich im See spiegelte.

Weiterhin vernahm ich keine ungewöhnlichen Geräusche. Man hätte eine Stecknadel fallen hören können, so ruhig war es. Nur Zanes und mein unregelmäßiger Atem durchbrach die Stille. Die verdächtige Stille.

»Bleib hinter mir«, befahl Zane erneut und drückte sich dicht an die Tunnelmauer.

Das kühle Gestein sandte mir einen Schauer über den Körper.

»Sei vorsichtig.«

»Ich bringe dich hier raus. Das verspreche ich.« Danach überwand Zane auf leisen Sohlen die letzten Meter bis zum Ende des Tunnels.

Nur noch meinen kräftigen Herzschlag vernahm ich in meinen Ohren, während ich versuchte, gleichmäßig zu atmen. Ich rief meine Magie hervor, stärker und intensiver denn je. Sammelte sie rund um mich, bereit für das, was auf uns warten würde.

Minuten vergingen, die sich wie eine Ewigkeit anfühlten, während ich auf ein Lebenszeichen von Zane oder Laurent wartete. Minuten der vollkommenen Ungewissheit, die mich zerfraßen. Beinahe so schlimm wie damals, als Zane die Eiswälder betreten hatte.

Doch dieses Mal hing unser aller Leben am seidenen Faden. Nur ein Fehltritt könnte böse enden. Ich musste mich beruhigen und meinen Gefühlen den Vortritt verwehren.

Zane tauchte nicht auf. Selbst nach weiteren Minuten.

Ich schlich dicht an die Steinmauer gedrückt ans Ende des Gangs und versuchte, einen Blick in die darauffolgende Höhle zu werfen.

Die Augen zusammengekniffen, spähte ich um die Ecke, erkannte jedoch nichts. Ausgenommen den Mond, der sich in dem Gewässer widerspiegelte und die Höhle mit einem sanften Licht überzog. Wo Lichter waren, waren auch Schatten und in diesem Fall mehr als genug. Schatten, in denen Kreaturen unentdeckt blieben, sich verstecken konnten, bis ihre Zeit für den Angriff reif wäre.

Laurent hatte zuvor erwähnt, dass er mehrere Gestalten gehört hatte, die sich angeblich hier tummelten. Gegenwärtig erkannte ich niemanden, selbst Zane nicht. Geschweige denn Laurent.

Vielleicht war Laurent nicht so vertrauenswürdig, wie Zane und ich dachten. Na ja, ich kannte Laurent nur bedingt, aber da er mit Zane gekommen war, um mich zu retten, musste dieser ihm vertrauen. Was zwischen ihnen in Westerys vorgefallen war, konnte ich nur vermuten. Es wäre nicht abwegig, dass Laurent Zane vielleicht sogar meinen Aufenthaltsort verraten hatte. Das waren alles nur Vermutungen, Gedankenblitze, die nur einen Bruchteil einer Sekunde in meinem Kopf verweilten.

»Zane?«, flüsterte ich, während ich geduckt den ersten Fuß in die Höhle setzte. Meine Augen wanderten quer umher und überflogen meine Umgebung. »Zane, wo bist du?«

Stille.

Irgendetwas stimmte hier gewaltig nicht. Sofort wurde mein Atem abgehackt, unkontrolliert, während mein Kopf in alle Richtungen schnellte, auf der Suche nach Zane oder Laurent. Schmerzhaft ballte ich meine blau glühenden Fäuste, sodass sich meine Fingernägel in mein Fleisch gruben. Genauso fest biss ich die Zähne aufeinander und schluckte alle paar Augenblicke die Spucke, die sich in viel zu unnatürlichen Massen in meinem Mund sammelte.

Beruhig dich, Oriana.

Beruhige. Dich. Verdammt. Noch mal.

Sollte ich jetzt hyperventilieren, wäre meine Chance vertan und damit auch Zanes und Laurents. Ich musste stark sein. Der sich anbahnenden Panikattacke den Vortritt verwehren.

Langsam schlich ich mich weiter nach vorn, weiterhin dicht an den Wänden der Höhle.

Plötzlich schlang sich eine Hand um meine Taille, während sich eine weitere auf meinen Mund presste und mir der Schrei in der Kehle stecken blieb. Mit Händen und Füßen kämpfte ich gegen meinen Angreifer an, der mich innerhalb eines Wimpernschlags in die Schatten verschleppte.

Meinen Rücken dicht an seine Brust gedrückt, hielt er mich fest.

Jetzt würde ich sterben. Jetzt und hier.

Aber nicht kampflos.

Voller Wut riss ich mein Bein zurück und hoffte, die Mitte des Angreifers zu treffen. Er klemmte jedoch mein Bein zwischen seinen ein und hielt mich noch fester an Ort und Stelle. Gerade als mein Schneegestöber heller loderte und bereit war, sich dem Angreifer zu stellen, gab er etwas von sich.

»Pscht«, hörte ich eine leise Stimme dicht an meinem Ohr und augenblicklich versteifte ich mich, als ich bemerkte, wessen Atem mein Ohr streifte. Blitzschnell rief ich meine Magie zurück.

Clarence.

»Ich schwöre bei den Göttern, ich töte dich«, zischte ich, entriss mich seinem Griff, den er gelockert hatte. Dann wirbelte ich zu ihm herum.

Seinem Gesichtsausdruck nach zu urteilen, war er nicht besonders überrascht, mich außerhalb meiner Zelle anzutreffen. Er legte einen Finger an seine Lippen, um mir zu demonstrieren, dass ich leise sein sollte.

»Was ist hier los?«, flüsterte ich. »Wo ist Zane?«

»Er ist bei Laurent«, antwortete er mit gesenkter Stimme. »Erinnere dich daran, wie du deine Magie beherrschst, so wie ich es dir gezeigt habe.«

Verwirrt warf meine Stirn eine Falte. »Wie … Was meinst –«

»Wir werden kämpfen müssen, um hier rauszukommen. Zane, du und ich sind mit unserer Magie stärker als alle Wandler, die hier sind, aber dennoch müssen wir vorsichtig sein.«

»Wir?« Mehrmals blinzelte ich, überrascht von seinen Worten, die irgendwie keinen Sinn in meinem Kopf ergaben.

Erneut traf sein Blick mich. »Du denkst doch nicht wirklich, ich hätte die Tür aus Versehen unverschlossen gelassen.« Seine Brauen wanderten fragend nach oben, bevor er eine Sekunde später schmunzelte.

»Du wolltest, dass ich flüchte?«

»Können wir das bitte später besprechen?«

Ich riss die Augen weit auf, als unter der Wasseroberfläche etwas hell zu glühen begann. Automatisch wich ich einen Schritt zurück. Egal, was ich mir die nächsten Sekunden in meinem Kopf zusammenreimte, es war schlimmer als das. Tausend Mal schlimmer.

»Mach dich bereit, Prinzessin«, hörte ich Clarence neben mir, der sich mit seinen grün glühenden Fingern in Kampfposition befand.

Am gegenüberliegenden Ende der Höhle sah ich Zanes gold–gelbe Feuermagie schimmern.

Laurent hatte mal erwähnt, dass er ohne die Magie der königlichen Blutlinie geboren wurde, weshalb ich nur ahnen konnte, dass er sich bei Zane befand. Zumindest hatte das zuvor Clarence behauptet. Es blieb mir nichts anderes übrig, als ihm zu vertrauen.

Sekunden später blubberte das Wasser und wirkte, als ob es zu kochen beginnen würde, während Zanes Flammen intensiver loderten. Zane kochte tatsächlich den See.

»Sie warten im Gewässer, bis sie uns angreifen können. Dein Geliebter macht ihnen etwas Feuer unterm Hintern«, sagte Clarence, bevor er aus dem Schatten lief, direkt auf den See zu.

Mit einer Hand langte ich nach ihm, wollte ihn zurückhalten, doch ich war zu spät. Also sah ich zu, wie er direkt in die Mitte der Höhle rannte. Instinktiv presste ich mich tiefer in die schützenden Schatten.

Kapitel 16 Oriana

»Geliebte Tante, wo versteckst du dich?«, säuselte Clarence theatralisch, während er im Kreis ging. »Oh, wo hast du dich versteckt?«, kam es beinahe singend aus ihm heraus. »Du und deine Leute haben sich doch bestimmt nicht im Wasser versteckt. Dann kann mein neuer Freund Zane das Wasser bestimmt so stark kochen lassen, dass ihr alle perfekt gar zum Verzehr seid.«

Ein Lichtblitz kam aus dem blubbernden Wasser geschossen und landete direkt vor Clarence. In ihrer typischen Schneeleopardengestalt knurrte sie und fletschte die Zähne. Clarence zuckte keinen Millimeter zurück, im Gegensatz zu mir, obwohl ich mich weiterhin im schützenden Schatten befand.

Erneut fletschte sie ihre Zähne, während ihr Knurren durch die Höhle hallte und mir eine Gänsehaut verpasste.

»Lust auf ein Tänzchen, Tantchen?«, feixte Clarence und grinste dabei über beide Ohren, gefolgt von einer einladenden Verbeugung.

»In unserem Fall gilt der Spruch *Blut ist dicker als Wasser* nicht, Neffe. Du zerstörst alles, wofür ich die letzten Jahre hart gearbeitet habe. Wenn du nur wüsstest, welche Probleme uns durch deine kleine Geliebte und ihrem Lustknaben erspart geblieben wären. Du und dein verräterischer Bruder werdet heute Abend euer Leben lassen«, lachte sie und verzog ihre Schnauze zu einer Fratze, bevor ihr Blick direkt in meine Richtung wanderte und sie mich mit ihren eisblauen Augen fixierte. »Genauso wie deine kleine Hure.«

Nicht mal einen Atemzug später schleuderte Zane sein Feuer direkt auf sie zu und trat dabei aus dem Schatten. Amara versuchte auszuweichen, doch ihr Fell fing sofort Feuer, genauso wie bei dem Bären zuvor. Doch anstatt lichterloh in Flammen aufzugehen, verwandelte sie sich einen Lichtblitz später in eine riesige Schlange. Durch das Wandeln erstickte sie das Feuer mit ihrer schuppenbesetzten Haut.

Sofort kam der Erinnerungsfunke an den Wandler in meinen Kopf, den ich in den Wäldern getötet hatte. Ich fragte mich, ob sie die Gestalt mit Absicht wählte. Ob sie von dem Angriff wusste oder vielleicht sogar ihre Finger im Spiel hatte.

Amara stellte ihren Körper wie eine Kobra auf, während ihre zwei Giftzähne hervorblitzten. »Oh, Prinz Zane, ich dachte, das zwischen uns würde anders enden. Wir haben uns doch so gut miteinander verstanden.«

»Der Moment, in dem Ihr Orianas Entführung veranlasst habt, habt Ihr Euer Todesurteil unterzeichnet«, knurrte Zane, während sein gesamter Körper dermaßen glühte, wie ich es nie zuvor gesehen hatte. Durch seine ohnehin gebräunte Haut schimmerte golden seine Magie hindurch und dabei wirkte er wie ein strahlender Stern, der die Dunkelheit erhellte.

Bei den Göttern, wenn Zane nicht auf meiner Seite stehen würde, hätte ich mir vermutlich ins Höschen gemacht bei der tödlichen Präsenz, die von ihm ausging.

»Ihr steht für eine Frau ein, die sich nur Minuten nachdem sie Euch verlassen hatte, dem nächstbesten an den Hals geschmissen hat. In dem Fall war es mein geliebter Neffe Clarence, aber vermutlich hätte irgendein Bauernjunge ebenfalls für den Moment gereicht.«

Laurent trat hervor und hielt Zane zurück, der auf Amara losgehen wollte.

Noch immer in Schatten gehüllt, stand ich wie versteinert da. Die Angst, die gegenwärtig meinen Körper bewohnte, wurde schlagartig von der Scham abgelöst, die sich in mir breitmachte.

»Wovon redest du?«, fragte Zane und schüttelte den Kopf. Er hatte keine Ahnung, wovon sie sprach. Natürlich nicht.

Ich wusste aus erster Hand, wie es sich anfühlte, von einem Menschen, den man in sein Herz gelassen hatte, hintergangen zu werden. Doch ich hatte ihn nicht hintergangen. Ich wusste nicht, dass es nicht wirklich Zane gewesen war, als wir unter dem westerischen Palast waren.

»Oh, hat es dir dein Püppchen nicht verraten, dass sie und Clarence sich geküsst haben?«, lispelte Amara mit gespaltener Zunge.

Zanes Gesicht verlor jeglichen Ausdruck, genauso wie seine leeren Augen, die zuerst mich fixierten, danach Clarence. Ein lautloses *Nein* formten seine Lippen, während er den Kopf leicht schüttelte.

Sofort bebte meine Unterlippe, und obwohl ich meine Zähne fest aufeinanderbiss, bildeten sich Tränen in meinen Augen.

Ich konnte angesichts des Schmerzes in seinem Blick kaum noch atmen. Am liebsten wäre ich zu ihm gestürmt und hätte ihm geschworen, dass ich mich immer für ihn entscheiden würde. Dass ich mich immer für ihn entschieden hatte.

Und dass Clarence mich getäuscht hatte.

»Und was in den unzähligen Stunden passiert sein muss, in denen Clarence sich in Orianas Zelle aufhielt–« Amüsiert verzog sie ihr Maul und zischte.

»Sie will uns mit ihren Worten nur auseinandertreiben«, knurrte Zane und lenkte erneut einen Schwall seiner Magie auf Amara. Doch sie wich blitzschnell aus und das Feuer traf neben ihr auf den Boden.

»Soll das die gleiche Masche sein, um uns gegeneinander aufzuhetzen wie diese Lüge, dass Laurent angeblich nicht mein Bruder ist?« Clarence schüttelte den Kopf.

Amaras Maul verzog sich erneut zu einer Grimasse. »Clarence, mein Junge, das war nie mein Wortlaut. Er ist dein Bruder, keine Frage, aber nicht dein Zwilling.«

Laurents Miene entgleiste und seine Augen wanderten von Amara zu Clarence und wieder retour.

Nun war es Clarence, der Ranken aus dem Boden lenkte, die

sich über Amaras Körper wickelten und sie am Boden fixierten. »Du verdammte Lügnerin.«

Doch nur so lange, bis sie sich erneut verwandelte. Plötzlich war keine Spur mehr von ihr zu sehen. Suchend wanderten unsere Blicke umher.

»Wo ist sie, verflucht?«, rief ich den anderen entgegen und trat endlich aus dem Schatten.

Als mich sowohl Clarence´ als auch Zanes Blick trafen, stand plötzlich mein Körper erneut vor Scham unter Strom und ich presste die Lippen fest aufeinander. Ich konnte mir nur vage ausmalen, was sich in den jeweiligen Köpfen abspielte.

Doch es war so zweitrangig in Anbetracht dessen, was sich gegenwärtig abspielte.

»Die Dame der Stunde nimmt nun auch an unserer interessanten Unterhaltung teil«, ertönte es neben mir. »Wie amüsant.«

Mein Kopf schnellte in jegliche Richtung, doch da war keine Spur von ihr. »Zeig dich, du Miststück«, forderte ich.

Vermutlich verweilte sie im Körper einer Fliege, das würde zumindest zu ihrer leisen Stimme passen, mit der sie geträllert hatte. Und zu ihrem ekelerregenden Charakter.

Den Lichtblitz hinter mir vernahm ich erst viel zu spät, schon hatte sie mich in ihrem festen Griff gefangen.

Es ging alles viel zu schnell.

Ich hörte Zanes Schrei, noch bevor ich die Krallen spürte, die sich in mein Fleisch gruben. Automatisch drückte ich meinen Rücken durch und warf meinen Kopf in den Nacken, als mir mein Schrei in der Kehle stecken blieb. Meine Beine gaben sofort nach und nur Amaras Kallen in meiner Schulter hielten mich aufrecht.

Wie ein Blitz durchzuckte mich der Schmerz und breitete sich einem Netz gleich in jeder Faser meines Körpers aus. Legte meine Magie lahm, sodass ich ihr hilflos ausgeliefert war. Jegliche Luft entwich aus meinem Körper, genauso wie der Schrei, der aus meiner Kehle zu brechen versuchte, versickerte.

Ruckartig riss sie ihre Klaue aus meinem Schulterblatt und das Geräusch, das folgte, raubte mir beinahe das Bewusstsein. Ohne ihren Griff verlor ich das Gleichgewicht, schwankte, bis mein Körper schlussendlich nach vorn kippte. Mit den Knien voran schlug ich auf dem Untergrund auf.

Doch als meine Hände den Boden berührten und ich versuchte, meinen Sturz abzufangen, strömte schützend der letzte Rest meiner Eismagie aus meinen Handflächen. Schlagartig überzog ich die gesamte Höhle mit einer Eisschicht. Genauso wie der See einfror und die restlichen Wandler darin einsperrte.

Betäubt von den Höllenschmerzen, versuchte ich meine Augen offen zu halten. Sollte ich mein Bewusstsein verlieren, wäre es endgültig aus für mich.

Das Einzige, was ich als Nächstes vernahm, war, wie sich mein Körper erneut krümmte, während sich Amaras Krallen nochmals in mein Fleisch bohrten und meinen beinahe leblosen Körper hochrissen.

Ich konnte nicht reagieren.

Ich konnte nicht atmen.

Alles war viel zu schnell.

Alles innerhalb von Sekunden.

Sie metzelte mich nieder und ich war ohne jegliche Chance, mich zu wehren oder ihren nächsten Schritt zu verhindern.

Das Rauschen in meinem Kopf wurde immer leiser, je schwächer ich wurde. Ich versuchte, wach zu bleiben. Mit allem, was ich hatte, kämpfte ich gegen die sich anbahnende Dunkelheit an. Doch es war nicht genug.

Flatternd schlossen sich meine Lider endgültig, während der nächste Schmerz meinen Körper durchzuckte. Schlussendlich empfing mich die unendliche Schwärze. Egal wie sehr ich mich dagegen sträubte.

Kapitel 17 Clarence

Jedem, der in der Höhle anwesend war, blieb vermutlich im selben Moment das Herz in der Brust stehen. Zumindest fühlte es sich so an, als Amara hinter Oriana auftauchte und ihre Krallen in ihrem Fleisch vergrub.

Ihr schmerzverzogenes Gesicht, zu einem lautlosen Schrei geformt, hielt mein Herz im festen Griff und drohte es zu zerquetschen.

Zuerst Amaras Schlangengestalt, nun der Tiger und plötzlich stellte ich mir die Frage, ob sie für den Angriff, der in den Wäldern stattfand, verantwortlich gewesen war. Ob sie den Wandler geschickt hatte, um uns zu töten. Ihre Intuition dahinter war mir noch unklar. Das Einzige, bei dem ich mir sicher war, war, dass meine Tante dafür bezahlen würde.

Zane, Laurent und ich stürmten im selben Moment auf Oriana und meine Tante zu. Blitzschnell schossen meine Ranken aus dem Boden und schlängelten sich um sie. Angefangen bei Amaras Beinen, weiter nach oben. Ihre Krallen tief in Orianas Rücken geschlagen, hielt sie ihren Körper hoch wie eine Trophäe.

»Lass sie los!«, schrie Zane wutentbrannt.

Keiner von uns konnte Magie auf sie schleudern und sie damit töten, da sie Orianas Körper wie einen Schutzschild vor sich hielt.

»Aber wieso denn? Euer kleiner Wanderpokal hält gerade ein Nickerchen. Wir wollen sie doch nicht stören«, rief Amara, gefolgt von einem Hexenlachen.

»Lass sie los oder ich schwöre dir, Tante, ich bringe dich um.« Selbst wenn sie meiner Aufforderung nachgehen würde, würde sie mit ihrem Tod dafür bezahlen.

Amara stieß ein kehliges Lachen aus. »Willst du mir etwa drohen dein eigen Fleisch und Blut zu töten? Deine Mutter wäre enttäuscht, zu welchem Mann du herangewachsen bist.«

Sie wollte mich aus der Reserve locken, das war ganz klar. Doch ich würde keine Marionette in ihrem Machtspiel werden. Ich musste sie mit ihren eigenen hinterlistigen Waffen schlagen.

Zane hatte Amara und Oriana beinahe erreicht und war nur noch wenige Schritte von ihnen entfernt. Da riss Amara eine Tatze aus Oriana und umfasste ihr leblos wirkendes Gesicht. »Einen Schritt näher, Prinz, und ich reiße ihren hübschen Kopf ab. Dann wäre wenigstens euer Dilemma gelöst. Der eine bekommt ihren Körper, der andere ihren Kopf. Ihr könnt euch gerne selbst ausmachen, wer welchen Teil bevorzugt.«

Alleine bei der bildlichen Vorstellung rebellierte mein Magen.

Abrupt bremste Zane ab und ich nutzte den Moment, in dem Amara ihm ihre gänzliche Aufmerksamkeit schenkte. Ich warf einen Blick zu Laurent, der sofort wusste, was mein Blick zu bedeuten hatte. Hätte ich mich verwandelt, hätte Amara es sofort bemerkt, aber Laurent war weit genug entfernt, dass sie es vielleicht nicht mitbekam.

Im Augenwinkel sah ich den Lichtblitz, der von Laurent ausging, zeigte jedoch keine Reaktion, sondern beobachtete weiterhin das Wortgefecht zwischen Zane und meiner Tante.

»Ihr wisst, dass Ihr nicht lebend hier rauskommt«, stellte Zane klar und breitete seine Magie wie ein Lauffeuer rund um Amara aus.

Sie zuckte mit den Schultern und grinste breit. »Und trotzdem kann ich euch alle mit mir in den Tod reißen. Wegen euch werden die Gestaltwandler weiterhin ihrem Schicksal ausgeliefert sein. Ihr seid daran schuld.« Nun sah sie wieder zu mir. »Dein Bastardbruder und du seid der Grund dafür. Genauso wie ihr jetzt die Befreiung verhindert, indem ihr euch auf die Seite von Oriana stellt. Aber es sollte mich nicht wundern, stimmst? Da Oriana ebenso eine Hure ist, wie eure Mutter eine war. Es war alles die Schuld meiner verdammten Schwester.« Ohne Vorwarnung riss sie sich von Oriana los, die daraufhin auf dem eisüberzogenen Boden aufschlug. »Da habt ihr sie.«

Der Aufprall ihres Körpers hallte von den hohen Wänden wider, sodass ich zusammenzuckte.

Einen einzigen Schritt schaffte Amara, bis Laurent aus dem Nichts aufblitzte und sich in seine Wolfsgestalt verwandelte. Im Sprung holte er mit seiner riesigen Pranke aus und verpasste unserer Tante einen kräftigen Schlag, sodass sie zur Seite flog. Zanes Flammen loderten höher und zingelten sie in einem Kreis ein, dessen Radius immer kleiner und kleiner wurde. So weit, bis das Feuer ihren Körper erreichte und sie in ihrer Tigergestalt lichterloh brannte.

Die Schreie, die sie von sich gab, waren alles andere als menschlich. Am Boden zusammengekauert brüllte sie ohrenbetäubend und wand sich vor Schmerzen.

Bei lebendigem Leibe verbrannt zu werden, war tatsächlich einer der schrecklichsten und schmerzhaftesten Tode, die man sich nur vorstellen konnte.

Es dauerte noch wenige Sekunden, bis ihre Schreie verebbten und ihr Körper regungslos wurde.

Erst da zog Zane seine Flammen zurück, nur damit ich den finalen Schlag ausführen konnte. Also rief ich erneut meine Wurzeln hervor, die sich um Amaras Hals wickelten. Ich kniff die Augen zusammen und wandte den Blick ab. Die Wurzeln zogen sich enger um ihren Hals. Enger und enger.

Erst als ich den Aufprall ihres verkohlten Kopfes hörte, öffnete ich wieder die Augen und sah zu, wie ihr mittlerweile menschlicher Kopf und Körper zur Asche zerfiel.

Und ich fühlte nichts.

Nichts außer Erleichterung.

Erleichterung, dass ihr Machtspiel vorbei war. Ihre Lügen vorbei waren.

Ich fragte mich, was es über mich aussagte, dass ich sie unterstützt hatte. Dass ich so dumm war und dachte, sie würde mir tatsächlich helfen, Oriana für mich zu gewinnen. Wenn

Amara mich doch einfach nur benutzt hatte, um an sie heranzukommen.

Keiner der Gestaltwandler konnte die magische Mauer übertreten – ausgenommen Laurent und ich.

Götter, war ich naiv gewesen.

Oriana hatte recht. Liebe macht dumm.

Zane war sofort zu Oriana gestürmt, noch bevor er Amara seine Flammen geschickt hatte. Er kniete bei ihr und hielt ihren Kopf in seinem Schoß gebettet und strich ihr die Haare aus dem Gesicht.

»Sie wird heilen«, erklärte ich ihm mit ruhiger Stimme. »Ihre Wandlerfähigkeiten werden ihre Wunden vollständig schließen. Es ist nur eine Frage der Zeit.«

»Also hat Amara nicht gelogen.« Sein regungsloser Blick wanderte zu mir. »Oriana ist wirklich eine … Eine von euch.«

Ich nickte zustimmend und so gerne ich ebenfalls zu Oriana gestürmt wäre und mich um ihr Wohlergehen gekümmert hätte, wusste ich, dass ich fehl am Platz war. Ich war vermutlich auf Zanes Racheliste von Platz zwei auf den ersten nachgerückt nach Amaras Tod. Und ich wäre ein Narr, wenn ich denken würde, unsere kürzliche Zusammenarbeit hätte irgendetwas daran geändert.

Vermutlich hatten Amaras wilde Behauptungen seinen Hass auf mich nur weiter geschürt. Zanes Blick nach zu urteilen, waren es nicht nur Lügen, die ihren Mund verlassen hatten. Das änderte vieles und wiederum nichts an meinen Gefühlen für Oriana. Abgesehen davon, dass ich mir nun sicher war, dass damals in den Wäldern auf unserer Flucht etwas dabei gewesen war, sich zwischen uns zu entwickeln. Und dennoch war sie zurück zu Zane.

Einmal atmete ich tief durch und ließ den Sauerstoff durch meinen überhitzten, emotionsgesteuerten Körper strömen. Nur um mein Gedankenwirrwarr zu verdrängen, das aktuell zweitrangig war.

Ich schaute zu meinem Bruder, der links neben mir in seiner menschlichen Hülle auftauchte. »Was jetzt?«

Der Plan, die Wandler zu befreien, konnte doch nicht mit dem Tod unserer Tante ebenfalls zunichtegemacht werden. Weiterhin waren Wandler im See eingesperrt, den Oriana kürzlich schockgefrostet hatte. Obwohl ich mir fast sicher war, dass die Gestaltwandler sich daraus befreien hätten können, jedoch klug genug waren, es sein zu lassen.

Es war feige, dennoch schlau, wenn einem sein Leben wichtig war. Niemand war gekommen, um Amara zu helfen. Niemand.

»Jetzt verschwinden wir erst mal von hier«, schlug Laurent vor und deutete mit dem Kopf zu Oriana und Zane, die weiterhin am Boden kauerten. »Alles weitere besprechen wir, wenn Oriana wieder aufwacht. Hoffentlich.«

Ich schüttelte den Kopf. »Ich kann nicht mit euch kommen«, räumte ich ein und stieß die Luft aus. »Zane wird mich töten. Außerdem, was wird aus den Wandlern hier, jetzt, wo Amara weg ist?«

Laurent musterte mich einige Augenblicke, bevor er den Mund zu einem emotionslosen Schmunzeln verzog und nickte.

Im selben Moment, als ich Zanes Stimme hinter mir vernahm. »Du wirst Amara in den Tod folgen«, versprach er mir und ich glaubte jedes seiner Worte.

Ohne zu zögern, verwandelte ich mich in eine Fledermaus und hörte Zanes wutentbrannte Rufe und seine Feuermagie, die er mir hinterher schleuderte. Im Slalom wich ich aus und flatterte, so schnell ich konnte, tiefer in die düsteren Tunnel der Höhle des Emryn. Solange bis ich nur noch Stille vernahm.

Laurent und Zane würden sich um Oriana kümmern. Da war ich mir sicher. Sie würden sie hier fortbringen und sie pflegen, bis sie sich von den Wunden erholen würde.

Das war nicht meine Aufgabe.

Meine befand sich noch vor mir.

Kapitel 18 Oriana

Umhüllt von besinnlicher Stille, die mir jeglichen Schmerz, jeglichen negativen Gedanken nahm. Die Dunkelheit spendete mir die langersehnte Ruhe, die meinen Geist nach viel zu langer Zeit durchatmen ließ. Zum ersten Mal seit einer gefühlten Ewigkeit fühlte ich mich schwerelos. Keine Sorgen, die mich plagten, mir den Schlaf raubten oder mich bis in die Träume verfolgten.

Gebettet in seidige Kissen, die meine Seele ummantelten, war da einfach nur Stille. Ruhe. Endlosigkeit.

Sobald der Schmerz versuchte, wieder die Oberhand zu übernehmen, stürzte ich mich kopfüber erneut in die Leere.

Wie in einem See, gefüllt mit seidigem Öl, trieb ich regungslos dahin. Kümmerte mich nicht darum, was mit meiner Hülle war, ob sie heilen würde, ob sie Schmerzen hatte oder wo sie sich befand. Denn ich spürte sie nicht, sie war gegenwärtig kein Teil von mir. Nur meine Seele war von Belang und dieser ging es so prächtig wie seit Jahren nicht mehr.

Ich sträubte mich, wenn mein Körper versuchte, mich meiner Glückseligkeit zu entreißen. Wenn er probierte, mich zurückzuholen. Zurück zu den Höllenschmerzen, die mir den Atem geraubt hatten. Meine Sicht trübten, bis nur noch die unendliche Dunkelheit auf mich wartete.

Wie lange ich mich in diesem tranceartigen Zustand befand, wusste ich nicht. Wenn ich ehrlich war, kümmerte es mich auch nicht.

Erst als die Versuche meines Körpers stärker und intensiver wurden, fragte ich mich, ob er so weit geheilt war, mich zurückzuempfangen.

Doch wollte ich wirklich zurück?

Ein Teil meiner selbst würde diese Frage ohne zu zögern bejahen. Doch der andere Teil – der Teil, der zu viel Schmerz ertragen hatte und sich in dieser unendlichen Stille zu Hause fühlte – sagte ganz klar: nein.

Also blieb ich hier, treibend in dem Strudel des Nichts.

Weit, weit weg von meinem Schmerz.

Kapitel 19 Zane

»Bist du dir sicher, dass es normal ist, dass sie schon so lange keine Regung zeigt?«, fragte ich voller Sorge meine Mutter.

Ihre zierlichen Finger wanderten durch Orianas Haar und streichelten sanft über ihre Wange. »Gib ihr mehr Zeit, mein Sohn. Zeit zum Heilen.« Nun sah sie zu mir auf. Ein Ausdruck von Sorge huschte über ihre Gesichtszüge. »Es gibt in ihr mehr Wunden, die heilen müssen, als diese, die du siehst. Und lass dir eines gesagt sein, Zane, das sind die Verletzungen, die mehr Zeit benötigen als die Fleischwunden.« Das liebevolle Lächeln, das ihre Lippen umspielte, gab mir die Hoffnung, dass sie wusste, wovon sie sprach.

»Es ist schon über eine Woche vergangen, seitdem sie verletzt wurde.« Schmerzhaft biss ich meinen Kiefer fest aufeinander. »Gibt es irgendetwas, das ich für sie tun kann? Mutter, du weißt, ich würde alles tun.« Sofort wanderte meine Hand zu Orianas und fühlte ihre weiche Haut, während sich mein Herz zusammenzog.

»Das Onyxpulver, das auf den Krallen von Amara war, verlangsamt ihren Heilungsprozess so weit, dass sie wie ein normaler Mensch heilt. Nicht wie eine Gestaltwandlerin.« Meine Mutter streichelte ihr ein letztes Mal über den Kopf, bevor sie sich hinabbeugte und Oriana einen Kuss auf die Stirn hauchte. »Rede mit ihr, das wird ihre Genesung unterstützen. Der Rest liegt an ihr.« Danach erhob sie sich, drückte einmal meine Schulter und verließ das Zimmer.

Zwischenzeitlich fragte ich mich, ob meine Mutter für Oriana dieselben Gefühle hatte wie für Stella und mich. Und jedes Mal, wenn meine Gedanken in diese Richtung wanderten, könnte ich glücklicher nicht sein, wenn die Umstände in diesem Augenblick anders wären. Es benötigte keine Hochzeit, obwohl ich alles dafür geben würde, dass Oriana meine Frau werden würde. Aber es war nicht zwingend nötig für unsere Verbindung. Das, was zwischen Oriana und mir war, war stärker als eine Feier, stärker als eine normale Verbindung. Sie war mein Gegenstück. Schon lange hatte ich die Vermutung, da sie Gefühle in mir ausgelöst hatte, die ich nie für möglich gehalten hätte. Doch richtig klar war es mir erst, als sich unsere Lippen zum ersten Mal berührt hatten.

Mein Herz wurde im selben Moment mit roher Liebe durchströmt. Obwohl der Zeitpunkt für unseren ersten Kuss alles andere als romantisch gewesen war, hatte ich es trotzdem gefühlt. Unangefochten von den Andeutungen von Amara liebte ich Oriana wie sonst niemanden auf der verdammten Welt.

Ich hatte mich in mein persönliches Verderben gestürzt, nur um sie zu finden. An ihrem Bett zu sitzen und ihre Hand zu streicheln, war das Einzige, was ich im Moment tun konnte. .

Nur leider musste ich mich ebenfalls um nicht aufschiebbare Dinge kümmern, obwohl ich am liebsten Tag und Nacht bei ihr wäre.

Die größte Überraschung, um die ich mich kümmern musste, war die unangekündigte Anreise von König Dusan. Es war nur eine Frage der Zeit gewesen, bis er von Orianas Entführung Wind bekommen hatte. Dass er gegenwärtig im Besprechungszimmer auf mich wartete, hob meine Laune nicht wirklich. Im Gegenteil.

Natürlich fragte ich mich, wie er davon erfahren hatte. Rohana verneinte, als ich sie gefragt hatte, ob sie einen Raben nach Aseria geschickt hatte. Genauso wie Laurent – der dachte, dass der Palast von Westerys sein persönliches Asyllager war – niemandem etwas verraten hatte.

So sehr ich diesen floranischen Bastard auch hasste, er war es gewesen, der mir geholfen hatte, Oriana sicher zurück nach Hause zu bringen. Schließlich war er es gewesen, der mich von den Onyxfesseln befreit hatte. Deshalb war ich ihm wohl etwas schuldig. Mein Dank dafür war größer als mein lächerlicher Stolz. Also verdrängte ich den Gedanken daran, dass er Clarence bei Orianas Entführung erst geholfen hatte.

Vielleicht widerstand ich dem Drang, ihn zu verbrennen, auch nur, weil ich wusste, dass Oriana das vermutlich so wollen würde. Ihre Stimme in meinem Kopf, die mich ausschimpfte, war sich auf jeden Fall sicher. Also hörte ich sie in Dauerschleife. Wie ein Mantra.

Verzweifelt seufzte ich bei dem Gedanken an ihre Stimme und fragte mich, wann ich sie wohl wieder hören würde. Wann sie aufwachen und mir spöttische Wörter entgegenwerfen würde.

Bei den Göttern im Himmel, wie sehnsüchtig ich auf diesen Tag wartete.

Ich hatte Oriana gefunden, nur um sie danach wieder zu verlieren.

»Ich muss mich mit deinem Bruder rumschlagen, meine Liebe. Ihm irgendwie weismachen, dass du bei mir sicher bist«, sagte ich zu Oriana. Ihre Haut wirkte noch blasser als normalerweise und dennoch war sie so atemberaubend schön. »Sobald ich fertig bin, komme ich wieder«, versicherte ich ihr und strich mit dem Handrücken behutsam über ihre Wange. Wangen, die normalerweise immer in einem erfrischenden Rosaton ihr Gesicht zierten, wenn ich versuchte sie aus der Reserve zu locken. Gegenwärtig waren sie genauso hell und farblos wie ihr restliches Gesicht.

Was würde ich nur alles geben, um diese Wangen wieder strahlen zu sehen.

»Bis später«, flüsterte ich und hauchte ihr einen Kuss auf das Haar. Verweilte eine Sekunde länger als nötig und atmete ihren vertrauten Duft ein.

Mit jedem Schritt, den ich mich von ihr entfernte, schloss sich die Hand um mein Herz fester und drückte es immer kräftiger. Dennoch mussten gewisse Angelegenheiten geklärt werden. Angefangen bei König Dusan, der mich vermutlich in Stücke reißen würde.

Der erste Eisstoß traf mich tatsächlich unvorbereitet und schleuderte mich mit dem Rücken voran gegen die Tür, durch die ich gerade gekommen war.

»Eigentlich dachte ich, Ihr sagt wenigstens irgendwelche gehässigen Worte, bevor Ihr mich zerstückelt«, raunzte ich, während ich mich vom Boden aufrappelte. »Dass ich wenigstens eine Chance bekommen würde, mich zu erklären.«

König Dusan stand mir wenige Meter gegenüber, gehüllt in seine Eismagie, um ihn ein Sturm voller Eisgeschosse.

Tödlicher Eisgeschosse.

Seine schwarzen Haare wirbelten wild um ihn und es war erschreckend, wie ähnlich Oriana und er sich waren. Augenscheinlich zog sich ebenfalls dieselbe Mordlust durch die gesamte aserische Königsfamilie.

Kapitulierend hielt ich die Hände vor mich. »Ich weiß, es ist nicht besonders gut gelaufen.«

»Nicht besonders gut gelaufen?«, knurrte er mir entgegen und lenkte erneut den nächsten Schwall aus Eis in meine Richtung.

Nur da ich zur Seite sprang, entkam ich seiner Magie. Obwohl ich mein Feuer hätte nutzen können, um mich zu verteidigen, entschied ich mich dazu, es lieber bleiben zu lassen. Dusan hatte volles Recht, mich anzugreifen und mich verletzen zu wollen, deshalb hatte ich den nötigen Respekt, ihn gewähren zu lassen.

Ich war selbst ein großer Bruder, der alles dafür geben würde, seine kleine Schwester zu beschützen. Und wenn ich ehrlich war, stand ich nicht gerade gut da.

Zuerst war Oriana am Verlobungsball vor mir geflüchtet und nur wenige Wochen später wurde sie entführt, obwohl sie unter meiner Obhut stand. Es war nicht so, als ob ich mir nicht genügend Vorwürfe diesbezüglich machte, dass ich mich täuschen ließ.

»Wo ist sie?«, zischte er mir entgegen. »Bring mich sofort zu ihr.«

Nachdenklich stieß ich die Luft aus und überlegte, wie ich Orianas aktuellen Zustand am besten beschreiben könnte, ohne dass er mich noch im selben Moment töten würde.

Also schluckte ich merklich, bevor ich zu sprechen begann. »Sie ist in meinen Gemächern.«

»Bring mich zu ihr«, forderte König Dusan mit einer drohenden Geste.

»Sie ist gegenwärtig nicht … salonfähig«, sagte ich gedehnt.

Er schüttelte den Kopf, sodass seine dunklen Locken herumsprangen. »Sie ist meine Schwester, die ich wochenlang nicht mehr gesehen habe. Die, seitdem du aufgetaucht bist, in mehr Schwierigkeiten verwickelt ist als jemals zuvor!« Sein prüfender Blick wanderte über mich. »Sie soll sich etwas Vernünftiges anziehen und ich bestehe darauf, dass ich sie unverzüglich sehen kann.«

Zögernd trat ich einen Schritt auf ihn zu. »Es liegt nicht an ihrer Kleidung … Sie …« Ich räusperte mich. »Sie ist nicht bei Bewusstsein.«

Dusans Blick gefror innerhalb einer Sekunde. »S–Sie ist was nicht?« Erneut begannen seine Hände zu glühen. »Ich bringe dich um.«

Und ich konnte es ihm nicht verübeln.

Ich fühlte denselben Schmerz in mir.

Schützend hielt ich meinen feuerleuchtenden Schutzschild vor mich. Dusan überlegte keinen weiteren Augenblick, sondern warf mir einen Eisblitz nach dem anderen entgegen, die zischend auf meinem Schild dahinschmolzen.

Er wirbelte herum und sofort bildete sich ein Sturm um ihn, der die freiliegenden Gegenstände in sich aufsaugte. Mappen, Gläser und Kerzen inklusive Ständer wurden von seinem Eiswind vereinnahmt und wirbelten bedrohlich um ihn.

»Ich habe alles gegeben, um Oriana zu beschützen«, rief ich ihm entgegen. Meine Worte von der Geräuschkulisse gedämpft. Dass es dennoch nicht genug gewesen war, fügte ich nicht hinzu. Denn das wussten wir beide bereits.

»Und trotzdem hast du sie im Stich gelassen. Ich dachte, ich wüsste, was du für ein Mann bist.« Wieder prallte sein Eisgeschoss gegen meinen Schutzschild, der immer heller loderte, je länger der König mich unter Beschuss hielt.

»Jemand hatte die Dame auf der Feierlichkeit, die für den Zwischenfall verantwortlich war, ermutigt – nein, dazu aufgefordert -, Oriana bestmöglich öffentlich bloßzustellen.« Mirabelles Worte hingen lange nach unserem Aufeinandertreffen in meinen Gedanken fest. Wer wohl der Fremde gewesen war, der ihr diesen Floh ins Ohr gesetzt hatte. Natürlich war es Mirabelles freier Wille, das zu tun. Doch trotzdem war es verdächtig, da sich die Zufälle häuften.

»Dennoch ist es irrelevant. Tagelang war sie nicht aus ihren Gemächern gekommen«, erzählte er mit ruhiger Stimme, beinahe mit Schmerz in der Brust, und zog dabei seinen Schneesturm zurück. »Tage, in denen sie weinte. Weinte um einen Mann, der ihr niemals auf Augenhöhe begegnet ist. Einen Mann, der ihr das Herz aus der Brust gerissen hatte.«

Ich wandte den Blick ab, denn ich konnte den Anblick seines Gesichtes nicht ertragen, das vor Enttäuschung nur so strotzte. Dass ich Oriana nicht verdient hatte, fühlte ich jedes Mal, wenn sie mich anlächelte. Jedes Mal, wenn ich ihre zarte Haut berührte. Doch so stark wie aktuell hatte das Gefühl bisher noch nie die Oberhand gewonnen.

Oriana war mein Eis und ich ihr Feuer. Wir waren unterschiedlich und doch so gleich. Die Berührung des einen regte tiefe ehrliche Gefühle beim anderen.

Meine Liebe.

Die ich nicht hatte beschützen können. Die mir bei Nacht – wortwörtlich aus meinen Gemächern gestohlen worden war. Die Dinge durchmachen musste, die ich mir vermutlich nicht ausmalen konnte. Und ich … Ich hatte einfach zugesehen. Konnte nichts dagegen unternehmen. Und das war, nach dem, dass Oriana verletzt wurde, das Schlimmste von allem.

»Ich bereue es jeden einzelnen Tag. Egal, ob ich daran etwas ändern hätte können oder nicht.« Schmerzhaft ballte ich meine glühenden Fäuste und versuchte, meine Magie im Zaum zu halten. »Denkt Ihr, es kümmert mich nicht, dass sie seit einer Woche bewusstlos in meinen Gemächern liegt? Dass sie keine

Anzeichen der Besserung zeigt, obwohl ihr Blut sie schon längst hätte heilen müssen?«

»Was soll das schon wieder bedeuten?« Er hob den Kopf.

»Tut doch nicht so, als wüsstet Ihr von nichts, wenn Ihr selbst das gleiche Erbe teilt.«

»Sie ist wegen einer Verletzung bewusstlos?« Seine Augen verengten sich, während er einige Schritte auf mich zutrat. »Was ist bei den Göttern im Himmel noch mal passiert?« Dann stand er direkt vor mir, die Zähne fest aufeinandergepresst, mit einem tödlichen Blick im Gesicht. »Rohana erwähnte, dass sie entführt worden sei. Aber nichts von einer Verletzung.«

Schon auf dem Weg hierher hatte ich mir Gedanken darüber gemacht, wie ich ihm die aktuellen Gegebenheiten am besten vermitteln konnte, ohne in den damals versprochenen Eisblock verwandelt zu werden.

Einmal zog ich die Luft tief in meine Lungen ein, bevor ich sie langsam wieder ausstieß und damit meinen rasenden Puls beruhigte.

»Es ist wohl besser, wir setzen uns.«

Dusan warf mir einen misstrauischen Blick zu, jedoch folgte er meinem Angebot und nahm am Tischende Platz.

Alle Gegenstände, die zuerst auf der Tischplatte lagen, hatte er mit seinem Eistornado weggeschleudert. Die Gläser und Kerzen zierten zerbrochen den Boden im gesamten Besprechungszimmer. Genauso die Whiskeyflaschen, wie ich ernüchtert feststellen musste. Dunkle Flecken verunreinigten nun die hellen Teppiche.

Ich öffnete die Schränke der Bar und kramte in der untersten Schublade herum. Irgendwelche Flaschen schob ich hin und her, solange bis ich eine versteckte mit der braunen Flüssigkeit fand. »Dich brauchen wir«, murmelte ich zu mir selbst.

Da jegliche Gläser, die sich in dem Raum befunden haben, zerstört wurden, zog ich den Verschluss mit den Zähnen ab, spuckte ihn daraufhin zur Seite und nahm einen kräftigen Schluck direkt aus der Flasche. Weg waren meine feinen Manieren.

»Hier.« Ich streckte Dusan die Flasche entgegen, der mich einen Moment forschend beäugte. Doch dann knickte er ein, nahm die Flasche und trank ebenfalls einen großzügigen Schluck daraus.

Ich ließ mich auf dem Stuhl links neben ihm nieder und krempelte meine Ärmelaufschläge nach oben. »Wie du von Rohana weißt, wurde Oriana durch eine Täuschung entführt«, begann ich und erzählte alles, was sich seither zugetragen hatte.

Ich erzählte von der frühsten Entführung, von der Folter an Laurent bis hin zu der Reise zur Höhle des Emryn und der Flucht daraus. Darüber, was Amara ihr angetan hatte und was sie überhaupt von ihr – uns wollte.

Die gesamte Zeit über saß er beinahe regungslos da, nur gelegentlich nippte er an der Flasche, die wir hin- und herreichten wie zwei Halbwüchsige, die sich in der Vorratskammer ihrer Eltern bedient hatten.

Ebenfalls klärte ich ihn über Clarence' und Laurents Abstammung auf und die von Oriana – von Rohana und ihm.

Mir blieb sowieso keine andere Wahl, als ihn in alles einzuweihen. Er war Orianas Bruder. Eines der wenigen Familienmitglieder, die sie noch hatte, und somit war er ebenfalls ein Teil meiner Familie. Irrelevant, dass noch keine Hochzeit stattgefunden hatte. Wenn meine Blutsfamilie Oriana als einen Teil des westerischen Königshauses betrachtete, galt das für mich genauso. Oriana war Stella und meiner Mutter über die Wochen genauso ans Herz gewachsen. Mutter meinte, Rohana und Oriana wären Juliette so ähnlich, was ihr das Herz erwärmte.

Als ich fertig erzählt hatte, schwieg er, musterte mich von Kopf bis Fuß und wägte vermutlich ab, ob meine Erzählungen erfunden waren. Mehrere Minuten beobachtete er mich und ich ließ ihn. Solch dramatische Informationen plötzlich zugespielt zu bekommen, war bestimmt nicht sonderlich einfach zu verarbeiten.

Dann zeigte er endlich eine Regung. Er schüttelte mit einer beinahe belustigten Miene den Kopf und streckte mir die Hand entgegen, um nach der Whiskyflasche zu greifen.

Ich nickte und übergab sie ihm, doch zuvor nahm ich noch einen Schluck und spürte, wie die Flüssigkeit brennend meine Kehle hinabfloss.

»Noch mal zusammengefasst: Prinz Clarence hat Oriana entführt und zu seiner Tante gebracht, um den Fluch, der auf den Gestaltwandlern lastet, aufzuheben«, stellte er fest. Er strich seine dunklen Locken zurück. »Und da du in der letzten Prüfung Clarence den Bluthasen gestohlen hast, denkt er, er hätte ein Anrecht auf Oriana?«

Ich nickte. »Verrückt, nicht?« Danach lehnte ich mich in meinem Stuhl zurück und streckte den Rücken durch. Der plötzliche Stimmungswandel, genauso wie der gegenwärtige Waffenstillstand, ließen mich durchatmen.

Er zuckte mit den Schultern. »Na ja, ganz abwegig ist es nicht.«

Sofort entgleiste mir meine belustigte Miene und ich schnellte auf meinem Stuhl nach vorn. Bis ich kerzengerade saß wie ein Zinnsoldat. »Was meint Ihr mit *es ist nicht ganz abwegig*?«

»Wenn Clarence die dritte Prüfung für sich entschieden hätte, hätte eine finale Prüfung stattgefunden. Zwischen Prinz Laurent, Prinz Clarence und dir.«

»Aber ich habe die dritte Prüfung für mich entschieden, unabhängig davon, ob Clarence den Hasen gefunden hatte. Ich war es, der ihn Oriana überreicht hatte.« Und bei den Göttern im Himmel, mein Herz drohte mir aus der Brust zu springen, als ich auf die Antwort von König Dusan wartete.

»Du bist der rechtmäßige Sieger, keine Frage. Aber ich verstehe, dass Prinz Clarence denkt, er hätte Anspruch auf Oriana. Wenn man berücksichtigt, dass er sich des Sieges beraubt fühlt, und deren Blutlinien bedenkt.«

Ich kniff die Augen zusammen. »Ihr wusstet von seiner Abstammung?«, murmelte ich und senkte den Blick. »Und Ihr wusstet ebenfalls von Eurer und der von Euren Schwestern. Wieso habt Ihr es verschwiegen?«

»Aus demselben Grund, aus dem die Zwillingsprinzen es verschwiegen haben. Es war zu gefährlich wegen der Verbannung.

Außerdem hatten Oriana und Rohana bis vor Kurzem keinen blassen Schimmer, in welcher Blutlinie sie geboren wurden.«

»Tragt Ihr ebenfalls einen Gegenstand, der Eure Fähigkeiten unterdrückt? So wie Oriana ihr Kristallarmband bis vor Kurzem trug?« Laurent hatte mir alle nennenswerten Details über Oriana und ihre Abstammung auf dem Weg nach Westerys erzählt. Obwohl ich ihre Geschichte zuerst aus ihrem Mund hören wollte, war der Drang groß, alle relevanten Details vorab zu erfahren. Zumal Laurent schon vermutet hatte, dass ihre Genesung mehr Zeit in Anspruch nehmen würde, als wir zuvor dachten.

Dusan schüttelte den Kopf. »Rohana trägt Ohrringe, die dasselbe wie Orianas Armband bewirken. Ich selbst besitze keinen Gegenstand, der das Wandeln unterdrückt. Die Fähigkeit hatte sich vor meinem sechzehnten Geburtstag entwickelt – noch bevor meine Eltern mir einen Talisman überreichen konnten. Daher blieb ihnen nichts anderes übrig, als mich in die Herkunft unserer Mutter einzuweihen.« Ein trauriges Lächeln umspielte seinen Mund, bevor er fortfuhr. »Mit fünfzehn Jahren hatte ich mich beim Spielen im Wald das erste Mal verwandelt. Ich hatte mit unserer Hündin Skie gespielt und mir gedacht, wie toll es wäre, wenn sie ein Mensch oder ich ein Hund wäre.« Deutlich schwelgte er in den Erinnerungen an die unbeschwerte Zeit. »Und dann habe ich mich tatsächlich in einen kleinen braunen Hund verwandelt. Zuerst dachte ich, es wäre nur meine Fantasie und ich hätte es mir nur eingebildet, doch dem war nicht so. Und als ich zu meinen Eltern gerannt bin – auf allen vieren, wohlgemerkt – hätte es sie beinahe umgehauen. Erst da erzählten sie mir von meiner Blutlinie, da sie keine andere Wahl hatten.« Wieder nahm er einen kräftigen Schluck aus der Flasche und reichte sie danach mir. »Meine Mutter hat mich das Wandeln gelehrt. Gesagt, dass ich es niemandem verraten dürfte, und als ich älter wurde, hatte sie mir alles erzählt, was sich damals bei der Verbannung zugetragen hatte. Wieso wir uns nicht zu erkennen geben dürften.«

»Was ist damals geschehen?«, wollte ich wissen und kniff die Augen zusammen.

»Ich kann mich nicht mehr genau erinnern, denn es ist schon einige Jahre her, dass sie mir davon erzählt hat, aber ein Detail weiß ich noch genau.« Seine Augen senkten sich einen Moment, bevor er wieder zu mir aufsah, mit viel zu angespannter Miene. »Meine Mutter meinte, es hatte etwas mit dem Tod ihrer Freundin Madeline zutun – mit Prinz Clarence' und Prinz Laurents Mutter.«

»Was hat Königin Madeline mit der Verbannung zu tun?«, fragte ich deutlich verwirrt und erinnerte mich dabei an die Worte, die Clarence zu seiner Tante gesagt hatte.

Dusan zuckte beiläufig mit den Schultern und hatte den gleichen verwirrten Blick im Gesicht. »Ich weiß es nicht, aber vermutlich hatte es damit zu tun, dass sie ebenfalls eine Wandlerin war. Sie hat ihre Gabe ihren beiden Söhnen vererbt. Was damals genau geschehen war, kann ich leider nicht sagen.«

Ich schwieg einen Moment, denn ich musste meine Gedanken erst mal ordnen. Alles, was König Dusan mir verraten hatte, ergab keinen Sinn. Es hatte zumindest keinen Zusammenhang und dennoch musste es irgendwie zusammenpassen oder irgendeinen Sinn ergeben.

»Ich will sie sehen. Bring mich zu ihr«, befahl Orianas Bruder erneut, diesmal mit ruhigerer Stimme. Er schob den Stuhl zurück und stand auf. Seine Hände fest auf die Tischplatte gedrückt.

»Natürlich«, antwortete ich und erhob mich ebenfalls. »Sie ist in meinen Gemächern einquartiert.«

»Obwohl ihr noch nicht verheiratet seid?« Er winkte mit einer Hand ab. »Irrelevant, wenn man bedenkt, was aktuell alles passiert ist.«

»Weil sie verletzt ist, ist sie in meinen Gemächern«, murrte ich. »Zuvor hatte sie ihre eigenen Gemächer, und sobald sie aufwacht, kann sie zurück in diese, wenn sie das möchte. Vorerst bleibt sie bei mir, damit ich ein Auge auf sie werfen kann. Sollte sie plötzlich aufwachen oder ihr Zustand sich verschlechtern, will ich nicht, dass sie alleine ist oder von irgendwelchen Zofen rund um die Uhr betreut wird. Anstatt von mir.«

Der Muskel in meinem Kiefer zuckte, während ich zur Tür

schritt, diese öffnete und danach den Raum verließ. Dicht gefolgt von Dusan. Eigentlich sollte man dem König – egal von welchem Königreich – den Vortritt lassen, dennoch wollte ich ihm demonstrieren, dass ich von seiner Macht nicht eingeschüchtert war. Er mochte der König von Aseria sein, Orianas Bruder und zugleich die Magie der königlichen Blutlinie wie auch die der Wandler in sich tragen, dennoch befanden wir uns in Westerys. In meinem Zuhause. In meinem Palast.

Zwar würde ich ihm grundlos niemals respektlos gegenübertreten, dennoch war ich genauso wenig der kleine Junge, der einem fremden König zu Füßen lag.

Kapitel 20 Oriana

Weiterhin trieb ich in vollkommener Seelenruhe auf dem Fluss der Glückseligkeit dahin. In meinem Kopf summte ein vergessengeglaubtes Lied, dass mir meine Mutter beim Zubettgehen öfters vorgesungen hatte. Jahrelang hatte ich es nicht mehr gehört. Hatte es schlichtweg vergessen. Doch als ich es hörte, kam die Erinnerung wieder zum Vorschein.

Einst aus Schnee und Eis geboren, stieg ein kleines Kind empor. Nachts, wenn alles ruhig und still, träumte es von kleinen Wesen, die es holen will. Stieg eines Nachts in die verzauberte Welt hinab, so weit, dass es nicht zurückgefunden. Erst als Mutter Tränen geweint, bis sie beinahe d'ran ertrunken, fand das Kind zurück ins Bett und hatte dabei seine Mutter gefunden.

Immer wieder zog das Kinderlied an mir vorbei. Die Melodie summte in meinen Ohren. Es fühlte sich an, als ob meine Mutter es wäre, die es singen würde. Die mir die Töne summend ins Ohr hauchte. Doch ich dachte nicht weiter darüber nach. Ich trieb schwerelos dahin, verschwendete keinen Gedanken an Wenn oder Aber.

»Oriana, mein Schätzchen«, hörte ich eine Stimme flüstern, nahm sie aber nur weit entfernt wahr. »Oriana, mein kleines Mädchen, gib nicht auf.« Die Stimme meiner Mutter. »Geh zurück. Gib nicht auf.«

Ich lauschte nur ihrer leisen Stimme in der vollkommenen Dunkelheit, die mich wie eine warme Decke umarmte. »Es ist so schön hier«, murmelte ich atemlos, obwohl ich wusste, dass ich mir ihre Stimme nur einbildete.

»Oriana. Geh zurück. Gib nicht auf«, hörte ich erneut. »Denke an deine Geschwister. An Sierras Sohn.«

»Zane?« Doch die Stimme meiner Mutter antwortete nicht. »Mutter«, flüsterte ich und versuchte, mich aus der Dunkelheit zu befreien, um sie zu finden. »Mutter, bleib bei mir«, seufzte ich und kämpfte weiter.

»Geh zurück. Gib nicht auf. Finde dein Gegenstück und durchbrecht den Fluch. Gemeinsam.« Ihre Stimme war kaum mehr als ein Hauch im Wind, der mir übers Gesicht streichelte.

»Bleib bei mir. Mutter!«, versuchte ich zu rufen, konnte es aber nicht. Ich hatte beinahe keine Stimme, keinen Körper, es war nur meine Seele in dem endlos wirkenden Fluss der Ruhe. »Bitte, geh nicht fort.«

»Geh zurück, mein Kind. Gib nicht auf und durchbrich den Fluch für unser Erbe. Oriana. Ich liebe dich für immer.«

»Mutter, bitte bleib bei mir.«

Plötzlich war ich nicht mehr von reiner Dunkelheit umgeben. Ich nahm ein schwaches Licht wahr, wie von einer Kerze oder einer Öllampe. Der Rest blieb weiterhin in verschwommener Dunkelheit gehüllt.

Doch da war dieser Schmerz, der sich in mir breitmachte. Mir den Atem raubte.

Ich … ich atmete … Ich war zurück. Der Schmerz war real. Mein Atem war real, genauso wie das sanfte Licht.

Jemand streichelte mir übers Gesicht, sodass sich die feinen Härchen auf meinem Körper aufstellten. Ein Hauch von einem Kuss streifte mein Haar, der einen Moment verweilte. Das Schließen einer Tür folgte.

Meine Umgebung nahm ich heller wahr und merkte, dass es keine Kerze oder Öllampe war, die in der Dunkelheit brannte. Es war helllichter Tag, als ich meine schweren Lider einen Spalt breit aufkniff. Die Vorhänge waren zugezogen und dennoch brannte das beißende Licht in meinen Augen, sodass ich diese weiter zusammenkneifen musste.

Nicht in dem endlos scheinend Fluss gefangen, kam der

Schmerz zurück, der meinen Rücken durchzog. Zwar war er mittlerweile erträglich geworden, trotzdem kehrte sofort der Erinnerungsfetzen zurück, wieso ich solchen Schmerz erfuhr. Wer ihn mir zugefügt und mich dabei beinahe getötet hatte.

Amara …

Als sich meine Augen nach einigen Minuten an das Licht gewöhnten, öffnete ich sie ganz und erkannte, wo ich war. Umhüllt von seidenweichen hellen Laken und Polstern mit feiner goldener Stickerei. Es war dasselbe Bett, indem ich schon mal genächtigt hatte, das Bett, das ich mit Zane geteilt hatte.

Ich war zu Hause.

In Westerys. Bei Zane.

Doch wie lange war ich versunken gewesen und wo steckte Zane?

Als ich die Decke beiseite schlug, erkannte ich, dass ich in einem weißen einfachen Kleid steckte und sauber war. Nirgends waren Schrammen oder Prellungen zu erkennen. Genauso wenig war mein Kristallarmband an meinem Handgelenk.

»Oriana?«, hörte ich plötzlich Zanes Stimme atemlos an der Tür. Dass er sie geöffnet hatte, war mir entgangen, genauso, dass er eingetreten war.

Sein Gesicht eine Mischung aus Erleichterung und Verwunderung. Er stolperte vorwärts mit Beinen, die so schwer wie Blei wirkten. Innerhalb eines Wimpernschlags kam er an meiner Bettkante an. Vorsichtig stützte ich mich auf meine Ellenbogen, während wir uns tief in die Augen schauten. Keiner von uns sagte ein Wort. Vermutlich waren keine Worte nötig oder es gab keine, die das ausdrücken konnten, was jeder von uns gegenwärtig fühlte.

Es war, als ob mein Herz in tausend Stücke zerbrach, nur damit Zane es wieder zusammensetzen konnte.

Seine Augen so tief und voller Liebe.

Als ich mir ein Lächeln aufzwang, begann Zanes Lippe kaum merklich zu beben, dennoch registrierte ich jede noch so kleine Veränderung seiner Mimik. Genauso wie seine dunklen Augen zu glänzen begannen, als seine Lippen lautlos meinen Namen wie ein stummes Gebet formten.

Langsam und bedacht hob er seine Hand, berührte mit den Knöcheln meine Wange und strich mir eine Träne aus dem Gesicht. Erst da bemerkte ich, dass ich angefangen hatte zu weinen.

Ich öffnete meinen Mund einen Spalt breit und sofort fiel Zanes Blick darauf.

»Zane«, hauchte ich atemlos.

Seine Hand umfasste mein Gesicht während er seine Stirn an meine legte und die Augen schloss. »Sag mir, dass ich nicht träume, meine Liebe. Sag mir, dass du tatsächlich da bist. Lebst.«

Götter, wie lange hatte ich geschlafen?

»Zane, ich bin wach. Ich bin hier. Ich –« Doch er ließ mich nicht weitersprechen. Er senkte seine Lippen und legte sie sanft auf meine. Sofort vergrub ich eine Hand in seinen Haaren, die andere umfasste sein Gesicht. Dieser Kuss – Zane – heilte den letzten Rest der Verletzung. Als ob er den Funken des Schmerzes in sich selbst aufsaugte, um ihn von mir zu nehmen.

Zanes Zunge fand den Weg durch meine Lippen und bei den verdammten Göttern, das Gefühl, das sich in meiner Brust ausbreitete und meinen Körper wie ein Netz überzog, war überwältigend. Mein Herz hämmerte schwer in meiner Brust und ein keuchender Laut kam über meine Lippen, als der Kuss intensiver wurde. Leidenschaftlicher.

Zane war alles, was ich brauchte.

Ich umfasste seine Tunika und zog ihn näher zu mir aufs Bett, während ich mich aufrappelte und mittlerweile fast kniete.

Schwer atmend löste er sich von mir. »Oriana, du bist geschwächt.«

Doch ich wollte keine Sekunde länger ohne seinen Geschmack auf den Lippen verweilen. Mein Herz verzehrte sich nach ihm, nach der langen Zeit, in der wir voneinander getrennt waren.

»Zane, bitte«, keuchte ich und zog ihn erneut zu mir. »Ich muss dich berühren, damit ich weiß, dass du echt bist. Die letzte Zeit war schrecklich und ich dachte, ich –«

Wieder trafen sich unsere Lippen und ich kletterte rückwärts zurück in die Laken, während Zanes Körper sich über mir aufbäumte.

Sein Körpergewicht auf mir war alles, was ich brauchte. Alles, nach dem mein Körper verlangte. Sofort schlang ich meine Beine um seine Mitte und zog ihn noch näher. Dass mein Rücken dabei noch ein bisschen schmerzte, blendete ich aus.

Die Kleidung zwischen uns schmerzte beinahe, so sehnsüchtig wollte ich seine nackte Haut auf meiner fühlen.

Seine Zunge umspielte meine und hinterließ einen wohligen Geschmack.

Jemand räusperte sich, der eindeutig nicht Zane war. Götter. Sofort war ich wie versteinert, weiterhin meine Lippen an Zanes. Ich riss die Augen auf, fand seinen Blick und spürte dabei ein Lächeln an meinen Lippen.

»Das hätte ich vielleicht erwähnen sollen.« Er zog sein Gesicht zurück und das schiefe Lächeln verweilte weiterhin an seinen Lippen. »Dein Bruder ist hier.«

»Ich möchte euch beide nur ungern dabei stören, einen Erben für Westerys zu zeugen, aber ich würde gerne mit dir sprechen, Oriana«, sagte Dusan belustigt.

Zane kletterte von mir und gab den Blick auf Dusan frei, der lässig an dem Türbogen lehnte. »Oriana, meine Kleine. Es geht dir gut.« Er warf einen skeptischen Blick zu Zane. »Ich hoffe, die ganze Geschichte von wegen, *sie sei seit einer Woche bewusstlos wegen einer schlimmen Verletzung*, war keine List von dir, nur um mich in Empfang nehmen zu müssen.«

Fragend schaute ich von Zane zu Dusan und wieder retour. »Eine Woche?«, fragte ich und schüttelte den Kopf. »Ich war eine Woche weggetreten? Das kann nicht sein. Ich müsste doch viel schneller geheilt sein.«

»Amara hatte Onyxpulver an ihren Klauen, als sie dir –« Zane verstummte. »Es gelangte in deinen Blutkreislauf und unterdrückte jegliche Magie, die du für deine Heilung benötigt hättest.« Zane schloss einen Moment die Augen, und der Muskel in seinem Kiefer zuckte, vermutlich wegen der Erinnerung.

Automatisch fand meine eigene Erinnerung ebenfalls zurück in meinen Kopf. Zanes lautloser Schrei, gefolgt von dem übernatürlichen Schmerz, der meinen Körper traf wie ein Blitz.

»Ist –« Ich schluckte. »Ist sie tot?«

Zane zögerte zuerst, schließlich nickte er und blinzelte einmal dabei.

»Wer war es? Wer hat sie getötet?«

»Es war so etwas wie Teamarbeit. Von Clarence, Laurent und mir.« Zane umfasste seinen Nacken, vermutlich stieg ihm bei den Namen der Zwillingsprinzen bittere Galle auf. Oder es lag rein an der Erinnerung.

»Sie haben ihre eigene Tante getötet?« Meine Stirn warf eine Falte.

Zane konnte wohl meine Gedanken lesen, denn er sagte: »Sie haben sie für dich getötet. Clarence und Laurent haben es mehr oder weniger für dich getan. Für uns.« Seine Stimme war ganz ruhig und klar, ohne jeglichen bitteren Beigeschmack.

»Wo sind sie?«, wollte ich wissen. Ich musste mit ihnen sprechen.

»Clarence …« Zane schluckte. »Er ist in der Höhle des Emryn geblieben, um für die restlichen Gestaltwandler zu sorgen. Sie brauchen jetzt einen Anführer.« Er lachte. »Laurent beehrt uns aktuell im Palast mit seiner Gesellschaft.«

»Prinz Laurent ist hier?«, fragte mein Bruder. »Wo ist er?«

Zane zuckte mit den Schultern. »Vermutlich lungert er irgendwo herum und versucht, möglichst nervtötend zu sein. Das ist zumindest mein letzter Stand der Dinge.« Danach galt sein Blick wieder mir. »Er wollte helfen, dich nach Hause zu bringen.«

Dusan überwand endlich die Meter, die zwischen uns lagen, und musterte mich von Kopf bis Fuß. Suchte nach offensichtlichen Verletzungen. »Ich habe dich so unendlich vermisst, Schwester.« Danach zog er mich in eine innige Umarmung.

Erneut blitzten die Tränen hinter meinen geschlossenen Lidern hervor und ich unterdrückte ein Schluchzen. Sein Duft ummantelte mich, den ich so unglaublich vermisst hatte. Genauso wie der Geruch von …

»Habt ihr beide etwa getrunken?« Ich löste mich aus der Umarmung und warf ihnen einen fragenden Blick zu. Zane hatte nach Whiskey geschmeckt, dennoch hatte ich das nur am Rande wahrgenommen, zu abgelenkt war ich von seiner Zunge in meinem Mund. Außerdem war es nicht unüblich, dass er manchmal danach schmeckte. Wenn ich ehrlich war, mochte ich den Geschmack.

Zane grinste und fuhr sich mit seiner Hand flach übers Gesicht. »Vielleicht etwas.« Nachdem ich meine Augenbrauen in die Stirn gezogen hatte, warf er den Kopf in den Nacken und lachte. »Glaub mir, Oriana, bei den Gesprächen, die dein Bruder und ich geführt haben, brauchten wir einige Drinks.«

Erst jetzt bemerkte ich die roten glasigen Augen der beiden. Die feinen Äderchen unterstrichen ihren Zustand nur. »Das schaut mir nach mehr aus als nach ein paar Drinks.« Ich legte den Kopf schief und musste ebenfalls schmunzeln.

Ich sah mich um. »Wo sind Rohana und Stella?«, wollte ich wissen. »Bringt sie zu mir. Ich will sie sehen.«

»Natürlich, sieh es als erledigt an«, sagte Zane, nickte mir zu und verließ danach das Gemach.

Nun war ich alleine mit meinem Bruder. Es war noch immer so ein eigenartiger Anblick. Er in solch lockeren Klamotten. Insgeheim hatte er sicherlich ein Faible für feine Kleidung, so wie Zane. Aber im Gegensatz zu Zane würde mein Bruder dies nur über seine Leiche zugeben.

Es fühlte sich wie eine Ewigkeit an, seitdem ich ihn das letzte Mal gesehen hatte. Obwohl es erst Wochen her war, dass die Prüfungen stattfanden. Doch es war seither so viel geschehen.

Noch immer etwas benommen von meiner langen Ohnmacht, versuchte ich meine Gedanken zu sammeln. Ich hatte ihm so viel zu sagen … So viele Fragen, die er mir beantworten musste. Doch eine ganz bestimmte brannte mir so intensiv auf der Zunge wie keine andere.

»Wusstest du, dass wir Gestaltwandler sind und dass Mutter eine war?«

Er stand wie versteinert da und rührte sich keinen Zentimeter, doch dann nickte er.

»Wieso hast du es mir nicht erzählt? Wieso hat sie es *uns* nicht erzählt?« Ich ließ meinen Kopf in den Nacken fallen und sah zu ihm auf.

»Es wäre zu gefährlich gewesen, wenn du und deine Schwester es gewusst hätten. Mutter und Vater wollten euch nur beschützen.«

Ich schüttelte den Kopf und senkte den Blick. »Wieso weißt du davon? Bessere Frage: Seit wann weißt du davon?«

Dusan hob seine Hand an meine Schulter und hielt mich fest. »Seitdem ich fünfzehn bin. Bei mir hat die Verwandlung früher begonnen als normalerweise. Sie hatten keine andere Wahl, als mich einzuweihen.« Seine Stirn warf eine Falte zwischen den Brauen, während er die Augen schloss. »Weiß Rohana davon?«

Ich schüttelte den Kopf. »Ich denke nicht. Außer Zane oder Laurent haben es ihr erzählt. Ich bin anscheinend seit einer Woche nicht mehr bei Bewusstsein gewesen, also fragst du die Falsche.«

Wie auf Kommando öffnete sich die Tür. Stella und Rohana stürmten herein, gefolgt von Zane und Laurent. Die beiden Mädchen rannten mit breit lächelnden Gesichtern auf mich zu. Währenddessen tauschten Zane und Laurent Blicke zwischen Hass und Akzeptanz.

»Bei den Göttern, Oriana«, seufzte meine Schwester, als sie mir um den Hals fiel und ihr Gesicht in meiner Halsbeuge vergrub. »Ich habe dich täglich mehrmals besucht.« Sie löste sich von mir. »Das kannst du Zane ruhig fragen.« Wieder zog sie mich in eine Umarmung, so fest, als ob sie mich nie wieder loslassen würde.

»Ich war bei den täglichen Besuchen übrigens auch immer dabei.« Stella trat heran und schwang ihre Arme um Rohana und mich. »Bei den Göttern. Endlich ist das Gejammere von Zane vorbei.«

Ich warf ihr einen fragenden Blick zu. »Was?«

Sie schnaufte und äffte Zane mit tiefer Stimme nach. »Oh, meine geliebte Oriana schläft noch immer. Wie die Prinzessin, die sich mit der Spindel in den Finger stach. Wie soll ich nur weiterleb…«

»Halt deine Klappe, du Nervensäge«, knurrte Zane zu seiner Schwester, die sofort aufhörte und den Mund zuklappte. Nur um ihm dann die Zunge zu zeigen. »Du musst nicht gleich gemein werden.« Stella verdrehte die Augen.

Ich löste mich von den beiden. »Ich bin so froh, euch alle zu sehen. Unversehrt.«

Einige Stunden später trafen wir uns alle gemeinsam im Speisesaal. Der Tisch rappelvoll gedeckt mit Köstlichkeiten, wohin das Auge auch fiel, während der Raum nur vom Kerzenlicht erfüllt wurde.

Dusan, Laurent, Rohana und Stella warteten schon ganz ungeduldig, als Zane und ich erschienen. Ich war zuvor wieder in meine eigenen Gemächer zurückgekehrt, wo Miss Merry schon auf mich gewartet hatte. Dafür, dass ich eine Woche wegen einer beinahe tödlichen Verletzung weggetreten war, ging es mir ausgesprochen gut. Vermutlich hatte ich den letzten Rest des Onyxpulvers abgebaut und mein Gestaltwandlerblut hatte mich danach vollständig geheilt.

Meine Zofe hatte mir beim Baden geholfen, so wie auch beim Fertigmachen, obwohl Zane seine Hilfe angeboten hatte. Aber ich fand, er hatte die letzten Tage schon genug mitgemacht.

Ein Festessen mit meiner gesamten Familie war wohl das Schönste nach solch einer schrecklichen Erfahrung. Sie hier alle beisammen zu sehen, ließ mein Herz aufblühen und sich mit Liebe vollsaugen.

Es war jedoch nicht nur ein gewöhnliches Fest. Es würde sich in Kürze zu einer Besprechung entwickeln. Da war ich mir sicher.

Es gab zu viele ungesagte Dinge, zu viele Informationen, die wir besprechen mussten.

Zane führte mich zu unseren Plätzen am Tischende und zog den Stuhl zurück, damit ich mich setzen konnte. Danach nahm er neben mir Platz.

Ich breitete die Serviette aus, legte sie auf meinen Schoß und bemerkte dabei, wie Zane mich von der Seite anstarrte. Das liebevolle Lächeln in seinem Gesicht, das mich genau beobachtete, wärmte meinen Körper. Füllte ihn mit Fürsorge und Wohlbefinden.

»Was ist?« Ich lachte und warf ihm einen Seitenblick zu.

Er antwortete erst nach einigen Atemzügen. »Ich kenne niemanden, der nach einem einwöchigen Todesschlaf einfach wieder salonfähig ist.« Er schmunzelte dabei.

»Du kennst auch sonst keine Gestaltwandler. Ausgenommen … Du weißt schon.«

Zane warf einen skeptischen Blick zu Laurent, bevor er sich wieder mir zuwandte. »Du kannst dir nicht vorstellen, wie erleichtert ich bin, dass es dir gut geht. Dass du genesen bist. Es waren die reinsten Qualen, so weit von dir entfernt zu sein, ohne zu wissen, wo du steckst. Und dann, als ich dich endlich gefunden habe, warst du so stark verletzt und musstest um dein Leben bangen. Ich …« Seine Hand streichelte unter dem Tisch über meine, danach schlossen sich unsere Finger ineinander. »Ich bin einfach so erleichtert.«

»Das bin ich auch. Ich bin so froh, dass du mich gefunden hast.« Ich atmete einmal tief ein. »Ich wusste, dass du kommen wirst.« Und obwohl ich die Hoffnung nie aufgegeben hatte, waren die letzten Worte beinahe gelogen. Ich hatte mir nichts mehr gewünscht, als dass Zane die Höhle stürmen und mich retten würde, doch ich war genauso realistisch denkend, um die Chance abzuwiegen und zu erkennen, wie gering die Wahrscheinlichkeit war, dass genau das eintraf. Schlussendlich war es wie beim Mord an Amara. Teamarbeit.

Zane erhob sich mit seinem Kelch in der Hand. »Auf Oriana und ihre Gesundheit. Darauf, dass sie uns alle zusammengeführt und vereint hat. Lasst uns feiern und dieses Festmahl genießen.« Sein Blick senkte sich zu mir. »Später haben wir noch genügend Zeit, die ernsten Themen zu besprechen. Ein Hoch auf Oriana.«

»Ein Hoch auf Oriana«, sagten alle im Gleichklang und hielten ihre Kelche in die Höhe.

Mir schoss vermutlich eine Schamesröte in die Wangen und ich nickte dankend. Mein Blick wanderte auf meinen Schoß, auf dem ich die Serviette zurechtstrich.

Zane meinte, dass ich mich alleine erholen könne oder mit ihm. Aber ich wollte diese kleine Feierlichkeit, ich wollte alle meine Freunde sehen und mit ihnen zusammen sein. Zanes Eltern, Königin Sierra und König Dawn, wohnten unserem Fest ebenfalls bei und alle unterhielten sich quer über den riesigen Tisch. Gelächter erfüllte den Raum, genauso wie das Klirren der Gläser.

»Laurent wohnt jetzt dauerhaft im Palast?«, fragte ich Zane und musste bei den wenigen Schlucken Wein intus merklich lachen.

Zane schnaubte. »Das denkt er, weil er keinen Anstand besitzt und nicht weiß, wo sein Platz ist.«

»Hey«, warf Laurent ein. »Ich habe mein Leben für euch riskiert, und das nicht nur einmal. Also werde ich wohl bei euch wohnen dürfen, bis sich die Situation geklärt und etwas beruhigt hat.«

Zane warf ihm einen finsteren Blick zu. »Du hättest uns ruhig früher helfen können, dann wäre uns einiges erspart geblieben. Genauso wie dir.«

»Wenn es nur so einfach gewesen wäre.« Laurent seufzte theatralisch.

Es war eigenartig.

Wie wir alle beisammensaßen.

»Gibt es etwas Neues von Mabel?«, fragte Dusan in die Runde und ich war genauso gespannt auf die Antwort.

»Sie wurde mehrmals befragt. Das blieb jedoch, abgesehen von damals, als Oriana bei ihr war, erfolglos«, sagte König Dawn mit einer resignierten Miene.

»Mirabelle hat uns vielleicht eine Spur geliefert«, sagte Zane und warf mir aus dem Augenwinkel einen Blick zu.

Was hatte er mit Mirabelle zu tun?

Dass sich das Gespräch in diese Richtung entwickelte, sandte ein unwohles Gefühl in meinen Magen. Und ich überlegte eine Sekunde, ob es nicht doch zu früh war und ich besser in meinen Gemächern geblieben wäre.

»Was meinst du damit?«, fragte Stella und zog die Nase kraus.

Zane atmete gedehnt aus, bevor er ruhig erzählte: »Mirabelle rannte mir vor mehreren Tagen hinterher, und da erzählte sie, dass damals auf dem Ball in Westerys – bei dem vor über einem Jahr – ein Mann sie aufgefordert habe, Oriana bloßzustellen.«

Mein Herz fühlte sich plötzlich zu schwer für meine Brust an. Es war nicht so, dass ich Zane nicht vertraute, aber ich wusste, wozu Mirabelle fähig war. Szenarien huschten mir durch den Kopf, was zwischen ihnen vorgefallen sein könnte. Solche, die ich kaum verdrängen konnte und die giftige Eifersucht in mir hervorbrachten. Automatisch dachte ich an Zanes Augen, als Amara den Kuss zwischen Clarence und mir erwähnte. Den Kuss, den ich Zane noch nicht erklärt hatte, da es vollkommen anders war, als sie es darzustellen versucht hatte. Vermutlich ging es ihm damals ähnlich.

Ich stellte nicht die Frage, was zwischen ihnen passiert war, obwohl sie mir auf der Zunge brannte. Noch schnitt ich das Thema mit Clarence an. Das waren Gespräche für später – unter vier Augen.

Stattdessen fragte ich: »Welcher Mann? Könnte es bei Mabel ebenso gewesen sein?«

Zane hob kurz die Schultern. »Das wäre eine Möglichkeit. Sicher wissen wir es erst, wenn Mabel es uns verrät.«

Ich überlegte, ob ich sie noch mal in ihrer Zelle besuchen sollte, jedoch wusste ich, dass ich nicht mehr aus ihr herausbekommen würde. Somit würde es mich nur sinnlose Nerven kosten, die ich aktuell nicht zu opfern bereit war.

»Wo ist Mirabelle? Sollten wir uns nicht ein weiteres Mal mit ihr unterhalten?« Dies war nur ein rationaler Gedanke meinerseits.

»Mein geliebter Sohn hat sie aus dem Palast geworfen.« Sierra zog eine Braue nach oben und musterte Zane.

Stella hatte mal erwähnt, dass Mirabelles Mutter eine von Sierras Zofen war, vermutlich hatte sie es ihr erzählt.

»Sie sollte seit über einem Jahr bereits vom Palast entfernt sein, wenn es nach mir gegangen wäre. Sie durfte nur deiner Zofe zuliebe bleiben, solange sie sich bedeckt hält, was sie nicht auf die Reihe bekommt, deshalb ist sie selbst schuld«, murrte mein Verlobter. »Ich werde sie nicht länger dulden und mich mit ihrer ungehobelten Art herumschlagen, die sie regelmäßig an den Tag legt. Außerdem ist Vater derselben Meinung.«

Sierras Blick schoss gefährlich zu ihrem Ehemann, jedoch sagte sie nichts. Abgesehen von dem Thema mit Mabel und Mirabelle blieb weiterhin das Problem mit Clarence, den Gestaltwandlern und dem Fluch, der auf ihnen lag.

Dusan, Rohana und ich waren genau wie sie, nur hatten wir Glück durch unsere Herkunft. Sonst könnten wir genauso wie die anderen in den Wäldern hausen oder in der Höhle des Emryn.

Zane meinte, dass Clarence bei ihnen geblieben sei, um sich um sie zu kümmern. Sehr edel von ihm, das musste man ihm lassen. Wenn man bedachte, was seine Tante mit ihm alles angestellt hatte und dass er bereit gewesen war, sie zu töten. Er war es, der den finalen Schlag ausgeführt und ihr Leben beendet hatte.

Und nicht zu vergessen der Mord an meinen Eltern. Doch ich wollte das Thema nicht neben den anderen ansprechen. Sobald Zane und ich alleine wären, würde ich ihn fragen, ob es irgendwelche Neuigkeiten gab, die er erfahren hatte, während ich weg gewesen war.

Ich hatte so viel mit ihm zu besprechen – allein.

»Ich würde mich gerne in meine Gemächer zurückziehen«, sagte ich vor allen und erhob mich vom Tisch. »Feiert ruhig die gesamte Nacht durch. Wir sprechen morgen.« Ich nickte und verabschiedete mich von ihnen, während sich die Stimmung nach dem ernsten Thema zuvor erholte und wieder Gelächter durch den Saal hallte.

Zane schloss sich meiner Entscheidung, die Feier vorzeitig zu verlassen, an.

Warum denn nur?, fragte ich mich, obwohl ich die Antwort genau wusste. Sie in seinen dunkellodernden Augen sehen konnte, die er den ganzen Abend über nicht von mir hatte lassen können. Genauso wenig wie ich meinen Blick von ihm fernhalten konnte. Doch zuvor wollte ich noch einige Dinge klären.

Kapitel 21 Oriana

In seinen Gemächern angekommen, warf ich mich rückwärts aufs Bett und sank tief in die Kissen.

Obwohl ich eine geschlagene Woche in diesem Zimmer – in diesem Bett – verbracht hatte, war ich so unglaublich erschöpft.

Zane zog die Schuhe von meinen Füßen und stellte sie sorgfältig neben den Nachttisch. Seine sanften Finger an meinen Knöcheln verpassten mir eine Gänsehaut.

»Wie geht es dir?«, fragte er vorsichtig und ließ sich neben mir ins Bett sinken. Den Kopf auf den Ellenbogen gestützt betrachtete er mich, während ich flach auf dem Rücken neben ihm lag und an die Decke starrte.

»Den Umständen entsprechend gut. Mein Rücken schmerzt nicht mehr.« Ich strich ihm seine Haare aus der Stirn. »Es ist nur alles viel für mich im Moment. Dass mit –« Ich schluckte. »Amara und den Gestaltwandlern und dass wir noch immer nichts über den Hinterhalt meiner Eltern wissen. Genauso die neue Information von dem fremden Mann.« Mein Herz zog sich schmerzhaft zusammen bei den Gedanken.

»Irac, mein Spion, der in Seylen gefangen genommen wurde. Erinnerst du dich?« Ich nickte. »Er ist frei und aktuell auf dem Weg nach Westerys. Ich bin gespannt, welche Neuigkeiten er für uns hat und in welchem Zustand er sich befindet. Vielleicht hat er etwas über deine Eltern herausgefunden.«

Mir fiel direkt ein Stein vom Herzen. Ich hatte mir Schuldgefühle ohne Ende gemacht, dass ich an seiner Gefangenschaft schuld war, da er auf der Suche nach Informationen über den Mord an meinen Eltern gefangen genommen worden war.

Obwohl Zane mir versichert hatte, dass Irac sein Berufsrisiko kannte und vorsichtiger hätte sein müssen.

»Vielleicht«, stimmte ich zu und schloss die Augen. »Wir sind allem auf der Spur und trotzdem ergibt nichts einen Sinn.«

Zane strich mit seinen Fingern meine Wange hinab. »Wir schaffen das, zusammen. Du wirst schon sehen. Aber das Wichtigste ist im Moment, dass du gesund und wach bist. Dass wir zusammen sind.«

Seine Worte drangen sofort in meinen Bauch und etwas zog sich dort sehnsüchtig zusammen. Es fühlte sich so surreal an. In einem Augenblick war ich in der Zelle in der Höhle des Emryn, im nächsten Moment wachte ich in Zanes Gemächern auf.

Dazwischen war diese Leere gewesen, diese Ruhe und diese Stimme. Die Stimme meiner Mutter, die mich dazu drängte, wieder zurückzukommen und nicht aufzugeben.

Finde dein Gegenstück.

Meine Wangen wurden von der Aufregung, die plötzlich durch meinen Körper schoss, rosa gefärbt. Ich spürte die Hitze der Erkenntnis, an die ich erst jetzt einen Gedanken zuließ. Zuvor waren zu viele Leute um uns und zu viele Dinge, die zuerst geklärt werden mussten.

Doch jetzt waren wir alleine und mein Kopf fähig, sich darüber Gedanken zu machen.

Wenn Zane und ich das Gegenstück der jeweiligen Seele wären, würde dann nicht irgendetwas zwischen uns passieren? Dass wir es eindeutig merken würden?

Jeder Moment mit Zane war atemberaubend schön, innig und voller unterschiedlicher Emotionen, aber das meinte ich damit nicht. Ich dachte an die Legenden davon, dass zwei Seelen in einer sehr emotionalen Zeremonie von den Göttern vereint wurden.

Zanes Finger wanderten meinen Arm hinauf, über meine Schulter bis zu meinem Hals, da vergaß ich jeglichen Gedanken daran.

»Ich habe jeden Abend gebetet, dass ich dich finden würde.

Jeden. Verdammten. Abend.« Zane stieß heiß die Luft durch die Zähne aus.

»Ich habe dasselbe getan. Und sie haben meine Gebete erhört, Zane.« Nun drehte ich mich auf die Seite, damit ich seinem Gesicht begegnete. »Du bist gekommen, um mich zu retten.«

Einer seiner Mundwinkel verzog sich nach oben. »Du bist doch selbst aus der Zelle geflohen. Ich wette, du hättest es vollkommen alleine genauso geschafft. Vermutlich wärst du schon längst aus der Höhle gewesen, bevor auch nur einer der Gestaltwandler dein Verschwinden bemerkt hätte.« Erneut streifte er meine Haare zurück, diesmal hinter mein Ohr. Ich schloss die Augen und genoss die Berührung seiner warmen Hand an meiner Wange. »Laurent und ich haben mehr Ärger angestellt, als dass wir geholfen haben.« Plötzlich entgleiste ihm seine Miene einen Augenblick. »Wegen mir wurdest du verletzt. Wegen mir wurdest du erst entführt, ich … Ich hätte dich beschützen müssen.« Schmerz blitzte in seinen Augen auf und er senkte sofort den Blick.

»Zane«, hauchte ich und er sah wieder zu mir auf. Nun war ich es, die ihre Hand an seine Wange legte. Über seine hohen Wangenknochen strich, über die gerade Nase und seinen definierten Kiefer, an dem einige kurze Bartstoppeln an meinen Fingern kratzten. »Ich bin dir so unendlich dankbar, dass du gekommen bist.« Ich hauchte einen Kuss auf seinen Mundwinkel. »Das, was Amara gesagt hat –«

»Ist unwichtig«, beendete er den Satz. »Vollkommen unwichtig.«

Sie hatte versucht eine Anspielung darauf zu machen, Clarence sei dauerhaft in meiner Zelle gewesen. Eine Anspielung auf … vermutlich eine Liebesbeziehung zwischen uns. Was für ein verrückter Gedanke. Aber wie sie es gesagt hatte, voller Überzeugung in der Stimme und Zanes Blick, der darauf folgte … Es brach mir das Herz, diese Leere in seinen Augen zu sehen.

Ich rückte ein Stück näher an ihn heran. »Dir gehört mein Herz.« Ich sah ihm tief in die Augen, während sein warmer Atem mein Gesicht streifte. »Jeder noch so kleine Fleck davon gehört dir alleine.«

Langsam schloss ich die Augen, bettete sein Gesicht sanft in meine Hände und legte meine Stirn an seine. Dort verweilten wir einen Moment.

Dieser Moment war unendlich intim. Ich sog seinen Atem ein und er meinen. Mein Herz schmerzte, als die Sehnsucht, die ich jeden Tag gefühlt hatte, zum Vorschein kam. Der Schmerz, der dauerhaft meine Brust bewohnte und mir die Luft zum Atmen geraubt hatte.

Liebe war heimtückisch. Eine Schwäche. Eine Krankheit, die einen in die Knie zwingen konnte. Die einen verletzlich machte und doch war es gleichzeitig das Schönste, was einem zu Lebzeiten passieren konnte.

Zane war das Schönste, was mir passieren konnte.

»Ich wäre ans Ende der Welt gegangen und hätte jeden aus dem Weg geschafft, nur um dich zu finden«, murmelte er dicht an meinen Lippen. »Schon vor langer Zeit hast du mich so weit gebracht, dass ich vor dir auf die Knie gehen und dir jeden Wunsch erfüllen würde, noch bevor dieser deine Lippen verlässt.«

Erneut spürte ich jedes seiner Worte durch meinen Körper fließen und fühlte die Wärme, die von ihnen ausging. Die Liebe.

Ich liebe dich, Oriana, hatte er gesagt, kurz bevor ich entführt wurde. Ebenfalls hatte er sie laut ausgesprochen, als er mich fand. Bisher hatten wir keine Gelegenheit, darüber zu sprechen, und dennoch hatte er sie in den dunklen Gängen der Höhle des Emryn so ausgesprochen, als würde er sie schon zum hundertsten Mal sagen.

Langsam öffnete ich meine Augen und begegnete seinem brennenden Blick, der wie zwei Kohlestücke glühte und dasselbe brennende Gefühl auf meiner Haut verursachte.

Ohne auf seine Worte zu antworten, schloss ich meine Lider und legte meine Lippen vorsichtig an seine. Der samtige Geschmack und das Gefühl seiner Haut unter meiner war alles, was es brauchte, damit ich mich wieder vollkommen lebendig fühlte. Damit ich wusste, dass ich tatsächlich wieder wach war.

Wir küssten uns unaufhaltsam. Seine Zunge fand den Weg in meinen Mund und liebkoste meine, während seine Hand den Weg in mein Haar fand. Schwerelos lehnte ich mich in seine Berührungen, die meinen Körper überzogen. Sofort lösten sich alle Sorgen und Gedanken in Luft auf. Alles, was ich wahrnahm, war Zanes Geruch, seine Wärme und die Funken, die er hinterließ, wo unsere Körper sich berührten.

Ich schlang meine Arme um seinen Hals, meine Beine um seine Mitte und zog ihn näher an mich heran. Jeder Zentimeter, der sich zwischen unseren Körpern befand, war einer zu viel. Ich wollte verschmelzen mit ihm, als ob wir eine Einheit wären.

Obwohl unser Kuss intensiver wurde, hielt Zane sich merklich zurück. Selbst als ich meinen Unterkörper noch näher an ihn drängte, blieb er ruhig. Normalerweise wäre jetzt der Moment, in dem er die Kontrolle verlor und mich liebte, wie ich es brauchte.

Und ich brauchte es mehr, als ich zugeben würde.

»Alles in Ordnung?«, flüsterte ich dicht an seinem Ohr und fuhr danach mit meinen Lippen seine Wange hinab, bis zu seinem Kiefer. Da merkte ich, wie die Muskeln zuckten, als er die Zähne aufeinanderbiss. Fragend sah ich zu ihm auf.

»Oriana. Du warst heute Mittag noch bewusstlos, du solltest dich erholen.«

»Mir geht es gut«, hauchte ich und gab ihm einen langsamen Kuss auf die Lippen. »Mach dir keine Sorgen.«

»Das ist leichter gesagt als getan. Mein Alltag bestand in den letzten Wochen aus nichts anderem, als mir Sorgen um dich zu machen.« Seine große Hand umfasste mein Gesicht und seine Lippen streiften meine leicht wie eine Feder.

Sofort schloss ich wieder die Augen. »Zane. Ich brauche dich«, gab ich zu und hauchte ihm erneut einen Kuss auf die Lippen, fühlte die Anspannung seiner Muskeln. »Ich habe mich so lange nach dir gesehnt und ich will keine Minute länger warten.«

Jetzt schloss er seine Augen und strich mit seiner Nase sanft über meine. Die Spannung, die sich über uns legte, verwandelte meine Eismagie in lodernde Flammen. »Hör auf, mir solche Dinge zuzuflüstern. Ich versuche mich zurückzuhalten, um deinetwillen«, raunte Zane und leckte kurz über meine Unterlippe. Automatisch kam ein leises Keuchen aus mir.

»Vielleicht will ich nicht, dass du dich zurückhältst.« Meine Hand wanderte über seine Brust, fuhr unter den dünnen Stoff seines Leinenhemdes und strich an seiner samtigen Haut über seinem Hosenbund hin und her.

Zane kam ein knurrender Laut über die Lippen und seine Lider flatterten.

»Wie du weißt, heile ich in Rekordzeit, jede noch so kleine Wunde …«, säuselte ich und ließ einen Finger in seinen Hosenbund gleiten und strich weiter, hin und her. Sofort verdunkelten sich seine ohnehin schon schwarzen Augen.

»Wenn ich mich recht erinnere, hast du damals, als es an der Tür geklopft hat und wir unterbrochen wurden, gesagt, du vergisst nicht, wo wir gerade stehengeblieben sind.« Ich reckte das Kinn nach oben und hob eine Augenbraue. »Wo waren wir denn stehen geblieben?«, fragte ich fordernd.

Wenn ich dachte, Zane wäre zuvor schon angespannt gewesen, hatte ich mich getäuscht. Es wirkte so, als wenn ich nur eine falsche – oder richtige – Bewegung machen müsste, damit er sich innerhalb eines Wimpernschlags auf mich stürzte. Vielleicht sollte ich genau diese eine letzte Bewegung machen. Ich wollte alles vom ihm. Ich brauchte alles von ihm.

»Du bringst mich noch um«, sagte er mit seiner tiefen, rauchigen Stimme.

»Tu nicht so, als ob du das nicht schon vorher gewusst hättest.«

»Glaub mir, ich wusste ganz genau, auf was ich mich mit dir einlasse«, knurrte er und umfasste grob mein Gesicht. Überrascht brach ein Stöhnen aus meiner Kehle hervor. »Und ich wusste, dass du meine größte Schwäche bist.« Dann presste er seine Lippen auf meine.

Seine Hände wanderten über meinen gesamten Körper, während er sich über mir aufbäumte und mich in die Matratze drückte.

Ich umfasste den Saum seiner Tunika und zog sie über seinen Kopf. Seine entblößte goldbraune Haut raubte mir jedes Mal aufs Neue den Atem. Forschend strichen meine Fingerkuppen über seine definierten Muskeln bis zu seinen Schultern hinauf. Danach schlang ich meine Arme wieder um seinen Hals und zog ihn zurück zu mir.

Mit der einen Hand neben meinem Kopf abgestützt, fand seine andere den Weg unter mein Kleid. Er schob den Stoff meines Rocks bis zu meinem Bauch hoch, währenddessen streiften seine Finger an der Außenseite meiner Schenkel hinauf. Tief in meiner Mitte sammelte sich das lodernde Gefühl, die Lust, die er bei jeder Berührung in meinem Körper auslöste.

Unsere unzähligen Probleme wären morgen noch immer da, also schob ich jegliche anderweitigen Gedanken beiseite, die nicht damit zu tun hatten, welche unanständigen Dinge mein Verlobter heute Abend mit mir anstellen würde.

Mit seinen Knien drückte er meine Beine auseinander und betrachtete mich. Währenddessen versuchten meine flinken Finger das Korsett um meine Brust aufzuschnüren, doch Zane umfasste das Kleidungsstück rund um eine Naht. Einen Augenblick später hörte ich nur das Reißen des Stoffes.

»Zuerst willst du mich warten lassen und jetzt geht es dir nicht schnell genug«, lachte ich und fixierte seinen Blick.

»Ich lasse mir mit dir heute Abend genügend Zeit. Glaub mir, ich werde sie mit dir vollkommen auskosten. Doch das heißt nicht, dass mir nicht jede Sekunde, in der ich deine wunderschöne nackte Haut nicht auf meiner spüren kann, den Verstand raubt«, knurrte er und schälte mich aus meinen Kleidern, bis ich nur noch in meiner Unterwäsche unter ihm lag. »Bei den Göttern, du willst mich tatsächlich umbringen«, sagte er, als er den weißen spitzenbesetzten Body erkannte, den ich trug.

Zane warf den Kopf in den Nacken und fuhr sich mit der flachen Hand fest übers Gesicht.

»Gefällt er dir?«, fragte ich und sah unter meinen Wimpern zu ihm auf.

»Gefallen?« Er lachte und senkte seinen Blick wieder zu mir. »Du siehst atemberaubend aus.« Danach umfasste er meine Schenkel und drückte sie auseinander. »Ich will dich kosten, Oriana.«

Ich sank tiefer in die Laken und drückte meinen Rücken durch, als ich sah, wie er seinen Kopf zwischen meine Beine senkte. Federleicht spürte ich seine Finger an der empfindlichen Haut zwischen meiner Mitte und meinen Schenkeln. Beinahe schmerzhaft langsam streichelte er dort die Stelle.

Ich drückte meinen Kopf fester in die Kissen, während mein Blick an die Decke gerichtet war. »Bei den Göttern im Himmel«, betete ich atemlos. Wenn die Götter mich jetzt sehen würden …

Danach küsste Zane die zarte Haut, wo zuvor seine Finger waren. Sofort war mein Körper wieder von einer Gänsehaut überzogen. Langsam leckte er über die empfindliche Haut, während seine Finger immer weiter zu meiner Mitte wanderten. Sein Mund folgte.

Und als seine Zunge das erste Mal über den Spitzenstoff leckte, drückte ich den Rücken durch und bäumte mich auf. Genauso wie Zanes Name kehlig keuchend aus mir hervorbrach.

Sein Finger strich horizontal über den Stoff, genau dort, wo sich mein empfindlichster Punkt verbarg. Ich stützte mich auf meine Ellenbogen, um ihn beobachten zu können. Da sah ich, wie er zwischen meinen Beinen den Kopf anhob, während sein Finger erneut über mich strich.

Zane hakte seinen Finger unter den Body ein. »Beweg dich nicht«, befahl er mit einem Lächeln auf den Lippen. Plötzlich spürte ich Hitze zwischen meinen Beinen, die diesmal nicht von meinem Körper ausging. Panisch riss ich die Augen auf und wollte zurückrutschen, doch Zane packte mit seiner freien Hand meine Hüfte und hielt mich an Ort und Stelle fixiert.

»Ich habe gesagt: Nicht. Bewegen.« Sein Fingerknöchel drückte genau auf meinem empfindlichsten Punkt, während mir der

Geruch von verbranntem Stoff in die Nase stieg. Zane hatte tatsächlich den Body an der Unterseite mit seiner Feuermagie verbrannt, denn eine kaum sichtbare Rauchwolke stieg zwischen meinen Beinen auf. Kaum mehr als entsteht, wenn man eine Kerze auspustet.

»Wenn du ihn so schrecklich findest, hättest du ihn mir einfach ausziehen können, anstatt ihn gleich zu verbrennen«, merkte ich mit einem Schmunzeln auf den Lippen an.

Lustvoll leckte er sich über die Lippen, als er meine triefende Nässe bemerkte, als ob er mich schon auf seiner Zunge schmecken könnte. Das tiefe Knurren, das danach folgte, wanderte auf direktem Weg in meinen Schoß und automatisch öffnete ich meine Beine ein Stücken weiter. Wie eine Einladung.

»Du hast ja keine Ahnung, wie sehr dieses Stück Stoff mir meine Beherrschung raubt … Aber ich will, dass du ihn anbehältst.«

Ich beugte mich etwas nach oben, damit ich meine Hand an Zanes Gesicht legen konnte, das weiterhin zwischen meinen Beinen lag. Sanft bettete ich sie an seine Wange. Er nahm sie und gab mir einen Kuss direkt auf die Handfläche, danach auf den Handrücken, bevor ich sie zurückzog.

Zuerst spürte ich seinen warmen Atem an mir, danach leckte seine Zunge einen heißbrennenden Pfad von meinem Hügel zu meinem Eingang hinab. Die Augen rollten hinter meinen geschlossenen Lidern zurück, während ich einen stöhnenden Laut ausstieß. Die Gefühle, die mich durchströmten, waren unbeschreiblich.

»Du schmeckst so unglaublich gut«, raunte er an meine Mitte. Danach schlang er beide Arme um meine Schenkel, hob mein Gesäß ein Stück an, nur um mich noch genüsslicher zu verschlingen.

Es war pure Lust und Folter zugleich. Wenn er vorsichtig über mich leckte, mein Geschlecht zwischen die Lippen saugte, folgte kurze Zeit später ein intensives Ziehen, wenn er mit seinen Zähnen an mir knabberte.

Fest vergrub ich meine Finger in dem Bettlaken, ballte sie danach zu Fäusten, um mir ein kleines Ventil zu verschaffen. Zu lange hatte ich mich nach ihm gesehnt, mich nach ihm verzerrt und ich wollte ihn endlich berühren, so wie ich es brauchte. Meine Hände über seinen Körper, seine makellose Haut tanzen lassen, während ich ihm auf meiner Zunge schmecken konnte.

Wie sehr ich diesen Mann begehrte, seinen unanständig wohlgeformten Körper, welchen das gedämmte Licht besonders gut betonte. Die markanten Gesichtszüge und am wichtigsten sein liebenswertes Wesen – sein Herz, dem ich mit jeder Faser meines Körpers verfallen war.

Meine Magie summte durch mich hindurch und hinterließ ein Kribbeln.

Wieder stützte ich mich auf meine Ellenbogen und vergrub meine Finger in seinen kurzen dunklen Locken und umfasste sie grob. Zane sah zu mir auf und das war alles, was es benötigte, um loszulassen. Die Lust, die er empfand, während er mich verwöhnte, war beinahe genauso gut wie das Gefühl seines Mundes auf mir. Beides im Gleichklang war zu viel. Wie ein Blitz durchzuckte mich die Lust, während die Erlösung über meine Wirbelsäule weiter nach oben wanderte und wieder retour.

»Zane«, keuchte ich, als die letzten Funken des Höhepunkts über meinen Körper zogen und meine Muskeln unkontrolliert zuckten. Doch weiterhin hielt er mich fest, während er jede meiner Regungen mit seinen Augen genau verfolgte.

Es war überwältigend.

»Ich glaube, ich sterbe«, scherzte ich schwer atmend, noch vollkommen benommen.

Er kletterte auf mich, drängte sich gegen mich, sodass seine harte Erregung sich gegen meinen Bauch drückte und mir beinahe den Verstand raubte. »Dann wirst du heute Abend noch einige Male sterben«, knurrte er mit tiefer, rauer Stimme.

Sofort nutzte ich die Gelegenheit und stürzte ihn in einen leidenschaftlichen Kuss, während meine Hände zu seiner Hose wanderten. Ich wollte ihn spüren. Ihn berühren.

Unsere Körper waren so eng aneinandergepresst, dass sich meine Hand den Weg suchend zwischen uns bahnte.

Meine Finger strichen über die Wölbung in seiner Hose.

»Oriana, bei den Göttern«, summte er sofort gegen meinen Mund und lächelte, während ich weiterhin seine Männlichkeit durch seine Hose hindurch massierte. Seine Augen glänzten vor Verlangen in dem tiefsten Schwarz, das es auf Erden gab.

Er strich meine Haare aus dem Gesicht, nur um seine Finger danach darin zu verschlingen, sodass er meinen Kopf tief in den Nacken zog und dabei meine Kehle entblößte. Danach fuhr er mit seiner Zungenspitze an meinem Ohrläppchen entlang, schrammte mit den Zähnen darüber, was mir den nächsten Schauer über den Körper schickte. Bis er sanft mit seinen Lippen über die feine Haut direkt unter meinem Ohr streichelte.

Ich umfasste seine Härte fester, massierte sie genüsslicher, während Zanes heißer Atem meinen Hals streifte und alles in mir kribbelte.

Nun machte ich mich an seinem Gürtel zu schaffen, wirbelte flink meine Finger und löste die Schnalle des Ledergürtels. Kurz danach war auch schon der Hosenknopf offen.

Zane half mir, ihn aus seinen letzten verbliebenen Klamotten zu schälen, die danach in einem hohen Bogen auf den Fliesenboden landeten.

Endlich gab es keine Barriere mehr, die uns trennte. Überall an meinem Körper fühlte ich nichts außer Zanes warmer Haut. Ich schlang meine Beine um seinen Bauch und dirigierte ihn dazu, mich endlich auszufüllen. Vor einigen Wochen hätte ich mir nie eingestehen können, wie sehr ich es brauchte. Von Zane ausgefüllt zu sein, war Vollkommenheit. Intensiv. Rau. Natürlich. Und ich liebte das lustvolle Ziehen, welches er verursachte, wenn er sich in mir bewegte und immer tiefer ihn mich stieß.

Wieder strich er mir die Haare aus dem Gesicht, bevor er seine Hände neben meinem Kopf an jeder Seite in die Kissen stemmte.

Danach drang er in mich ein. Vorsichtig und dennoch so tief, wie es möglich war. Wieder rollten meine Augen zurück und ich stöhnte laut und lusterfüllt auf.

»In diesem Moment liebe ich dein Augenrollen«, neckte Zane mich, zog sich zurück und stieß wieder in mich. Diesmal fester.

»Götter, wie ich das vermisst habe«, raunte ich und leckte Zane über die Lippe. »Wie ich es liebe, wenn du in mir bist.«

Herausgefordert zog er eine Augenbraue in die Stirn. »Ach, so ist das?« Wieder zog er sich zurück und stieß ihn mich. Immer und immer wieder.

»Verdammt, ja«, stöhnte ich, während er sich in mir bewegte. Meine Fingernägel gruben sich in seine Arme und hinterließen blutige Halbmonde.

Wenn ich hier mit ihm war, plagte mich kein einziger der Gedanken, die mir zuvor den Verstand geraubt hatten. Es verblasste, als ob es nie da gewesen wäre. Weil meine vollkommene Aufmerksamkeit dem Mann galt, der mir so diese unkontrollierten Laute entlockte.

Das letzte Mal, dass wir miteinander geschlafen hatten, war der Abend, an dem ich entführt wurde. An dem Abend, als er die drei Worte zum ersten Mal ausgesprochen hatte. Die mich vollkommen unvorbereitet getroffen hatten. Bisher hatte ich sie noch nicht erwidert. Das lag aber nicht daran, dass ich sie nicht fühlte, sondern eher daran, dass ich sie noch nie zuvor gesagt hatte. Ausgenommen zu meiner Familie. Natürlich war der ausschlaggebende Faktor, dass ich die vergangene Woche nicht bei Bewusstsein war.

Zane stützte sich auf seine Ellenbogen, sodass sein Gesicht ganz nah an meinem war. Seine Bewegungen wurden immer intensiver, härter und bei den Göttern, ich genoss es. Stöhnte jedes Mal, wenn er wieder tief in mich stieß. Sein angenehmer Geruch, gemischt mit seinem frischen Schweiß in Kombination mit der Tatsache, dass er mich vollkommen ausfüllte, raubten mir beinahe erneut mein Bewusstsein.

Einmal leckte er über meine geöffneten Lippen und hauchte einen Kuss darauf, bevor er sich vor mir hinkniete. Doch ich hatte für nichts anderes Zeit als für einen fragenden Blick. Denn schon packte er mich an den Hüften und wirbelte mich herum, bis ich auf allen vieren vor ihm kniete.

Ich blickte über meine Schulter und begegnete seinem verruchten Grinsen, während sein Blick über mich schweifte. Wie er jeden Zentimeter meines nackten Körpers wie auf dem Silbertablett serviert bekam.

Ich reckte ihm meinen Hintern entgegen und legte mein Gesicht in die Kissen. Das Gefühl von seinen rauen Händen, die über meine Wirbelsäule nach oben fuhren, jagte mir einen Schauer über den Körper.

Danach umfasste er mein Kinn und legte seinen Zeigefinger an meine Lippen. Sofort öffnete ich meinen Mund und umspielte seinen Finger mit meiner Zunge und leckte an ihm. Zwar hatte ich so etwas noch nie zuvor getan, aber ich war der Vorstellung, Zanes Männlichkeit auf meiner Zunge zu schmecken, nicht abgeneigt.

Hinter mir hörte ich Zanes tiefes Brummen.

Er zog seinen Finger aus meinem Mund zurück und begann zwischen meinen Schulterblättern erneut meine Wirbelsäule hinaufzustreichen, bis er wieder an seinem Ziel angekommen war.

Sein Finger umkreiste meinen empfindlichsten Punkt und sofort zog sich mein Inneres zusammen. Und einen Moment später drängte er sich erneut in mich. Tiefer, als ich es jemals für möglich gehalten hätte. Keuchend schnappte ich nach Luft.

Grob umfasste er meine Taille und hielt mich aufrecht, denn mein Körper gab sich dem Gefühl, das Zane in mir verursachte, völlig hin.

Alles, was ich wahrnahm, war, wie Zane mich liebte. Tief. Kräftig und in gezielten Stößen, während unkontrolliert Laute aus mir hervorbrachen. Während sein Name genauso oft wie der der Götter über meine Lippen kamen.

Es dauerte nicht lange, da bahnte sich erneut das vertraute Kribbeln an. Zane schien es zu bemerken, denn er wirbelte mich wieder herum, sodass ich auf dem Rücken lag. »Ich will dich ansehen, wenn du kommst, Oriana.« Er schnappte eines meiner Beine und hob es so hoch, dass mein Knie neben meinem Kopf war, danach beugte er sich herab und küsste mich.

»Komm für mich.« Und ich tat es wie auf seinen Befehl. Meine Innenwände zogen sich zusammen, während die Erleichterung über meinen Körper hinwegfegte. Währenddessen hielt ich Zanes verdunkeltem Blick stand, der sich nur Sekunden später mit einem tiefen Grollen in seiner Kehle in mir ergoss. Sein Körper erzitterte unter meinen Fingern, während er die letzten Bewegungen machte, bevor er auf mir zusammensackte.

»Verdammte Götter«, keuchte er außer Atem dicht an meinem Ohr. »Ich liebe dich, Oriana.«

Ich schloss die Augen und versuchte meinen viel zu unregelmäßigen Atem und meinen Herzschlag irgendwie zu beruhigen.

Langsam zogen meine Finger Kreise an seinen Schultern und ich atmete seinen Duft ein. Wie sehr ich ihn vermisst hatte.

Zanes Nase strich sanft an meiner Wange zu meinen Hals hinab, danach vergrub er sein Gesicht in meinem Haar und wir lagen einfach wortlos da.

Immer ruhiger wurde meine Atmung und umso schwerer fühlten sich meine Augenlider an. Zanes Körper war wie eine wärmende Decke, an die ich mich kuschelte, während die Erschöpfung immer mehr an mir zehrte. Erst vor wenigen Stunden hatte ich mich von meinen Verletzungen vollständig erholt. Zwar war ich mittlerweile komplett genesen, doch ich hatte mich verausgabt, weshalb ich irgendwann meine Augen nicht mehr offen halten konnte und mich der Schlaf in Empfang nahm.

Kapitel 22 Oriana

Einst aus Schnee und Eis geboren, stieg ein kleines Kind empor. Nachts, wenn alles ruhig und still, träumte es von kleinen Wesen, die es holen will. Stieg eines Nachts in die verzauberte Welt hinab, so weit, dass es nicht zurückgefunden. Erst als Mutter Tränen geweint, bis sie beinahe d'ran ertrunken, fand das Kind zurück ins Bett und hatte dabei seine Mutter gefunden.

Hingezogen zu dem Feuer, wird es die Bestimmung finden. Gut verborgen und unvorhersehbar, wird es sich daran binden. Doch keine Gefahr geht davon aus, nur dem Fluch macht es den Garaus.

Vorsichtig löste ich Zanes Arm von mir, den er um mich geschlungen hatte, und kletterte aus dem Bett. Er gab ein leises, raunzendes Geräusch von sich, als meine Füße am Boden aufkamen, wachte jedoch nicht auf.

Auf leisen Sohlen machte ich mich zu seinem Bad auf, um mich zu erleichtern. Doch nicht in das extravagante frei stehende Bad, sondern ich entschied mich für das weitaus bescheidenere Badezimmer, das sich nur eine Tür nebenan befand.

Wieder vernahm ich die Stimme meiner Mutter in meinem Kopf: *Finde dein Gegenstück und durchbrich den Fluch.*

Hatte ich die Stimme meiner Mutter nur geträumt? Brachte mein Verstand sie in mein Unterbewusstsein, damit ich den Kampf um meinen eigenen Körper nicht aufgab? Oder handelte es sich tatsächlich um meine Mutter. Sowie ich den Gedanken in meinen Kopf ließ, verdrängte ich ihn wieder. Meine Mutter war tot. Und das schon seit einem Jahr. Getötet, genauso wie mein Vater, ohne dass ich wusste, wer dafür verantwortlich war.

Selbst wenn es auf irgendeine unerklärliche Weise ihre Stimme gewesen war, wieso sollte es den Fluch brechen, wenn ich mein Gegenstück finden würde? Und ob sie den Fluch meinte, der die Gestaltwandler verbannte, war ebenfalls unklar. Vielleicht haftete auf mir irgendein anderer alter Fluch, von dem ich nur noch nichts wusste. Bei den unerklärlichen Ereignissen, die gegenwärtig mein Leben beherrschten, war es auf jeden Fall nicht auszuschließen. Vielleicht würde sich Zane, falls er mein Gegenstück war, bei der Vereinigungszeremonie in einen Frosch verwandeln und es würde eine weitere unlösbare Aufgabe auf meinen Schultern lasten.

Die Märchen, die mir meine Mutter immer beim Zubettgehen vorgelesen hatte, waren förmlich in mein Gehirn gebrannt worden. Genau erinnerte ich mich an jedes Detail, genauso daran, wie sie immer die Stimme verstellt hatte, wenn sie die junge Prinzessin und danach den Prinzen sprach.

Sie war meinen Geschwistern und mir eine wundervolle Mutter gewesen. Es war nicht üblich, dass Kinder von Königen und nicht vollständig von Erzieherinnen oder Ammen großgezogen wurden. Das meiste hatte meine Mutter selbst übernommen und nur den Unterricht den Lehrern überlassen.

Umso schwerer war es für uns, mit ihrem Tod klarzukommen.

Nachdem ich fertig war, tapste ich zurück in Zanes Schlafgemach, schlüpfte unbemerkt unter die Decke und kuschelte mich an ihn. Sog seinen wohligen Duft nach Moschus und dunklen Rauch in mich auf, der mich in den Schlaf geleitete. Genauso wie die Melodie des Liedes in mir summte.

Hingezogen zu dem Feuer, wird es die Bestimmung finden. Gut verborgen und unvorhersehbar, wird es sich daran binden. Doch keine Gefahr geht davon aus, nur dem Fluch macht es den Garaus.

Sanfte Küsse an meiner Schläfe, meiner Wange und meinem Hals holten mich langsam aus dem Land der Träume zurück in die

Realität. In der Zeit, die ich in der Zelle verbracht hatte, hatte ich mich immer Hals über Kopf in meine Träume gestürzt, um die echte Welt hinter mir zu lassen. Doch mit Zane an meiner Seite war das Hier und Jetzt schöner als jeder Traum.

»Ich liebe es, wenn du das Erste bist, was ich am Morgen sehe.« Er beugte sich über mich. »Rieche …« Seine Nase wanderte an meiner Wange entlang. »Und schmecke.« Er senkte seine Lippen auf meine und sofort verspürte ich dieses enorme Kribbeln, das den vergangenen Abend meinen Körper in seinem festen Griff hatte. Obwohl ich gerade erst aufgewacht war, wollte ich mich am liebsten in das nächste Abenteuer mit ihm stürzen.

Seine Zunge fand den Weg durch meine Lippen und liebkoste meine. Ein tiefes Grollen kam aus seiner Kehle, während ich meine Beine und Arme um ihn schlang und ihn näher heranzog. Sofort spürte ich, wie sehr er mich wollte, und in mir sammelte sich ebenfalls diese Hitze.

Zwischen seine Zähne zog er meine Unterlippe ein und ich schnappte nach Luft. Dass wir beide splitterfasernackt waren, erschwerte es, einen normalen Gedanken zu fassen, der nicht mit *Zane* auf mir – in mir zu tun hatte.

Eine Sekunde lang wanderte mein Blick zum Fenster. Die Sonne dürfte hoch am Himmel stehen, so wie die Strahlen durch die Fensterscheibe brachen.

Während Zane noch immer dabei war, meinen Körper mit Küssen zu übersäen, kam mir der Gedanke. »Sollten wir uns nicht heute Morgen mit deinem Spion Irac treffen?« Beide Hände legte ich an seine Brust und hielt ihn davon ab, sich erneut zu mir herabzubeugen.

»Er wird mir die kleine Wartezeit verzeihen«, säuselte er, schlang seinen Arm um meine Taille und zog mich zu sich hoch. »Er wird es verstehen, dass ich anderweitig beschäftigt bin, wenn meine Königin aus ihrem einwöchigen Heilungsschlaf erwacht ist.«

Er wollte seine Lippen wieder auf meine senken, doch ich hielt kurz davor sein Kinn fest. Sah ihm nur tief in die Augen. »Er war wochenlang in Seylen gefangen«, räumte ich ein. »Ich laufe dir nicht davon.«

Eine seiner dunklen Augenbrauen wanderte nach oben und natürlich wusste ich wieso. Ich war von ihm davongerannt, ich war entführt worden, als er dachte, ich würde für immer bei ihm bleiben und jetzt hatte er vermutlich Angst, dass so etwas nochmals passieren könnte.

»Ich laufe nie wieder *absichtlich* davon«, verbesserte ich mich mit einem Schmunzeln. »Ich will nicht zu spät kommen, was, wenn er wichtige Informationen hat?«

Zane nickte. »Du hast leider recht«, sagte er, schob beide Hände unter mich und hob mich hoch.

Ich quiekte überrascht. »Was tust du?«

»Wir sollten zuerst baden, obwohl ich deinen Geruch an mir liebe«, schnurrte er in mein Ohr und ich kicherte verlegen. Bettete, während er mich in sein freies Bad trug, meinen Kopf an seine Brust. »Und ich werde mich jedem Zentimeter deines Körpers genauestens widmen.«

Ich verdrehte die Augen, obwohl er es nicht sah. »Du bist unmöglich.« Das sagte ich, obwohl ich mich innerlich schon darauf freute.

Kapitel 23 Zane

»Was macht er hier?«, zischte ich Irac entgegen, an dem der Kerker von Seylen nicht ganz spurlos vorübergegangen war. Die braune Haut fahl, genauso wie sein dunkles Haar, das er normalerweise ganz kurz geschoren trug, nun aber um einiges länger war. Er sah aus wie gekaut und wieder ausgespuckt.

»Das ist eine lange Geschichte, besser, du stellst einige Flaschen bereit. Das wird ein langer Nachmittag«, sagte Irac erschöpft und sein Blick wanderte zu Oriana, die ihn mit weit aufgerissenen Augen anstarrte, genauso wie seinen Begleiter. »So schön, wie Ihr seid, müsst Ihr bestimmt Prinzessin Oriana sein«, sagte er, Oriana zugewandt, und machte eine tiefe Verbeugung. Tiefer und länger, als er sich je vor mir verbeugt hatte, nur um den Respekt, den er Oriana gegenüber empfand, zu demonstrieren. »Nach den Erzählungen über Euch bin ich umso erfreuter, Euch endlich persönlich kennenzulernen.« Noch in seiner Verbeugung verharrend, blickte er zu ihr auf. Wollte ihr vermutlich schöne Augen machen. Dieser Bastard.

Ich schnappte ihn beim Kragen und zog ihn hoch, während er ihr tatsächlich zuzwinkerte. »Das ist genug«, sagte ich.

Er lachte und zuckte mit den Schultern. »Ich bitte um Verzeihung, Eure Hoheit«, neckte er mich. »Jetzt weiß ich wenigstens, wieso du solch ein Drama um sie machst. Hätte ich solch eine Dame an Land gezogen, würde ich auch die gesamte Welt in Brand stecken, um sie zurückzubekommen«, flüsterte er mir beim Vorbeigehen zu, bevor er am Besprechungstisch Platz nahm. Wir alle folgten ihm.

»In der Zeit, in der deine Lady und du eure gemeinsame

Liebeszeit genossen habt, hat Clarence mit dem König von Seylen über meine Freiheit verhandelt.«

»Ich verhandle seit Wochen mit ihm, ohne dass er eingelenkt hat.« Mein Blick wanderte zu Clarence, der den Kopf gesenkt hielt. »Was hast du ihm dafür geboten?« Erneut sah ich zu Irac. »Um zu dir zu kommen. Meine Liebeszeit habe ich damit verbracht, zu den Göttern zu beten, dass Oriana aufwacht.« Ich biss meinen Kiefer fest aufeinander. »Sie war eine Woche lang nicht bei Bewusstsein. Vielleicht hat dir Clarence ja erzählt, wie schlimm seine Tante sie zugerichtet hat«, schnaubte ich und automatisch begann meine Magie in mir zu glühen. Unter dem Tisch legte Oriana ihre Hand behutsam auf meine und sofort wurde meine Rage weniger zerstörerisch.

»Oriana war was?« Clarence sah zu ihr mit einer besorgten Miene. »Geht es dir gut?«

Sie nickte.

»Ja«, war das Einzige, was sie erwiderte, nun war ich es, der vorsichtig über ihre Finger strich. Ich konnte nur erahnen, welche Gefühle es in ihr auslöste, ihm wieder gegenüberzustehen. Hätte ich gewusst, dass Irac diesen verlogenen Mistkerl im Schlepptau hatte, hätte ich Oriana nie gebeten, der Besprechung beizuwohnen.

Also warf ich ihr einen Blick zu, der fragte, ob ich sie in unsere Gemächer begleiten sollte. Sie schüttelte darauf den Kopf und umfasste meine Hand fester.

»Beantworte die Frage«, murrte ich zu Clarence, als dieser nicht antwortete, und trank einen Schluck.

Clarence tat es mir gleich. »Ich habe ihm eine Allianz angeboten.«

Während ich nachdachte, schwenkte ich mein Glas und beobachtete ihn genau. »Eine Allianz in Form einer Heirat?« Ich schüttelte lachend den Kopf. »Scheint etwas viel zu sein für die Freilassung eines Spions, der nicht deinem Königreich angehört. Also spuck's aus, was willst du?« Ich hob eine Sekunde später die Hand und stoppte Clarence, der schon den Mund geöffnet hatte und antworten wollte. »Wenn du jetzt etwas in der Art sagt, dass du Oriana willst, dann reiße ich dir vor allen Anwesenden dein mickriges Rückgrat aus dem Körper. Ich wäre gespannt, wie lange es dauern würde, bis das verheilt.«

Irac zog zischend die Luft ein, denn er wusste genau, dass meine Drohung keine leeren Worte waren. Dass ich Clarence, nachdem, was er getan hatte, sowieso töten würde, tat jetzt nichts zur Sache. Generell wollte ich es zuerst mit Oriana besprechen, ob eine öffentliche Hinrichtung besser wäre oder ob ich ihn einfach wie das Stück Dreck, das er war, zu Asche verbrennen sollte. Oder ob vielleicht sogar sie selbst ihm seine Lebenskraft nehmen würde. Bisher hatten wir nicht die Zeit gehabt, dies gemeinsam zu besprechen.

»Die Allianz ist nicht nur für Iracs Freilassung gewesen, sondern auch dafür, dass sie mir anderweitig helfen würden.« Clarence räusperte sich. »Amara ist tot, aber mit ihr sollte die Mission nicht gestorben sein, die Gestaltwandler zu befreien.«

»Deswegen hast du geholfen, Irac zu befreien, damit wir dir bei deinem Plan helfen«, stellte ich ernüchternd fest.

»Damit ihr mir beide helft.« Wieder sah er zu Oriana, der es offensichtlich unangenehm war. Unwillkürlich fragte ich mich, was in der Höhle geschehen war. »Irac hat interessante Information, die Oriana bestimmt hören will.«

»Hast du etwas über meine Eltern herausgefunden?«, fragte sie mit viel zu dünner Stimme. »Was ist mit ihnen geschehen?« Meine Finger schlossen sich fester um ihre, um ihr zu demonstrieren, dass ich da war. Das ich für *sie* da war.

»Was das Dienstmädchen über den Konflikt zwischen Euren Eltern und König Garbhan von Floranys erzählt hatte, wisst Ihr bestimmt bereits. Mehr konnte ich in Floranys nicht in Erfahrenheit bringen. Doch in Seylen bin ich auf interessante Neuigkeiten gestoßen«, erzählte er und nahm einen kräftigen Schluck aus seinem Glas.

»Komm zum Punkt, Irac«, knurrte ich ungeduldig.

Er warf Clarence einen Blick zu, bevor er weitersprach.

»Jemand behauptete, dass das aserische Königspaar ganz außer sich war, als es in Seylen ankam. Vermutlich steckte hinter dem zuerst als unwichtig vermuteten Streit mehr als gedacht. Mehrere Stunden lang wurden geheime Besprechungen abgehalten, bei denen niemand den Saal verließ und keiner der Bediensteten eintreten durfte, also hörte ich mich bei den Wachen um.« Er senkte seinen Blick auf sein Glas, das er schwenkte. »Natürlich hielten sie alle dicht. Sonst wären sie miserable Wachmänner, doch eines konnte ich in Erfahrung bringen. Das Wort Hochzeit fiel angeblich öfter.«

Oriana sah zu mir. »Serat, der Prinz von Seylen, war vor einigen Monaten in Aseria aufgetaucht und hielt um meine Hand an.«

Mein Kiefer mahlte alleine bei der Vorstellung. »Du meinst den Serat von Seylen, den ich bei der zweiten Prüfung bewusstlos geschlagen habe?«, fragte ich spöttisch und ließ mir nicht anmerken, wie sehr meine Magie in mir kochte. Hätte ich damals schon gewusst, dass er schon mal versucht hatte, an Oriana ranzukommen, hätte ich mich ihm noch intensiver gewidmet. Was anderes hätte mein Stolz nicht zugelassen. Obwohl, wenn ich überlegte, hätte Oriana vermutlich angewidert das Gesicht verzogen, wenn ich einen der Prinzen halb tot geprügelt hätte. Wäre vielleicht doch eher nach hinten losgegangen.

»Für dein Alpha-Gehabe ist jetzt nicht der richtige Zeitpunkt«, warf Clarence von der Seite ein. Ich hatte ihn beinahe vergessen, wie er am Rande des Geschehens saß. Wahrscheinlich wartete er nur darauf, dass ich ihm an die Kehle springen würde, für das, was er Oriana angetan hatte. Doch die Informationen waren im Moment wichtiger als meine Rachegelüste. Später wäre noch genügend Zeit, ihnen nachzugehen, wenn man bedachte, dass er sich in *meinem* Palast befand. Mit ihm würde ich mir Zeit lassen.

»Halt deine dreckige Klappe«, murrte ich ihm entgegen.

Irac verfolgte unseren qualitativen Austausch. »Ich weiß nicht, ob eine mögliche geplante Hochzeit mit Serat besprochen wurde oder ob die Informationen richtig sind.«

»Meine Eltern hatten nie etwas wegen einer geplanten Hochzeit erwähnt«, räumte Oriana ein und verzog das Gesicht. »Ich hätte wohl gewusst, wenn sie eine geplant hätten. Ihnen war es nie wichtig gewesen, dass ich bald heiraten würde, um eine Allianz für Aseria zu schließen.«

»Welchen Grund gab es sonst, dich wegzusperren?«, fragte Irac.

Sie schüttelte den Kopf. »Was meinst du mit wegsperren? Sie haben mich nicht weggesperrt.«

»Niemand kannte dich vor den Prüfungen«, räumte Irac ein. »Jeder wusste zwar, dass du existierst, doch nie warst du in anderen Königreichen zu Besuch. Dein Bruder schon.«

Iracs Gedankengang brachte mich zum Überlegen. So hatte ich es noch nie gesehen. »Sie war vor dem Tod ihrer Eltern auf meinem Ball in Westerys. War das das erste Mal, dass du in einem fremden Königreich warst?«, fragte ich Oriana.

Sie schaute mich mit großen Augen an, während sie langsam nickte. »Ja, das war das erste Mal«, gab sie zu und schluckte merklich. Vermutlich war ihr es gerade selbst erst bewusst geworden.

»Vielleicht lag es ja daran … Du weißt schon«, meinte Clarence und machte eine demonstrative Geste in ihre Richtung. »An der Gabe.«

»Denkst du, das könnte der Grund sein?«, erwiderte sie. Nun war ich es, der ihren Austausch beobachtete. Jede Regung in Clarence' Gesicht registrierte ich genauestens.

»Wieso warst du nach Westerys gereist? Wegen Zanes Ball?«, fragte Irac.

Ich antwortete noch vor Oriana. »Meine Mutter meinte, ich sollte Oriana einladen. Ich hatte es damals nicht näher hinterfragt, da ich sie nicht kannte und sie mir mehrere Frauen vorgeschlagen hatte, die ich einladen könnte.« Langsam streichelte ich über Orianas Oberschenkel, als ich ihren prüfenden Blick von der Seite auf mir spürte. Dieses kurze Aufflackern von Eifersucht verstärkte den Drang, ihr zu zeigen, dass sie die Einzige für mich war. Doch er war schneller verschwunden, als er aufgetaucht war.

»Ich habe meine Mutter schon damals gefragt, ob sie etwas über Orianas Eltern wüsste, was uns weiterhelfen könnte.«

»Und sie wusste rein gar nichts? Bist du dir da sicher?«, zischte Clarence.

»Willst du sie etwa als Lügnerin darstellen?«

»Beruhigt euch«, mischte sich Irac ein. »Bei den Göttern, ihr seid schlimmer als kleine Jungs, die gerade erst erfahren haben, dass das zwischen ihren Beinen nicht nur zum Pissen da ist.« Er schüttelte den Kopf. »Mit eurem Schwanzvergleich könnt ihr später weitermachen.«

Meine freie Hand ballte ich zu einer Faust, um Clarence nicht meine Magie entgegenzuschleudern, die andere wanderte noch immer an Orianas Schenkeln entlang. Der großzügige Schlitz an ihrem Kleid offenbarte ihre warme Haut und beruhigte meine Rage.

»Zusammengefasst haben wir mehr offene Fragen als zuvor«, stellte sie ernüchtert fest und blickte von mir zu Clarence weiter zu Irac. »Das heißt, wir haben nichts.«

Irac zuckte mit den Schultern. »Entschuldigt, Prinzessin. Die Königreiche hüten ihre Geheimnisse besser, als man denkt.«

Auf einmal schwang die Tür auf und niemand geringer als Laurent erschien im Türbogen.

»Clarence«, stammelte er und verzog seine Stirn. »Verdammt noch mal, was machst du hier?« Sofort schlenderte er zu seinem Zwillingsbruder und klopfte ihm auf die Schulter.

»Wie ich sehe, hast du dich woanders eingenistet.« Clarence musterte seinen Bruder von Kopf bis Fuß.

»Man macht, was man kann.« In seiner Stimme schwang etwas Spöttisches mit. »Nach Floranys kann ich wohl schlecht. Genauso wie die Wandlertatsache. Uhhh, Vater würde ausrasten, wenn er wüsste, dass wir Gestaltwandler sind. Also bleibt mir nichts anderes übrig, als bei meinen neu gewonnenen Freunden eine Zeit lang zu wohnen.«

»Mach's dir nur nicht zu gemütlich«, räumte ich ein.

Oriana warf mir einen bösen Blick von der Seite zu und augenblicklich versteifte ich mich.

»Euer Vater weiß nichts von euren Kräften?«, fragte ich.

Laurent schüttelte den Kopf. »Bei den Göttern, nein. Er wäre wohl der Erste gewesen, der uns ebenfalls verbannt hätte. Er hasst Gestaltwandler wie kein zweiter.«

Bisher hatten Oriana und ich uns noch nicht über ihre Herkunft unterhalten. Natürlich wusste sie, dass ich Bescheid wusste, trotzdem wollte ich ihr die Zeit geben, die sie benötigte, um es anzusprechen. Sie sollte darüber reden, sobald sie sich dazu bereit fühlte.

»Beherrschst du deine Kräfte bereits?«, wollte Clarence wissen.

»Was verstehst du nicht an: *Sie war eine verdammte Woche bewusstlos wegen eurer Tante*«, sagte ich und warf ihm einen vielsagenden Blick zu.

»Nein, kann ich nicht.« Oriana blieb völlig ruhig. Sie wirkte beinahe so, als wäre ihr das offene Eingeständnis über ihre Fähigkeiten unangenehm.

»Ich kann es dir beibringen«, bot Laurent an. »Clarence oder ich.«

»Das letzte Mal, als Clarence mich unterrichtete, ließ er mich mit einer blutigen Fleischwunde zurück.« Plötzlich wirkte ihre Miene verändert. Viel ernster und prüfender als zuvor.

»Du hast was?« Sofort sprang ich auf und mein Stuhl prallte am Boden auf. Beide Hände stützte ich auf die Tischplatte und vergrub meine Finger darin, die bereits hell leuchteten. Dass Clarence Oriana entführt hatte, war eine Sache. Dass er sie verletzt hatte, eine ganz andere. Meine Magie strömte durch meine Venen und berauschte meine Wut.

Erst als Orianas Finger sich um meine Hand schlossen, schüttelte ich den Kopf und versuchte mich zu beruhigen.

»Schon wieder dieses Alpha-Arschloch-Gehabe.« Clarence machte eine abwertende Geste in meine Richtung.

Ein fataler Fehler, wie ihm eine Sekunde später bewusst wurde, denn seine Augen weiteten sich, als ich blitzschnell den Tisch umrundete und ihm an der Kehle packte.

Mit dem Rücken knallte ich ihn gegen die Wand und hielt ihn

hoch erhoben. Sein Gesicht schmerzverzerrt, klammerte er sich um meine Hand, die um seinen Hals geschlossen war.

»Lass ihn los«, forderte Laurent und bekam vermutlich ein Déjà–vu bei dem Szenario.

»Oh, verdirb mir nicht die Freude. Das Beste kommt doch erst.« Nun ließ ich die Flammen in meine Finger fließen und sofort schrie Clarence kehlig auf, klammerte sich noch fester an meinen Arm. Die Panik glänzte in seinen Augen, hallte in seinen Schreien wider und dabei weitete sich mein Grinsen. Doch ich hielt ihn nur einige Sekunden mit meiner Feuerhand gegen die Wand gedrückt. Ich wollte ihn nicht innerhalb kürzester Zeit hinrichten, weshalb ich von ihm abließ und er am Boden zusammensackte

Ich beugte mich zu ihm hinab, umfasste warnend seine Tunika und hob ihn ein Stück an. »Wage es ja nicht, dich zu verwandeln, sonst verbrenne ich dich genauso wie deine Tante. Hast du verstanden?« Ich zog die Flammen zurück und ließ ihn fallen. »Nur werde ich mir bei dir Zeit lassen.«

Er nickte und umfasste seinen Hals, der deutliche Brandwunden aufwies, die aber schon dabei waren, sich zu schließen. Doch der Geruch seines verbrannten Fleisches hing schwer in der Luft und widerte mich an.

Clarence rappelte sich auf und stand mir jetzt gegenüber. Noch immer war ich um einen halben Kopf größer als er, trotzdem versuchte er, meinem Blick wie ein bockiges Kind standzuhalten.

»Du verdienst sie sowieso nicht. Du wirst sie niemals verdienen, und das weißt du ganz genau«, knurrte er mir entgegen und sein gesamter Körper vibrierte.

Wieder prickelte meine Magie und ich war schon dabei, einen Schritt auf ihn zuzumachen und meine Vorsätze, ihn nicht vor allen zu töten, über Bord zu werfen, als sich Orianas blau glühende Finger um meine Flammenhand schlossen, die andere Hand legte sie an meinen Oberarm und schmiegte sich seitlich an mich.

Das Zischen, das unsere verschränkten Finger von sich gaben, als sie sich das erste Mal berührten, leerte meine Gedanken schlagartig. Ich wirbelte zu ihr herum. »Was tust du da?«, fragte ich hektisch und sah auf unsere Finger.

»Etwas ausprobieren«, schnurrte sie und lächelte. Sie lächelte verdammt noch mal, obwohl ich gerade dabei war, Clarence den Garaus zu machen. Ihr zu sagen, wie leichtsinnig das von ihr war, schluckte ich hinunter. Nur weiterhin blickte ich auf unsere Hände. »Es ist perfekt. Du bist perfekt«, murmelte ich so, dass nur Oriana es hörte. Sie kicherte leise und wirkte so unschuldig, wenn ich nicht wüsste, welche Naturgewalt hinter ihrer lieblichen Fassade steckte.

»Das wollte ich schon viel früher versuchen«, gab sie zu und ihr Lächeln wurde breiter.

»Ähm, habe ich etwas verpasst oder wann fand der Umschwung von *wir töten meinen Bruder* auf *perfekte Liebe* statt?«, fragte Laurent und beäugte Oriana und mich, während er zu seinem Bruder schlenderte.

»Alles in Ordnung?«, fragte er ihn, der darauf zögernd nickte.

»Es ist alles etwas viel«, stellte Irac fest und erhob sich nun ebenfalls. »Vielleicht sollten wir die neugewonnenen Informationen etwas auf uns wirken lassen, bevor wir uns alle die Köpfe einschlagen wie Barbaren.«

Irac hatte recht. Leider.

»Du kannst in den Gemächern bei deinem Bruder unterkommen, solange wir dich brauchen könnten«, erklärte ich Clarence. »Aber solltest du irgendwelche Tricks probieren oder meiner Familie zu nahe kommen, werde ich kein zweites Mal zögern.«

»Verstanden.« Clarence nickte und schaute danach auf Orianas und meine verschränkten Finger. Wenn dieses Bild etwas in ihm auslöste, versteckte er es gut genug. Denn seine Miene blieb ausdruckslos.

»Ich hole dich morgen zum Training ab«, sagte Laurent, schnappte seinen Bruder und schlenderte zum Ausgang. »Also, Zane, gönn ihr etwas Schlaf. Sie wird ihre Kraft morgen brauchen.«

Sofort bildete sich eine Röte auf Orianas Wangen und sie wandte den Blick von Laurent ab.

Seine Feinde unter seinem Dach zu wissen, war nicht meine liebste Vorstellung. Doch in mir spürte ich, dass sie noch irgendwie von Nutzen sein könnten.

Wie ging der Spruch?

Halte deine Freunde nah, aber deine Feinde noch näher?

Vielleicht würde genau diese Devise zu unserem Vorteil werden.

Kapitel 24 Oriana

Das Gefühlschaos, das in mir wütete, nahm seine Fahrt auf. Zu viel. Es war einfach zu viel, was auf mich einprasselte.

Clarence hatte es geschafft, Seylen zu überreden, ihm bei seinem Plan, den Fluch zu brechen, zu helfen – was mich tatsächlich wunderte. Wenn Zane und ich uns dazu entscheiden würden, ihm ebenfalls unsere Hilfe anzubieten, müsste er nur noch ein Königreich überreden. Nuras.

Seylen war das Königreich des Wassers, Nuras das der Luft.

Beide hatte ich nie zuvor besucht, kannte weder ihre Herrscher noch ihre Länder. Nur Serat war mir *bekannt*.

Clarence meinte einmal, dass sein Cousin Kyler in die nurische Königsfamilie eingeheiratet hatte. Vielleicht verschaffte es ihm einen Vorteil, sie zu überreden.

Hatten meine Eltern tatsächlich eine Heirat zwischen Serat und mir geplant, ohne mich in die Entscheidung einzubinden? Aber das erklärte nicht ihren Tod. Je mehr wir herausfanden, umso klarer wurde mir, dass ich nichts gewusst hatte, bevor ich Aseria verlassen hatte. Von nichts hatte ich eine Ahnung. Ich wurde mein gesamtes Leben außen vor gelassen.

Ich musste mit meinem Bruder sprechen, bevor er abreiste. Er und Rohana würden morgen nach Aseria zurückkehren.

Es gab zu viele andere Dinge, über die ich mit Zane in Ruhe sprechen musste. Dinge, die schlichtweg wichtiger waren als die Frage nach unserer geplanten Hochzeit. Dieses Thema schob ich in meinem Kopf ganz weit nach hinten und würde es erst wieder hervorholen, sobald das hier vorbei wäre.

Wir entschieden uns dazu, dass ich weiterhin in Zanes Gemächern nächtigen würde. Jetzt, wo ich ihn endlich zurückhatte, konnte ich den Gedanken nicht ertragen, von ihm länger als nötig getrennt zu sein. Ohnehin wurde uns zu viel unserer gemeinsamen Zeit gestohlen. Außerdem liebte ich es, mich nachts an ihn zu kuscheln, seinen Duft einzuatmen, während ich seine Haut an meiner spürte. In der Zeit war es das Einzige, nachdem ich mich dermaßen sehnte.

Nachdem Zane die Tür zu seinen – unseren – Gemächern verschlossen hatte, drehte ich mich zu ihm und blieb mitten im Raum stehen.

Zane runzelte die Stirn und wartete.

Mehrmals atmete ich tief durch und sammelte meinen gesamten Mut. »Ich bin eine Gestaltwandlerin«, sagte ich mit viel zu dünner Stimme.

Seine Miene glättete sich. »Ich weiß.«

»Und das ist eine große Sache, die wir besprechen müssen, denn ich würde es verstehen, wenn du damit nicht klarkommst. Ich komme ja selbst kaum damit klar. Ich –«

»Es ist in Ordnung, Oriana. Wie kannst du annehmen, dass es das nicht ist?«, sagte Zane mit sanfter Stimme. »Verschwende nie wieder einen Gedanken daran. Es gibt nichts an dir, was ich nicht mit allem von mir liebe.«

»Aber ich bin eine vollkommen andere als die, die du kennengelernt hast.« Ich kniff die Augenbrauen zusammen. »Eine vollkommen andere als die, die du lieben gelernt hast.«

Er schnaubte belustigt und schlang einen Arm um meine Taille, die andere legte er direkt an meine Brust. Genau dorthin, wo mein Herz heftig gegen seine Handfläche hämmerte. »Deine Herkunft ändert nichts an dem, wer du bist. Nichts an meinen Gefühlen für dich.« Er lächelte sanft. Ein Lächeln, das seine Augen regelrecht funkeln ließ. »Egal wer du bist, mit welchem Erbe du geboren wurdest, es ist alles irrelevant. Denn ich habe mich in dich verliebt, Oriana. In dich und dein Herz.«

Ich sah zu ihm auf. »Lüg mich ja nicht an.«

»Das würde ich niemals wagen. Zu sehr hätte ich vor deiner

Rache Angst. Obwohl …« Er wippte mit dem Kopf, als würde er seine Optionen abwiegen. »Wenn du dann wieder zu dieser heißen, zerstörerischen Naturgewalt wirst, sollte ich dich doch vielleicht etwas wütend machen.«

Nun war ich es, die lachen musste. »Du bist unmöglich. Einfach unmöglich.«

Mit seinen Lippen erstickte er mein Lachen. Ein Kuss, der alle seine Worte unterstrich. Ein Kuss, der so viel mehr war und den ich bis ins Mark spürte.

Kapitel 25 Oriana

»Und ihr seid euch sicher, dass ihr jetzt schon abreisen wollt?«, fragte ich mit einem Schmollmund. »Ihr wisst, dass ihr jederzeit in Westerys willkommen seid.«

»Sobald ein Termin für eure Hochzeit feststeht, kommen wir euch wieder besuchen«, meinte Rohana mit einem breiten Grinsen. »Das lasse ich mir bestimmt nicht entgehen.«

»Ich kann nicht so lange aus Aseria fernbleiben, ohne dass es Gerede gibt. Egal wie gerne ich noch etwas bleiben würde.« Dusan machte den Anschein, dass er tatsächlich nichts dagegen hätte, noch ein paar weitere Tage in Westerys zu verbringen. Vermutlich waren das warme Klima und das türkisblaue Meer an ihm ebenfalls nicht spurlos vorübergegangen. Wer konnte es ihm verübeln? Dusan arbeitete wie ein Tier für Aseria, seitdem meine Eltern verstorben waren. So plötzlich und unerwartet ein gesamtes Königreich zu regieren, nachdem man auf tragische Weise seine beiden Eltern verloren hatte, war bestimmt nicht einfach zu bewältigen. Und ich hatte nichts Besseres zu tun, als ihn für die Prüfungen zu hassen. Damals wusste ich auch noch nicht, dass die drei traditionellen Prüfungen mir Zane bringen würden. Dass wir nach allen Intrigen dennoch zueinanderfinden würden.

»Es tut mir leid, dass ich so bissig dir gegenüber war. Wegen der Prüfungen und auch wegen der Nachforschungen.« Meine Lippen bildeten eine gerade Linie und ich versuchte nicht mal, die Reue in meinen Augen zu verstecken.

»Oriana, es ist in Ordnung.« Dusan legte eine Hand auf meine Schulter und ich sah zu ihm auf. Sein Gesicht zierte ein liebevolles Lächeln, das mir direkt ins Herz schoss.

»Ich habe dich immer dafür gehasst, dass du zu wenige Nachforschungen zum Tod unserer Eltern angestellt hast, aber jetzt, wo Irac ebenfalls nichts Brauchbares herausgefunden hat, weiß ich, dass es nicht an deinem mangelnden Interesse lag.«

Er kniff die Augenbrauen zusammen. »Irac? Ist das der Spion, der gestern mit Prinz Clarence aus Seylen zurückgekehrt ist?«

Ich nickte. »Er hat sich etwas in Floranys und Seylen umgehört, ob jemand was über unsere Eltern wusste. Über die letzten Tage vor ihrem Tod.« Die Worte brannten giftig in meiner Kehle und blieben mir beinahe im Hals stecken. Erst da merkte ich, dass Dusan und Rohana von den Informationen, die Irac uns gestern mitgeteilt hatte, noch nichts wussten.

Also erzählte ich ihnen alles.

Über das Dienstmädchen, das einen angeblichen Streit zwischen König Garbhan und meiner Mutter beobachtet hatte, genauso wie die frühesten Informationen, die Irac in Seylen bekommen hatte.

Das Thema mit der Heirat.

Dusan schüttelte den Kopf. »Es war nie die Rede von einer Heirat zwischen dem Prinzen von Seylen und dir.«

»Bist du dir da sicher? Oder haben sie dir einfach nichts davon erzählt?«

»Nicht der König von Seylen hatte sie zu einer Hochzeit gedrängt, sondern König Garbhan hatte um deine Hand für einen seiner Söhne gebeten.« Er sah mich eindringlich an. »Wenn sie über eine Heirat gesprochen hatten, dann über die von Clarence oder Laurent und dir.«

Unkontrolliert klappte meine Kinnlade hinunter, während sich mein Körper mit einem nervösen Kribbeln füllte. Das, was Dusan sagte, konnte nicht stimmen. Niemand hatte mir gegenüber jemals etwas erwähnt.

»Wie kommst du darauf?«, wollte ich wissen.

»Weil Garbhan nach dem Tod unserer Eltern bei mir ebenfalls um diese Verbindung gebeten hat.«

»Und das erzählst du mir erst jetzt?«, zischte ich und war ganz außer mir. Wieso dachten alle Menschen in meinem Umfeld, mich bei allen Entscheidungen außenvorlassen zu können?

»Ich ahnte nicht, dass es annähernd relevant ist. Wie oft wurde um die Hand einer Prinzessin angehalten? Die drei Prüfungen schienen mir fairer.«

»Fairer?«, schnaubte ich. »Fair nennst du es?«

»Du wirst bald deine große Liebe heiraten, nicht wahr? Also war es schlussendlich doch die richtige Entscheidung.«

Ich hatte nie mit Dusan über meine Gefühle zu Zane gesprochen, aber natürlich war es offensichtlich. Dennoch war es ein komisches Gefühl, wenn Dusan es laut aussprach, wenn selbst ich es noch nicht ausgesprochen hatte. Es war eigenartig. Einfach weil er mein großer Bruder war. Vor großen Brüdern über seine Gefühle zu sprechen, war nicht meine Lieblingsbeschäftigung.

»Hast du deswegen bei den Prüfungen so oft mit König Garbhan gesprochen?« Die Erinnerung, die mir nebenbei einfiel, kam mir plötzlich nicht mehr ganz unwichtig vor.

»Er wollte sich nur über die Prüfungen informieren, damit er seine Sprösslinge passend vorbereiten konnte.« Dusan fuhr sich durch seine vollen dunklen Locken. »Was ihm auch gut gelungen ist. Laurent hatte die erste Prüfung bestanden, und wenn dein geliebter Zane nicht etwas getrickst hätte, wäre die dritte Prüfung für Clarence ausgegangen.«

»Zane ist der Sieger. Mein Verlobter. Alles andere ist nicht von Belang.«

Dusan lachte. »Ich würde nie etwas anderes behaupten.«

Der Gedanke, Clarence oder Laurent hätten gewinnen können, füllte meinen Magen mit giftiger Galle, die mir ein Unwohlsein durch meine Sinne jagte. Dass sie gegenwärtig auf unbestimmte Zeit in Westerys anwesend waren, verstärkte dieses Unbehagen. Zane würde sich heute bestimmt ein weiteres Mal mit ihnen unterhalten, da die gestrige Besprechung etwas anders gelaufen war als geplant.

Nachdem wir uns ewig und drei Stunden verabschiedet hatten und die eine oder andere Träne geflossen war, machte ich mich zu meinem nächsten Treffen auf, für das ich sowieso schon viel zu spät dran war.

Kapitel 26 Clarence

Irac zu befreien war ein guter Schachzug von mir. Zwar hatte er mir einen Gefallen geschuldet, aber ich war zuversichtlich, dass Laurent oder ich irgendwie doch gut aus der Nummer rauskommen würden. Zuerst müsste ich mich um den Fluch kümmern, über alles Weitere wurde ich mir später Gedanken machen. Vielleicht würde mein selbst eingebrocktes Problem sich von selbst in Luft auflösen, wenn der König von Seylen erfahren würde, dass mein Bruder und ich Gestaltwandler waren, und keiner von uns beiden müsste die Prinzessin von Seylen heiraten.

Wenn ich eins nicht verstand, waren es diese unzähligen arrangierten Ehen, um Königreiche zu verbinden. Man konnte genauso gut durch Verträge Allianzen schließen. Aber nein, ihre Lieblingsbeschäftigung war anscheinend, das Leben ihrer eigenen Sprösslinge zu zerstören. Ihr Liebesleben zumindest.

Sollte ich jemals in meinem Leben eigene Kinder bekommen, würde ihnen dieses Schicksal nicht drohen. Schrecklich, wenn man an eine Person gebunden wird, aber das Herz jemand anderem gehört.

Noch immer schwebte mir die Abmachung mit meinem Vater im Kopf umher. Seitdem ich Aseria mit Oriana verlassen hatte, hatte ich nichts mehr von ihm gehört. Doch es gab keinen Grund dafür, dass er seine Abmachung nicht einhalten sollte. So wie Amara – mögen die Götter ihrer Seele gnädig sein – behauptet hatte. Genauso wie ihre wilde Behauptung über Laurents Abstammung. Natürlich hatte ich mir schon als Kind Gedanken gemacht, wieso Laurent nicht über die Magie der königlichen Blutlinie verfügte, aber keine der Überlegungen hatte einen Sinn ergeben.

Dass er angeblich nicht mein Zwilling war, konnte nur eine dumme Lüge sein.

Ich konnte ihre Behauptung nicht vollständig vergessen. So wie auch das, was sie über den Tod unserer Mutter gesagt hatte. Dass es kein Tod im Wochenbett war und dass ich die Lügen meines Vaters durchschauen sollte.

Mein Vater war neben Laurent mein einziges näheres Familienmitglied. Amara und meine Mutter waren tot. Kyler war vor Monaten zu seiner Frau nach Nuras gezogen und so blieben nur noch wir drei.

»Ich schwöre dir Clarence, wenn du wieder irgendeine Scheißnummer abziehst und sie verletzt oder wer weiß was sonst in deinem Kopf so abgeht, dann werde ich dich höchstpersönlich aus dem Palast werfen, bevor dich Zane in ein Häufchen Asche verwandelt«, murrte Laurent von der Seite, während er sich aufwärmte.

Früh am Morgen waren wir eine Runde am Strand laufen gegangen und hatten dabei die Umgebung etwas erforscht. Das letzte Mal, als wir in Westerys waren, blieb keine Zeit für eine Stadtbesichtigung oder sonst was in der Art.

Auch wenn ich es nur ungern zugab, Westerys war wunderschön. Die Dünen, die frische Luft, die nach Sonne und Salz roch. Das Einzige, was ich an Westerys abgrundtief hasste, war Mr. Superschön-Kronprinz-Zane. Bekannt auch als Superarschloch und Gewinner des *Bastard mit dem größten Ego*-Preises.

»Ich mache nichts Derartiges, keine Sorge«, bestätigte ich ihm.

»Halte dich einfach im Hintergrund ok? Schaffst du das?«

Ich nickte. »Klar.«

Er deutete mit dem Kinn in die Richtung des Palasts, der mehrere Meilen entfernt emporragte. Genau in die Richtung, aus der uns Oriana auf einem schwarzen Hengst, flankiert von einem Dutzend Wachen, entgegenritt.

Unsere gemeinsame Trainingssession wurde aus Sicherheitsgründen nach draußen verlegt. Damit uns niemand bemerkte, wählte Zane eine abgelegene Stelle aus, wo uns niemand sehen könnte. Dass so viele Wachmänner Oriana begleiteten, musste bedeuten, dass diese wohl eingeweiht waren.

»Ihr habt hergefunden, wie schön«, säuselte Laurent neben mir und ich musste bei der übermäßigen Freude in seiner Stimme beinahe würgen. Das Spöttische galt nicht Oriana, sondern ihrer übermäßigen Anzahl an Begleitern. Dachte Zane, wir würden ihr hier draußen etwas antun oder sie erneut entführen? Falls das sein Gedankengang war, konnte ich es ihm nicht mal verübeln.

»Was macht er hier?«, fragte einer der Wachen. Vermutlich der Anführer, wie es schien.

»Wie Ihr wisst, sind Prinzessin Oriana und ich alte Freunde und da bietet es sich an, dass ich ebenfalls anwesend bin, um ihren Lernprozess zu unterstützen«, antwortete ich und verbeugte mich theatralisch.

Der Wächter rutschte von seinem Pferd, welches direkt neben Orianas stand, und ging auf mich zu. »Wenn du Flegel denkst, du könntest dich hier aufspielen, als wärst du in deinem Floranys, dann wird Prinz Zane seine Entscheidung, dich vorerst noch nicht zu töten, vielleicht überdenken.«

Hinter ihm bemerkte ich, wie sich die restlichen Wachen versteiften und ihre Hände zu den Griffen ihrer Schwerter wanderten.

»Das wäre nie meine Absicht. Ihr müsst wissen, Oriana und ich haben eine gemeinsame Vergangenheit, ebenfalls habe ich mit ihr schon mal trainiert.« Ich wippte auf meinen Füßen vor und zurück und setzte ein Grinsen auf.

»Es ist schon gut, Gavriel«, hörte ich Oriana mit ihrer lieblichen Stimme. »Es ist in Ordnung. Mir wird nichts geschehen, solange du und die vielen anderen Wachen anwesend seid.« Danach hievte sie sich vom Pferd. Viele der Männer zuckten in ihre Richtung, während sie von ihrem Hengst rutschte, als würden sie ihr nicht zutrauen, selbst abzusteigen. Welche Pfeifen, wenn sie Oriana tatsächlich so beschränkt einschätzten. Vielleicht war es nicht spezifisch Oriana, sondern sie dachten von allen weiblichen Wesen in dieser Weise.

Der Kiefer des Wachmanns mahlte, bevor er einen Blick über die Schulter warf. »Seid Ihr Euch sicher, Prinzessin? Ihr wisst, ein Wort von Euch und er ist Geschichte.«

»Es ist wirklich in Ordnung«, wiederholte sie und lächelte ihm zu.

Wie weit die beiden miteinander vertraut waren, war mir nicht klar. Gavriel, wie sie ihn nannte, musste auf jeden Fall ein großer Fisch in Zanes Garde sein, wenn er ihm seine Verlobte anvertraute. Alleine beim Gedanken, dass sie seine Verlobte war und ich sie wieder in seine Arme getrieben hatte, füllte sich mein Magen mit giftiger Galle. Ich war selbst schuld daran, dass sie wieder hier in Westerys war. Hier bei ihm. Meine Chance war vertan.

Doch die Chance darauf, dass der Fluch gebrochen werden könnte, war noch da.

Zane und ich hatten uns noch auf nichts geeinigt. Die Besprechung gestern war anders verlaufen als gedacht. Wenn ich ehrlich war, war das gelogen. Es war genauso, wie ich gedacht hatte. Nur die Vertrautheit, die ich in den Blicken zwischen Oriana und Zane gesehen hatte, nahm ich intensiver wahr als vermutet. Ebenfalls war der Schmerz, den ich dabei empfand, stärker, als ich mir selbst eingestand.

»Wenn du bereit bist, sind wir es ebenfalls«, meinte Laurent und trat an uns heran.

Gavriel musterte meinen Bruder und mich genauestens, bevor er seine Position am Rande einnahm und sich lässig gegen einen Baum lehnte. Währenddessen teilten sich die anderen Männer in die Wälder auf.

»Bleibt er etwa hier?«, fragte ich, Oriana zugewandt, mit gesenkter Stimme.

Sie schaute in die Richtung des Wachmanns und winkte ihm lächelnd zu. Danach drehte sie sich wieder zu uns. »Er wird bestimmt nicht verschwinden. Aber es ist kein Problem, er weiß Bescheid. Über mich und eure Fähigkeiten. Zane vertraut ihm.«

»Kein Zweifel«, meinte Laurent und klatschte danach einmal in die Hände. »So. Legen wir los?«

Oriana nickte. »Nur wenn ich diesmal nicht verletzt und danach alleine zurückgelassen werde.«

Meine Lippen presste ich auf einen dünnen Strich zusammen, als die Erinnerung an die Zeit, in der Oriana in der Zelle war, zum Vorschein kam. Während ich sie täglich dort besucht, sie trainiert hatte und ihr meine Gefühle offen gestanden hatte – und sie mein Herz zerquetscht hatte wie eine elendige Kakerlake.

Den Stich, den ich in meiner Brust spürte, versuchte ich mir nicht anmerken zu lassen. Ich musste Oriana gegenüberstehen, als wäre da nichts zwischen uns. Keine Gefühle, keine Erinnerungen. Nichts.

Ich würde heute – spätestens morgen – erneut das Gespräch zu Zane suchen müssen, um eine Vereinbarung zu treffen. Vielleicht würde er zusagen, wenn wir Oriana dabei helfen würden, ihre Fähigkeiten unter Kontrolle zu bekommen. Bei ihrer Eismagie hatte es gut geklappt.

Obwohl sie damals Amaras Gefangene war, hatte ich die gemeinsame Zeit mit ihr genossen. Nicht von Belang, dass ich ihr Feind war und sie nur böse Miene zum guten Spiel machen wollte. Es reichte einfach nur, in ihrer Nähe zu sein.

Doch ihre Augen sahen mich an wie einen Fremden, vor dem sie sich in Acht nehmen sollte. Am liebsten wollte ich ihr sagen: Du kannst mir vertrauen und ich bin für dich da. Doch sie würde mich erneut vor den Kopf stoßen. Und noch mal würde ich dies nicht überleben.

»Solange ich hier bin, wird dir nichts geschehen«, versprach Laurent und band seine Haare zu einem Knoten in seinem Nacken zusammen.

»Es tut mir leid«, meinte ich reumütig. »Es war notwendig, um zu sehen, ob dein Körper mit dem Ablegen des Kristallarmbandes die Magie des Wandelns zulässt. Ohne dass du die Kräfte benutzen musst.«

»Und deswegen konntest du mir kein Verbandszeug dalassen

oder frisches Wasser, um die Wunde zu säubern?«, zischte sie mir zynisch entgegen und ich verzog daraufhin den Mund.

»Es tut mir leid«, wiederholte ich und war schon dabei, einen Schritt auf sie zuzumachen, doch sie wich sofort zurück und ich hielt inne. Bemerkte, dass ich schon wieder dabei war, einen Schritt in die falsche Richtung zu machen. Noch in der Bewegung zog ich mich zurück und entschuldigte mich erneut.

»Wie auch immer«, nuschelte sie und richtete das Wort nun an Laurent. »Erzähl. Wie wollt ihr mich das Gestaltwandeln lehren? Was muss ich dafür tun?«

»Eigentlich ist es sehr einfach. Du musst nur ganz fest daran glauben, in welches Tier oder welche Gestalt du dich verwandeln möchtest, und voilà, dann bist du es auch schon.« Laurent verschränkte die Arme vor der Brust und nickte zu Oriana. »Versuch es.«

Fordernd schoss eine Augenbraue nach oben. »Denkst du, ich hätte es seither nie auf eigene Faust versucht? Es klappt nicht. Egal wie sehr ich mich bemühe.«

»Ich habe dir doch erzählt, wie Laurent sich das erste Mal verwandelt hatte?«

Sie nickte.

»Er hatte sich verwandelt, ohne bewusst daran zu denken. Die Angst war es, die ihn dazu verleitete, die Verwandlung zu durchleben«, erinnerte ich sie und hoffte somit, ihr irgendwie weiterhelfen zu können. Mir gelang es damals, nachdem Laurent sich verwandelt hatte, ebenfalls nicht beim ersten Versuch. Doch beim dritten oder vierten Mal konnte ich mich schon in kleinere Tiere verwandeln und zwischen den Gestalten wechseln.

»Was soll ich machen?«, fragte sie und schaute zuerst mich, dann Laurent an.

»Ich habe dir damals schon erklärt, dass du in dich gehen und dir nicht nur vorstellen musst, wie dein Körper aussehen sollte, sondern du musst fest davon überzeugt sein.« Ich trat einen Schritt zurück und verwandelte mich. Federn schossen aus meiner Haut, meine Füße wurden zu Klauen, meine Arme zu Flügeln und mein Mund ein gelber Schnabel. Sekunden später stand ich in meiner Adlergestalt, die ich ihr in der Höhle schon mal offenbart hatte, da, und flatterte mit den Flügeln. Ruckartig drehte ich den Kopf in die Richtung des Wachmanns, der so darauf fixiert war, uns bei unserem Training Gesellschaft zu leisten. Er stieß sich vom Baum ab und verzog das Gesicht.

»Noch nie einen Gestaltwandler gesehen?«, krächzte ich ihm entgegen. Oriana hielt ihre Hand vor ihr Lächeln.

»Bilde dir nichts ein, Bursche«, sagte Gavriel und stieß ein emotionsloses Lachen aus. »Ich habe so viele eurer Sorte getötet, sodass ich nicht mehr mitgezählt habe. Was wären da zwei mehr.«

»Eurer Sorte?«, keifte ich energisch. »Bezeichnest du tatsächlich die Verlobte deines Prinzen so abwertend?«

Er straffte die Schultern und trat auf uns zu. Näher an mich heran als gedacht. Kein Wunder, dass er Zanes Lieblingswachmann sein musste.

Dieselbe unausstehliche Art ...

»Wenn du halbe Portion denkst, du kannst hier Ärger machen, wirst du schneller von der Erde verschwinden, als du schauen kannst«, presste er durch zusammengebissene Zähne.

Gavriel war in etwa genauso groß wie Zane, einen halben Kopf größer als Laurent und ich, aber halbe Portionen waren wir deshalb nicht. Oriana verfolgte unser kleines Wortgefecht und fand es anscheinend amüsierend, denn sie schmunzelte die gesamte Zeit über.

»Ich will nur Oriana helfen.« Kapitulierend hielt ich die Flügel in die Höhe.

»*Prinzessin* Oriana«, verbesserte er mich.

»Prinzessin Oriana.«

»Sollen wir jetzt noch länger hier herumstehen oder können wir anfangen?«

»Fangt ruhig an.« Gavriel warf mir einen letzten bösen Blick zu, bevor er wieder auf seine Position ging.

»So«, begann ich, Oriana zugewandt. »Schließe deine Augen.«

»In Ordnung.« Danach schloss sie zögernd die Augen. Das

Gesicht so wunderschön, dass ich am liebsten meine Hand ausgestreckt hätte, um es zu berühren, doch Laurent warf mir einen bedrohlichen Blick zu, der hieß: Fass sie an und ich hacke dir persönlich die Hand ab.

»Wir werden dir nacheinander gewisse Anweisungen geben. Verstanden?« Laurent trat einen Schritt auf sie zu, sodass er ebenfalls dicht bei ihr und neben mir stand.

Sie nickte zustimmend und behielt weiterhin die Augen geschlossen.

»Du kannst dich bestimmt noch daran erinnern, wie du deine Eismagie zurückgezogen hast, obwohl sie so energisch um dich gepeitscht hat.« Wieder nickte sie. »Du hast sie unter Kontrolle bekommen, weil du sie materialisiert hast, weil du sie zu etwas Greifbarem hast werden lassen«, sagte ich.

»Welches Tier soll ich mir vorstellen? Welches ist einfach für den Anfang?«, wollte sie wissen und verzog die Augenbrauen.

»Denk an eine Maus oder einen Vogel, eine Katze oder einen Hasen. Was auch immer du willst«, meinte Laurent. »Stell dir vor, wie das Fell aus deiner Haut sprießt, deine Hände zu Pfoten oder Klauen werden.«

Ihr Gesicht wirkte angespannt, genauso wie ihr restlicher Körper. Die Hände zu Fäusten geballt stand sie vor uns und versuchte alles, um sich zu verwandeln.

»Konzentrier dich.« Ich trat näher an sie heran, sodass sich unsere Körper beinahe berührten. Deswegen erntete ich einen skeptischen Blick von Gavriel, aber er blieb auf seiner Position.

»Ich konzentriere mich ja«, zischte sie und biss die Zähne fest aufeinander. »Aber es passiert nichts.« Danach kniff sie die Augen noch fester zusammen und man merkte, wie sie es noch intensiver versuchte, doch es passierte nichts. Noch immer in ihr türkises bodenlanges Kleid gehüllt mit hochgestecktem Haar stand sie vor uns. Keine Feder, keine Klauen, kein Fell. Nichts.

Immer wieder versuchte sie es. Stemmte die Füße fester in den Boden, die Hände an ihrer Seite geballt und trotzdem veränderte sie sich nicht.

»Das hat keinen Sinn«, murrte sie und stemmte die Arme in die Hüften, erschöpft von dem Training, das schon Stunden dauerte. »Vielleicht stammt meine Blutlinie von Gestaltwandlern ab, aber da nur meine Mutter eine war, ist es vielleicht so weit verwässert, dass ich mich nicht verwandeln, sondern nur das mit dem Heilen kann.« Sie strich sich die Strähnen, die sich aus ihrer Frisur gelöst hatten, hinter ihre Ohren und atmete tief durch.

»Von solch einem Fall habe ich noch nie zuvor gehört«, räumte Laurent ein. »Als Clarence dich verletzt hat, hast du dich von selbst geheilt, ohne dass du dich angestrengt hast?«

»Ja«, gab sie zu. »Über Nacht war die Wunde vollständig geschlossen, doch Schmerzen hatte ich trotzdem, als wenn ich mein Armband getragen hätte.« Ihr Blick wanderte zu ihrem leeren Handgelenk. Zögernd umfasste sie die Stelle, an der sie normalerweise ihr Kristallarmband trug.

»Ist es dennoch möglich, dass die Gabe bei mir … anders ist?«

»Es ist alles möglich«, bestätigte ich ihr und zuckte beiläufig mit den Schultern. »Niemand von uns weiß, welche Ausnahmen es geben könnte.«

»Die Einzigen, die das wissen könnten, wären die Ältesten der Gestaltwandler«, räumte Laurent ein.

»Sind das dieselben, die eure Amulette und mein Armband verzaubert haben?«

Ich nickte. »Ja. Eine Träne eines Ältesten ist in unseren Amuletten und deinem Armband eingeschlossen und hat somit die Gabe unterdrückt. Wenn jemand von einer Abnormität deiner Gabe wissen könnte, dann sie.«

»Wo befinden sie sich?«, fragte sie mit einer viel zu zuversichtlichen Stimme.

»Seither leben sie in den Wäldern. Schon lange vor der Verbannung.« Laurent warf mir einen vielsagenden Blick zu und ich verstand sofort, antworte aber nicht in Orianas Gegenwart.

»Du solltest dich ausruhen, für heute haben wir genug trainiert«, lenkte Laurent ein. »Wir sehen uns morgen um dieselbe Uhrzeit?«

»Wir haben keinen einzigen Fortschritt gemacht.« Ihr Gesicht voller Enttäuschung über sich selbst verzogen, schaute sie über die Schulter zu der Wache, die noch immer lässig an dem Baum lehnte und wartete. »Reiten wir zurück.«

Er löste sich vom Baum. »Aber natürlich, meine Prinzessin.«

»Dann bis morgen.« Sie nickte uns zu. Wir verabschiedeten uns ebenfalls, bevor sie uns den Rücken zuwandte, zu ihrem tiefschwarzen Hengst schritt und mithilfe von Gavriel aufs Pferd stieg.

Gavriel steckte zwei Finger in seinen Mund und gab einen lauten Pfiff von sich. Kurze Zeit später kamen die restlichen Wachen zwischen den Bäumen hervor und eskortierten Oriana zurück zum Palast.

Ich sah ihnen so lange nach, bis sie in dem dichten Gestrüpp aus Palmen und Ranken verschwanden.

Kapitel 27 Zane

Zwar hätte ich lieber Oriana zu ihrem ersten Training begleitet, als mich mit meinen Eltern und den Beratern zu treffen, dennoch musste ich meinen Pflichten nachgehen. Zumal sie unaufschiebbar waren. Gavriel vertraute ich wie meiner rechten Hosentasche, weshalb er Oriana mit der Anweisung beschützte, Clarence oder Laurent einen Kopf kürzer zu machen, falls sie nur eine falsche Bewegung tätigen sollten. Und wenn ich mir bei einem sicher war, dann, dass Gavriel und seine Männer – und Oriana – kurzen Prozess mit den Zwillingsprinzen machen würden, sobald sie aus der Reihe tanzten.

Da Oriana mit ihrer Eismagie mittlerweile perfekt umgehen konnte, würde ich es ihr zutrauen, dass sie es mit beiden alleine aufnahm – meine Kämpfernatur. Auch wenn mein männliches Ego einen ordentlichen Dämpfer bekommen hatte, als ich erfuhr, dass ausgerechnet Clarence ihr es beigebracht hatte.

Bisher hatte ich noch nicht gesehen, wie sie ihre Magie unter Kontrolle hatte. Ausgenommen, dass sie bei unserer kürzlichen Übereinkunft keine Erfrierungsspuren an meiner Haut hinterließ.

»Wie gehen wir weiter vor?«, warf ich in die Runde, öffnete die Whiskyflasche und befüllte unsere Gläser.

Natürlich hätten wir unzählige Bedienstete, die diese Arbeiten für uns verrichten würden, doch das hier war eine höchst verschlossene Besprechung, wo keine neugierigen Ohren gebraucht werden konnten. Außerdem störte es mich nicht, meine Familie oder meine Berater zu bedienen, wenn es um die bernsteinfarbene Flüssigkeit ging.

»Die neuesten Informationen sind verwirrend«, gab mein Vater zu und nahm einen Schluck. »Wir müssen unsere Pläne gut durchdenken, bevor wir unüberlegt irgendwelche Dinge ins Rollen bringen, von denen wir zu wenig wissen.«

»Fassen wir die Fakten, die wir haben, zusammen.« Irac strich sich die Haare aus dem Gesicht.

Danach besprachen wir alles, was wir bisher in Erfahrung gebracht hatten.

Oriana

»Und, wie war dein erstes Training?«, wollte Zane wissen und schob sich danach etwas von dem Fleisch in den Mund. Während er kaute, beobachtete er mich genau.

»Es war … gut«, log ich und presste die Lippen zu einer geraden Linie. Obwohl mein Magen wie wild knurrte, konnte ich mein wohlig duftendes Essen nicht anrühren. Dass etwas mit meiner Gestaltwandlerfähigkeit nicht stimmte, verschlug mir den Appetit.

Stunden über Stunden hatte ich mit den Zwillingsprinzen trainiert. Hatte mich angestrengt, meinen Körper unter Spannung gesetzt, wovon mir morgen ein Muskelkater bleiben würde.

Zanes Stirn warf eine tiefe Falte, als er meine Lüge witterte. Vermutlich konnte man meine niedergeschlagene Miene wie ein offenes Buch lesen.

»Heute war der erste Tag«, meinte Zane mit einem sanften Lächeln. »Bald wirst du es kontrollieren können, genauso wie deine Eismagie.« Er griff nach meiner Hand, schloss seine Finger um meine und strich mit seinem Daumen darüber.

»Es ist noch immer befremdlich, das, was ich bin …«

Mitten im Kauen hielt er inne und schluckte schwer. Er leckte sich über die Lippen. »Du weißt, es ändert nichts an dir.«

Es war nicht so, als ob er mir irgendwelche Anlässe dafür gegeben hätte, dass ich so dachte. Vielleicht projizierte ich nur meine Gedanken in seinen Kopf, denn in meinem Kopf hing derselbe Gedanke in Dauerschleife.

Tag und Nacht.

Nur die Zeit, in der Zane mich anderweitig ablenkte, unterbrach den Gedankenstrudel.

»Wirst du zustimmen, Clarence zu helfen?«, fragte ich und lenkte vom vorherigen Thema ab.

»Wenn du es willst, dann helfe ich natürlich, keine Frage.«

»Wenn ich es will?«, fragte ich und zog die Augenbrauen zusammen.

»Es ist dein Stammbaum beziehungsweise dein Erbe, natürlich überlasse ich dir die Entscheidung, ob wir helfen. Solltest du dich dafür entscheiden, entscheide ich mich ebenfalls dafür.« Zane drückte meine Hand fester und zog danach weiterhin Kreise auf meinem Handrücken.

Automatisch musste ich an die geträumten Worte meiner Mutter denken. *Finde dein Gegenstück. Brich den Fluch.* Selbst wenn ich es mir eingebildet hatte, brodelte in mir dieses unerklärliche Gefühl, dass meine Mutter sich dafür entscheiden würde, Clarence zu helfen.

Vermutlich war es unwichtig, wie ich mich entscheiden würde. Keine der beiden Möglichkeiten wäre wahrscheinlich die passende.

Besser bereuen, es getan zu haben, als bereuen, es *nicht* getan zu haben.

»Ich werde darüber nachdenken«, murmelte ich und stocherte mit meiner freien Hand mit der Gabel in meinem Essen umher.

»In den nächsten Tagen werde ich eine Besprechung mit Clarence und Laurent abhalten, um ihr weiteres Vorgehen abzuklären. Dass sie auf unabsehbare Zeit hier in Westerys bleiben werden, ist vermutlich in niemandes Sinne. Zumal mit jeder Sekunde, in der ich mit Clarence unter einem Dach verbringen muss, meine Selbstbeherrschung herausgefordert wird«, murrte er und trank danach einen kräftigen Schluck aus seinem Kelch.

»Wirst du ihn töten?«, fragte ich und sah zu ihm auf.

»Willst du, dass ich ihn töte?«

Danach senkte ich meinen Blick, sah auf unsere verschränkten Finger, die auf meinem Schoß ruhten, und überlegte. Clarence hatte mir Unaussprechliches angetan. Er hatte mich belogen, entführt, verletzt und dennoch … Dennoch hasste ich ihn nicht, sodass ich mich nach seinem Tod sehnte. Zumindest nicht mehr. Er war schlussendlich ebenfalls nur eine Marionette in dem Spiel, von dem wir allesamt die Spielregeln nicht beherrschten, nicht wussten, wer die Strippenzieher waren und wer zusammen in einem Team spielte.

Zu viele Fragen standen offen und raubten uns die Energie. Da noch einen weiteren Menschen zu bestrafen, der nichts anderes tat, als seine Liebsten zu beschützen, traf nicht meine Zustimmung.

Zwar würde ich ihm niemals verzeihen, was er getan hatte, trotz alledem wollte ich nicht seinen Tod. Ein weiteres Leben auf meinem Gewissen könnten meine Schultern nicht tragen.

Mit meinen Fingernägeln fuhr ich an seiner Haut auf und ab und versuchte, mir zusammenzureimen, wie ich es Zane am besten sagen könnte, damit er meine Entscheidung nachvollziehen konnte. »Ich –«

»Du musst nicht antworten, Oriana.« Er umfasste mit zwei Fingern mein Kinn und hob es ein Stuck an. »Wenn du willst, dass ich es tue oder du es selbst tun willst, sag Bescheid. Ansonsten müssen wir deine Entscheidung nicht näher besprechen, wenn du dich damit unwohl fühlst. Es ist im Moment alles –«

»Alles etwas viel«, beendete ich den Satz.

Er nickte.

Danach stocherte ich weiter in meinem Essen umher und schaffte es, wenigstens ein paar Bissen runterzubekommen, die meine Kraftreserven stärken würden.

Kapitel 28

Oriana

Seit geschlagenen drei Wochen trainierten wir ohne Erfolg. Egal welche Methoden Laurent und Clarence mit mir versuchten, keine einzige trug Früchte – sondern nur pure Enttäuschung.

Mutter hatte mir in meinem Traum zugeflüstert, ich sollte meine Fähigkeiten beherrschen und den Fluch brechen. Meine Eismagie hatte ich unter Kontrolle, und das war am wichtigsten, denn diese würde ich benötigen, um den Fluch zu brechen. Doch was, wenn ich meine Gestaltwandlerfähigkeiten ebenfalls benötigen würde? Wie sollte ich mein Erbe akzeptieren und annehmen, wenn es mich nicht akzeptierte?

Vielleicht war es tatsächlich wie von Beginn an gedacht. Dass ich zwar in der Blutlinie eines Wandlers geboren wurde und dennoch nicht die vollständigen Kräfte vererbt bekommen hatte.

Dusan hatte sich im jungen Alter von fünfzehn Jahren beim Spielen mit unserem damaligen Hund verwandelt. Ohne es auch nur zu bemerken. Wieso schaffte ich es also nicht, obwohl ich seit drei Wochen trainierte?

Eins wusste ich. Ich hatte keine Lust mehr.

Jeden Morgen aus Zanes Bett zu schlüpfen und zu Laurent und Clarence zum Training in den Wald zu huschen, hasste ich. Genauso hasste ich Clarence' Blicke, wenn er dachte, ich würde sie nicht bemerken. Er wusste, dass zwischen uns nichts war, und dennoch konnte er seine Augen nicht von mir lassen. Gavriel hatte ihn mehr als einmal verwarnt und es vermutlich Zane ebenfalls mitgeteilt, dennoch ertappte ich ihn öfters, wie er mich weiterhin musterte.

Also *verschlief* ich das heutige Training. Die beiden im Wald stehen zu lassen, verpasste mir zwar ein schlechtes Gewissen, aber ich schaffte es heute nicht. Die Wochen hatten an meinen Kräften gezerrt, weshalb die Erschöpfung mich vollkommen einnahm. Ausgelaugt von den unzähligen Niederlagen, den Motivationssprüchen von Laurent, der genau wissen sollte, dass es nicht daran lag, dass ich mich nicht genügend anstrengen würde. Irgendetwas stimmte mit meinem Körper nicht. Trotzdem kam ich mir vor, als läge es an mir persönlich. Dass etwas mit *mir* nicht stimmte.

Sanfte Küsse, die über mein Schulterblatt wanderten, vertrieben die Gedanken. »Wenn du heute schon dein Training sausen lässt, könnten wir den gesamten Tag im Bett verbringen«, schlug Zane vor und seine Lippen wanderten meinen Hals hinauf, bis zu der empfindlichen Stelle unter meinem Ohr. Als Antwort stellten sich die feinen Härchen auf meinem Körper auf und ich ließ meinen Kopf gegen Zanes Brust zurücksacken.

»Dieses verlockende Angebot lasse ich mir nicht entgehen«, schnurrte ich und schmiegte meinen Hintern weiter an ihn.

Seine Finger zogen beinahe schmerzhaft langsame Kreise rund um meinen Bauchnabel, während seine Lippen über mein Ohr streiften. Ich spürte seinen warmen Atem an meiner Wange, der mir einen Schauer über den Rücken jagte. Mein Körper reagierte auf jede noch so kleine Berührung von Zane so intensiv.

Seitdem ich aus meinem Todesschlaf aufgewacht war, verbrachte ich immer wieder die Nacht bei Zane.

Gerade wenn das Training besonders anstrengend war, benötigte ich meinen Freiraum, um meine Gedanken und meinen Geist zu sammeln. Zane akzeptierte es jedes Mal, ohne auch nur ein unangebrachtes Wort darüber zu verlieren, geschweige denn versuchte er mich zu überreden. Obwohl ich in seinen Blicken Enttäuschung sah, die er zu überspielen versuchte. Doch mittlerweile kannte ich Zane. Wusste, wie er tickte, wann etwas echt und wann es gespielt war.

»Eure Hoheit, Prinz Zane.« Jemand klopfte an die Tür. Zane verzog schmunzelnd sein Gesicht und drückte mir einen Kuss auf die Nase, bevor er aus dem Bett rutschte und sich die nächstgreifbaren Klamotten überstreifte. Ich tat es ihm gleich, griff nach dem naheliegendsten Kleid und zog es an. Danach öffnete Zane die Tür.

Einer seiner Wachen stand davor und blickte kurz über Zanes Schulter. »Es gibt jüngste Ereignisse«, stammelte er. »Wollt Ihr diese vor Eurer Verlobten besprechen oder –«

»Egal, was es ist, Oriana kann es hören.« Zane warf mir einen flüchtigen Blick zu.

Der Wachmann atmete gedehnt aus, als würden ihm die nächsten Worte schwerfallen. »Jemand ist in die Kerker eingedrungen. Ein Insasse wurde tot aufgefunden.«

»Welcher Insasse und wie konnte jemand in den Palast eindringen, wenn doch rund um die Uhr Wachen in den Kerkern positioniert sind?«, entgegnete Zane und sein Kiefermuskel zuckte dabei.

Noch bevor die Wache ein weiteres Wort sagen konnte, unterbrach ich. »Vielleicht genau so, wie Clarence und Laurent es geschafft haben. Gestaltwandler.«

»Aber die Gestaltwandler sind hinter die magische Mauer verbannt worden«, meinte Zane und hatte damit nicht ganz unrecht.

»Wir wissen nicht, wie viele nicht verbannt wurden.« Demonstrativ deutete ich auf mich selbst.

»Welcher Insasse?«, fragte Zane, seinem Wachmann zugewandt.

Seine Augen sprangen von mir zurück zu Zane. »Mabel – Orianas ehemalige Zofe.«

Mir gefror das Blut in den Adern.

Wortwörtlich, denn meine Magie begann zu summen und nahm meinen Körper ein, als würde sie sich auf einen Angriff vorbereiten.

Die Worte trafen mich vollkommen unvorbereitet tief im Herzen. Brachten die unterdrückten Gefühle, die ich Mabel gegenüber hegte, wieder zum Vorschein. Sie war wie Familie für mich gewesen. Von ihrem Verrat zu erfahren hatte geschmerzt, doch von ihrem … Ihrem Tod zu erfahren, riss mir endgültig das Herz aus der Brust.

»Nein. Nein. Nein. Nein. Das kann nicht sein«, murmelte ich

und bekam kaum noch Luft. Als ob jemand seine Hand um meine Kehle gekrallt hätte und langsam aber sicher zudrückte. Immer und immer fester.

Zane drehte sich sofort zu mir. »Götter, Oriana«, murmelte er, legte seine Hand um meinen Nacken und zog mich in eine Umarmung. Drückte mein ausdrucksloses Gesicht an seine Brust und hielt mich aufrecht.

Mit einer Hand wedelte er den Wachmann fort, der sofort verstand und den Raum verlies.

»Es tut mir so unendlich leid, Oriana«, wisperte Zane und umfasste mein Gesicht. »Ich weiß, was sie dir bedeutet hat. Es tut mir leid.« Danach strich er über meine feuchten Wangen. Ich hatte nicht bemerkt, dass ich bereits weinte, so geistesabwesend war ich. Versunken tief in mir, wo kein Platz für meinen Körper war.

Wie viel Trauer und Schmerz konnte ich noch ertragen? Es schien, als würde mich ein nie endender Strudel einsaugen. Als wäre ich seit über einem Jahr darin gefangen und könnte ihm nicht entkommen. Egal wie sehr ich dagegen ankämpfte.

Ich sammelte meine verbliebene Kraft und trat einen Schritt von Zane weg. »Ich muss jetzt alleine sein.«

»Oriana.« Er streckte mir seine Hand entgegen. »Ich bin für dich da.«

»Ich weiß«, flüsterte ich mit bebender Unterlippe, während ich weitere Tränen zurückzuhalten versuchte. »Dann bitte, lass mich alleine.«

Er schlang eine Decke um meine Schulter. »Ich bringe dich in deine Gemächer.«.

Wie versprochen, eskortierte er mich zu meinen Gemächern, doch er hielt nicht vor der Tür inne, sondern begleitete mich hinein. Wortlos steuerte er direkt auf mein Bad zu und wenig später hörte ich das Wasser plätschern.

Wie versteinert stand ich da und wartete, bis er wieder in mein Schlafgemach kam.

Er schnappte mich an der Hand und führte mich zur frei stehenden Badewanne, die fertig befüllt war – gleichermaßen mit Wasser und Schaum. Der vertraute Geruch von Vanille umhüllte mich und kitzelte meine Nase, als wir uns der Badewanne näherten.

Zane blieb direkt vor mir stehen und sah mir tief in die Augen. Er führte seine Hände an die Decke, die ich um meinen Körper hielt, und streifte sie vorsichtig von meinen Schultern.

Danach schnürte er mein Kleid auf, umfasste den Saum und zog es ebenfalls von meinem Körper. Der Stoff bauschte sich rund um meine Beine auf, sodass ich vollkommen nackt vor ihm stand. Doch sein Blick war weiterhin auf mein Gesicht gerichtet. Keine einzige Sekunde wich er von mir.

Danach umfasste er meine Hand und ich stieg aus dem Haufen der Stoffschichten, als er mich zur Wanne führte.

Ich ließ mich in das Wasser sinken und von der wohligen Wärme umgeben, die mich wie eine Umarmung willkommen hieß.

Meine dunklen Haare klebten rund um Brust und Rücken an meiner Haut fest, während ich meinen Blick zu Zane schweifen ließ, der teilnahmslos danebenstand.

»Wenn du etwas brauchst, dann rufe nach mir. Ich bleibe in der Nähe.« Er nickte und war bereits am Gehen.

Ich streckte meine Hand nach ihm aus. »Bleib.« Ich räusperte mich. »Ich habe es mir überlegt. Bitte bleib.«

Gerade wollte ich nichts sehnsüchtiger, als alleine zu weinen, so lange, bis keine einzige Träne mehr übrig wäre, die ich vergießen konnte. Doch jetzt war die Vorstellung, allein zu sein, tausendmal schlimmer.

Er nickte, schnappte sich den Hocker, auf dem Miss Merry sonst immer saß, wenn sie mich badete, und setzte sich direkt an die Wanne.

Im Augenwinkel bemerkte ich, wie Zane einen weichen Schwamm nahm und ihn in das Wasser tunkte, bevor ich ihn an meinem Rücken spürte. Vorsichtig und voller Güte strich das weiche Material an meiner Haut entlang. Immer wieder tauchte er ihn ins Wasser und wusch meinen gesamten Rücken bis zu meinem Hals hinauf. Währenddessen streichelte seine andere Hand mal meinen Arm, mal mein Haar.

Danach nahm er ein kleines Gefäß und befeuchtete meine Haare. Ich legte den Kopf in den Nacken, zog meine Beine dicht an meine Brust und schlang meine Arme darum.

Zane verteilte eine Waschlotion in meinem Haar und massierte diese ein. Seine Fingerkuppen fuhren über meine Kopfhaut und ich stieß einen tiefen Seufzer aus, so wohltuend war das Gefühl seiner Finger.

Keiner von uns sprach nur ein einziges Wort, während er mich badete.

Meine Freundin war tot. Tot …

Und es gab nichts mehr, was ich ihr sagen konnte. Sie war getötet worden, noch bevor wir ihre Seite der Geschichte hören konnten …

Vielleicht hatte sich alles gänzlich anders zugetragen und wir taten ihr Unrecht. Alle möglichen Dinge fluteten meine Gedanken. Es war alles zu viel.

Nachdem Zane fertig war, drehte ich mich um und betrachtete ihn. Seine maskulinen Gesichtszüge, die gerade Nase, das dunkle Haar.

Ich kniete mich hin, vollkommen bedeckt von dem vielen Schaum, und beugte mich zu ihm. Umfasste sein Gesicht und hauchte ihm einen sanften Kuss auf die Lippen. So viel Dankbarkeit lag in meinem flüchtigen Kuss, so viel Wertschätzung.

»Danke«, murmelte ich, noch an seinen Lippen verharrend, bevor ich mich zurückzog.

Als Antwort umfasste er meinen Nacken und zog mich nochmals zu ihm, legte seine Lippen auf meine. Ließ seine Hände über meinen schaumbedeckten Körper wandern, während seine Zunge meine umspielte und damit jeden negativen Gedanken beiseiteschob.

Danach zog ich ihn mitsamt seiner Kleidung in die Badewanne. Wasser und Schaum schwappten gleichermaßen über und kamen mit einem Platschen auf dem Boden auf.

Er löste sich einen Moment von meinen Lippen und schüttelte den Kopf. »Oriana …«

»Lass mich vergessen«, entgegnete ich und zog ihn erneut in einen Kuss. Sofort öffneten meine Finger flink seine Tunika und streiften sie von seinem Körper. Seine Hose folgte.

Ich brauchte ihn, um diesen Schmerz zu verdrängen. Und wenn es nur eine begrenzte Zeit war. Ich würde jede Minute davon dankend nehmen. Sie dankend auskosten.

Alles, was ich spürte, waren Zanes glühende Finger auf meiner nassen Haut, seine Lippen an meinen, während unsere Herzen im Gleichklang schlugen.

Es war nicht die erste unmoralische Entscheidung, die ich getroffen hatte, und würde bestimmt auch nicht die letzte sein.

In dem Moment der Zweisamkeit existierten nur wir beide.

Und für diese Zeit vergaß ich, was mit meiner ehemaligen Freundin geschehen war.

Denn dieser Schmerz war zu viel.

Kapitel 29 Clarence

Da Oriana das heutige Training sausen gelassen hatte, nutzten Laurent und ich die Zeit, um die Wälder rund um Westerys zu erkunden.

Ich nahm es Oriana nicht übel, dass sie uns sitzen gelassen hatte. Nach dem wochenlangen, erfolglosen Training hatte ich nur auf den Tag gewartet, an dem sie es nicht mehr weiter versuchen wollte. Er kam später als gedacht.

Bevor wir erneut in den Wald huschten, stärkten wir uns noch im Palast, wo wir am Rande mitbekamen, dass Orianas Zofe wohl aus dem Leben geschieden war. Um unser Mitgefühl auszusprechen, war es noch nicht der richtige Zeitpunkt, da sie es selbst erst erfahren hatte. Das würden wir später nachholen. Vielleicht war dies auch der Grund, dass sie nicht aufgetaucht war.

Wie wir die Ältesten der Wandler in den Wäldern aufspüren sollten, wussten wir nicht. Doch irgendetwas würde mir bestimmt einfallen – so wie immer. Also machten wir uns nach unserem kurzen Abstecher zum Palast wieder auf in den Wald.

Wald war bei dem sandbedeckten Untergrund voller Palmen, die ihre schweren steinartigen Früchte trugen, und dicht bewachsenen Sträuchern vielleicht das falsche Wort. Vielmehr galt es als Dschungel.

Je tiefer wir in den Dschungel kamen, umso feuchter wurde die Luft. Irgendwelche Tiere zirpten und bei jedem Geräusch, das verdächtig klang, wirbelten wir herum. Einem Gestaltwandler über den Weg zu laufen, wäre noch das Angenehmste. Jeder wusste, dass die Wälder in den fünf Königreichen verzaubert waren. Also hofften wir, die Ältesten zu finden, ohne irgendwelche Zwischenfälle.

»Wie immer hasse ich deine Ideen«, murrte Laurent neben mir und kämpfte sich durch das Gestrüpp. »Wieso höre ich jedes Mal erneut auf dich? Wieso lerne ich nicht aus meinen Fehlern?«

»Durch dein Gejammer verscheuchst du noch die Ältesten. Niemand will was mit solch einem Jammerlappen zu tun haben.«

»Weißt du eigentlich, dass ich dich hasse, Clarence?« Er stolperte, konnte sich gerade noch an einem Baumstamm festhalten, um nicht zu fallen. »Verdammt, und wie ich dich hasse.«

Ich lachte. »Erzähl mir etwas Neues.«

»Wie lange sollen wir noch suchen?«, fragte Laurent und seufzte. »Wir sind schon eine gefühlte Ewigkeit hier draußen. Sobald wir hier fertig sind, mache ich einen kurzen Abstecher zur Höhle des Emryn.«

»Vivienne fragt sich sowieso, wann du dich endlich mal sehen lässt.«

Ich hielt meinen Finger an die Lippen, um ihm zu bedeuten, leise zu bleiben, als ein Knacksen ganz in der Nähe ertönte. Es konnte ein Tier sein, ein Wandler oder etwas Schlimmeres.

Mit aufgerissenen Augen und gespitzten Ohren blieb er regungslos stehen und lauschte.

Eine Minute verging.

»War vermutlich nur irgendein Tier«, meinte Laurent und führte seinen Weg fort.

»Vermutlich«, erwiderte ich skeptisch, weiterhin den Blick wachsam auf unsere Umgebung gerichtet.

»Wieso brechen wir nicht einfach den Fluch und gehen zurück nach Floranys? Was willst du noch länger hier?« Laurent kickte einen kleinen Stein mit seinem Fuß vor sich her, bis er im Gebüsch verschwand. »Wieso reisen wir nicht nach Nuras und überreden Kylers Frau, uns bei deinem Plan zu helfen, führen das Ritual durch und gehen wieder nach Hause?«

Ich schluckte schwer. Laurent wusste nichts von dem Deal mit unserem Vater. Dass er Laurent den Thron zusprechen würde, wenn Oriana mich heiraten würde. Trotz des plötzlichen Auftauchens von Amara, der vielen Ungereimtheiten und des ganzen Dramas drumherum hatte ich den Deal weiterhin in meinem Hintergedanken. Natürlich war es naiv zu denken, dass Oriana sich eines Tages für mich entscheiden würde anstatt für Zane. Doch ein Funke der Hoffnung flackerte noch in meiner Brust. Ein kleiner Funke, der nicht vorhatte, mich zu verlassen. Egal wie oft sie mir beteuerte, ich wäre nicht mehr für sie als ein Freund. Na ja, mittlerweile waren wir zwischen Freundschaft und Feindschaft hin- und hergerissen, was ich natürlich verstehen konnte. Dennoch war es noch nicht zu spät, solange keine Hochzeit stattgefunden hatte.

»Vater wird uns beide töten, sobald er herausbekommt, was wir die letzten Monate getrieben haben. Wenn er es nicht sowieso schon weiß.« Wir durchquerten einen schmalen Bach und sofort weckte dieser eine Erinnerung an Oriana. Wie wir gemeinsam gebadet hatten, bevor der Wandler Lyra und uns angegriffen hatte. Wie nah wir beieinander waren.

Wie immer stolperte Laurent und fiel dabei ins Wasser. Ich lachte lauthals los und stemmte meine Hände in die Hüften, während ich auf ihn niedersah, wie er klatschnass im Bach lag. Sein Gesicht eine eiserne Miene.

»Hilf mir verdammt noch mal«, zischte er und streckte mir die Hand entgegen, die ich schnappte.

»Mach dir nicht ins Hemd.« Erneut entfuhr mir ein kehliges Lachen. »Sonst wirst du noch nass.«

»Deine Witze sind grottenschlecht.«

Gerade als Laurent sich aufrappelte und ich ihn versuchte hochzuziehen, surrte es um uns herum. Laurent war schon auf den Beinen. Unsere Köpfe schnellten in alle Richtungen, um festzustellen, woher die Geräusche kamen.

»Verdammt, was ist das? Sind das Insekten?«, fragte Laurent und seine Stirn warf eine Falte. »Ist wer von uns in ein Wespennest getreten?«

»Keine Ahnung.« Weiterhin blickte ich um uns und kniff die Augen etwas zusammen.

Beinahe blieb mir mein Herz in der Brust stehen, als ich erkannte, was summte. Es waren keine Wespen oder sonst irgendwelche Insekten, wie zuerst vermutet. Genau hinter Laurent flogen kleine, blau leuchtende Wesen umher.

Mit weit aufgerissenen Augen sah ich meinem Bruder an, der sofort merkte, dass etwas nicht stimmte. Mit dem Kopf deutete ich hinter ihn. Als er sich vorsichtig umdrehte, rasten die winzigen Wesen auf ihn zu und rissen ihn an den Haaren, an seiner Kleidung und Laurent schrie. Er schrie und wedelte wild mit den Armen umher. »Was ist das?«

»Oh, Scheiße«, murmelte ich einen Augenblick, bevor sich die Wesen auf mich stürzten. »Mach sie weg!«, schrie ich nun ebenfalls panisch.

»Verdammt, Clarence. Verjag sie.«

Schützend hielt ich die Arme vors Gesicht, bevor ich nach einem hellen Lichtblitz in meiner Adlergestalt herumflog. Es waren Wesen, so winzig wie Glühwürmchen, und dennoch anders. Doch bestimmt hätten sie Angst vor einem Vogel, der solche Insekten zum Frühstück verspeiste. Mit meiner Erdmagie würde ich nicht weit kommen und Bedenkzeit blieb ebenfalls keine. Weshalb ich mich einfach verwandelte, obwohl es außerhalb der magischen Mauer leichtsinnig war. So weit entfernt von jeglicher Zivilisation könnte es andere magische Wesen anlocken – weitaus tödlichere als die kleinen Schmetterlinge.

Mit flatternden Flügeln und offenem Schnabel stieß ich einen Schrei aus und einige der Wesen wichen zurück, als ich nach ihnen schnappte.

Bei den Göttern, ich hoffte, dass keines von ihnen tatsächlich den Weg in meinen Schnabel finden würde.

Laurent verwandelte sich ebenfalls in einen Greifvogel und so versuchten wir, die kleinen Flatterwesen zu verjagen. Trotzdem zogen sie an unseren Federn und griffen uns weiter an.

»Was ist das?« Laurent versuchte – soweit es die dicht aneinandergewachsenen Bäume zuließen -, sich in die Lüfte zu erheben, um zu entkommen. Doch die Wesen ließen sich nicht abhängen.

Erst als ich einen Augenblick die Attacke über mich ergehen ließ und mit meinen Krallen eines der Wesen schnappte, erkannte ich, um was es sich handelte.

Wassergeister.

Waschechte Scheißwassergeister.

Augenblicklich hätte ich anstatt meiner Erdmagie lieber die von Oriana oder sogar Zanes. Eis und Feuer würden mir die kleinen Quälgeister auf jeden Fall besser vom Leib halten.

Ich verwandelte mich zurück in meine menschliche Hülle und ließ dabei das kleine Wesen los.

»Was wollt Ihr von uns?«, rief ich durch das Flattern. »Hört, auf uns anzugreifen. Wir ergeben uns. Schlagt Euren Deal vor, na los.«

Abrupt stoppten sie den Angriff.

Eines der Feenwesen flatterte dicht an mein Gesicht heran. Eine kleine, blau leuchtende Frau mit Flügeln zischte mir entgegen: »Ihr habt ohne Erlaubnis unseren Bach betreten.« Dann wanderte ihr Blick automatisch tiefer, trotzdem schien sie nicht überrascht zu sein, dass ich nach meiner Verwandlung nackt war.

»Wir wollten ihn nur durchqueren. Wir wollen Euch nichts Böses.«

»Für das Betreten müsst Ihr bezahlen.«

Noch nie zuvor war ich einem Wassergeist über den Weg gelaufen, noch hatte ich das Gewässer betreten, das sie für sich beanspruchten. Sie waren halb Mythen, halb Wahrheit. Doch eines wusste ich über sie, sie waren knallhart beim Verhandeln.

Also spielte ich mit.

Was blieb mir auch anderes übrig?

»Was wollt Ihr im Gegenzug?«, fragte ich und fixierte die kleine Fee.

»Welchen Handel schlagt Ihr vor? Prinz«, säuselte sie und schwirrte weiterhin unangenehm nah an meinem Gesicht. Laurent verfolgte unser Gespräch schweigend. Vermutlich war er zu perplex darüber, dass es die Wesen tatsächlich gab.

Ich überlegte gut, was ich der Wassergeistin anbieten konnte.

Laut den Geschichten waren sie gierige Dinger, die nur schwer ein Angebot annahmen.

»Ein Geheimnis«, feilschte ich und hob selbstsicher mein Kinn.

»Ein Geheimnis?«, lachte die blaue Fee und die anderen stimmten ein. »Was sollen wir mit einem Geheimnis anfangen?«

»Dann erzähle ich es Euch natürlich nicht. Eure Entscheidung.« Beiläufig zuckte ich mit den Schultern, als ob es mir egal wäre. Obwohl es mir alles andere als egal war. »Komm, Laurent, wir gehen. Wir verschwenden nur unsere Zeit.«

»Nein. Nein. Nein«, summte das Wesen und rieb sich das Kinn. »Ein Geheimnis, das niemand weiß«, forderte sie, »dann könnt Ihr unseren Bach überqueren und Eure Reise fortführen.«

Mein Blick zog über Laurent, über die umliegenden Wälder weiter, bis er wieder bei der kleinen Fee angelangt war. »Eine Wende steht uns bevor«, begann ich zu erzählen. »Bald werde ich den Fluch der Wandler brechen und sie werden wieder in den Königreichen leben.«

Die Fee sah mich mit zusammengekniffenen Augen an, danach lachte sie los. Die anderen folgten. Quiekend lachten die unzähligen Wassergeister und ich blickte verdutzt zu meinem Bruder, der unsicher den Kopf schüttelte.

»Was ist so komisch?«, zischte ich mit einem gefährlichen Unterton.

»Prinz, Ihr brecht Euch höchstens das Genick beim Versuch, den Fluch zu brechen. Ihr seid nicht dafür bestimmt.«

Hatte ich vergessen, zu erwähnen, dass jeder einzelne Wassergeist wie ein Orakel war? Als allwissend wurden sie in den Mythen beschrieben.

»Wer ist dafür bestimmt?«

»Das war nicht die Abmachung. Ein Geheimnis wollen wir für unseren Bach. Ein weiteres Geheimnis von Euch und ich verrate Euch eines von mir.«

Ich überlegte. »Welches Geheimnis wollt Ihr von mir?«, fragte ich.

»Vielleicht eines, das selbst Euer Bruder nicht weiß«, kicherte sie und Laurent wurde plötzlich hellhörig. Verfolgte jedes Wort bewusster. »Eines, das mit Euch und Eurem Vater zu tun hat vielleicht. Oder wie viel Ihr tatsächlich über die Geschehnisse wisst.«

Das unwohle Gefühl, das mir in den Magen schoss, zwang mich beinahe in die Knie. Ich wusste sofort, auf welche Geheimnisse sie hinauswollte. Laurent wusste nichts von dem Deal mit unserem Vater, der auf eine Heirat mit Oriana bezogen war.

Ich fuhr mir durch meine Haare und überlegte erneut. »Wenn Ihr meine Geheimnisse schon wisst, wieso soll ich sie Euch noch mal verraten?«

Wieder kicherte sie. »So sind die Regeln. Gebt uns Eure Geheimnisse und ich werde Euch verraten, wen Ihr als Fluchbrecher braucht.«

Laurent würde mich hassen, wenn ich sie laut aussprechen würde. Er würde nie wieder ein einziges Wort mit mir wechseln. Normalerweise erzählten wir uns alles voneinander. Doch dieses Mal war es anders. Die Geheimnisse trieben uns auseinander und trieben einen Keil zwischen uns.

Vielleicht war es genau das, was unser Vater damit bezwecken wollte. Aber warum?

Trotzdem musste ich erfahren, was die kleine Fee zu sagen hatte. Wenn sie wüsste, wie wir es tatsächlich schaffen würden, den Fluch zu brechen, musste ich es erfahren. Hierbei ging es längst nicht mehr um Laurent oder mich, sondern um eine gesamte Spezies.

Zögernd räusperte ich mich und ballte meine Hände zu Fäusten. »Es … Es gibt einen Deal zwischen meinem Vater und mir«, presste ich hervor und blickte zu Laurent.

»Um was geht es in Eurem Deal, Prinz?«, säuselte das Wasserwesen.

Ich schluckte schwer. Überlegte einen Augenblick, ob ich mich doch lieber umentscheiden sollte. »Ich sollte Oriana um jeden Preis heiraten, dann würde unser Vater Laurent in der Thronfolge vorziehen, so wie ich es wollte.«

»Was soll das bedeuten?«, fragte Laurent und trat an mich heran.

Ich antwortete jedoch nicht.

»Wieso ein Deal? Wieso darf Laurent nur unter dieser Bedingung den Thron besteigen? Was hat Amara Euch erzählt? Erzählt es uns.« Erneut stimmten die restlichen Wesen ein und summten die Worte wie im Chor. »Erzählt es uns. Erzählt es uns. Erzählt es uns.«

Beim Namen unserer Tante zuckte ich automatisch zusammen. Die Erinnerung an ihre Taten, ihre Worte hallten in meinem Kopf wider, sodass ich das Gesicht schmerzend verzog.

»Laurent … Er …«

»Erzählt es uns«, sang sie und die anderen Wassergeister stimmten ein. »Erzählt es uns. Erzählt es uns. Erzählt es uns.«

»Amara behauptete, dass Laurent nicht mein Zwillingsbruder sei, sondern *nur* ein normaler Bruder. Deshalb behandelt unser Vater ihn seit Kindertagen wie einen Stiefsohn.« Die Worte brannten in meiner Kehle wie giftige Säure.

Zuerst wagte ich nicht, zu Laurent zu sehen. Doch als ich es tat, bereute ich es sofort. Sein Gesicht war wie leer gefegt. Die aquamarinblauen Augen leer und ausdruckslos, die Gesichtszüge fahl, während sein Mund offen stand.

Wieder wirbelte mein Blick zu der Wasserfee. »Aber ihre Behauptung ist falsch. Jeder sieht, dass Laurent und ich Zwillinge sind.«

»Wenn Ihr das so seht«, summte sie und verzog ihren Mund zu einem breiten Lächeln. »Vielen Dank für Eure Geheimnisse. Eure Ehrlichkeit.«

»Ich habe meinen Teil der Abmachung erfüllt, nun seid Ihr dran. Wer bricht den Fluch?«

»Eure kleine Freundin und Ihr Geliebter«, kicherte sie und hielt sich die Hand vor den Mund. »Sie brechen ihn, dann stirbt einer. Wie tragisch.« Wieder säuselten die anderen. »Dann stirbt einer. Dann stirbt einer. Dann stirbt einer.«

»Was hat sie da gesagt?«, warf Laurent mit weit aufgerissenen Augen ein und trat näher heran.

»Einer stirbt«, säuselte die Fee und strich sich selbstgefällig über ihr blaues Haar. »Einer stirbt.« Wieder stimmten die restlichen Wasserwesen ein. »Einer stirbt. Einer stirbt. Einer von den beiden stirbt.« Sie tanzten in der Luft umher und kicherten.

Am liebsten hätte ich sie allesamt getötet.

»Ihr lügt!«

Ihre dünnen Augenbrauen wanderten in die Stirn. »Ach, tu ich das?« Dann verengte sie die Augen. »Schon bald werdet Ihr es herausfinden.« Ich streckte die Hand nach ihr aus, um ihr den Hals umzudrehen, doch bevor ich sie berühren konnte, flogen alle Wassergeister davon.

Laurent und ich standen noch immer im Bach, schauten uns an und keiner von uns sprach ein Wort. Die letzten Minuten war zu viel passiert, das man nicht glauben konnte.

Zuerst verriet ich zwei meiner bestgehüteten Geheimnisse, danach überrumpelten sie uns mit dem Tod von Oriana oder Zane.

»Sag mir, dass ich, als ich ins Wasser gefallen bin, mir den Kopf an einem Felsen gestoßen habe. Sag mir, dass das alles nicht gerade wirklich passiert ist.« Laurent, der sich wieder zurückverwandelt hatte, wischte sich mit beiden Händen fest übers Gesicht und umfasste danach seinen Nacken. »Sag mir, dass es nicht stimmt!«, keifte er mir entgegen.

Automatisch zuckte ich zusammen. »Es tut mir leid«, stammelte ich und wusste nicht, was ich sagen konnte, um ihn zu besänftigen.

»Was tut dir leid, du Scheißkerl?«

»Ich hätte dir von dem Deal erzählen sollen und von Amaras Worten.«

Mit einer wedelnden Geste unterbrach er mich. »Verdammte Scheiße, Clarence, das meine ich nicht.« Er hockte sich auf den Felsen, auf dem er am liebsten aufgeschlagen wäre. »Dass unser Vater mit dir einen lächerlichen Deal aushandelt, überrascht mich nicht im Geringsten. Das erklärt wenigstens, wieso du unbedingt diese dämlichen Spiele gewinnen wolltest. Wieso du so krankhaft besessen bist von ihr, obwohl sie dich eindeutig nicht will. Ich meine genauso wenig die unlogische Behauptung von Amara, sondern Orianas oder Zanes vorhergesagten Tod!« Er schüttelte den Kopf. »Bei den verdammten Göttern im Himmel.«

»Du … Du bist nicht sauer?«

»Halt deine dumme Klappe. Wir haben gerade erfahren, dass dein Plan Oriana oder Zane das Leben kosten wird. Wir können das nicht durchziehen.«

Laurent so außer sich zu sehen, war befremdlich. Normalerweise war er der ruhigere Typ von uns beiden. Hatte zwar genauso wie ich immer einen lässigen Spruch auf den Lippen, trotzdem war er ruhig, besonnen, freundlich.

»Wir müssen den Plan abblasen. Wir können nicht ihrer beider Leben riskieren.« Er wirkte beinahe panisch.

»Aber die Wandler, ich muss sie befreien.«

»Und dafür gibst du das Leben deiner geliebten Oriana? Weißt du was? Du bist ein verfluchter Heuchler!«

»Heuchler?«, presste ich hervor. »Du bist derjenige, der sich in Westerys einnistet wie ein verdammter Märtyrer.«

»Nur weil ich aus Empathie gehandelt habe? Wie lange willst du mir noch vorhalten, dass ich Zane geholfen habe? Es war für Oriana. Für eine unschuldige Frau, die schon mehr miterleben musste, als gut für sie war. Und wie du dich vielleicht erinnerst, warst du es, der sie entführt hat, obwohl sie mehrmals beteuerte, keine Gefühle für dich zu hegen.« Laurents gesamter Körper bebte. »Du verdammter Trottel siehst den Wald vor lauter Bäumen nicht mehr. Du erhebst Anspruch auf sie, bedrängst sie und jetzt willst du ihr Leben opfern, weil du sie sowieso nicht haben wirst? Oder wie verstehe ich das?« Er sprang vom Felsen auf, überwand die Distanz zwischen uns und schlug mir ohne Vorwarnung mitten ins Gesicht. »Verschwinde zu *deinem* Vater zurück. Da, wo du hingehörst. Ich werde nicht tatenlos zusehen, wie du ihr oder Zanes Leben opferst.«

Diesmal war ich es, der ausholte und ihm einen Fausthieb verpasste. Laurent taumelte rückwärts und Blut schoss aus seiner Nase, das ihm über den Mund rann und vom Kinn tropfte.

»Das wirst du bereuen«, knurrte er mir entgegen.

»Vergiss nicht, dass ich der Stärkere von uns beiden bin.«

Ich war mit der Erdmagie und der Gabe des Gestaltwandels geboren, im Gegensatz zu Laurent, der keine Magie in sich trug. Ausschließlich konnte er seine Gestalt verändern, mehr nicht. Daher war ich ihm haushoch überlegen, was ihm natürlich bewusst war.

Trotzdem blitzte eine Sekunde lang ein Licht auf, bevor er in seiner Wolfsgestalt seine Zähne fletschte.

»Ich werde Oriana alles erzählen«, knurrte er.

»Das wird schwer werden, ohne Zunge.«

Sofort stürzten wir uns aufeinander. Noch in der Bewegung verwandelte ich mich ebenfalls in einen Wolf, fletschte die Zähne und schnappte nach Laurent.

Wie zwei wildgewordene Viecher kämpften wir, als ob es um Leben oder Tod ginge. Hirnrissig, wenn man bedachte, dass ernst zu nehmende Probleme auf uns warteten und wir nichts Besseres zu tun hatten, als uns an die Gurgel zu gehen.

Plötzlich zuckte Laurent und ließ von mir ab. Ich wusste nicht, was hier passierte, als ich einen stechenden Schmerz an meiner Seite vernahm. Zuerst dachte ich, er hätte mich verletzt. Ich wollte herumwirbeln … Ich wollte …

Doch es ging nicht. Alles um mich wurde schwummrig, verzerrt.

Laurent hatte mich nicht verletzt. Er lag nicht weit von mir entfernt am Boden, während ich Schritte vernahm.

Bis ich mich selbst nicht mehr aufrecht halten konnte und auf dem Boden aufschlug.

Kapitel 30 Oriana

Es war offiziell. Ich war der schrecklichste Mensch auf der gesamten Welt und die Götter würden mich nach meinem Tod garantiert nicht zu ihnen in den Himmeln holen, sondern in die lodernde Hölle verbannen, in der meine Seele eine Unendlichkeit vor sich hinvegetieren würde.

Mabels Tod nahm mich stärker mit als gedacht. Der Hass, den ich von ganzem Herzen für sie empfunden hatte, verblasste schlagartig, als ich von ihrem Tod erfahren hatte. Doch anstatt angemessen um meine Freundin/Feindin zu trauern, versuchte ich mich, mithilfe von Zanes Körper abzulenken. Das funktionierte, jedoch nur, bis der Moment vorbeizog und die Realität erneut auf mich einprasselte. Diesmal traf sie mich noch härter, gemeiner und tiefer.

Seither hatte ich mich zurückgezogen. Denn ich brauchte die Zeit für mich, um meine Gedanken und verwirrten Gefühle zu sammeln.

Unbeabsichtigt malte ich mir aus, in welchem Zustand Zanes Männer sie gefunden haben mussten. Wie sie in irgendeiner Zelle lag wie Abfall. Das hatte niemand verdient, erst recht nicht eine Frau, die solch eine liebenswerte Seele hatte.

Das, was am Verlobungsball vorgefallen war, konnte nur ein abgekartetes Spiel gewesen sein. Bestimmt war sie von irgendjemandem dazu angestiftet worden. Vielleicht hatte ich ihr damit unrecht getan und es war damals alles ganz anders verlaufen.

Aber jetzt … Jetzt konnte ich sie nicht mehr nach der Wahrheit fragen und sie konnte sich nicht rechtfertigen oder mir erklären, was ihr tatsächlicher Plan gewesen war.

Laurent und Clarence waren ebenfalls seit Tagen spurlos verschwunden, ohne ein Abschiedswort zu hinterlassen. Natürlich machte ich mir Sorgen, dass ihnen dasselbe Schicksal drohte. Vermutlich waren sie einfach zurück nach Floranys gereist. Zurück in ihre Heimat, und dennoch ließ mich der Gedanke, ihnen könnte etwas zugestoßen sein, nicht los.

»Wo sind sie?«, fragte ich Gavriel und verschränkte die Arme vor der Brust. »Sie würden doch nicht ohne ein Abschiedswort einfach so abreisen. Das steht ihnen nicht.«

»Beide ihrer fliegenden Pferde sind weg, also werden sie zurück nach Floranys gereist sein. Wer weiß, vielleicht hatte ihr Vater einen Raben geschickt, um sie aufzufordern, Westerys nicht länger zu belagern.« Gavriel wirkte keineswegs besorgt. Nein. Wie auch? Er hasste Laurent und Clarence. Na ja, wenn man es genau nahm, dann hasste er nur Clarence. Doch dafür hasste er ihn mit solch einer Leidenschaft, die für zwei Personen reichte.

Die Brüder hatten jegliches Recht, wieder nach Hause zu reisen, sie hielt hier nichts. Trotzdem war da so ein flaues Gefühl in meiner Magengrube, wenn ich daran dachte, dass sie, ohne sich zu verabschieden, verschwunden waren.

»Denkt Ihr, ihnen ist etwas zugestoßen?«

»Beide verfügen über die Gabe des Gestaltwandels. Ebenfalls beherrscht Prinz Clarence die Erdmagie. Die Wahrscheinlichkeit, dass sie jemand überfallen hat, ist sehr gering. Viel eher liegt die Vermutung nahe, dass sie etwas mit dem Mord an Eurer Zofe zu tun haben und deshalb geflohen sind. Es wird ohnehin nach ihnen gefahndet.«

»Ich denke nicht, dass sie etwas damit zu tun haben. Natürlich gibt es keine Beweise für ihre Unschuld, aber irgendwie glaube ich nicht, dass sie es waren.« Ich biss mir auf die Unterlippe und senkte nachdenklich den Blick. Als ich wieder aufsah, entgegnete ich: »Aber es ist nicht ausgeschlossen, dass ihnen nicht ebenfalls etwas zugestoßen ist.«

Einer von Gavriels Mundwinkeln zuckte kurz nach oben. »Ausgeschlossen ist es nicht, aber *sehr* unwahrscheinlich. Außer ihre Kampfkünste sind genauso bescheiden wie ihre Lehrkünste.«

Und trotzdem hatte ich dieses unwohle Gefühl, dass irgendetwas nicht stimmte. Es musste einen Grund gegeben haben, dass sie einfach verschwunden waren. Angesichts der gesamten Umstände dürfte mich eigentlich nichts mehr wundern.

»Macht Ihr Euch Sorgen um sie?« Gavriel zog fragend die Augenbrauen in die Stirn, den Blick weiterhin nach vorne gerichtet, ging er neben mir her. Doch es lag keine Schuldzuweisung in seinen Worten. Nur reine Neugier.

Ich antwortete nicht.

»Wenn Ihr Euch solche Sorgen macht, könnte Prinz Zane einen Raben nach Floranys schicken, um sicherzugehen, dass es ihnen gut geht«, schlug er vor und klang überhaupt nicht verwundert, dass ich mir Sorgen machte.

Was wohl Zane davon hielt …

Aktuell war er wie immer in einer Besprechung. Zwar hatte er mich gefragt, ob ich anwesend sein wollte, doch ich wollte lieber mit Stella spazieren gehen. Gavriel war zwingend dabei. Da wir uns außerhalb des Palasts befanden, sah es Zane für sicherer. Wenn ich ehrlich war, störte es mich nicht, dass er uns begleitete. Zane wusste, dass wir uns selbst verteidigen konnten, aber es war wichtig, dass die Dorfbewohner sofort sahen, dass wir zur königlichen Familie gehörten. Und uns dementsprechend gegenüberstanden.

Stella nahm unser Gespräch nur am Rande wahr. Ihre Aufmerksamkeit galt den vielen jungen Männern, denen beinahe die Augen aus dem Kopf fielen, wenn sie sie sahen. Jedes Mal kicherte Stella und warf ihre Haare feminin über die Schulter oder strich sie zurecht. Sie genoss den Trubel um ihre Person.

»Genug über die Zwillingsprinzen gegrübelt«, meinte sie. »Direkt am Stand gibt es eine kleine Taverne, wenn du mit mir dorthin gehen willst.«

Ich nickte. »Das würde mich freuen.«

Bisher hatte ich erst wenig von Westerys gesehen. Ausgenommen den Palast und das gesamte Anwesen, das dazu gehörte. Doch direkt von Westerys, von Zanes Landsleuten, hatte ich bisher kaum etwas mitbekommen.

Nach einem etwa zehnminütigen Fußmarsch erreichten wir die besagte Taverne.

Säulen aus dunklem Vulkangestein bildeten eine Art Pavillon, die von Blumenranken umwachsen waren und fürchterlich wohlig dufteten. Gemischt mit der salzigen Meeresluft, während man die weißen Vögel von weitem singen hörte, war es beinahe zu schön, um wahr zu sein.

»Wir warten währenddessen etwas abseits«, sagte Gavriel und zog sich zu den anderen Wachen zurück, die einen Platz etwas weiter von uns entfernt wählten. Doch zuvor zog er die Stühle zurück und rückte sie wieder näher, als wir uns setzten. Ein Ehrenmann durch und durch.

Als er außer Hörweite war, flüsterte Stella: »Kommandant Gavriel sieht so unverschämt gut aus.« Die Worte zog sie extra in die Länge. Danach lachte sie und legte ihren sonnengelben Hut ab.

»Ist er nicht etwas alt für dich?«, sagte ich mit einer hochgezogenen Augenbraue.

Sie machte eine wegwerfende Geste.

»Ach was.« Sie lachte. »Alter ist nur eine Zahl, außerdem reift Gavriel wie ein feiner Wein. Findest du nicht?«

Sie hatte nicht ganz unrecht. Gavriel war ein durchaus stattlicher und ebenfalls sehr angesehener Mann in der königlichen Garde.

»Zane sollte nicht hören, wie wir von seinem ersten Kommandanten schwärmen, sonst wird er noch einen anderen für die Position nachrücken.« Wenn er seine kleine Schwester nur irgendwie in der Nähe einer seiner Männer sehen würde – die allesamt um einige Jahre älter waren –, würde er bestimmt nicht zögern, diese anderweitig zu besetzen. *Oder zu erwürgen.*

Stella bestellte für mich mit, da sie meinte, ich müsste unbedingt die Spezialität der Taverne probieren.

Als die Besitzerin mit zwei langstieligen Gläsern, die in Trichterform nach obenhin verliefen, an uns herantrat, lief mir schon das Wasser im Mund zusammen.

Nachdem sie die Gläser vor uns auf den Tisch gestellt und uns einen guten *Appetit* gewünscht hatte, konnte ich es kaum abwarten, diese Köstlichkeit in mich reinzuschaufeln.

Das süße Sorbet war garniert mit Himbeeren und Erdbeeren, die mit dunkler und heller Schokolade überzogen waren.

Beim ersten Löffel brach ein wohliges Seufzen aus mir hervor. »Es schmeckt köstlich«, summte ich und nahm gleich den nächsten Löffel voll.

»Nicht wahr? Ich war schon eine Ewigkeit nicht mehr hier. Ich hätte es dir schon viel früher zeigen müssen.«

Das kühle Sorbet prickelte auf meiner Zunge. »Ist da Alkohol drin?«

Stella setzte ein so breites Lächeln auf, das man alle ihre weißen geraden Zähne sehen konnte. »Vielleicht.« Sie schmunzelte. »Das ist das Beste daran. Eine Leckerei, die deine Anspannung etwas lockert.«

»Wir sollten öfters hierher«, schlug ich vor und musste ebenfalls schmunzeln.

»Auf jeden Fall.«

Mit dem langen Löffel kratzte ich den letzten Rest heraus und lehnte mich danach zufrieden zurück.

»Ich bin so froh, dass du wieder zurück bist und dass es dir gut geht.« Plötzlich huschte ein bedrückter Ausdruck über ihr Gesicht, und so schnell er gekommen war, war er auch wieder verschwunden.

»Ich bin auch froh«, gab ich zu und meine Mundwinkel kräuselten sich sanft. »Ich hoffe, dass die ganzen Unklarheiten bald vorbei sind. Dass wir endlich ein normales Leben führen können, ohne darauf zu warten, was für schreckliche Dinge uns überraschend in den Weg gelegt werden.« Ich seufzte und meine Schultern sackten kaum merklich nach unten, niedergedrückt von der Realität, die ich mir eingestand. »Die letzte Zeit war hart für mich. Es ist so viel passiert, wobei ich mir nicht im

Klaren bin, wie es sich auf mein restliches Leben auswirken könnte.«

Stella griff über dem Tisch nach meiner Hand, die den Stiel des Glases unbewusst umklammerte. »Ich bin für dich da, Schwester.«

Dankend nickte ich, umfasste ihre Hand und hielt sie fest. Ihre Worte bedeuteten mir so unglaublich viel, dass ich sofort einen Kloß im Hals bekam und nichts erwidern konnte, weil sonst der Damm brechen würde, der meine Tränen zurückhielt.

Es kam mir vor, als ob dauerhaft neue Probleme, neue Unklarheiten auftauchen würden, ohne dass sich auch nur eines auflösen würde.

Während wir uns belangloseren Gesprächsthemen widmeten, genoss ich die untergehende Sonne, den milden Wind auf meinem Gesicht und das Rauschen der Brandung. Alles hier fühlte sich nach zu Hause an.

Kurz musste ich an jenen Abend denken, an dem ich in Westerys angekommen war, nachdem Zane mich aufgegriffen hatte. An die Leuchtfische … Seine lieben Worte …

Du wärst der hellste und der mit der sattesten violetten Farbe.

Automatisch fühlte ich diese Wärme in meiner Brust, in meinem Bauch, als die Erinnerung aufblitzte. Seit Langem war es einer der schönsten Momente gewesen. Es war ein Moment der Ruhe, in dem nur Zane und ich existierten. Und die violetten Fische, die das Meer wie eine Decke aus Sternen überzogen hatten.

Nachdem wir uns verabschiedet und der freundlichen Inhaberin, die dieses schmackhafte Sorbet zubereitet hatte, ein ordentliches Trinkgeld dort gelassen hatten, machten wir uns wieder auf den Weg in den Palast. Wieder dicht gefolgt von unseren Wachmännern.

Wenn ich die Dorfbewohner sah, die den einfachsten Tätigkeiten nachgingen und dabei so fröhlich wirkten, wanderten automatisch meine Mundwinkel nach oben.

Sobald sie erkannten, wer wir waren, hielten sie inne, verbeugten sich tief und begrüßten uns herzlich. Es war ein unbeschreibliches Gefühl der Dazugehörigkeit, von einem Volk respektiert zu werden, das man nur flüchtig kannte.

Die gesamte königliche Familie von Westerys waren gerechte Herrscher, die zu Recht geliebt wurden. Genauso wie meine Eltern damals. Die noch vor über einem Jahr von unserem Volk genauso geliebt wurden.

»Du bist ihre zukünftige Königin«, flüsterte Stella und winkte den Leuten. »Und ich glaube, sie lieben dich.«

»Sie kennen mich doch gar nicht.«

Stella schüttelte den Kopf. »Das ist ihnen egal. Sie haben ihren Prinzen schon lange nicht mehr so glücklich gesehen.« Sie lehnte sich näher an mich heran und verschränkte unsere Arme. »Vor ein paar Tagen war er in der Stadt, einige Prinzenangelegenheiten regeln oder so. Und war dabei glücklicher denn je, wie ich gehört habe. Das dürfte ihnen aufgefallen sein.«

Ich blickte im Augenwinkel zu ihr. »Und sie denken, es wäre meinetwegen?«

»Es ist deinetwegen.« Sie seufzte theatralisch. »So eine Liebe wünsche ich mir auch einmal. Die trotz der steinigen Anfänge zu solch einer Bindung verschmilzt.«

Ich lachte bei ihren schmachtenden Worten. »Glaub mir, keiner will diesen steinigen Anfang.«

Und dennoch sagte mir irgendetwas in meinem Magen, dass dies eine Lüge war. Ich hätte jeden Anfang mit ihm genommen, wenn das Resultat dasselbe gewesen wäre.

Kapitel 31 Clarence

Das Blut, das mein Herz schwer durch meine Venen pumpte, brannte wie giftige Säure. Raubte mir mein Bewusstsein und ich hatte deswegen jegliche Kontrolle über meine Sinne verloren.

Das Letzte, an das ich mich erinnerte, war, wie ich mit Laurent in den Wäldern von Westerys gekämpft hatte, nachdem ich vor dem Wassergeist zwei meiner bestgehüteten Geheimnisse offenbart hatte. Doch diese waren nichts im Vergleich zu der Information, die das winzige Feenwesen uns im Gegenzug gab. Die Tatsache, dass Oriana oder Zane vermutlich an dem Ritual sterben konnten, erwähnten sie so nebenbei, als ob es eine unwichtige Bemerkung übers Wetter gewesen wäre.

Nachdem ich trotz der neugewonnenen Information weiterhin an dem Plan festhalten wollte und mir Laurent die Gurgel deswegen rausreißen wollte, empfing mich unerwartet die Dunkelheit.

Wie lange war ich weggetreten? Minuten? Stunden? Tage? Wochen? Ich hatte jegliches Zeitgefühl verloren, und je weiter ich meine Sinne wieder beisammenhatte, je weiter meine Ohren dumpfe Geräusche vernahmen, meine Nase feine Gerüche, da bemerkte ich, dass wir uns auf keinen Fall mehr in Westerys befanden.

Obwohl ich mittlerweile meinen Körper wieder spürte, regte ich mich keinen Millimeter, sondern lauschte nur.

»… und was ist, wenn er durchdreht?«, hörte ich eine tiefe männliche Stimme.

»Dann injizieren wir eine weitere Dosis.« Schritte, die vermutlich von Stiefeln stammten, klapperten über den Boden. »Wir wissen nicht, wie sie sich verhalten werden. Vielleicht –«

»Du Narr«, unterbrach eine weitere Stimme. Ebenfalls männlich. »Wie werden sie sich wohl verhalten, nachdem, was sie vermutlich herausgefunden haben.«

Ich lag auf dem Rücken in weichen Laken, die ich unter meinen Fingern spürte. Weiterhin versuchte ich, möglichst flach zu atmen und mir mein Bewusstsein nicht anmerken zu lassen.

»Wir geben ihnen noch einen Tag.« Bei der Stimme gefror mir das Blut in den Adern. Ein stechender Schmerz zuckte in meinem Herzen, das sofort wild zu hämmern begann.

Die Stimme meines Vaters.

Wir waren zu Hause – in Floranys.

Jetzt, wo ich wusste, dass unser Vater bei uns war, hätte ich aufhören können, mein kürzlich zurückbekommenes Bewusstsein zu verstecken. Doch die aufgestellten Nackenhaare gaben mir ein unsicheres Gefühl, dass es keine gute Idee wäre. Dass ich lieber warten sollte, bis ich alleine war, bevor ich meine Umgebung und meine Vermutung über meinen Aufenthaltsort bestätigen konnte.

Das Laurent sich ebenfalls bei mir befand, war nur vermutet. Falls das nicht der Fall wäre, müsste ich ihn zuerst finden und mich überzeugen, dass es ihm gut ging. Bevor irgendwer merken würde, dass ich wach war.

Wir geben ihnen noch einen Tag …

War das eine Anspielung auf unsere Bewusstlosigkeit, oder etwas ganz anderes?

»Sollten sie morgen im selben Zustand sein, spritzt ihnen das Serum.«

Danach vernahm ich das Geräusch, das eine Tür ins Schloss fiel, daraufhin folgte Ruhe. Sämtliche Personen mussten den Raum verlassen haben. Trotzdem wartete ich noch einige Minuten ab, bevor ich es wagte, die Augen langsam zu öffnen.

Ich lag gefesselt – verdammt noch mal, ja, gefesselt – auf meinem Bett in meinen Gemächern.

Einige Zentimeter konnte ich meinen Kopf heben und so schweifte mein Blick durch den großzügigen Raum. Von Laurent war keine Spur. Das wäre natürlich zu schön gewesen, um wahr zu sein. Vermutlich war Laurent ebenfalls in seinen eigenen Gemächern an sein Bett gefesselt.

Was war passiert?

Hatte Vater uns zurückgeholt nach Floranys? Wenn ja, wieso hatte er nicht einfach einen Raben geschickt, wenn er wusste, wo wir uns befanden. Was wir machten.

Was war hier los?

Falls er wusste, was wir waren …

Nein, wie könnte er davon erfahren haben. Niemand außer den Personen in Westerys und den Wandlern in der Höhle des Emryn wussten von Laurents und meinen Fähigkeiten. Keiner von ihnen hätte es verraten. Selbst für Zane und seine Männer wäre es ein zu großes Risiko, noch böseres Blut zwischen uns zu säen, wenn seine Verlobte dasselbe Erbe teilte.

Natürlich konnte ich nichts ausschließen, dennoch war das der Gedanke, der am kürzesten verweilte. Viel mehr fragte ich mich, wieso zur Hölle unser Vater den Auftrag gegeben hatte, uns zu betäuben und nach Floranys zurückzuschleppen.

Mein Vater hatte so wie jeder König überall seine neugierigen Ohren und Augen, die ihn über alles, was in den fünf Königreichen passierte, unverzüglich informierten. Vielleicht wusste er von unserem Vorhaben, den Fluch zu brechen. Vielleicht wollte er uns auch nur möglichst unkompliziert nach Hause bringen, ohne dass wir uns dagegen entscheiden könnten.

Wir hatten unseren Vater mittlerweile seit Monaten nicht mehr zu Gesicht bekommen, und das schien niemanden von uns beiden zu stören. Und obwohl ich der Lieblingssohn von ihm war, hatte ich verdammt große Angst, was auf uns zukommen würde. Wenn ich leiden würde, dann würde es Laurent nicht überleben. Das könnte ich niemals zulassen.

Nicht wenn Amara wirklich …

Die Fesseln um meinen Körper waren gewöhnliche Seile, keine Onyxfesseln oder dergleichen. Sie waren um meine Mitte geschlungen, um meine Schultern und Brust, um meine Arme und Beine, fixierten mich am Bett.

Ich horchte in meinen noch immer geschwächten Körper und tauchte in meine Magie hinab. Sammelte sie in mir und schon vernahm ich das gewohnte Pochen meiner Erdmagie. Vor meinem Fenster wuchs ein gigantischer Rosenstrauch, dessen Ranken ich ins Zimmer lenken könnte, um mit seinen Dornen die Seile zu durchtrennen.

An meiner Seite streckte ich die Finger in Richtung des Fensters, krümmte sie danach und gab meine Magie frei. Doch …

Es passierte nichts.

Rein gar nichts.

Ich schob es auf meinen geschwächten Körper, wartete einige Minuten ab, in denen ich tiefe, gezielte Atemzüge nahm, bevor ich es erneut probierte.

Und wieder nichts.

Das konnte nicht sein. Nein. Nein. Nein.

Sie mussten uns mit Onyx betäubt haben. Es in unseren Kreislauf geflößt haben, um uns vollständig unserer Magie zu berauben. Denn selbst als ich versuchte mich zu verwandeln, geschah nichts.

Immer wieder versuchte ich es. Biss die Zähne fester aufeinander, spannte meinen Körper intensiver an.

Nichts geschah.

Mit jedem gescheiterten Versuch wuchs das flaue Gefühl in meinem Magen, dass hier irgendetwas ganz und gar nicht stimmte. Das mir sagte, Laurent und ich wären nicht einfach zu Besuch hier.

Ausgeliefert in unserem eigenen Königreich, in unseren eigenen Betten, von unserem eigenen Vater. Das alles nur wegen eines dummen Streits, der unsere Aufmerksamkeit geblendet hatte.

Wir waren richtig am Arsch.

Der Mond ersetzte die Sonne, dann umgekehrt.

Nur wenige Zeit hatte ich in den Schlaf gefunden, trotz der Erschöpfung, die an mir zerrte.

Ich fühlte meine Magie, wie sie lebendig durch mich hindurchströmte, wie sie verlangte, nach draußen zu fließen. Doch nichts passierte.

Automatisch musste ich an Oriana denken, an die Zeit, in der ich derjenige war mit den Fesseln in der Hand. Der ihr diese um die Handgelenke geklickt hatte, um sie einigermaßen unter Kontrolle zu wissen. Erst jetzt erfuhr ich am eigenen Leib, was es bedeutete, voller Magie geladen zu sein, ohne sie entladen zu können.

Mit Oriana in der Höhle jeden Tag Zeit zu verbringen, ohne ihr näher zu kommen oder sie berühren zu dürfen, war ein ähnliches Gefühl. Ein ähnlicher Drang, den man unterdrücken musste, weil einem schlichtweg nichts anderes übrig blieb, als es tief in sich wegzusperren.

Zwar hatte ich es mittlerweile geschafft, mich aus den Stricken zu befreien, jedoch war die Tür zu meinen Gemächern weiterhin verschlossen.

Meine Kehle glich der Wüste in Westerys. Das letzte Mal etwas getrunken oder gegessen hatte ich in Westerys, also vermutlich vor Tagen. Seitdem ich aufgewacht war, war niemand in meine Gemächer gekommen, um nach mir zu sehen, geschweige denn mir etwas Flüssigkeit einzuflößen.

Es war ja nicht so, dass Menschen an Flüssigkeitsmangel sterben konnten. Zwar zählte das in meinem Fall nicht, da nur ein Schwerthieb auf mein Genick mein Leben vollständig beenden würde, doch das wusste mein Vater nicht. Oder?

Ein Raunzen erklang, als die Tür geöffnet wurde, trotzdem blieb ich regungslos liegen und schätzte die Situation ab, was passieren würde, wenn ich ihnen mein Bewusstsein offenbaren würde. Deswegen blieb ich liegen, selbst während ich spürte, wie ein kühles, feuchtes Tuch über meinen Hals gestrichen wurde, kurz bevor eine Nadel in meine Halsschlagader eindrang.

Nun war es vorbei mit der Zurückhaltung.

Automatisch riss ich die Augen auf, fasste gleichzeitig nach der Spritze und schmiss sie zu Boden. Eine junge Dame saß an meiner Bettkante und schaute mich wie versteinert an. Furcht und Überraschung spiegelten sich gleichermaßen in ihrem Gesicht wider.

Ich packte ihren Arm und hielt ihn in meinem festen Griff, obwohl sie zu verschreckt war, um sich zu bewegen.

»Was hast du mir da injiziert?«, knurrte ich und setzte mich gleichzeitig auf meinem Bett auf. Sie antwortete jedoch nicht, sondern starrte mich mit haselnussbraunen, weit aufgerissenen Augen an. »Ich frage dich kein zweites Mal.«

»Ich –«, stotterte sie und versuchte, sich aus meinem Griff loszureißen. Doch ich verstärkte ihn nicht nur, sondern fasste mit meiner zweiten Hand an ihren Hinterkopf und packte grob ihr braunes Haar.

»Rede«, befahl ich dicht an ihrem Gesicht.

Sie musste eine von den Leuten meines Vaters sein, jedoch kannte ich sie nicht. Das könnte natürlich daran liegen, dass ich einige Monate nicht mehr in Floranys war.

»Es ist ein aufputschendes Mittel«, begann sie mit zitternder Stimme zu erklären. »Es sollte Euch aufwecken aus Eurem Schlaf und das Onyx aus Eurem Blutkreislauf verdrängen.«

»Wie lange war ich bewusstlos?« Als sie nicht direkt antwortete, zog ich ihren Kopf in den Nacken, was ein Wimmern aus ihr hervorpresste.

»Vier oder … Oder fünf Tage.« Tränen blitzten in ihren Augen auf, worauf ich meine Hand aus ihrem Haar zurückzog. Sie befolgte ausschließlich die Befehle meines Vaters, rief ich mir in Erinnerung. Sie konnte nichts dafür. Es war nicht ihre persönliche Entscheidung, mich zu betäuben oder mir Drogen zu verabreichen.

»Wie lange dauert es, bis das Mittel wirkt?«, wollte ich wissen und zog mich nun vollständig zurück.

»Im Normalfall entwickelt es sich vollständig innerhalb von zehn oder fünfzehn Minuten. Da Ihr nicht wirklich bewusstlos wart, vielleicht auch schneller.«

»Wo ist Laurent?«

Wieder schwieg sie.

»Wo ist Laurent?«, schnauzte ich ihr entgegen.

»Er ist in seinen Gemächern, genauso wie Ihr. Er hat sein Bewusstsein noch nicht wiedererlangt, es sei denn, er spielt seinen Schlaf genauso vor.«

»Ein Wort zu irgendjemandem und der Tod wird die geringste deiner Sorgen sein. Hast du verstanden?«, presste ich hervor. »Und jetzt verschwinde!«

Blitzschnell sprang sie auf, wobei sie die Bettdecke etwas mitriss. Keine Sekunde überlegte sie, diese wieder zurechtzuzupfen, sondern machte zuerst einige Schritte rückwärts, bevor sie aus dem Zimmer sprintete.

Erneut fragte ich mich, seit wann diese Frau in den Diensten meines Vaters stand. Als ich das letzte Mal in Floranys war, war sie es auf jeden Fall nicht.

Es blieb mir nur wenig Zeit, also überlegte ich ebenfalls nicht länger. Zwar war ich noch geschwächt von der tagelangen Ohnmacht und würde in wenigen Minuten vermutlich wie ein aufgescheuchtes Huhn herumrennen, jedoch musste ich versuchen, mich zu verwandeln. Nur so könnte ich zu Laurent gelangen, ohne dass jemand mich bemerken würde.

Einen Lichtblitz später bewohnte ich den Körper einer Maus. Meine Magie war deutlich geschwächt, doch das Fünkchen, das in mir schlummerte, reichte für den Mausekörper. Noch bevor die Holztür ins Schloss fiel, schlüpfte ich aus meinem Zimmer. Dass die Gemächer meines Bruders im selben Flügel des Palasts lagen, erleichterte es mir, schnell zu ihm zu gelangen. Einige Male bog ich ab, dann hetzte ich die Treppe nach oben, schon hatte ich sie erreicht.

Ich bewegte mich flink, dicht an der Wand entlang, um möglichst wenig Aufsehen zu erregen. Die Wachen, die vor meinen Gemächern Spalier standen, hatten mich auf jeden Fall nicht bemerkt. Zu interessiert ging ihr Blick dem jungen Mädchen nach, das aus meinen Gemächern gestürmt war. Dass ich mit den Männern vor Laurents Gemächern dasselbe Glück hätte, konnte ich nur hoffen.

Nur für einige Augenblicke verwandelte ich mich in eine Biene und schlüpfte durch das metallene Schlüsselloch hindurch. Als ich inmitten von Laurents Schlafgemach stand, verwandelte ich mich zurück in *mich*.

Wie bereits vermutet, lag Laurent regungslos auf seinem Bett. Die Hände auf seinem Bauch gefaltet, sah er wie auf seinem Totenbett aus, was mir einen unangenehmen Schauer über den Rücken jagte, sodass sich jedes feine Härchen meines Körpers warnend aufstellte. Vermutlich war dieser Anblick ein kleiner Vorgeschmack, wie unser Leben enden würde, sobald wir unserem Vater gegenüberstehen würden. Da er uns mit Onyxpulver betäubt hatte und dann nach Floranys verschleppt hatte, musste er von unseren Fähigkeiten gewusst haben. Oder es gab einen anderen Grund.

Es blieben mir nur noch Augenblicke, bevor sich die Droge in meinem Körper vollständig entfalten würde. Bevor ich die Auswirkung nicht unterdrücken konnte, ausgeliefert an meinen Vater und seine Gefolgschaft. Obwohl ich der jungen Dame, die mir die Nadel unsanft in den Hals gerammt hatte, gedroht hatte, ich würde sie töten und noch Schlimmeres, war sie bestimmt aktuell auf dem Weg, allen davon zu erzählen. Vielleicht war die Droge noch mein geringstes Problem.

Ich packte Laurent an den Schultern und begann ihn zu schütteln.

»Wach auf.« Eine Schelle, die es in sich hatte, folgte. Außer dass sein Kopf zur Seite flog, regte er sich nicht. »Bei den verdammten Göttern, Laurent, wach verdammt noch mal auf.«

Wieder keine Reaktion.

»Bitte, Laurent. Wir müssen hier weg. Ich gehe nicht ohne dich, also wenn du willst, dass ich oder du oder wir überleben, dann reiß dich verdammt noch mal am Riemen und mach deine verfluchten Augen auf.« Wieder verpasste ich ihm mit der flachen Hand einen Schlag auf die Wange.

»Bitte«, seufzte ich mit brüchiger Stimme.

Ich langte in Laurents Kleiderschrank und zog mir einfache

Kleidung über. In solchen Momenten verfluchte ich, dass ich jedes Mal nackt dastand, sobald ich mich zurückverwandelte.

Danach stemmte ich die Hände in die Hüften und ging hektisch im Raum auf und ab.

Sollte ich mich meinem Vater stellen? Malte ich mir vor meinem inneren Auge das schlimmste Szenario aus, das vielleicht nicht eintreten würde? Aber was, wenn doch?

Ich raufte mir mein Haar, dass die Büschel meiner blonden Locken zwischen den Fingern hervorsprossen. Danach fuhr ich mir fest übers Gesicht.

Ich überlegte, Laurent einfach zu packen und ihn mir über die Schulter zu hieven. Doch im selben Moment wurde die Tür hinter uns aufgerissen. Trotz meines übermenschlichen Gehörs hatte ich nicht mitbekommen, dass sich jemand näherte. Zu sehr war ich davon abgelenkt, Laurent aufzuwecken.

Ich wirbelte herum und sah, wie einige Wachmänner durch die Tür hetzten, gefolgt von meinem Vater. Ich hielt inne.

»Wie ich sehe, bist du aufgewacht, Sohn«, sagte er amüsiert und verzog seinen Mund. »Liegt es an den Drogen oder bist du vielleicht länger schon bei Bewusstsein und hast alle an der Nase herumgeführt?«

Er drehte seinen Kopf zur Seite, als die junge braunhaarige Frau, die mir die Flüssigkeit gespritzt hatte, ebenfalls durch den Türrahmen trat. Den Kopf gesenkt, die Hände hinter dem Rücken verschränkt, blieb sie neben meinem Vater stehen. Sie wagte es kein einziges Mal, aufzusehen, weder zu ihm noch zu mir.

»Was soll das Ganze, Vater?«, fragte ich und straffte meine Schultern. Er sollte nicht wissen, dass ich eine Heidenangst hatte, was als Nächstes passieren würde. »Wieso hast du uns betäubt und hierhergebracht?«

Er schüttelte belustigt den Kopf und sah um sich. »Wenn meine *beiden Söhne* monatelang nicht mehr nach Hause finden, sehe ich mich wohl gezwungen, sie zurückzuholen. Vergiss unsere Abmachung nicht, Junge.«

Mein Herzschlag beschleunigte sich bei der Erwähnung unseres Deals. »Die Abmachung ist hinfällig.«

»Das habe ich mir bereits gedacht, als deine geliebte Oriana mit Prinz Zane und deinem Bruder aus der Höhle kam anstatt mit dir.«

Perplex räusperte ich mich und blinzelte mehrmals. »Was … was meinst du mit der Höhle?« Es war unmöglich, dass er von der Höhle des Emryn wusste. Von Orianas Entführung, Amaras Tod und … Und unserem Erbe.

Wieder stieß er ein emotionsloses Lachen aus. »Ich weiß alles, mein Junge. Meine Spione sind überall und haben mir regelmäßig Bericht erstattet über euer lächerliches Verhalten.«

Er trat einen Schritt auf mich zu und ich musste mich zusammenreißen, um nicht einen zurückzuweichen. Ich musste ihm selbstbewusst gegenübertreten.

Wirke stark, wenn du schwach bist.

Ich war ein erwachsener Mann und kein kleines Kind mehr, das Angst vor seinem Vater hatte. Diese Zeiten gehörten lange der Vergangenheit an.

»Wenn du sowieso über alles Bescheid weißt, wieso kommen wir dann nicht gleich zum Wesentlichen.« Ich hob meinen Kopf ein Stück an, um seinen Blick zu fixieren. »Sag mir, wieso sind wir hier?«

»Ich hatte so große Pläne mit dir. So lange Zeit arbeitete ich darauf hin und du, du enttäuschst mich maßlos, sodass alle meine Bemühungen, alle Opfer, die ich gebracht habe, unnötig waren.«

»Was willst du?«, zischte ich ihm entgegen.

»Dass du deinen Teil der Abmachung einhältst, damit ich meinen einhalten kann.«

»Oriana wird Zane heiraten … Sie … Sie will mich nicht. Die Abmachung ist gelaufen. Nicht mehr von Belang.«

»Du wirst sie erfüllen«, unterbrach er mich.

Der Deal, der zwischen meinem Vater und mir bestand, war darauf ausgelegt, dass ich eine Frau bekäme, eine Allianz für Floranys schließen würde und er im Gegenzug einen Thronfolger, der den Posten ernst nahm. Wieso er also plötzlich so verbissen darauf bestand, war mir schleierhaft.

»Wieso bestehst du darauf? Was ist an einer Heirat so wichtig?«

Er ließ meine Frage einfach im Raum stehen und ging nicht darauf ein, sondern erwiderte: »Du gehst zurück nach Westerys, gewinnst Oriana für dich und heiratest sie auf floranischem Boden, damit die Verbindung nicht annulliert werden kann.«

»Das werde ich verdammt noch mal nicht!« Den Plan weiterhin zu verfolgen, wäre hirnrissig und vollkommene Zeitverschwendung. Oriana hatte mir mehr als einmal klargemacht, dass sie für mich nicht dasselbe empfand wie für Zane. Nicht mal annähernd. Unwichtig, wie es um meine Gefühle für sie stand, sie für mich zu gewinnen, war aussichtslos.

»Wenn du das Leben deines Bruders so schnell wegwirfst, dann sei es so. Du besteigst den Thron noch vor deinem fünfundzwanzigsten Geburtstag.« Sein Gesicht verzog sich zu einer selbstgefälligen Fratze. »Und meine letzte Amtshandlung wird die öffentliche Hinrichtung deines Bruders sein. Wie hört sich das für dich an?«

Vor meinem fünfundzwanzigsten Geburtstag …

Der in zwei Wochen war …

Bei seiner Drohung blieb mir beinahe das Herz in der Brust stehen, während mein Mund aufklappte und ich deutlich nach Luft rang. Vielleicht waren es auch die Drogen, die gerade ihre Wirkung zeigten. Mir meinen Verstand raubten und meinen Körper täuschten.

»Du würdest Laurent nie etwas antun«, entgegnete ich und schüttelte den Kopf.

»Sei dir dabei nicht zu sicher, Junge. Denk nicht, ich würde mehr als Verachtung für mein Kuckuckskind empfinden.«

»Fängst du auch noch damit an? Laurent ist mein verdammter Zwillingsbruder und ihr könnt euch eure an den Haaren herbeigezogenen Behauptungen schenken.«

»Euch?« Er blickte zu seinen Wachen und schmunzelte, bevor er fortfuhr. »Wer hat dir die Wahrheit verraten? War es deine

Tante Amara? Hast du sie deshalb getötet oder doch, weil sie deiner kleinen Oriana wehgetan hat?«

Eine Ranke brach aus dem Holzboden und schoss direkt auf meinen Vater zu, der sie jedoch mit einer flüssigen Handbewegung zunichtemachte.

Plötzlich wurde seine Miene bedrohlich. »Mach das ein weiteres Mal, mein Junge, und du wirst es ebenfalls nicht überleben.« Er packte mich am Kiefer und fixierte meinen Kopf. »Geh zurück nach Westerys und bring zu Ende, was du begonnen hast«, presste er durch zusammengebissene Zähne hervor. »Solltest du mich erneut enttäuschen, wird Laurent dafür bezahlen. Hast du verstanden?«

»Damit kommst du nicht durch«, knurrte ich und umfasste sein Handgelenk.

Aus seiner Kehle brach ein heimtückisches Lachen. »Und wer will mich davon abhalten? Du?«

Ich antwortete nicht, sondern starrte ihm voller Hass tief in seine Augen. Dieselben wie meine.

»Dachte ich es mir doch.« Er ließ ruckartig mein Gesicht los und trat einen Schritt zurück. »Dein Gaul steht in den Stallungen, falls du ihn benutzen willst. Natürlich kannst du dich genauso selbst in ein kleines süßes Vögelchen verwandeln, in der Gestalt, in der Laurents kleine Freundin so gerne verweilt, und nach Westerys fliegen, mir gleich. Solange du deine Pflicht erfüllst.« Danach wandte er mir den Rücken zu und verließ Laurents Gemächer. Seine Gefolgschaft tat es ihm gleich.

Ich stand regungslos da. Bemerkte erst, als ich wieder normal atmen konnte, dass mein Herz wie wild raste, was an den Drogen liegen musste.

Laurent lag weiterhin regungslos auf seinem Bett. Ich trat zu ihm, überlegte mir, wie ich ihn am besten hier rausschaffen könnte, ohne dass mir die Wachen im Weg wären, da spürte ich erneut einen Stich an meinem Hals. Ich wirbelte herum und sah erneut die Frau mit den haselnussbraunen Augen.

»Es tut mir leid, Clarence«, murmelte sie, bevor die Onyxspritze mich ausknockte.

Kapitel 32 Oriana

»Über was zerbrichst du dir den Kopf?« Zane strich über meine Finger und holte mich aus meinen Gedanken.

Ich drehte den Kopf zu ihm und lächelte zart. »Ach, nichts.«

Fragend zog er eine Augenbraue in die Höhe. Natürlich ließ er sich nicht so einfach abspeisen.

Ich seufzte und atmete tief durch. »Na gut. Ich mache mir Gedanken über die Zwillinge. Wieso sie abgereist sind. Über Mabel. Wieso ich mich nicht verwandeln kann und eben alles.«

»Soll ich dir eine Geschichte erzählen?«, fragte Zane überraschend und legte seinen Arm um meine Schulter. »Vielleicht bringe ich dich damit auf andere Gedanken.«

»Ist es denn eine gute Geschichte?«

Er sah aufs Meer hinaus, beobachtete, wie die Sonne am Horizont verschwand, antwortete jedoch nicht auf meine Frage, sondern begann einfach zu erzählen. »Als ich etwa zehn Jahre alt war, starb mein bester Freund.«

Damit hatte ich bei den Göttern nicht gerechnet.

»Das ist aber keine gute Geschichte«, murmelte ich und glättete meine angespannte Miene. »Das … Das tut mir leid«, stammelte ich.

»Sein Name war James. Wir waren seit unserer Geburt die besten Freunde, haben jeglichen Irrsinn angestellt und deswegen von unseren Eltern regelmäßig ordentliche Strafen kassiert.« Ein trauriges Lächeln schlich sich in sein Gesicht. »Angefangen mit Pferdeställe-Ausmisten über Den-Thronsaal-mit-unseren-Zahnbürsten-Schrubben bis hin zu Die-Fugen-der-Pflastersteine-vom-Sand-Befreien. Obwohl die Strafen dementsprechend mild ausfielen, beschwerten wir uns natürlich. Jammerten, wie Kinder es eben so taten. Jedoch hielten sie uns nie davon ab, weiterhin Ärger anzustellen.« Schwer atmete er tief durch, bevor er fortfuhr. »Alles war halb so schlimm. Wir waren Kinder, die nie etwas Böses von der Welt gesehen hatten. Bis wir es einmal übertrieben haben.« Zane blieb stehen und richtete seinen Blick erneut aufs Meer, als ob er das Damalige vor sich sehen könnte.

»Was ist passiert?« Ich nahm ihn an der Hand und zog ihn in den Sand, somit saßen wir am Strandufer und beobachteten, wie die Wellen vor uns brachen.

Die Intensität der Geschichte brachte ein flaues Grummeln in meinen Magen. Dass Zane aus dem Nichts von solch einem traumatischen Erlebnis erzählte, traf mich so unvorbereitet, dass ich nicht wusste, wie ich darauf reagieren sollte. Geschweige denn, was ich sagen sollte.

»Erinnerst du dich an die Leuchtfische? Die jedes Jahr in der einen Nacht in ihrer vollen Pracht zu bestaunen sind?«

Ich nickte schweigend und erinnerte mich an den wunderschönen Abend. Hatte jedoch im Hintergedanken die Vorahnung, dass damit etwas nicht stimmte.

»James und ich haben uns in jener Nacht aus dem Palast geschlichen, um im Meer zu schwimmen. Ich weiß nicht mehr, von wem die Idee stammte, vermutlich war es meine gewesen. Wir wollten im Meer treiben, umgeben von den Leuchtfischen. Das ging eine ganze Weile lang gut, bis sich einer von ihnen an James Bein festsaugte.« Zane presste die Augen fest aufeinander. »Danach folgte der nächste und der übernächste. Zuerst lachte er, bis das Gift einsetzte und er nur mehr schrie. Er schrie um sein Leben, als immer mehr Fische sich an seiner Haut festsaugten. Ich sollte aus dem Wasser verschwinden, rief er immer und immer wieder, doch ich tat nichts dergleichen. Ich schwamm zu ihm, brachte das Wasser um ihn zum Kochen, damit die Fische von ihm abließen. Aber es reichte nicht. Kurz bevor ich bei ihm ankam, verklangen seine Schreie.«

Ich fasste nach seinen Fingern und umschlang sie, jedoch erwiderte er die Berührung nicht, sondern ließ sie nur zu.

»Als ich bei ihm ankam, da war er ganz ruhig, trieb mit dem Kopf nach unten im Wasser, während seine komplette Haut leuchtete. Ich war zu spät bei ihm. Ich zog ihn aus dem Wasser, riss die Fische von seiner Haut und versuchte, ihn wiederzubeleben. Jedoch erfolglos. Durch unseren Schrei waren Wachen zum Strand geeilt, doch diese konnten ihn ebenfalls nicht retten.« Er wischte sich fest übers Gesicht und umfasste danach seinen Nacken. »Ich erinnere mich, als wäre es gestern gewesen. Wie seine schulterlangen braunen Haare nass in seinem Gesicht klebten, die blasse Haut übersät von roten Flecken, dort, wo ich die Fische entfernt hatte«, erzählte er mit viel zu brüchiger Stimme.

Dies war nicht Prinz Zane, Kronprinz von Westerys, der es mit jedem aufnehmen würde. Gerade war er sein zehnjähriges Ich, das nach einer Tragödie seinen Freund verloren hatte und dies nie vollständig verarbeitet hatte.

»Doch dieses eine Mal bekam ich keine Strafe von meinen Eltern. James Tod war meine Strafe, die mein restliches Leben auf meinen Schultern lasten wird. Die Strafe der alten Götter, um mich zu erinnern, wer ich war. Was passieren konnte, wenn ich die Menschen um mich nicht beschützen würde. Ich versprach mir, nie wieder jemanden, der mir nahe steht, im Stich zu lassen.« Nun wandte er sein Gesicht zum ersten Mal mir zu. Sah mir tief in die Augen und lächelte matt – emotionslos. »Aber ich habe dieses Versprechen gebrochen. Mehrmals.«

Sofort wusste ich, wen er damit meinte. Mich.

»Ihr wart Kinder. Nichts, was damals geschehen ist, ist deine Schuld. Ihr wusstet es einfach nicht besser.«

»Und dennoch hat er meinetwegen den Tod gefunden. Mit zehn Jahren.«

Der Schmerz in seiner Stimme brachte mich den Tränen nahe. Wie schlimm musste es gewesen sein, in ihren jungen Jahren solch ein Trauma zu durchleben. Seinen besten Freund auf solch schreckliche Weise zu verlieren.

Zu hören, was Jahre zuvor an diesem einen besonderen Tag passiert war, verpasste meinem Herzen den finalen Stich, sodass sich Tränen aus meinen Lidern lösten.

Vor Monaten war ich mit ihm am Strand gewesen und hatte die Fische bewundert, die seinen Freund getötet hatten. Damals hatte er gemeint, ich wäre wie einer der Fische. »Wieso hast du, als wir gemeinsam die Fische beobachtet haben, nichts davon erzählt? Wieso erst jetzt?«

Er leckte sich kurz über die Unterlippen und biss danach darauf und benötigte einige Augenblicke, bevor er antwortete: »Damals warst du selbst in solch schlimmer Verfassung. Dir die Last meines Kindheitstraumas aufzuladen, schien mir nicht passend. Es sollte ein schöner Abend für dich sein, einer, an dem es um *dich* geht.«

»Du meintest, ich wäre wie einer von diesen Fischen«, sagte ich, meine Stimme kaum mehr als ein Flüstern. »Wieso hast du mich mit einem der Fische verglichen, die deinen Freund getötet haben?«

»Ganz einfach«, sagte er und umfasste nun von sich aus meine Hand. »Diese Kreaturen sind wunderschön und wirken, als könnten sie niemandem etwas zuleide tun. Doch genau hinter diesen stecken die tödlichsten Gefahren. Deshalb sind sie dir so ähnlich. Wunderschön und dennoch tödlich.«

Erneut wusste ich nicht, wie ich mit seinen Worten umgehen sollte. »Es tut mir leid um deinen Freund und um das, was du deswegen durchmachen musstest.«

»Es ist Jahre her, dennoch ist es meine Vergangenheit und ich wollte dir davon erzählen. Auch ich habe Dinge, über die ich mir den Kopf zerbreche, ohne dass ich daran etwas ändern kann. Genauso wie du. Oft findet man sich in Situationen, in denen man vollkommen machtlos ist, in denen man nur versuchen kann, es irgendwie über sich ergehen zu lassen, ohne sich selbst darin zu verlieren. Sich in seiner Hilflosigkeit zu verlieren. Egal wie oft man sich die Was-wäre-wenn-Fragen dabei stellt. Es ändert nichts daran, was passiert ist, unwichtig, wie viele Stunden man sich täglich darüber den Kopf zerbricht.«

Dies war also der Grund dafür, dass er mir diese intime Geschichte erzählt hatte.

»Danke, dass du mir vertraust.« Danach lehnte ich meinen Kopf an seine Schulter und genoss die letzten goldenen Strahlen auf meiner Haut. Schloss die Augen und sog gleichermaßen den Duft der See wie auch den von Zane auf. Er legte seinen Arm um meine Schultern, zog mich näher an ihn heran und streichelte mir sanft übers Haar. Wickelte meine Locken um seinen Finger und strich sie danach wieder zurück.

Seine zarten Berührungen prickelten beinahe genauso wie die warmen Sonnenstrahlen. Zane war mein Feuer, das mir Lebenskraft schenkte. Als ob er mich mit jeder Berührung auf meiner Haut mit seinen Flammen aufladen würde.

Zwar hatte er nicht erwähnt, dass er die Geschichte nie jemandem zuvor erzählt hatte, jedoch wusste ich, dass es so war. Ich hatte es in jedem seiner unsicheren Worte gefühlt.

Zane war den anderen gegenüber so verschlossen, wirkte beinahe überheblich und resigniert, aber ich kannte ihn anders. Ich kannte die weiche, verletzliche Seite, die vermutlich jeder tief in sich trägt, obwohl man sie versucht wegzusperren, um sie vor den Menschen zu schützen. Selbst ich hatte diese Angewohnheit, mein Innerstes vor den Menschen zu verschließen, die mir am nächsten standen.

Noch lange nachdem die Sonne untergegangen war, saßen wir weiterhin wortlos eng umschlungen am Ufer. Das Wasser hatte sich weit zurückgezogen und offenbarte im Sternenlicht die Korallenriffe, in denen sich Krebse tummelten und im feuchten Sand vergruben.

Genau in dieser idyllischen Umgebung, in Zanes Gesellschaft, hätte ich für immer verweilen können.

Meine Finger strichen durch sein dunkles, weiches Haar, während wir schweigend nebeneinandersaßen.

Während ich seine Geschichte verarbeitete.

Kapitel 33 Oriana

»Wieso wieder dieses nachdenkliche Gesicht?«, fragte Zane und hob mein Kinn ein Stück an, damit ich seinem Blick begegnete. »Ich dachte, ich hätte dein Gedankenwirrwarr entwirrt.«

Mittlerweile war es spät abends. Nachdem wir den Strand verlassen und uns in unsere Gemächer zurückgezogen hatten, war die Stimmung gedämpft.

»Es ist nichts«, log ich und eine von Zanes Augenbrauen wanderte in seine Stirn. »Und frag mich nicht ständig, was ich auf dem Herzen habe. Erst recht nicht, nachdem du mir diese Geschichte erzählt hast. Ich sollte dich viel eher nach deinen Gefühlen fragen.« Aber er schien nicht mal zu überlegen, auf meinen Einwand einzugehen, so wie er seine Augenbraue fordernd nach oben zog. Also seufzte ich und verdrehte die Augen. »Obwohl so viel gerade um uns passiert und ich eigentlich nicht daran denken sollte, kam mir der Gedanke … Der Gedanke, dass unsere Hochzeit schon vor einiger Zeit hätte stattfinden sollen.« Seine Hand strich über meine Wange und ich bettete mein Gesicht darin. »Deine Mutter und ich hatten so viel geplant … Wir …«

Mit seinen Lippen auf meinen unterbrach er meine Worte. Seine zweite Hand umfasste mein Gesicht, während er mich sanft küsste. »Sobald alles vorbei ist, werden wir die schönste Hochzeit feiern, die die fünf Königreiche je gesehen haben.« Er strich mir eine Haarsträhne hinter mein Ohr und lächelte. Lächelte so ehrlich, dass die feinen Fältchen um seine Augen hervortraten. »Mit der atemberaubendsten Braut, die es je gab und geben wird.« Sein Mund verzog sich zu einem schiefen Grinsen. »Und alle Frauen werden um den begehrtesten Junggesellen trauern, der den Bund der Ehe eingeht«, neckte er mich und ich stieß ihm daraufhin gegen die Seite.

»Du bist unmöglich«, schnurrte ich und biss mir in die Innenseite meiner Wange.

»Unmöglich gut aussehend?«

»Unmöglich nervig und arrogant«, erwiderte ich und wandte mich spielerisch von ihm ab.

So einfach.

So einfach schaffte er es, mich aus der Reserve zu locken.

Und ich verfiel ihm jedes Mal.

Er packte mich um die Taille und wirbelte mich herum. »Das hast du gewusst, bevor du dich Hals über Kopf in mich verliebt hast.« Er drückte mich dicht an sich.

»Und sehr von sich selbst überzeugt«, fügte ich zur Liste hinzu und schüttelte den Kopf, während ich sein Gesicht studierte. Ich hob meine Hand und zog mit meinem Finger seine gerade Nase nach, seine Lippen, danach den Kiefer. »Du bist perfekt«, murmelte ich atemlos in seiner Anziehung versunken.

Seine selbstgefällige Miene entglitt ihm. »Das war das erste Kompliment von dir«, stellte er fest und seine Augen glitzerten.

Nun war ich es, die sein Gesicht in meine Hände bettete, als wäre es das wertvollste der Welt.

Plötzlich war da ein Moment.

Ein Moment, an dem die Zeit stillzustehen schien.

An dem nichts existierte außer wir beide.

Ich stellte mich auf meine Zehenspitzen und Zane beugte sich etwas herab und kam mir auf halbem Weg entgegen. Unsere Lippen waren so nahe beieinander, dass ich seinen warmen Atem spürte, ihn mit jeder Faser meines Körpers aufsaugte, als wäre es ein berauschendes Mittel, das mir die Sinne vernebelte. Doch wenn ich ehrlich war, schärfte es meine Empfindungen.

Mein Herz schlug kräftiger in meiner Brust. Meine Atmung ging schwerer, während meine Haut in Flammen stand, und das nichts mit seiner Magie zu tun hatte. Es war seine reine Gegenwart. Seine Nähe.

Wie verloren versank ich in seinen dunklen Augen, die Güte und reine Liebe widerspiegelten und mein Herz aufgehen ließen.

»Zane«, hauchte ich, schloss einen Moment die Augen und sog seinen lieblichen Duft in mich auf. Tränen blitzten hinter meinen Lidern hervor, als ich die Augen öffnete.

Weshalb wartete ich auf den perfekten Moment, um ihm meine Gefühle zu gestehen, um es laut auszusprechen was ich tatsächlich für ihn empfand? Denn kein Moment wäre perfekt. Wenn man bedachte, dass Zane die drei Worte das erste Mal gesagt hatte, als wir beiden davon überzeugt waren, dass Westerys angegriffen wurde.

Der Moment. Hier und jetzt wäre also mehr als passend. Ich öffnete den Mund, doch verharrte eine Sekunde, bevor ich mit viel zu schnellem Herzschlag flüsterte: »Zane … Ich … Ich liebe dich.« Ich sah auf seine Lippen, da mir der Mumm fehlte, ihm in die Augen zu sehen. Ich hatte zu große Angst, was sich dort widerspiegeln würde.

Sekunden verstrichen, in denen meine Gefühle wild in mir tobten und mein Körper immer mehr zu zittern begann. Sekunden, die sich wie eine Ewigkeit anfühlten, in der er keine Regung zeigte.

Er war es, der vor mehreren Wochen seine Gefühle laut ausgesprochen hatte. Er hatte nie ein Geheimnis aus ihnen gemacht, im Gegensatz zu mir. Natürlich musste er wissen, wie es um meine Gefühle für ihn stand, doch sie ihm zu gestehen, war etwas anderes.

Ich öffnete den Mund. »Zane.«

»Du kannst dir nicht vorstellen, was es mir bedeutet, von dir geliebt zu werden. Was deine Worte mit mir anstellen.« Er umfasste mit zwei Fingern sanft mein Kinn und hob es an. Seine Wangen glänzten nass im gedämmten Licht. Zane weinte. Er weinte, weil ich ihn liebte. »Ich liebe dich mehr, als ich dachte, Liebe empfinden zu können.« Danach schlossen sich seine Augen und er lehnte seine Stirn an meine. »Götter. Ich würde alles für dich tun. Alles, um dich glücklich zu wissen. Alles in meiner

Macht Stehende, um dich zu beschützen. Für immer.« Weitere Tränen flossen von seinen Wangen, genauso wie von meinen. »Du bist jetzt schon meine Königin. Das bist du, seitdem ich dich mit Stella in den Hallen von Westerys gesehen habe. Schon damals wusste ich, dass du die Richtige bist.« Er lachte kurz auf, kaum mehr als ein Schmunzeln. »Ich weiß, es hört sich so unglaublich verrückt an, aber ich wusste, dass … dass du etwas ganz Besonderes bist.«

Einige Augenblicke verstrichen, in denen wir eng umschlungen dastanden und uns einander tief in die Augen sahen. Die Liebe zwischen uns spürten, die in der Luft beinahe greifbar wurde.

»Ich habe es ebenfalls gefühlt. Diese übernatürliche Anziehung, die du auf mich ausgeübt hattest.« Diesmal lachte ich auf. »Ich dachte, es wäre nur dein Aussehen, das mir so den Verstand verdreht hatte.«

»Das kann man dir nicht verübeln«, feilschte er.

Meine Lippe bebte, als ein Schluchzen aus mir brach. Doch Zane legte seine Lippen sanft auf meine und verschluckte den aufsteigenden Laut.

Die Luft um uns knisterte nicht, sie stand in Flammen. Sie war magisch. Alles an dieser Situation war so viel intimer, als was wir zuvor miteinander erlebt hatten.

»Ich liebe dich«, flüsterte er während unseres Kusses.

»Ich liebe dich«, erwiderte ich, vergrub meine Finger in seinem Haar und zog ihn noch näher und drängte mich an ihn.

Forschend wanderten seine Hände über meinen Körper, als könnte er nicht glauben, dass ich hier war. Ihn küsste. Ihn liebte.

Das war die Realität.

Plötzlich hob er mich hoch und ich schlang sofort meine Beine um seinen Bauch, während unsere Küsse an Fahrt aufnahmen.

Seine Zunge umspielte meine, kostete meinen Mund. Ich schnurrte in seinen, während er über meine Lippen leckte. Ich prallte mit dem Rücken gegen die nächstgelegene Wand und Zane drängte sich näher, fixierte mich mit seiner Hüfte an der Wand, weshalb ich meine Hände über seine Schulter streicheln konnte, die sofort den Weg unter seine Tunika suchten.

Seine weiche goldene Haut prickelte unter meinen Fingerspitzen, als ich über seine Arme, Oberkörper und Bauch strich. Meine Finger fuhren seinen Bauchnabel hinab, dorthin, wo er mich mit seinen Hüften fixierte. Als sie an seinem Hosenbund ankamen, stieß er heiß die Luft aus und biss den Kiefer fest aufeinander.

Doch plötzlich zog er seinen Kopf zurück, sah mich eindringlich an, während er seine Hände unter meine Schenkel schob und mich von der Wand weghob.

Verwirrt kniff ich die Augen zusammen. »Was machst du da?«, lachte ich gegen seinen Mund.

Zielstrebig durchquerte er den Raum, mit einem verruchten Grinsen auf den Lippen. »Immer so neugierig.« Belustigt schüttelte er den Kopf. »Du wirst es gleich sehen.«

Da mir sowieso nichts anderes übrig blieb, als mit ihm zu gehen – da er mich wortwörtlich auf Händen trug – machte ich das Einzige, was ich konnte. Ich schlang meine Arme fester um seinen Hals und übersäte ihn mit Küssen. Strich währenddessen mit den Fingern seinen Nacken hinauf.

So lange, bis er plötzlich stehen blieb. In demselben Moment hielt ich inne mit meinen Liebkosungen und sah direkt in sein Gesicht.

Ein Gesicht, erfüllt von Liebe.

Wahrer, reiner Liebe.

»Sind wir da?«, fragte ich dümmlich und sah mich flüchtig um. Und was ich sah, beschwor so einige Erinnerungen herauf. Eine von denen, die mich in der Zelle am Leben gehalten hatten. Mir Kraft geschenkt hatten, indem sie mir immer wieder vor Augen hielten, wieso ich zurück nach Hause musste. Wer dort sehnsüchtig auf mich warten würde.

Wir befanden uns in Zanes frei stehender Badewanne. Der Vollmond spiegelte sich auf der schwarz wirkenden Wasseroberfläche wider, während der Wind das Geräusch der Brandung bis hierher trug. Ansonsten war es totenstill. Nur Zanes und mein Atem gingen im Gleichklang zum Rauschen des Meeres.

»Weißt du noch, wann wir das letzte Mal hier waren?«, hauchte Zane und seine Lippen strichen in einer flüchtigen Berührung über mein Ohr.

»Wie könnte ich das jemals vergessen«, sagte ich mit einem Schmunzeln auf den Lippen.

»Es ist eine meiner liebsten Erinnerungen mit dir, weißt du.« Wieder streiften seine Lippen mein Ohr, bevor sein Mund einen Pfad über meine überhitzte Wange bis zu meinen Lippen zog. »Nicht weil wir an diesem Abend das erste Mal miteinander geschlafen haben.« Einer seine Mundwinkel zuckte kurz nach oben. »Nicht nur deswegen«, verbesserte er sich. »Ich liebe diese Erinnerung, weil es das erste Mal war, an dem du deine Gefühle zugelassen hast. Das erste Mal, dass du dich nicht dafür geschämt hast, wie sehr du mich begehrst. Wie sehr sich dein Körper danach verzehrt, von mir berührt zu werden.«

Er lachte kurz, fixierte danach meine Lippen mit seinem hitzigen Blick, der direkt in meine Mitte wanderte. Sein Blick unterstrich nur die Worte, von denen jedes einzelne stimmte. Es war der Abend gewesen, an dem ich meine Gefühle akzeptierte. An dem ich dem Verlangen meines Körpers zum ersten Mal nachgab, ohne einen Funken eines schlechten Gewissens dabei zu empfinden.

»Lass mich raten.« Ich setzte eine fragende Miene auf. »Und deswegen hast du uns hierhergebracht. Weil ich an jenem Abend hier meine Gefühle zuließ und heute Abend.«

»Heute Abend hast du sie laut ausgesprochen«, unterbrach er mich und seine Finger gruben sich dabei fester in meine Schenkel. »Und bei den Göttern, Oriana.« Er brach den Satz ab und presste seine Lippen auf meine. Hart und weich zugleich. Er küsste mich so begierig, als würde er verhungern, und nur ich könnte ihn aus diesem Abgrund zurückhalten.

Das Witzige war, ich konnte seine Gefühle so gut nachempfinden, denn es ging mir genauso. Zane war alles, nach dem ich mich verzehrte.

Seine Finger gruben sich mittlerweile beinahe schmerzhaft in mein Fleisch. Umso verwunderter war ich, als er seinen Mund von mir löste und mich ohne Vorwarnung von sich stieß. Überrascht von der Situation hatte ich keine Chance, mich irgendwie an ihm festzuhalten, als mich das kühle Wasser umfing.

Dieser Mistkerl, murrte ich innerlich zu mir selbst und konnte das Schmunzeln dabei nicht zurückhalten. Mit Händen und Füßen strampelte ich mich zurück nach oben. Kurz bevor ich die Oberfläche durchbrach, erkannte ich eine dunkle Silhouette am Beckenrand hocken.

Ich schnappte nach Luft, als ich auftauchte, und wischte mir die Strähnen, die an mir klebten, aus dem Gesicht. »Ich hasse dich.«

Zane grinste über beide Ohren, während er lässig dahockte. »Das tust du nicht.«

»Oh, da irrst du dich aber gewaltig. Ich werde dir gleich zeigen, wie sehr ich dich hasse.« Danach stemmte ich mich an seinen Oberschenkeln aus dem Wasser. Gerade so weit, dass mein Oberkörper herausragte.

Das weiße Kleid, das ich trug, klebte wie eine zweite Haut an meinem Körper und überließ nichts der Fantasie. Dies schien Zane ebenfalls zu bemerken, denn sein Blick, den er zuvor in mein Gesicht gerichtet hatte, fiel plötzlich um einige Zentimeter weiter nach unten, währen sich die Muskeln seiner Oberschenkel unter meinen Fingern anspannten.

Zane war so einfach um den Finger zu wickeln.

»Stimmt etwas mit meinem Kleid nicht?«, fragte ich und sah extra unwissend unter meinen Wimpern zu ihm auf.

Der Muskel in seinem Kiefer zuckte. »Du weißt genau, was du da mit mir machst«, knurrte er und umfasste ruckartig meinen Nacken.

Ein Stöhnen kam mir überraschenderweise über die Lippen, als seine Hand sich um meine Taille schlang und er mich aus dem Wasser zog. Direkt auf seinen Schoß.

Meine nassen Haare und Kleidung durchtränkten Zanes

Tunika, doch dies schien ihn nicht im Geringsten zu kümmern. Seine Augen brannten förmlich auf meiner Haut und er machte nicht den Anschein, als ob er irgendetwas wahrnehmen könnte, von mir abgesehen.

Instinktiv drängte ich mich näher an ihn, ließ meine Hände über seinen Körper wandern. Seine Lippen schrammten über meine und fingen mein Stöhnen auf.

Seine Finger strichen meine Taille hinauf, bis er mein Mieder umfasste und es mit einem gezielten Ruck in der Mitte aufriss.

Ich lachte. »Diesmal verbrennst du es gar nicht?« Ich spürte beinahe die Hitze, die von seinen Fingern ausgegangen war, als er den Stoff meines weißen Spitzenbodys zwischen meinen Beinen verbrannt hatte.

Er hatte bereits meinen Oberkörper von dem Stoff befreit, als er meine Brüste umfasste und lachte. »Sag ruhig, wenn du mein Feuer sehen willst.«

Plötzlich spürte ich die Hitze, die seine Finger auf meiner Haut verursachten. Überrascht sah ich nach unten und sah, wie seine Hände leicht glühten. Gerade so weit, dass die Hitze mich neckte, aber nicht verletzte.

Und überraschenderweise gefiel es mir.

Es gefiel mir verdammt gut.

O Götter.

Ich warf den Kopf in den Nacken, während seine hitzigen Finger meinen Körper erforschten. Zane schien zu bemerken, wie sehr es mir gefiel. Denn das Schwarz seiner Iriden nahm beinahe seine gesamten Augen ein.

Urplötzlich umfasste er mit beiden Händen meine Hüfte und stieß uns gemeinsam über den Beckenrand. Mit dem Rücken voran tauchte ich ins Wasser ein und schaffte es gerade noch, den Mund von meinem erschrockenen Quieken zu schließen.

Alles um uns wurde dunkel. Ausgenommen die glänzende Wasseroberfläche. Zane stieß gegen mich, und ohne ihn zu sehen, zog ich ihn näher zu mir. Hielt die Luft so lange an, wie es meinen Lungen möglich war, und küsste ihn. Meine Finger wanderten zu den Knöpfen seiner Tunika und ich versuchte, diese zu lösen. Gerade als ich es endlich geschafft hatte und meine Hände seine nackte Haut berührten, tauchten wir auf.

Schwer atmend mit einem selbstgefälligen Grinsen auf den Lippen schälte ich ihn aus seiner Tunika und warf diese auf den Beckenrand neben uns. Erst als ich somit im Augenwinkel das Meer und den Himmel bemerkte, wurden meine Augen zu Schlitzen.

Ich hielt kurz inne.

Zane schien es jedoch nicht zu bemerken, denn er umfasste meine Taille und zog mich wieder zu sich. Noch in der Bewegung, mich zu küssen, stoppte ich ihn.

»Ist alles in Ordnung?«, fragte er verwundert und zog seinen Kopf zurück. »Wenn du doch nicht willst, es ist kein –«

»Sei nicht albern. Das ist es nicht.« Dass ich so plötzlich nicht mehr Zanes Körper an meinem spüren wollte, war noch unlogischer als das, was ich sah. Mit dem Kinn deutete ich aufs Meer hinaus. »Siehst du das auch?«

Zane folgte meiner Anweisung und seine Miene entglitt ihm, als er bemerkte, was ich meinte. »Meinst du den Himmel?«, fragte er mit zusammengekniffenen Augen.

»Kaum zu übersehen, findest du nicht?«

Wie gebannt starrte er aufs Meer hinaus, dorthin, wo der Horizont mit dem Wasser verschwamm. Doch der Himmel war nicht schwarz, so wie zuvor. Er strahlte in einem dunklen Violettton, der alles andere als natürlich wirkte. Und es schien mit jeder Sekunde heller zu werden. Als würde der Tag die Nacht ablösen. Aber das war absurd. Es war mitten in der Nacht.

»Das ist gruselig«, murmelte ich und schmiegte mich näher an Zane, tauchte mit dem Körper so weit unter Wasser, dass nur noch mein Kopf rausschaute. Denn es fühlte sich schlagartig mehrere Grade kühler an.

Zane hauchte mir einen flüchtigen Kuss auf die Nasenspitze. »Hast du etwa Angst?«

»Nein«, log ich gedehnt, denn es wurde mir schon etwas

mulmig zumute. Zumal ich keine Ahnung hatte, was es damit auf sich hatte. Vielleicht war es der Zorn der Götter und gleich würde ein riesiger Tsunami über die Inseln hinwegfegen.

»Ich habe so etwas selbst noch nie zuvor gesehen«, gestand Zane.

»Nicht? Ich dachte, das wäre wieder so ein Naturspektakel, das jedes Jahr passiert. Oder mit dem Mondzyklus oder so.« Oder ein Tsunami. Aber das behielt ich für mich. Automatisch dachte ich wieder an Zanes Geschichte mit den Leuchtfischen und was sie bedeuteten.

»Da muss ich dich leider enttäuschen. So etwas habe ich tatsächlich noch nie zuvor gesehen.«

Er hob mich aus dem Wasser, und nachdem er mir gefolgt war, schnappte er einen Bademantel und wickelte mich darin ein. Er selbst blieb nur in seine nasse Stoffhose gekleidet. Bei der man *alles* sah. Alles. Doch so gerne ich mit ihm dort weitergemacht hätte, wo wir stehen geblieben waren, ich konnte nicht. So verlockend es auch war.

Der Himmel schien uns irgendwie magisch anzuziehen. Uns beide.

Ich umfasste Zanes nackten Oberarm und klammerte mich an ihn, während wir, ohne ein weiteres Wort zu verlieren, nach draußen traten.

Der Nachthimmel erstrahlte mittlerweile in einem solch hellen Violettton, dass man tatsächlich annehmen könnte, dass es helllichter Tag war.

Plötzlich brach die Wolkendecke über unseren Köpfen auf, durch die goldene Strahlen hervorstrahlten. Sofort schossen unsere Blicke nach oben.

»Bei den Göttern«, murmelte ich und Zane zog mich instinktiv näher an sich heran.

»Ich glaube, du hast recht.«

Nun wirbelte mein Kopf zu ihm. »Was?«

Er lächelte. »Ich denke, es sind wirklich die Götter.«

»Aber warum? Wieso tun sie das?«, fragte ich. »Haben wir sie in irgendeiner Weise verärgert?« Wieder dachte ich an den Tsunami. Verdammt, ich hatte keine Lust, auf diese Weise zu sterben.

Ich wollte schon auf die Knie fallen und die Götter anbetteln, uns nicht mit einer furchtbaren Flutwelle zu töten. Als ich wieder in Zanes Gesicht sah und dort nichts mehr erkennen konnte als ein zartes Lächeln. Seine Augen glitzerten, als er den Blick auf mich richtete, während sein Arm mich im festen Griff hielt.

»Ich wusste es.« Er schüttelte schmunzelnd den Kopf. »Aber ich wusste nicht, dass es so geschieht.« Er drückte mir einen liebevollen Kuss auf die Schläfe und ich verstand nichts mehr.

»Verdammt, Zane, wovon sprichst du?«

Er drehte sich zu mir und bettete mein Gesicht in seine Hände, während die Strahlen über unseren Köpfen immer heller leuchteten.

»Die Verbindung. Die Zeremonie«, flüsterte er dicht an meinen Lippen. »Das Gegenstück der eigenen Seele. Mein Seelengegenstück.« Dann küsste er mich, voller Liebe und Zärtlichkeit. »Lange Zeit dachte ich es, doch jetzt weiß ich es. Du bist mein Seelengegenstück.«

»Und du bist meins.« Bei den Göttern, mein Herz hämmerte dermaßen in meiner Brust, dass es beinahe schmerzte.

Er strich meine nassen Haare zurück. »Ich liebe dich, Oriana. Jetzt und für alle Ewigkeit.«

»Ich liebe dich«, murmelte ich und nun war ich es, die ihre Lippen auf seine legte. Meine Hände wanderten in seine nassen Haare und zogen ihn noch näher zu mir.

Und während ein Knistern die Luft erfüllte und ein tiefes Donnergrollen von den Wolken brach, war ich in der Liebe unseres Kusses versunken. Selbst als der Wind sich um uns drehte und in seinem Zentrum einhüllte, dachte ich nicht daran, mich von ihm zu lösen. Ich spürte, wie meine Haare herumwirbelten und der Bademantel beinahe von meinem Körper gerissen wurde, so sehr wütete der Wirbelsturm. Doch ich hielt weiter Zane umschlungen. Hielt mich bei ihm fest, denn ich war fest davon überzeugt, bei ihm wäre ich sicher.

Er war mein Zuhause.

Mein Rettungsanker.

Mein Seelengegenstück.

Ich liebte ihn.

Tränen brannten auf meinen Wangen, denen ich ungehinderten Lauf ließ.

Er war mein Seelengegenstück und ich hätte gerne behauptet, wie sehr es mich überraschte, doch das wäre eine Lüge. Denn ich fühlte es schon so lange. Fühlte die Anziehung, die er auf mich hatte, vom erstem Augenblick an. Ich hatte gefühlt, wie es mein Herz in Tausende Splitter zerbrach, als ich dachte, er hätte mich verraten, mich angelogen. Hatte die Liebe gespürt, die sich zwischen uns aufgebaut hatte, und die Zuneigung.

Und bei den Göttern, wie sich unsere Körper im Gleichklang mit unseren Herzen bewegten, war doch nur das Tüpfelchen auf dem I, das bestätigte, was ich fühlte. Was wir beide fühlten.

Doch es zu fühlen oder die Zusammenfügung der Götter zu erleben, waren zwei unterschiedliche Dinge. Nicht zu vergleichen damit, welche Gefühle gegenwärtig durch meinen Körper schossen. Erst recht, wenn man bedachte, wie selten es vorkam, dass sich Seelengegenstücke in ihrem Leben begegneten.

Und mit meinem Liebesgeständnis hatte ich der Verbindung vermutlich zugestimmt.

Die göttlichen Strahlen hüllten uns in goldenes Licht und sperrten die Umgebung aus, sodass nur noch wir beide existierten. Ein weißer Nebel fuhr herab und wir traten einen Schritt voneinander weg, hielten jedoch unsere Finger weiterhin miteinander verschränkt. Denn der feine Nebelschimmer legte sich direkt auf unsere vereinten Hände und leuchtete danach heller. Erstrahlte in seiner vollen magischen Pracht.

Niemand von uns beiden wagte es, ein Wort zu sprechen. Wir starrten einander durch den Tränenschleier an und beobachteten, was rund um uns geschah. Doch das Spektakel dauerte nicht länger an. Nachdem der Nebel zurück im Himmel verschwand, schloss sich die Wolkendecke und die tiefste Nacht brach erneut auf uns herein.

Umfangen von Dunkelheit, standen wir beide noch länger schweigend da. Sammelten unsere Gedanken, bis Zane mich zurück in seine Arme zog, einen Kuss auf meinen Handrücken hauchte, um danach mich zu küssen.

»In der Zeit, in der du weg warst –« Er löste sich von meinen Lippen und legte seine Stirn an meine. »Der Schmerz, den ich empfand. Es war unbeschreiblich. Die physische Trennung von dir, ohne zu wissen, wie es dir ging und ob ich dich jemals wiedersehen würde … Es zwang mich in die Knie.«

»Ich spürte denselben Schmerz, Zane.« Ich schüttelte sanft den Kopf und schloss die Augen. »Er war unerträglich, doch –« Ich musste schwer schlucken. »Doch es zeigte mir, wie tief, ehrlich und stark das zwischen uns ist. Und ich wusste, dass ich zurück nach Hause musste. Zurück zu dir. Zane, du bist mein Zuhause.«

Seine Mundwinkel zeigten kaum merklich nach oben, während sich das Mondlicht in seinen dunklen Augen widerspiegelte. »Ich liebe dich, Oriana. Ich liebe dich mehr als das Leben selbst.« Danach küsste er mich. Tief, sinnlich und ich wollte, dass es nie mehr aufhört. Wollte das hier für immer.

In einer flüssigen Bewegung hob er mich hoch und ich schlang automatisch meine Beine um seine Taille. Er brachte uns zurück in seine frei stehende Badewanne und trat über die gemauerten Stufen ins Wasser.

Seine Hände streichelten über meine nasse Haut und jede seiner Berührungen war zärtlich und voller Liebe.

»Du bist mein Gegenstück«, murmelte er dicht an meinen Lippen, als müsste er es laut aussprechen, um es wahrhaftig zu realisieren.

»Und du meines.«

Ich fuhr seine scharfen Gesichtszüge nach, da nahm er meine Hand und küsste jeden meiner Knöchel. Besonders langsam den Ringfinger, dort, wo unser violettes Band schimmerte.

Ein Band, wie ein Ehering, der uns verband, aber so viel wertvoller.

Mit dem Daumen strich er darüber. »Ich bin für immer dein. Das war ich, seitdem ich dich zum ersten Mal sah.«

»So romantisch heute«, neckte ich ihn und dabei grinste er breit, packte mich am Hinterkopf und küsste mich.

Hungrig entledigten wir uns gegenseitig unserer restlichen Klamotten. Jede Barriere zwischen unseren Körpern war zu viel.

Und als wir wenig später zu einer Einheit verschmolzen, fühlte es sich an, als würde ich gefrieren und gleichzeitig in Flammen stehen.

Kapitel 34 Oriana

Das Ritual vor einigen Tagen hatte mich vollkommen aus der Spur gerissen. Mit ihm hatte sich so viel und gleichzeitig nichts verändert.

Nachdem Clarence und Laurent am Hof nicht mehr anwesend waren, musste ich auf eigene Faust weitertrainieren. Gavriel und seine Männer begleiteten mich täglich nach dem Frühstück in die Wälder, um an meinen Fähigkeiten zu arbeiten.

Doch egal wie oft ich versuchte, mich zu verwandeln, selbst wenn ich mir nur eine andere Auge- oder Haarfarbe wünschte, passierte rein gar nichts.

Manchmal schnitt ich mich mit dem Messer in die Hand oder das Bein, nur um zu überprüfen, ob ich weiter übermenschlich schnell heilte. Narbenlose Haut fand ich jedes einzelne Mal, dort, wo zuerst die Schnittwunde war. Und dennoch schaffte ich es nicht, mich zu verwandeln, obwohl Clarence und Laurent behaupteten, dass es so einfach wäre. Dusan, der sich als Kind beim Spielen mit unserem Hund zufällig verwandelt hatte, machte es nicht erträglicher, dass ich es nach wochenlangem Training noch immer nicht schaffte.

Genau das Gegenteil war der Fall.

Die Enttäuschung machte mir zu schaffen, sodass ich mit jedem weiteren Training mehr meiner Motivation verlor. Trotzdem gab ich nicht auf. Unwichtig, wie mühsam ich mich zu den Trainings schleppen musste. Irgendwann würde es mir gelingen und damit hätte sich der gesamte Aufwand gelohnt. Also biss ich die Zähne zusammen und versuchte es wieder und wieder.

Was sich die Wachen dabei dachten, war mir egal. Seit Wochen sahen sie mich täglich scheitern. Wie ich mit geschlossenen Augen auf einer Lichtung mitten im Wald stand. Umgeben von dichtgewachsenen Palmen und Ranken, sandigem Boden unter meinen Sohlen, versuchte ich es weiter. Wie ein kleines, bockiges Kind, das nicht akzeptieren wollte, dass es etwas nicht auf die Reihe bekommt.

Versunken in meine Gedanken, bemerkte ich zuerst nicht, wie Gavriel näher an mich herangetreten war und mich plötzlich an den Schultern packte.

Sofort schlug ich die Augen auf und suchte meine Umgebung ab, danach wirbelte ich zu ihm herum. »Was ist los?«

Mit dem gezückten Schwert schob er mich hinter seinen Rücken. »Irgendjemand nähert sich uns. Bleibt hinter mir und macht Euch bereit.«

»Was meint Ihr damit?« Mein Kopf schnellte in alle Richtungen, doch ich könnte nichts Ungewöhnliches erkennen.

Gavriel antwortete nicht, stattdessen rief er: »Kommt raus! Wir wissen, dass Ihr hier seid.«

Mehrere der anderen Wachen hatten sich um uns aufgestellt, alle warteten mit erhobenen Schwertern. Wir befanden uns innerhalb der magischen Mauer von Westerys, weshalb wir auf keinen herumstreunenden Wandler treffen konnten. Jedoch könnten andere Kreaturen in den dichten Wäldern lauern. Aber dem Verhalten von Gavriel und seinen Männern nach zu urteilen, vermuteten sie einen Menschen, der sich im Gestrüpp versteckte. Nicht eine Kreatur oder ein Tier.

Es raschelte um uns und ich wirbelte in die Richtung, aus der das Geräusch kam. Horchte gespannt und mein Blick wanderte von Gavriel zu dem Gebüsch und wieder zurück.

Erneut rief er: »Kommt raus oder meine Männer und ich werden Euch holen, und das wollt Ihr bestimmt nicht, denn wir werden keine Gnade walten lassen.«

Wieder raschelten die Blätter, als jemand mit hoch erhobenen Händen hervortrat. »Keine Panik«, säuselte er. »Ich habe keine bösen Absichten.« Danach fing sein Blick meinen auf.

Clarence.

Automatisch machte ich einen Schritt auf ihn zu. »Wo warst du und wo ist Laurent?« Suchend hielt ich nach ihm Ausschau. »Ihr seid einfach verschwunden. Ich dachte schon, euch ist etwas zugestoßen.« Und ich hasste es, wie besorgt sich meine Stimme anhörte.

Laut hätte ich niemals zugegeben, welche Erleichterung sich in meiner Brust breitmachte und eine gewisse Last von meinem Herzen nahm. Es lag nicht daran, dass ich Gefühle für Clarence oder Laurent hegte, zumindest keine romantischen. Trotz allem, was ich ihretwegen hatte durchmachen müssen, wollte ich ihnen nichts Schlechtes. Nicht mehr.

Clarence steuerte direkt auf mich zu, doch Gavriel stellte sich ihm in den Weg. »Ich muss mit dir reden und mit Zane«, sagte er und stoppte vor Gavriel ab.

»Es ist schon gut«, sagte ich, Zanes erstem Kommandanten zugewandt, der mich schräg betrachtete.

»Seid Ihr Euch sicher, Prinzessin?«

»Er wird mir nichts tun«, bestätigte ich und wusste selbst nicht, ob es die Wahrheit oder eine Lüge war. Nach unserer gemeinsamen Geschichte war es auch nicht abschätzbar.

»Was ist passiert?«, fragte ich Clarence und bemerkte erst jetzt, wie schlecht er aussah. Genauso wie damals in der Höhle. In der Zeit, in der er mit seinem Bruder mich zu trainieren versucht hatte, hatte er sich von den Strapazen erholt.

Er schüttelte nur den Kopf, sodass sein mattblondes Haar um sein Gesicht herumflog. »Ich muss mit euch beiden reden.« Er sah sich um. »Alleine«, fügte er noch hinzu.

Gavriel warf ihm erneut einen gemeinen Blick zu, danach sah er zu seinen Kollegen, die auf sein Nicken hin Clarence umzingelten.

»Was soll das?«, schnauzte ich.

»Keine Sorge. Wir begleiten Euch und Eure Bekanntschaft zurück zum Palast. Die Wachen stellen nur sicher, dass Euch nichts zustößt.«

»Ich kann auf mich alleine aufpassen, danke.«

»Keinen Zweifel, Prinzessin. Aber Prinz Zane würde mich eigenhändig ausweiden, wenn ich Euch mit ihm alleine lassen würde. Geschweige denn wenn er einen erneuten Entführungsversuch starten würde.« Gavriel deutete mit dem Kopf zu den Pferden. Ich ritt wie immer auf Zanes schwarzem Hengst. Obwohl mir unzählige andere Pferde zur Auswahl standen, entschied ich mich jedes Mal erneut für *Shadow*. Sein wildes Gemüt erinnerte mich an meine Stute, die ich in Aseria zurücklassen musste. Vielleicht würde Dusan sie mir als Hochzeitsgeschenk mitbringen.

Keiner der Wachen bot Clarence ein Pferd an, deshalb ging er im Schnellschritt neben uns her. Alle hassten ihn. Das konnte ich ihnen nicht verübeln. Ich sollte ihn eigentlich genauso hassen, doch irgendetwas hinderte mich daran. Er und sein Bruder hatten meinetwegen ihre eigene Tante getötet. Obwohl ich durch sie erst in diese Situation gekommen war, hatten sie sich entschieden, mich aus dieser wieder zu befreien.

Jeder trifft mal falsche Entscheidungen.

Ich wusste nicht, ob der Gedanke naiv war. Aber er war nun einmal da.

Clarence hatte die Tür unverschlossen gelassen, genau an jenem Abend, an dem Zane auftauchte. Vivienne hatte mir verraten, wo sich die geflügelten Pferde befanden, was vermutlich ebenfalls auf Clarence zurückzuführen war, denn eigentlich hasste sie mich. Laurent hatte Zane trotz der tagelangen Folter geholfen, mich zu befreien, und war nicht von unserer Seite gewichen, bis wir wieder sicher in Westerys angekommen waren. Nicht zu vergessen, dass sie wochenlang, jeden Tag, mit mir trainiert hatten. Obwohl es so aussah, als ob ich niemals meine Kräfte erlangen würde. Trotzdem hatten sie mich jeden weiteren Tag zu motivieren versucht, mir gut zugeredet, nachdem ich unzählige Male gescheitert war.

Sie waren meine Feinde gewesen. Sie waren für viele Dinge, die mir widerfahren waren, verantwortlich. Aber das war die Vergangenheit.

Mabel war zuerst meine Freundin. Mehr noch. Wie eine Schwester. Danach wurde sie plötzlich meine Feindin. Leider wusste man vorab niemals, wer dein Freund oder Feind war. Meist waren es die Personen, die einem am nächsten standen, die einem einen Dolch in den Rücken rammten, sobald sich die Gelegenheit ergab. Diejenigen, von denen man es am wenigsten erwartete.

Die Gläser klirrten, während die Bediensteten quer im Besprechungsraum herumrannten und alles für die spontane Sitzung vorbereiteten. Nicht nur Zane war bereits anwesend, auch Spion Irac, sowieso auch Königin Sierra und König Dawn.

Clarence nahm gegenüber von mir Platz, neben mir Zane, dem Irac gegenübersaß. Das Königspaar ließ sich am Ende des Tisches nieder und warf verdutzte Blicke in unsere Richtung. Vermutlich waren sie genauso überrascht von Clarence' plötzlichem Auftauchen wie die restlichen Anwesenden.

Dass Zane sofort eine Besprechung mit dem inneren Kreis verlangte, konnte nichts Gutes heißen.

Er schwenkte sein Glas und nahm danach einen Schluck. »Nun, da wir jetzt alle beisammen sind, wieso seid du und dein Bruder verschwunden? Und jetzt tauchst du aus dem Nichts plötzlich genau dann auf, während Oriana in den Wäldern ist?« Er legte den Kopf schief und schaute zu Clarence. Alle Augenpaare folgten.

Clarence räusperte sich und richtete sich auf seinem Stuhl auf. »Laurent und ich waren in den Wäldern die ältesten der Gestaltwandler suchen, um herauszufinden, was es mit den Kräften von Oriana auf sich hat. Beziehungsweise mit ihren nicht vorhandenen Kräften.« Er warf mir ein schmales Lächeln zu, welches wohl ›Entschuldige‹ bedeutete. »Wir trafen auf Wassergeister.«

»Wassergeister?«, prustete Zane und zog skeptisch eine Augenbraue in die Höhe.

»Ja, Wassergeister«, erwiderte Clarence. »Nachdem wir einen positiven Handel abgeschlossen hatten, gab es … Nun ja, eine

Meinungsverschiedenheit zwischen Laurent und mir, weswegen wir nicht bemerkten, wie uns jemand mit Onyx getränkten Pfeilen beschoss. Erst als ich in Floranys in meinen Gemächern aufwachte, wusste ich, wer dahintersteckte.«

»Eure geflügelten Pferde waren ebenfalls verschwunden«, merkte Irac an und fuhr sich durch sein Haar. »Haben sie diese unbemerkt aus den Stallungen entwendet? Niemand hat etwas gesehen.«

»So muss es gewesen sein, denn ich bin mit Lyra hierhergekommen.« Clarence bemerkte die ungläubigen Blicke aller Anwesenden. »Denkt ihr tatsächlich, Laurent und ich wären einfach ohne ein Wort abgereist?«

»Du hattest keinerlei Skrupel, Oriana aus meinem Bett zu locken, um sie deiner Tante auszuliefern«, schnaubte Zane, nahm einen Schluck und leckte sich danach die Flüssigkeit von seiner Unterlippe. »Bei dir überrascht mich nichts mehr.«

»Was ist passiert? Wieso bist du zurückgekommen und wo ist Laurent?«, fragte ich und erstickte das vorherige Thema im Keim. Es musste etwas Wichtiges sein, wenn Clarence deswegen zurückgekommen war, und da war ein sinnloser Streit über Dinge, an denen man sowieso nichts mehr etwas ändern konnte, reine Zeitverschwendung.

»Mein Vater … Er –«, säuselte er und wischte sich fest übers Gesicht. Ihm fielen die nächsten Worte merklich schwer. »Mein Vater besteht darauf, dass ich meinen Deal einhalte. Die Abmachung, die ich mit ihm getroffen habe, bevor wir nach Aseria gereist sind. Er behält Laurent währenddessen als Geisel, bis ich sie erfüllt habe.«

»Welche Abmachung? Und wie kann er seinen eigenen Sohn als Geisel halten?« Verwirrt kniff ich die Augen zusammen und versuchte, mir eine logische Erklärung daraus zusammenzureimen.

»Es ist kompliziert.«

»Spuck's schon aus. Wenn du von uns Hilfe erwartest, dann wäre es wohl das Mindeste, uns davon zu erzählen. Ohne dass wir dir alles aus der Nase ziehen müssen.« Zane machte eine abwertende Geste in Clarence' Richtung.

Er räusperte sich. »Viele von euch kennen vielleicht die Geschichten, die man sich über mich erzählt«, begann er.

»Falls du von den wilden Saufexzessen mit unzähligen Damen sprichst, ja, die sind jedem bekannt«, antwortete Irac.

»Ich wollte den Thron nicht, weshalb ich alles dafür tat, dass Vater Laurent als seinen Thronfolger bestimmt. Doch egal wie viel Ärger und Schande ich über unsere Familie brachte, er ließ nicht davon ab, dass ich der Kronprinz sei. Dass ich den Thron besteigen müsse.« Er nahm einen kräftigen Schluck aus seinem Glas. »Ich verstand nie, wieso diese paar Minuten, die mein Bruder und ich nacheinander zur Welt kamen, entscheidend waren für die Thronfolge. Wenn man bedenkt, dass ich kein Interesse daran hatte, König zu werden. Vater behandelte Laurent, seitdem ich denken konnte, wie einen Aussätzigen. Als ob er in irgendeiner Weise schlechter wäre als ich.« Er lachte matt. »Was natürlich absurd ist. Ihr alle kennt ihn und wisst, was für ein verdammt liebenswerter charismatischer Mensch er ist. So jemanden wünscht man sich doch eigentlich als seinen Nachfolger.«

»Komm zum Punkt, Junge«, räumte König Dawn mit erhobener Stimme ein.

»Ich bin einen Handel mit meinem Vater eingegangen, von dem Laurent nichts wusste.« Clarence senkte den Blick und sah danach direkt in mein Gesicht. Sofort beschleunigte sich mein Puls. »Der Deal lautete: Wenn es mir gelingen würde, mich in die aserische Königsfamilie einzuheiraten, um somit unsere Königreiche zu verbünden, würde er von der Thronfolge absehen und Laurent als seinen Nachfolger ernennen.«

Nun spürte ich sämtliche Augen auf mir haften. Doch ich starrte nur Clarence an, danach Zane, der mit unergründlicher Miene wie versteinert dasaß.

»Also wolltest du mich nur als deine Frau, damit dein Bruder den Thron bekommt? Deine ganzen Lügen über deine Gefühle waren nur für diesen Zweck gedacht?«, fragte ich, ohne darüber nachzudenken, wer alles um uns herum saß. Und wie es klang.

Er schüttelte den Kopf. »Nichts davon war eine Lüge, aber ja, der Hauptgrund, wieso wir überhaupt nach Aseria gekommen sind, wieso wir an den Prüfungen teilgenommen haben, bestand darin, die Abmachung zu erfüllen. Ich konnte ja nicht ahnen, dass –«

Diese Erkenntnis traf mich tiefer, als sie es hätte sollen. Nicht dass ich den Gefühlen, die er angeblich mir gegenüber empfand, nachtrauerte. Keineswegs. Es schmerzte, zu erfahren, dass nicht er selbst, sondern sein Vater ihn animierte. Dass er sich auf unserer Flucht um mich gekümmert hatte, nur um mich herumzubekommen, damit ich ihn anstatt Zane heiraten würde. Nicht aus aufrichtigen Gründen, sondern nur der Macht wegen.

Meine Miene verhärtete sich, während meine Magie sofort prickelte.

»Du!«, knurrte ich und stand ruckartig auf, sodass der Stuhl hinter mir zu Boden ging. Mehrere zogen scharf die Luft ein. Mit dem Zeigefinger deutete ich auf ihn. »Warst du es, die Mabel dazu angestiftet hat? Hast du versucht, einen Keil zwischen Zane und mich zu treiben?« Ein emotionsloses Lachen brach aus mir heraus, während ich den Kopf theatralisch in den Nacken schmiss und meine Haare raufte. »Wieso bin ich nicht früher darauf gekommen. Es war doch so offensichtlich …«

»So war es nicht Oriana, bitte …«, unterbrach er mich und versuchte, über den Tisch nach mir zu greifen.

»Wage es bloß nicht«, zischte ich und warf ihn samt seinem Stuhl mit einem Schneestoß nach hinten. »Du bist für alles verantwortlich.«

Jeder wich zurück. Jeder, außer Zane.

Er stand auf und beobachtete meinen Wutausbruch mit lässig verschränkten Armen. Im Augenwinkel bemerkte ich seinen schiefen Mundwinkel, der zu einem Grinsen verzogen war.

Sofort drehte ich meinen Kopf in seine Richtung. »Findest du das etwa amüsant? Findest du es witzig, dass Clarence versucht hat, unsere Beziehung zu zerstören?« Kopfschüttelnd sah ich Zane an. »Wie kannst du dabei lachen?«

Sein Schmunzeln verschwand.

»Nein. Sag mir nicht, dass du davon wusstest«, murmelte ich und merkte, wie meine Beine weicher wurden. Instinktiv wich ich einen Schritt zurück und stieß dabei den Stuhl hinter mir ebenfalls um.

Er versuchte, nach meiner Hand zu greifen, doch ich schlug seine beiseite. »Oriana, meine Liebe. Ich habe keinen blassen Schimmer, was oder wie Clarence in die Dinge verwoben ist. Das schwöre ich bei den alten Göttern.« Er umfasste seinen Nacken. »Ich musste schmunzeln, weil du wieder mal aus dem Nichts in die Höhe gehst und irgendjemanden von seinem Stuhl fegst.« Diesmal stieß ich seine Hand nicht beiseite, als er danach griff. »Ich liebe es, dich so zu sehen. Ich liebe dein aufbrausendes Temperament.«

»Du liebst es, weil es genauso unberechenbar ist wie deines«, räumte ich ein und konnte mein dezentes Lächeln nicht verbergen.

Mit dem Kinn nickte er zu Clarence, der mittlerweile vom Boden aufgestanden war. »Mach ruhig weiter. Wenn du Hilfe oder mein Feuer für deine Rache brauchst, sag Bescheid.«

»Lasst den Jungen doch ausreden und zieht keine voreiligen Schlüsse«, murrte Königin Sierra. »Bei den Göttern.«

Wortlos sah ich mich nach meinem Stuhl um. Doch bevor ich danach greifen konnte, schnappte ihn Zane und stellte ihn wieder an meinen Platz, damit ich mich setzen konnte.

Der typische Ehrenmann.

Nachdem wir alle wieder ruhig am Tisch saßen und unsere Gemüter beruhigt hatten – und einige kräftige Schlucke von den alkoholischen Getränken genommen hatten, führten wir unser vorheriges Gespräch fort.

»Bitte Clarence, sprich weiter«, sagte Sierra mit ihrer lieblichen Stimme.

Einen prüfenden Blick warf er in meine Richtung, um vermutlich sicherzugehen, ob ich ihm erneut an den Kragen gehen würde, sobald er nicht hinsah. Doch ich hatte mich unter Kontrolle. Nicht nur mein Aussehen hatte ich meiner Mutter zu verdanken. Das aufbrausende Gemüt hatte ich ebenfalls von ihr.

Mein Vater war die Ruhe selbst. Ihn konnte nichts aus der Reserve locken, doch meine Mutter … Meine Mutter ging bei jeder Kleinigkeit in die Luft. Vater neckte sie daher gerne mit dem Spitznamen *Dynamit*.

»Ich habe nichts mit eurem Dilemma zu tun«, versicherte Clarence und wirkte durchaus aufrichtig. Doch von diesen bernsteinfarbenen Augen würde ich mich kein weiteres Mal täuschen lassen.

»Bei den Göttern«, seufzte Irac genervt. »Komm endlich zum Punkt.«

»Mein Vater erwartet, dass ich Oriana überzeuge, meine Frau zu werden, ansonsten tötet er Laurent. Mein Bruder. Er ist angeblich nicht mein Zwilling, deshalb ist meinem Vater sein Leben egal.«

Schweigen breitete sich über den Raum aus.

»Soll das etwa ein schlechter Scherz sein?«, warf Zane von der Seite ein und brach die Stille. »Wie sollte er nicht dein Zwilling sein?«

»Das frage ich mich ebenfalls. Doch wie manche von euch vielleicht wissen, verfügt er nicht über die Magie der königlichen Blutlinie, die unser Vater uns vererbt hat. Nur die Gabe des Gestaltwandels steckt in ihm. Wie er mein Halbbruder sein sollte, kann ich selbst nicht erklären, und eigentlich ist alleine der Gedanke darüber absurd und dennoch –« Er senkte seinen Blick auf seine verschränkten Finger, die den Kelch umklammerten. »Selbst Amara hatte etwas dergleichen erwähnt.« Er sah wieder auf. »Zuerst dachte ich, sie wollte mich nur provozieren. Sie meinte, Laurent sei mein Bruder. Nur mein Bruder, nicht mein Zwilling. Dass ich die Lügen meines Vaters durchschauen sollte. Den Tod unserer Mutter hinterfragen sollte.«

»Den Tod eurer Mutter?«, fragte Sierra. Ihre Stirn warf eine tiefe Falte. »Sie verstarb im Wochenbett.«

»Amara erwähnte es, als wäre es eine unwichtige Nebeninformation. Höchstwahrscheinlich eine weitere ihrer unzähligen Lügen.«

»Denkst du, dein Vater ist für das alles verantwortlich?«, warf Irac ein und rieb sich übers Kin.

»Ich weiß es nicht«, gab er zu. »Aber irgendetwas muss dahinterstecken, dass er so versessen darauf ist, dass ich Oriana heirate.«

»Und wie willst du das herausfinden?«, fragte Irac.

Clarence überlegte einige Momente, bevor er weitersprach. »Er will, dass ich Oriana auf floraniyschem Boden heirate, damit die Ehe nicht annulliert werden kann.«

»Besprechen wir gerade allen Ernstes die Details einer Hochzeit, die niemals stattfinden wird?«, schnauzte Zane und umfasste den Stoff der Tischdecke in seiner Faust.

»Es gibt keine andere Möglichkeit, Laurent zu retten.«

»Wage es nicht, sie damit zu überreden, deinem dämlichen Plan zuzustimmen. Ihr den möglichen Tod von Laurent anzuhängen.« Zane war außer sich vor Wut, weshalb ich unter dem Tisch nach seiner Faust griff, den Stoff herauszog und mit meinen Fingern ersetzte. Erneut wirkte mein Eis beruhigend auf seine Flammen. Langsam strich ich über das geknüpfte Band an seinem Ringfinger.

»Es gibt keine Hochzeit, zumindest keine zwischen Clarence und mir. Genauso wenig besprechen wir irgendwelche Details«, erklärte ich mit erhobenem Kopf.

Sofort begegnete ich Clarence' enttäuschter Miene, die mich beinahe an meiner Standhaftigkeit zweifeln ließ. Denn ich konnte mich in seine Situation hineinversetzen. Wenn einer meiner Geschwister in solch einer Lage wäre, würde ich ebenfalls alles versuchen, um sie zu retten.

»Ich glaube, deinem Vater geht es nicht darum, dass *du* Oriana heiratest, sondern dass Zane sie *nicht* heiratet«, vermutete Königin Sierra mit leiser Stimme.

Sofort wirbelten alle Köpfe in ihre Richtung.

»Was meinst du damit, Mutter?«, fragte Zane und umfasste meine Finger fester, als ob er Angst hätte, dass er mich verlieren könnte, wenn er mich nicht fest genug halten würde.

Es war nicht das erste Mal, dass Zanes Mutter wichtige Informationen verschwiegen hatte.

Sierra blickte in jedes Gesicht, das ihr zugewandt war, schloss danach die Augen und brach ihr Schweigen. »Vor etwa zwanzig Jahren wurde der Fluch ausgesprochen, um sämtliche Gestaltwandler aus den Königreichen zu verbannen, und die magischen Mauern wurden erschaffen. Damals war König Garbhan der ausschlaggebende Grund dafür. Zwar stimmte es, dass die meisten der Diebe und Raufbolde Gestaltwandler waren, jedoch hielten die jeweiligen Könige diese Straftaten mit dementsprechenden Strafen relativ gering. Doch in Floranys wurden immer mehr Verbrechen gemeldet, sodass die Zahlen der Hinrichtungen und Auspeitschungen durch die Decke gingen.« Sie atmete tief durch, bevor sie weitersprach. »Kurz davor wurdet ihr geboren.« Ihre Aufmerksamkeit wanderte zu Clarence, dem sie ein trauriges Lächeln schenkte. »König Garbhan wollte vermutlich mit dem Fluch seine Familie schützen. Denn etwa zur gleichen Zeit erhielten wir die Nachricht von Madelines Tod. Offiziell hieß es, sie verstarb einige Wochen nach eurer Geburt im Wochenbett, doch die Andeutung eurer Tante –« Fest presste sie ihre Augen aufeinander. »Jedermann wusste, dass eure Mutter eine Gestaltwandlerin war, dass ihr beide welche seid. Um euch zu schützen, wurde offiziell bekannt gegeben, dass ihr die Gabe nicht geerbt hättet, bevor er den Bann aussprach. Aber das tat nichts zur Sache, da ihr euch sowieso innerhalb der magischen Mauer aufgehalten habt und euch damit der Fluch nicht betraf.« Nun sprangen ihre Augen auf ihren Sohn. Clarence folgte ihrem Blick. »Wie ihr wisst, verlangt jeder Fluch einen Tribut. Eine Möglichkeit, ihn zunichtezumachen. In Garbhans Fall wollte er nichts dem Zufall überlassen, weshalb er mehrere Tieropfer den alten Göttern darbot, um ihre Gunst zu gewinnen. Diese sollten es dem Fluchbrecher, dem Erlöser, möglichst schwermachen, den Bann zu brechen.«

»Und Ihr wisst, wen es dafür benötigt?« Clarence sah mich viel zu hoffnungsvoll an.

Sierra nickte und sah ebenfalls zu mir.

Bei den Göttern.

»Die Götter gaben der Bitte von König Garbhan nach und legten die Fähigkeit, den Fluch zu brechen, auf die Schultern zweier Menschen. Doch um die Unverschämtheit des Königs zu bestrafen, wählten sie zwei Menschen aus, die irgendwann in ihrem Leben zueinanderfinden würden. Sie wählten eine Frau und einen Mann aus, die mit jeweils einem Stück der zweiten Seele im Leib geboren wurden.« Nun sprangen ihre Augen von Zane zu mir und wieder zurück. Genauso wie meine von Zane zu seiner Mutter und zurückwanderten.

Ich schüttelte ungläubig den Kopf, doch Sierra nickte mir mit einem traurigen Lächeln durch ihren Tränenschleier zu.

Tausend Dinge wollte ich sagen, doch kein Ton kam über meine Lippen, als ich diese öffnete. Zane hob meine Hand an, strich mit dem Daumen über meinen Ringfinger und hauchte mir danach einen federleichten Kuss darauf.

»Wusstest du es?«, fragte ich Zane zugewandt. »Wusstest du Bescheid, bevor …« Bevor die Götter uns vor einigen Tagen vereinten, dachte ich. Sprach es aber nicht laut aus.

Er schüttelte den Kopf, während ein schmales Lächeln auf seinen Lippen verweilte. »Ich hatte davor die Vermutung, genauso wie du auch.« Er lehnte sich näher an mich heran und ich blendete alles um mich aus. Vernahm nur seinen warmen Atem, das Glühen in seinen Augen. »Deshalb wurde alles daran gesetzt, uns voneinander fernzuhalten. Weil sie nicht wollten, dass wir zusammenfinden und möglicherweise den Bann brechen könnten. Weil du mein Gegenstück bist. Weil wir zusammen am mächtigsten sind.« Er schüttelte den Kopf und lächelte. »Wie auch immer du dich entscheidest, ich werde hinter dir stehen.« Im Augenwinkel blickte er gehässig zu Clarence. Ein Blick der *Solltest du noch einmal eine Ehe erwähnen, wird es dein letztes Wort sein* hieß.

»Er ... er ist dein Seelengegenstück?«, stammelte Clarence mit viel zu dünner Stimme. »Bist du dir sicher? Seit wann weißt du davon?«

»Ja, er ist mein Gegenstück«, sagte ich. »Seit Kurzem haben wir die Klarheit.«

Zum ersten Mal sprach ich es neben jemand anderem als Zane laut aus. Und es fühlte sich gut an. Es fühlte sich richtig an.

»Die Klarheit?«, fragte Zanes Vater. »Was meint ihr damit?«

Ich warf einen Blick auf meine Hand, genauer gesagt auf das dünne, violett schimmernde Band an meinem Ringfinger. Dasselbe, dass Zanes Ringfinger zierte und das wir seit jener Nacht trugen. Eingebrannt in unsere Haut. Welches ich überdeutlich spürte, wenn Zane darüberstrich.

Dann hob ich meine Hand vor mich, sodass jeder am Tisch sie sehen konnte.

Sierra schlug die Hand vor dem Mund, während König Dawn einmal in die Hände klatschte, ein Lächeln zierte sein Gesicht.

»Mutter«, sagte Zane. »Wusstest du damals schon, dass es Oriana und ich sein würden? Das sie mein Gegenstück sein wird?«

Wie gebannt starrte sie auf den dünnen violetten Ring. »Die Götter haben euch verbunden«, murmelte sie, bevor sie den Kopf schüttelte und sich mit einer Serviette eine Träne von der Wange wischte. »Nein. Man wusste nur, was die Götter ausgeheckt hatten. Wer die beiden sein würden, wusste ich damals noch nicht.« Auf ihrem tränenbedeckten Gesicht breitete sich nun dasselbe Lächeln aus, das ihr Mann hatte. »Ich freue mich so für euch. Ich meine, ich ahnte es.« Sie machte eine raumeinfassende Geste. »Vermutlich ahnten wir alle es. Aber es zu sehen. Es ist so selten.«

Zane sah an meinen Hals, dorthin, wo ich die Kette mit dem Anhänger trug, welche er mir in Aseria geschenkt hatte. Die Kette, von der er behauptete, seine Mutter hätte sie ihm gegeben.

»Wieso wolltest du, dass ich Oriana auf meinen Ball einlade? Hattest du eine Vermutung, dass sie es sein könnte?«

»Als Mutter hat man eine gewisse Intuition in solchen Dingen. Das wirst du erst verstehen, wenn ihr eigene Sprösslinge habt«, erklärte sie und nahm einen Schluck aus ihrem langstieligen Glas. »Was hoffentlich passiert, nachdem wir diese Unklarheiten aus der Welt geschafft haben.«

»Ich will eure Erkenntnis nur ungern stören, aber mein Bruder liegt vermutlich noch immer bewusstlos in Floranys und ist auf unsere Hilfe angewiesen«, erinnerte Clarence, und da wurde mir wieder klar, weswegen wir alle hier beisammensaßen. Obwohl es so wirkte, als würde er alles versuchen, um das aktuelle Gesprächsthema zu beenden.

Hier ging es nicht um Zane oder mich oder unsere Verbindung. Es ging um Laurent. Um sein Leben und darum, einen pragmatischen Plan zu verfassen, um ihn aus den Fängen seines Vaters – oder Clarence' Vaters –zu befreien.

»Besteht keine Möglichkeit, es in eine andere Abmachung abzuwandeln?«, fragte Irac Clarence.

»Wenn er darauf besteht, dass ich Oriana heirate, und sogar mit dem Leben von Laurent droht, wird er nicht davon absehen, seine Drohungen in die Realität umzusetzen.«

»Dann müssen wir uns eben etwas überlegen, um ihn zu täuschen.« Meine Lippen kräuselten sich leicht, während mein Gehirn sich die verschiedensten Szenarien zusammenreimte. »Zumal das Band, das Zane und mich verbindet, sowieso stärker als jedes Ehegelübde ist.«

Kapitel 35 Clarence

Egal wie oft ich den Mund öffnete, wie oft ich Luft holte und versuchte, die Worte auszusprechen, jedes Mal biss ich mir auf die Lippe und erstickte die aufsteigenden Worte.

Oriana oder Zane werden bei dem Ritual sterben. Und ich konnte es nicht verhindern.

Doch sobald sie Bescheid wüssten, würden sie allesamt keinen Gedanken mehr daran verschwenden, Laurent oder mir zu helfen, unseren Vater zu stürzen. Zwar war ich ohne einen richtigen Plan hierhergekommen, doch mir würde bestimmt noch ein passender einfallen. Sonst würde ich improvisieren, so wie immer.

Durch Königin Sierra hatte ich an einem Tag mehr über die Verbannung herausgefunden als von Amara über Wochen. Obwohl erst jetzt im Nachhinein einige Dinge plötzlich Sinn ergaben. Zum Beispiel, wieso Amara bereit war, Zane und Oriana wieder zu vereinen. Sie musste gewusst haben, dass sie die beiden *gemeinsam* gebraucht hätte. Die Magie der anderen Königreiche war dafür nicht nötig. Alles waren Lügen, die sie mir aufgetischt hatte. Vielleicht weil sie dachte, sie könnte durch mich an Oriana rankommen. Sie hatte nie geplant, mir zu helfen, Oriana für mich zu gewinnen, denn sie musste mit Zane verbunden werden, um etwas gegen meinen Vater ausrichten zu können. Wie blind ich doch war. Wie dumm.

Ich hatte mit Seylen einen verdammten Deal ausgehandelt im Gegenzug für deren Mithilfe. Die ich jetzt nicht mehr benötigte.

Eine Heirat mit einer der Prinzessinnen von Seylen wartete auf mich, unwichtig, ob ich es wollte oder nicht. Sobald alles vorbei wäre, würde ich diese Übereinkunft eingehen müssen. Das alles nur, damit ich Zanes Spion Irac mit nach Westerys bringen konnte, um nicht sofort getötet zu werden.

Aber am meisten traf es mich, ihre Verbindung zu sehen. Dieses kaum merklich violett leuchtende Band, welches an ihrem Ringfinger saß wie ein Ehering, der in die Haut gebrandmarkt wurde. Es bestätigte alles, was ich nicht wahrhaben wollte. Was ich über die vergangenen Monate versucht hatte, zu verdrängen.

Oriana und Zane waren füreinander geschaffen. Sie wurden mit einem Stück der Seele des jeweils anderen geboren. Sie gehörten zueinander. Und ich? Ich hatte mich in aussichtslose Träumereien verfressen, kämpfte um sie, als wäre es um mein Leben gegangen.

Doch das konnte warten. Das musste warten, denn an erster Stelle meiner Prioritäten stand ganz klar: Laurent.

Alles andere war zweitrangig. Egal wie sehr es schmerzte. Selbst die Worte des Wassergeists …

Kapitel 36 Oriana

Die Ledersohlen meiner Ballerinas klapperten über die Holzdielen. Doch es hallte nicht von den hohen Wänden wider, so wie ich es vom Eispalast in Aseria oder im Vulkansteinschloss in Westerys gewohnt war. Die mit Holz verkleideten Wände, an denen sich Rosenranken hinaufschlängelten, verschluckten jegliche Geräusche.

Alles hier war vollkommen anders, als ich es jemals zuvor gesehen hatte. Und trotzdem war es genauso, wie ich es mir vorgestellt hatte.

Der gesamte Palast war aus Holz und Felsen erbaut. Von außen wirkte er, als wäre er aus dem gewaltigen Stumpf eines mystischen Baumes geschnitzt worden. Dessen Wurzeln das Tor und dessen Krone das Dach bildeten.

Mit der Hilfe von Lyra hatten wir Floranys innerhalb von zwei Tagen erreicht. Während wir auf Clarence' Pegasusstute geritten waren, flog er in seiner Adlergestalt neben uns her.

Irac, genauso wie Gavriel oder auch Zanes engste Berater wollten uns begleiten. Selbst wenn wir mehrere geflügelte Pferde zur Verfügung gehabt hätten, wäre es kontraproduktiv gewesen. König Garbhan hätte in der Sekunde, in der wir floranischen Boden betreten hätten – oder den Luftraum –, den Braten gerochen und uns, noch bevor wir den Palast erreicht hätten, exekutiert. Zumindest wäre uns ein unkontrollierter Kampf auf freiem Gelände nicht erspart geblieben. Selbst wenn wir es geschafft hätten, die erste Schlacht für uns zu entscheiden, wäre es für Laurent keine Hilfe gewesen, stattdessen wäre ein Krieg angezettelt worden.

Deshalb waren wir nur zu dritt unterwegs. Drei Personen, die mit der Magie der königlichen Blutlinie geboren worden waren. Zwei von ihnen sogar mit Wandlerblut in ihren Adern. Doch nur einer von uns hatte die Fähigkeit, beide Blutlinien zu nutzen. Clarence.

Die Reise verlief, den Göttern sei Dank, ohne jegliche Zwischenfälle. Selbst Zane hielt sich zurück und versuchte Clarence nicht bei jedem schmachtenden Blick in meine Richtung den Kopf von den Schultern zu entfernen. Vielleicht hatte er auch nur aktuell etwas Mitleid mit ihm, da sein Bruder in riesigen Schwierigkeiten steckte. Oder sein männliches Ego verdrängte seine Mordlust, da er mit mir verbunden war. Bei jeder Gelegenheit zeigte er unser Band zur Schau. Was für ein Angeber, hatte ich mir gedacht. Obwohl ich auch nichts dagegen hatte. Zumal ich selbst übertrieben stolz und erleichtert darüber war, es zu tragen. Und sein Gegenstück an seinem Ringfinger zu sehen.

In Clarence' Arm untergehakt, befanden wir uns auf den Weg in den Thronsaal. Dabei achtete ich darauf, dass mein Daumen den violetten Ring verdeckte. Clarence meinte, dass sein Vater um diese Uhrzeit immer die Anliegen der Dorfbewohner anhörte.

Das letzte Mal waren wir vor der magischen Grenze zu Floranys gelandet, um eine kurze Verschnaufpause vor unserem Eintreffen zu genießen. Ich hatte aus dem vergangenen Mal gelernt, weshalb wir erst wieder landeten, als wir vor den Palasttoren waren. Vielleicht hatte uns jemand über Floranys fliegen sehen und der König wusste über unsere Anwesenheit Bescheid.

Die Bediensteten wirkten zwar deutlich überrascht über unsere plötzliche Ankunft, jedoch konnte das genauso gut ein überzeugendes Schauspiel gewesen sein.

Vermutungen. Reine Spekulationen.

Wir mussten nur durch das doppelte Holztor treten und schon wüssten wir die Antwort.

Einmal tief durchatmen.

»Vergiss nicht, wir sind unglaublich verliebt«, flüsterte Clarence dicht an meinem Ohr.

Ich schloss einen Moment meine Augen, damit ich sie nicht ironisch überdrehen musste. »Vergiss du nicht, dass das alles gespielt ist.« Ich blickte zuerst an seine Schulter, dann wanderte mein Blick weiter in sein Gesicht.

Seine Miene zierte ein trauriges Lächeln.

»Dein Vater wird dir die Verlobung nicht abkaufen, wenn du ein Gesicht ziehst wie ein trauriger Kasper, der gerade seine Lieblingsmütze verloren hat.«

Demonstrativ setzte er ein strahlendes Lächeln auf und straffte selbstbewusst die Schultern, während er einen Arm lässig um meine legte.

Zane wartete in Clarence' Gemächern. Er konnte wohl schwer als *ehemaliger Geliebter* mit uns den Palast betreten, weshalb er sich zuerst draußen hinter einem riesigen Rosenbusch versteckt hatte, bis Clarence ihn durch die Balkontür in seine Gemächer brachte, wo wir ihn zurückließen. Begeistert war er nicht gerade gewesen. Aber wer könnte ihm das auch verübeln.

Clarence stieß die Türen auf und zog mich regelrecht in den überfüllten Raum. Dass die Türen aufschwangen und an die Wände knallten, bescherte uns die Aufmerksamkeit der gesamten Anwesenden – plus die von Clarence' Vater.

König Garbhan vor Floranys.

Jetzt, wo ich ihn direkt vor mir sah, schlich sich ein Erinnerungsfetzen in meine Gedanken, den ich damals als unwichtig empfunden hatte. Er hatte sich am Abend meines Verlobungsballs mit Zane unterhalten, als ich den Saal betreten hatte. Zane hatte sich mit einem freundschaftlichen Schulterklopfen von ihm verabschiedet.

Kannte Zane ihn etwa?

Er hatte nie erwähnt, dass er ihn kannte.

Sofort ummantelte Eis mein Herz und verpasste ihm einen schmerzhaften Stich, der sich durch meine Brust zog und auf meinen restlichen Körper ausbreitete.

So schnell, wie der Gedanke gekommen war, verflog er auch wieder, denn ich hatte gegenwärtig nicht den Luxus, mir über Was-wäre-wenn-Fragen den Kopf zu zerbrechen. Ich stand in einem überfüllten Raum, umgeben von Fremden, von einem anderen Königreich. Als die Verlobte ihres Kronprinzen im Schlepptau.

Vor Monaten hatte ich diesen Moment schon mal erlebt. Zwar war er weniger riskant und keine Leben hingen davon ab, doch war es ähnlich. Zumindest das Gefühl war ein ähnliches. Diesmal war ich in keine feinen Gewänder gehüllt. Stattdessen umhüllte mich ein simples Leinenkleid, welches ich auf der gesamten dreitägigen Reise hierher schon getragen hatte. Dementsprechend war es zerknittert und wies Flecken auf. Keineswegs gedacht für das erste offizielle Auftreten als gespielte Verlobte des Kronprinzen.

Zane hatte der Täuschung zugestimmt und dennoch fühlte es sich wie ein Betrug für mich an. Hier zu stehen, während alle dachten, ich würde ihren Prinzen lieben. Ihre Prinzessin und irgendwann Königin werden. Sie wussten nicht, dass dieser Tag niemals kommen würde. Dass alles nur eine Farce war.

König Garbhan erhob sich. »Sohn«, sang er mit belustigter Stimme. »Was für eine freudige *Überraschung*, dich so frühzeitig zurückzuwissen.« Seine Augen fielen auf mich und für eine Sekunde verengte er diese, als wollte er einen besonders prüfenden Blick auf mich werfen, um sicherzustellen, dass ich nicht gar eine Fata Morgana war. »Mit solch interessanter Begleitung noch dazu«, säuselte er. »Sag mir, Sohn, ist das deine verehrte Verlobte, die Prinzessin von Aseria?«

Im Augenwinkel bemerkte ich, wie Clarence' Kiefer mahlte. »Ja, was für eine Überraschung, nicht?«, presste er sarkastisch hervor.

»Äußerst überraschend«, stimmte er zu und nahm wieder auf seinem aus Wurzeln geflochtenen Thron Platz. Seine Finger klopften im Gleichklang auf die Armlehnen. »Die Sitzung ist für heute beendet«, verkündete er mit erhobener Stimme. »Mein Sohn ist zurückgekehrt, noch dazu mit einer Verlobten. Das hat Vorrang.«

Die vorherige Stille wurde durch aufgeregtes Flüstern der Menschenmenge abgelöst. Jeder tuschelte, hielt sich vorsichtig die Hand vor den Mund, während sie sich in Richtung der Holztüren bewegten. Wie eine Herde Kühe trotteten sie aus dem Thronsaal, bis selbst der Letzte von ihnen verschwand.

Erst als die Tür ins Schloss fiel, wandte ich meinen Blick wieder auf das Podest, auf dem sich der Thron samt König Garbhan darauf befand.

Nach einem kurzen, kaum bemerkten Schnipsen eilten zwei seiner persönlichen Diener herbei. Der eine zwickte das Ende einer Zigarre ab und hielt es dem König vor den Mund. Der andere schrammte zügig ein Streichholz über die Reibfläche und entfachte damit eine Flamme. Nach einigen Atemzügen glühte das Ende der Zigarre und König Garbhan paffte genüsslich, während Clarence und ich wie bestellt und nicht abgeholt dastanden und zusahen, wie er seinen Tabak rauchte.

Der holzig süße Rauch in meiner Nase sandte mir ein flaues Gefühl in den Magen und ich verzog angewidert das Gesicht.

Als er meine Miene bemerkte, wedelte Clarence' Vater mit der Zigarre herum. »Ach, wo bleiben nur meine Manieren.« Er erhob sich von seinem Thron, stieg die paar Stufen von seinem Podest herab und hielt in einem unangenehmen Abstand vor uns. Jetzt blies er mir den Rauch mit voller Absicht mitten ins Gesicht. »Die Gäste zuerst«, säuselte er mit einem Grinsen im Gesicht, während er mir die Zigarre provokant vor die Nase hielt. Das Grinsen war dem von Clarence zum Verwechseln ähnlich. Generell ließen seine gesamten Gesichtszüge erahnen, wie Clarence und Laurent in ihren Vierzigern aussehen würden.

Clarence schob mich hinter sich und wedelte den Rauch, so gut es ging, beiseite. »Danke, aber wir passen.«

Wie gerne hätte ich Garbhan meine Eismagie entgegengeschleudert. Hätte ihm den feuchten Nebel im Rachen gefroren, sodass er danach in seinem Hals stecken bleiben und ihm einen qualvollen Erstickungstod bescheren würde. Meine Fantasien würden sich noch gedulden müssen.

»Was wollt ihr dann? Deine kleine Eisblume möchte doch bestimmt ein Gläschen unseres berühmten Rosenweines.« Er schob seinen Sohn beiseite, der sich, bei den Göttern noch mal, nicht gegen ihn stemmte und den Weg direkt auf mich freigab. »Ist es nicht so? Nach solch einer *spontanen* Reise dürstet Ihr doch bestimmt nach einer kleinen Erfrischung.«

Ich öffnete den Mund, doch er schnipste erneut, bevor ich nur einen Buchstaben meiner Widerworte herauswürgen konnte. Wieder eilten Diener zu uns, diesmal mit einem Servierwagen, welcher aus dunkelstem Ebenholz, mit silbernen Verzierungen gefertigt war. Unverzüglich schenkten sie mir eine roséfarbene sprudlige Flüssigkeit in einen silbernen Kelch.

»Ich habe keinen Durst, Eure Majestät«, säuselte ich lieblich und es fiel mir schwerer als gedacht, in meiner Rolle zu verweilen. »Trinkt ihn doch selbst. Was wäre er für eine Verschwendung für mich, da ich im Moment so gar keinen Durst verspüre.«

»Trinkt«, befahl er, riss den Kelch aus der Hand der blonden Dienerin und hielt ihn mir entgegen.

»Wie bereits erwähnt, Eure Majestät.«

»Zwingt mich nicht, mich ein weiteres Mal zu wiederholen«, presste er hervor und die beiden Dienerinnen atmeten scharf ein und hielten in ihrer Bewegung inne.

»Sie will nichts trinken, hat sie gesagt, Vater. Noch unhöflicher, als seinem Gast nicht zuerst etwas anzubieten, ist es, seinen Gast zu etwas zu nötigen.« Er schob den Kelch vorsichtig beiseite. »Wir werden später gewiss etwas trinken. Vielleicht etwas, das unsere Sinne weniger einschränkt.« Mit einem Lächeln auf den Lippen umfasste er den Kelch, welchen König Garbhan überraschenderweise losließ, und stellte ihn zurück auf den Servierwagen. Mit einem kurzem »tzz« scheuchte er die Diener hinfort, die beinahe über ihre eigenen Beine stolperten, so eilig hatten sie es, von hier wegzukommen.

»Nun denn. Wie freudig, Euch hier zu haben.«

»Wo ist Laurent?«, fragte Clarence und reckte das Kinn. »Oriana ist hier, um meine Frau zu werden, also wo ist Laurent?«

»Also weiß sie Bescheid.« Garbhan rieb sich über den Kiefer. »Wie bereits gedacht.«

»Denkt Ihr tatsächlich, ich wäre ansonsten hier?«, räumte ich ein und verengte meine Augen.

»Oh, ich dachte, es wäre die Liebe, die Euch hierhergebracht hat. Liebt Ihr denn meinen Sohn?«

Ich sah Garbhan schweigend an, danach warf ich im Augenwinkel einen Blick auf Clarence.

Garbhan schwenkte seinen Arm umher. »Ich formuliere es anders. Clarence, liebst du Oriana? Sei bitte ehrlich, du weißt doch, wie sehr ich Lügen hasse.«

»Ich –«

»Wir werden heiraten«, unterbrach ich ihn und ersparte Clarence die Blöße, seine unerwiderten Gefühle für mich laut auszusprechen. »Das muss Beweis genug für unsere *Liebe* sein.« Das Wort Liebe brachte ich nur schwer über meine Lippen. Dieses Wort für die Gefühle zwischen Clarence und mir zu verwenden, machte die Situation noch weitaus unangenehmer.

»Wo ist Laurent?«, wiederholte Clarence.

»Morgen«, sagte sein Vater.

»Was ist morgen?«

»Wird eure Trauung stattfinden.«

Natürlich wusste ich, auf was ich mich eingelassen hatte, jedoch zu hören, dass schon morgen dieser Tag heranbrechen würde, jagte mir einen Schauer über den Rücken.

»S–Schon so bald?«, krächzte ich hervor und musste schlucken.

»Gibt es damit ein Problem?«, wollte Garbhan wissen und zog die Augenbrauen in die Stirn.

Ich schüttelte daraufhin den Kopf. »Nein, kein Problem. Ich dachte, es würde etwas Zeit bleiben, um Vorbereitungen zu treffen, ein Kleid anzufertigen und …«

»Alle Vorbereitungen wurden schon getroffen«, unterbrach er mich. »Es hat nur noch Euch gebraucht.«

Garbhan wirbelte eine Hand in die Luft. »Begleitet die beiden Turteltauben in ihre Gemächer und sorgt dafür, dass sie eine ruhige Nacht haben.« Was so viel hieß wie: Sorgt dafür, dass sie die Zimmer nicht verlassen.

Vier Wachen kamen auf uns zu.

»Zuerst will ich Laurent sehen. Ich will wissen, ob es ihm gut geht.« Clarence trat einen Schritt an seinen Vater heran, der die Geste als Bedrohung sah, denn er nickte den Wachen zu, die daraufhin unsere Arme jeweils einer links und rechts packten. Sofort drängten sie uns Richtung Ausgang.

»Wo ist mein Bruder«, presste Clarence hervor und stemmte sich gegen die Wachen. »Verrate mir, wo er ist!«

»Er wird morgen bei eurer Trauung anwesend sein.« Garbhan winkte Clarence provokant hinterher. »Schlaft schön.«

Ich wehrte mich nicht gegen die festen Griffe der Wachmänner, denn es hatte keinen Zweck. Clarence und ich waren nach Floranys gekommen, um Garbhan zu täuschen, nicht um ihm vorab schon eine Kriegserklärung aufzutischen. Und ihm sowie seinen Wachen unsere Magie entgegenzuschleudern.

Clarence hätte ruhiger bleiben müssen, damit sein Vater nicht misstrauisch wurde. Einerseits verstand ich, dass sich alles, was in seinem Kopf herumschwirrte, darum drehte, wie er seinen Bruder befreien konnte. Trotzdem würde er mit seinen Gefühlen unseren Plan gefährden.

Und das konnte ich nicht zulassen.

Kapitel 37 Zane

Mich stundenlang in einem verfluchten Kleiderschrank zu verstecken, war selbst für mich ein weiterer Tiefpunkt. Das lag rein daran, dass es Clarence' Kleiderschrank war. Wäre es der von Oriana gewesen, hätte ich genügend Ideen gehabt, um mir die Zeit zu vertreiben. In ihrem Schrank hätten sich bestimmt ähnliche Teile versteckt wie das Schmuckstück, das sie erst kürzlich für mich getragen hatte.

Doch zwischen Clarence' Hosen, Tuniken und Boxershorts zu hocken, war ein Albtraum. Genau hier hatte ich alle Zeit der Welt, mir bis ins kleinste Detail auszumalen, was sich gegenwärtig im Thronsaal abspielte. Und das hob meine Stimmung nicht wirklich an. Genau das Gegenteil war der Fall.

Immer wieder rief ich mir in Erinnerung, dass das hier für Oriana war. Ich war für sie hier. Und vielleicht auch ein bisschen für Laurent. Denn er war … gut. Viel zu gut, um ihn hier einfach verrotten zu lassen.

Egal wie sehr sich mein Innerstes gegen den hirnrissigen Plan sträubte, mein Herz würde alles für Oriana tun. Schon damals, als sich die Gefühle für sie intensivierten, wusste ich, dass ich am Arsch war. Und jetzt saß ich hier. In *seinem* Kleiderschrank …

Ich wusste nicht, wie lange ich bereits in dem Schrank hockte. Auf jeden Fall fühlte es sich wie eine Ewigkeit und drei Tage an. Doch ich konnte das Risiko nicht eingehen, mir die Beine etwas zu vertreten. Zu groß wäre die Gefahr, dass mich jemand bemerken könnte, und damit wäre unser Plan vollständig aufgeflogen. Hoffentlich blieb meine Anwesenheit weiterhin unter Verschluss.

Den Kopf an die hölzerne Innenwand des Kleiderschranks gelehnt, streckte ich die Beine, so weit es ging, aus und hoffte, die Zeit würde baldig vorbeiziehen.

Ich vernahm das Geräusch der Tür, die aufgerissen wurde. Sekunden später knallte sie voller Wucht ins Schloss und ich zuckte automatisch zusammen. Weiterhin hielt ich mich versteckt. Jemand Fremdes könnte Clarence' Gemächer betreten haben. Doch als die Schranktür aufgerissen wurde und Oriana und Clarence vor mir standen, atmete ich erleichtert auf.

»Wisst ihr eigentlich, wie verdammt eng es im Schrank ist?« Auf allen vieren kletterte ich heraus und richtete mich auf. Streckte die Arme und Beine von mir, um mich zu dehnen. Währenddessen überflogen meine Augen Orianas gesamten Körper und suchten diesen auf sichtbare Verletzungen ab. Zwar heilte ihr Wandlerblut mögliche Wunden schneller, das hielt meine Sorgen jedoch nicht davon ab.

»Wie ist es gelaufen?«, fragte ich und blickte von Oriana zu Clarence. Beide strotzten nicht gerade vor Zuversicht.

»Sie soll bereits morgen stattfinden«, murmelte Oriana und wandte den Blick von mir ab.

»Was soll morgen stattfinden?«

»Die Hochzeit«, antwortete Clarence und hielt meinem Blick stand. »Mein Vater besteht darauf, dass sie bereits morgen stattfindet. Er meinte, alle Vorbereitungen wären schon getroffen, dass er nur noch auf Oriana gewartet habe.«

Mit einem emotionslosen Schmunzeln schüttelte ich den Kopf. »Das kann nicht sein. «

»Es ist wahr«, unterbrach mich Oriana und sah wieder auf. Tränen blitzten hinter ihren verschleierten Augen hervor. »Wir haben nur bis morgen Zeit, Laurent zu finden. Ansonsten –«

Ich griff nach ihrer Hand. »So weit wird es nicht kommen«, versprach ich und umfasste ihr Handgelenk. »Das werde ich nicht zulassen. An erster Stelle stehst du für mich, Oriana.

Komme, was wolle, werde ich dein Wohlergehen über alles andere stellen.«

Sie trat einen Schritt an mich heran und schlang ihre Arme um meinen Bauch, bettete den Kopf an meine Brust, und ich erwiderte sofort ihre Umarmung.

»Wir müssen Laurent finden.« Sie vergrub ihr Gesicht tiefer in meiner hellen Tunika.

»Noch heute Abend. Das einzig Positive daran, dass mein Vater die Hochzeit für morgen ansetzt, ist, dass niemand aus anderen Königreichen davon erfahren wird, bevor sie nicht tatsächlich stattgefunden hat. Vergessen wir nicht, dass ich der Prinzessin von Seylen eigentlich versprochen bin.«

Sanft strich ich über Orianas Haar und richtete währenddessen den Blick auf Clarence. »Gibt es irgendwelche Anhaltspunkte, an denen wir uns orientieren können? Irgendwelche Vermutungen, wo Laurent sich aufhalten könnte?«

Clarence schüttelte bedrückt den Kopf. »Ich weiß nicht mal, ob er bei Bewusstsein ist. Das letzte Mal, als ich ihn sah, war er in seinen Gemächern. Lag auf seinem Bett, als wäre sein Leichnam aufgebahrt.« Er kniff die Augen etwas zusammen. »Vor meinen Gemächern, genauso wie vor seinem, stehen mehr Wachen Spalier als normalerweise. Ich kann nur alleine unbemerkt aus dem Raum schlüpfen.«

Oriana löste ihr Gesicht von meiner Brust, hielt jedoch weiterhin ihre Arme um mich geschlungen, während sie Clarence einen bösen Blick zuwarf. »Denkst du, wir sind den weiten Weg hierhergereist, haben uns dieses Risiko auf die Schultern geladen, um danach in deinen Privatgemächern zu versauern, während du Laurent auf eigene Faust suchst?« Sie schnaubte. »Wir werden ihn finden. Gemeinsam. Um das für allemal zu beenden.«

»Ich sage es nur ungern, Prinzessin, doch du kannst dich nicht verwandeln. Dein Traumprinz genauso wenig. Also frage ich mich, wie wir euch aus dem Zimmer schmuggeln sollen, ohne dass euch wer bemerkt. Wie ihr ungesehen durch die Gänge wandern sollt, ohne das ihr auffallt. Allein euer Aussehen schreit danach, dass ihr nicht hierhergehört.«

Orianas Haut so weiß wie Schnee, dazu das rabenschwarze Haar. Meine Wenigkeit mit einem gebräunten Teint und schwarzem Haar waren wir mehr als eine Zielscheibe der Aufmerksamkeit von floranischen Höflingen. Auf unseren Stirnen standen förmlich ›Wir kommen aus weitentfernten Königreichen‹.

»Du hast recht«, merkte ich an. »Dennoch werden wir nicht tatenlos herumsitzen. Genauso wenig werde ich den Erfolg dieses Plans in deine Hände geben. Wenn es dunkel wird, schleichen wird uns durch die Terrassentür hinaus. Durch die gemeinsame Zeit, die ich mit deinem Kleiderschrank verbringen durfte, weiß ich, wie viele Klamotten sich darin befinden, die uns verschleiern können.« Ich schmunzelte und nickte in die Richtung des Schranks. »Sag mal, wie viele Umhänge hortest du da drinnen eigentlich?« Es waren bestimmt ein Dutzend.

»Das geht dich gar nichts an«, entgegnete Clarence.

»Für was benötigt man so viele verschiedene Umhänge? Was hast du zu verbergen?«

»Es reicht«, unterbrach Oriana und stieß sich von meiner Brust ab. »Hört auf, euch zu zanken. Sobald wir hier fertig sind, könnt ihr euch wieder hassen und bekämpfen. Doch jetzt müssen mir zusammenarbeiten. Für Laurent. Für alle Wandler.«

Sofort steuerte sie auf Clarence' Schrank zu, zog die Tür auf und wühlte sich durch die Kleiderbügel. Clarence und ich beobachteten sie dabei.

Ich lehnte mich näher an ihn heran. »Du kannst mir ruhig verraten, weshalb du sie alle besitzt«, meinte ich mit gedämpfter Stimme. »An deinem Modegeschmack liegt es augenscheinlich nicht.« Demonstrativ blickte ich an ihm herab, worauf er unsicher an seiner Tunika herumzupfte. Es war so leicht, ihn aus seiner Komfortzone zu locken. »Befreist du, sobald die Sonne am Horizont verschwindet, Floranys von Verbrechern? Jagst du sie in deinem Umhang gehüllt, sodass niemand deinen Blondschopf erkennt?«

Mit verengten Augen sah er zu mir. »Sehr witzig.«

Oriana zog währenddessen drei Umhänge heraus. Allesamt schwarz mit einer ausladenden Kapuze. Einer der Umhänge war kleiner geschnitten, was bedeuten konnte, dass er schon, seitdem er von einer halben Portion zu einem Mann herangewachsen war, in seinem Schrank hängte, oder dass er einer Frau gehörte. Bei den Geschichten, die um ihn kursierten, war Letzteres wahrscheinlicher.

»Was machen wir jetzt?«, fragte Clarence und nahm einen der größeren Umhänge entgegen, fixierte jedoch weiterhin den, welchen Oriana in den Händen hielt.

»Wir warten«, beschloss sie und kletterte ins Bett. In Clarence' Bett. Alles an diesem Bild fühlte sich falsch an.

»Wir warten auf die Dunkelheit, bis wir uns rausschleichen. Es wird bestimmt eines der Dienstmädchen Abendessen bringen. Erst danach können wir unbemerkt rausschlüpfen.«

»Also warten wir«, stimmte ich zu, folgte Oriana jedoch nicht aufs Bett, sondern ließ mich in einen der cremefarbenen Loungesessel fallen. Clarence nahm in dem neben mir Platz. Wenigstens hatte er einen Funken von Anstand – oder Überlebenswillen – und besaß nicht die Frechheit, Oriana aufs Bett zu folgen. Noch bevor er es erreicht hätte, hätte ich ihn zurückgefischt und ihm eine Tracht Prügel verpasst. Dann hätte er wenigstens für seine Traumhochzeit gut ausgesehen.

Eine Hochzeit, die ich nur über meinen toten kalten Leichnam zulassen würde.

Die Reise hatte an unseren Kraftreserven gezerrt, keine Frage. Doch bis der Abend anbrechen würde, genügte der Hocker, um kurz die Augen zu entspannen. Wir alle benötigten etwas Ruhe vor dem Sturm.

Kapitel 38 Oriana

»Bereit?«, fragte Clarence, bevor er durch die Vorhänge der Terrassentür hindurchspähte, um zu prüfen, ob die Luft rein war.

Zane und ich nickten beide und zogen unsere Kapuzen tiefer in die Stirn. Danach schob Clarence die Vorhänge vollständig zur Seite und öffnete den Klappverschluss der Doppelflügeltür einen Spalt. Der Vollmond stand bereits hoch am nachtschwarzen Himmel und überzog die Landschaft mit einem sanften Schattenspiel. Automatisch brachte mich dieser Anblick zurück in die Höhle des Emryn, als dort das Mondlicht durch die obere Öffnung fiel. Wie sich ebenfalls ähnliche Schatten aufgetan hatten, in denen ich wandelte, um unentdeckt zu bleiben. Diesmal war es ähnlich. Wieder hängte unser Leben von den Schatten ab und wie gut sie uns vor fremden Augen verbergen konnten.

Zwar hätte Clarence sich verwandeln und allein nach seinem Bruder suchen können, jedoch wäre es zu riskant, wenn er auf sich selbst gestellt wäre. Zumal sein Vater sicher davon ausging, dass er nach Laurent suchen würde.

Das noch warme Gras kitzelte meine Knöchel, als ich den ersten Schritt nach draußen trat. Dicht dahinter folgte mir Zane über die Schwelle in den persönlichen Vorgarten von Clarence. Weiße Rosen blitzten zwischen den Ranken hervor, die sich vollständig um den runden Durchgangsbogen schlängelten.

Wir schlichen uns eng und geduckt an der Palastmauer entlang, dort, wohin die Schatten am dunkelsten fielen. Im Gänsemarsch folgten wir Clarence. Wir befanden uns auf dem Weg zu Laurents Gemächern, die jedoch ein Stockwerk höher lagen. Wie wir dort hinkommen würden, wussten wir noch nicht. Clarence meinte wie immer, dass wir improvisieren müssten. Irgendwie meinte er bei allem, dass wir improvisieren müssten. Was mir auf jeden Fall aufgefallen war, dass er nicht gerade der Beste im Pläneschmieden war.

»Wie sollen wir da hochkommen?«, fragte ich, die Stimme kaum mehr als ein Flüstern, als wir unter der Terrasse von Laurents Gemächern angekommen waren.

Clarence antwortete nicht, stattdessen streckte der den Arm nach einem Gebüsch aus, das in der Nähe wuchs. Er krümmte die Finger und schon wucherten die dünnen Äste zu dicken Ranken, die wie eine Treppe bis auf den Balkon reichten.

»Angeber«, hauchte Zane mit vor der Brust verschränkten Armen. Das dezente Schmunzeln entging mir dabei nicht.

»Kommt«, forderte Clarence und nickte zu der improvisierten Treppe.

Clarence betrat als Erstes seine selbst gebaute Stiege, und nachdem er sie auf Festigkeit überprüft hatte, drehte er sich um und streckte mir seinen Arm entgegen. Ohne Weiteres griff ich nach seiner Hand und hielt sie die gesamte Zeit über fest, bis wir Laurents Balkon erreichten.

Zane folgte uns dicht. Vermutlich würde er Clarence am liebsten den Kopf von den Schultern trennen. Aber er wusste genauso gut wie ich, dass das hier nötig war. Nötig für eine Zukunft, in der wir alle gemeinsam glücklich leben konnten. Die Zukunft, die wir unseren möglichen Kindern bieten wollten. Zwar war Nachwuchs für mich ein Thema, das noch weit entfernt in der Zukunft lag, trotzdem bahnte sich dieser Gedankengang eine Sekunde lang an.

Clarence duckte sich und versuchte die Balkontür, die zu den Gemächern seines Bruders führte, zu öffnen. Vergebens. Er drehte sich zu uns um und zuckte mit den Schultern.

Zane drehte den Kopf zu mir, legte den Zeigefinger an die Lippen, um mir zu bedeuten, leise zu bleiben.

Ich nickte.

Danach schlich er auf leisen Sohlen zu Clarence, legte die Finger an das Schloss und nur wenige Sekunden später rauchte es.

Das Metall schmolz dahin, rann an der Fensterscheibe hinab, die daraufhin Risse bekam. Ohne zu überlegen, streckte ich ebenfalls meine Finger aus und sandte eine kühle Eisbrise zu dem geschmolzenen Metall, um dieses zum Stocken zu bringen. Wenn das Fensterglas vollständig springen würde, könnte das Geräusch Wachen auf uns aufmerksam werden lassen. Das konnten wir nicht riskieren.

Es war ein Segen, dass Zane und ich mit solch unterschiedlichen Gaben beschenkt waren, die sich so perfekt ergänzten. Vermutlich war das ebenfalls einer der Beweise für unsere von den Göttern auserwählte Bindung.

Als Zane versuchte, die Tür zu öffnen, gelang es ihm und er nickte zu mir. Sofort verließ ich meine Position und kletterte beinahe auf allen vieren zu den beiden.

»Ich gehe vor«, flüsterte Clarence. »Sollte mich jemand entdecken, kann ich mich verwandeln. Ihr bleibt hier, bis ich euch das Signal gebe, dass die Luft rein ist. Beziehungsweise ob Laurent sich in seinen Gemächern befindet.«

»Was ist das Signal?«, fragte ich mit leiser Stimme und runzelte die Stirn.

Clarence verzog den Mund. »Hm«, murmelte er. »Ich pfeife, ok?«

Zane warf ihm einen fragenden Seitenblick zu. »Verstanden. Du pfeifst.«

In seinem Blick konnte ich seinen Gedankengang erkennen und musste meine Augen überdrehen, denn ich hatte denselben Gedanken. Jeder hätte vermutlich denselben Gedanken gehabt.

Die Pfeife pfeift.

Ein selbst gewähltes Fettnäpfchen.

Einer von Zanes Mundwinkeln zog sich nach oben, als er meinen Gesichtsausdruck bemerkte. Nur Clarence bemerkte nichts von unserem stummen Austausch.

Er wartete einige Momente, bevor er sich selbst überwand und sich innerhalb eines Lichtblitzes verwandelte.

Diesmal wählte er die Gestalt eines Spatzen. Er sah beinahe so aus wie Vivienne. Nur dass sein Federkleid um einiges dunkler wirkte. Das konnte aber genauso an den Lichtbedingungen liegen.

Jeweils links und rechts von dem mit Rissen durchzogenen Fensterglas drückten Zane und ich uns fest an die Wand, um möglichst nicht aufzufallen. Währenddessen sahen wir uns stumm an und wagten kein Wort zu sprechen.

Clarence war bereits vor einige Minuten in den Gemächern seines Bruders verschwunden. Immer mehr Zeit verging, in der wir mit schwerem Herzschlag warteten. Auf Clarence' Rückkehr oder seine Zeichen.

Doch als immer mehr Zeit verging, in der wir kein Lebenszeichen von ihm bekamen, wurden die Blicke, die wir uns zuwarfen, immer kritischer.

Zane verzog die Stirn und nickte zur Tür, wollte mir signalisieren, dass er reingehen würde, um nachzusehen. Ich schüttelte panisch den Kopf. Ich wollte nicht, dass er reinging. Was wäre, wenn jemand Clarence geschnappt hatte? Was, wenn jemand bereits auf uns wartete und deshalb die Gefangennahme von Clarence vielleicht lautlos über die Bühne gegangen war?

Ich konnte nicht riskieren, dass Zane ebenfalls entdeckt werden würde. Zumal niemand von seiner Anwesenheit wusste. Zumindest dachte ich das.

Wenn Wachen Clarence bemerkt hatten, war es nicht so schlimm, als hätten sie Zane entdeckt. König Garbhan ging natürlich davon aus, dass Clarence nach seinem Bruder suchen würde. Das Risiko war uns vorab bewusst gewesen, und trotzdem waren wir es eingegangen.

Ich duckte mich und krabbelte auf allen vieren zu Zane. Er riss die Augen weit auf, packte mich am Arm und zerrte mich hoch. Fest presste er mich an sich. »Bist du verrückt«, flüsterte er direkt an mein Ohr. »Wenn jemand da drinnen ist, der Clarence geschnappt hat, dann hätte er dich ebenfalls sehen können.«

»Genau darum geht es. Wir müssen hier weg«, murmelte ich und umklammerte Zanes Arm, den er um meine Mitte geschlungen hielt. »Wenn dich jemand hier sieht, dann –«

»Dann werde ich dich und mich mit meinem Leben verteidigen. Ich werde nie wieder zulassen, dass dir etwas zustößt. Nie wieder. Außerdem sind wir gemeinsam stärker als alle von Garbhans Wachen zusammen, hast du das schon vergessen?«

»Das wissen wir nicht mit Sicherheit.« Ich blickte suchend um uns. »Es sind nur Vermutungen.«

»In den letzten Tagen, in denen wir es ausprobiert haben, hat es doch einwandfrei funktioniert.«

Einige Tage vor unserer Abreise hatten wir versucht, unsere Kräfte gemeinsam zu bündeln, um uns gegenseitig zu ergänzen. Das hatte nach einigen Anläufen funktioniert, doch das waren reine Übungen, in denen wir nie unter Druck standen, nie von jemandem bedroht wurden. In einem echten Kampf war es anders, und das wusste Zane genauso gut wie ich.

Es war wie vorhin, als Zane das Metall schmolz. Meine Magie wusste genau, wie hoch die Temperatur des Metalls war und mit wie vielen Minusgraden sie es zum Stocken bringen würde, ohne dass es gefror und die Scheibe sprengte.

Doch was wäre, wenn ich unter Druck stand, wenn uns jemand ein Messer an die Kehle halten würde und uns keine Zeit zum Überlegen blieb. Würde unsere Magie dann genauso nur ein gewisses Maß von sich entfesseln oder würde sie unkontrolliert in ihrem vollen Ausmaß herausbrechen?

Weitere Minuten vergingen, in denen mein Herz immer kräftiger schlug, und das lag nicht an Zanes Körper, der sich dicht an meinen presste.

»Ich gehe nachsehen«, flüsterte Zane und seine Arme glitten von meiner Taille.

»Nein«, zischte ich leise und fasste nach seiner Hand. »Bleib hier.«

Er schüttelte meine Hand ab. »Geh zurück in Clarence' Gemächer, sieh zu, dass dich niemand sieht. Wir werden nachkommen.« Dann umfasste er meinen Nacken, drückte mich an sich und hauchte mir einen Kuss auf die Lippen. »Versprich mir, dass du zurückgehst.«

Ungläubig sah ich ihn an. Versuchte, in seinen Augen den Grund zu erkennen, weshalb er Clarence zu helfen versuchte. Wieso er ihn nicht einfach zurückließ nach allem, was er uns angetan hatte. Anscheinend hasste er ihn nicht genug, um ihn seinem Schicksal zu überlassen. Oder er liebte mich zu sehr und wusste, dass ich Clarence' Tod nicht wollte. Es könnte genauso daran gelegen haben, dass er ihn selbst irgendwann töten und sicherstellen wollte, dass ihm niemand zuvorkam. So oft, wie er Clarence damit drohte, war dies die realistischere Vermutung.

Anstatt ihm ein Versprechen zu geben, sagte ich: »Pass du besser auf, dass *dich* niemand erwischt.« Er drückte mir einen weiteren Kuss auf die Lippen, diesmal war er länger und intensiver.

»Wenn das ein Abschiedskuss sein soll, will ich ihn nicht«, murmelte ich, nachdem er seine Lippen von meinen gelöst hatte.

»Keine Wachen der Welt würden es schaffen, mich von dir fernzuhalten. Das sollte dir mittlerweile bewusst sein.« Er strich mir die Haare aus dem Gesicht. »Nun geh jetzt, versteck dich.«

Natürlich war mir bewusst, dass Zane alles tun würde, um mich zu schützen, alles, um bei mir zu sein. Das hatte er mehr als einmal bewiesen. Egal wo ich war, egal wie unüberwindbar die Hürden schienen, Zane meisterte sie.

Ich nickte und kletterte wieder von der aus Ranken gewobenen Treppe nach unten. Das mulmige Gefühl in meiner Magengrube verursachte, dass sich zu viel Speichel in meinem Mund sammelte, den ich nur schwer schlucken konnte. Zane und Clarence zurückzulassen, fühlte sich mehr als nur nach einer falschen Entscheidung an.

Doch wir mussten nicht nur diese Schlacht gewinnen, sondern den Krieg im Keim ersticken, noch bevor er Wurzeln schlagen konnte.

Als ich unten angekommen war, drehte ich mich noch mal um und schaute zu dem Balkon empor. Genau in dem Moment, in dem Zanes Silhouette in der Tür verschwand, und das flaue Gefühl in bitteren Brechreiz überging.

Kapitel 39 Oriana

Sirenen ertönten. Panische Schreie folgten.

Ich legte meinen Kopf an die Tür und lauschte, was draußen vor sich ging. Schritte von Stiefeln, die über die Holzböden eilten. Männer, die irgendwelche Kommandos riefen, die ich nicht richtig verstand.

Ich hetzte zur Terrassentür und riss die Vorhänge beiseite, die ich zuvor sorgfältig vor das Fensterglas geschoben hatte. Nach einem prüfenden Blick öffnete ich die Doppelflügeltür. Sofort strömte der Geruch von verbranntem Holz ins Zimmer und ich musste husten. Der giftige Rauch blockierte meine Atemwege, sodass ich automatisch meinen Arm vor das Gesicht hielt. Von dem fürchterlichen Brennen meiner Augen ganz abgesehen.

Ich taumelte rückwärts und stemmte die Arme auf meine Oberschenkel, während mein Körper versuchte, den Rauch aus meinen Lungen zu husten.

Im oder unmittelbar neben dem Palast musste ein Großbrand entfacht sein. Anders konnte ich mir den intensiven Qualm nicht erklären. Clarence und Zane waren noch immer nicht zurück, obwohl bestimmt schon eine halbe Stunde vergangen war, seitdem ich unfreiwillig in Clarence' Gemächer zurückgekehrt war. Irgendetwas war eindeutig schiefgelaufen.

Meine Hände vergruben sich in meinen Locken, umfassten meine Haarsträhnen dermaßen fest, dass meine Kopfhaut spannte.

Ich musste zurück. Ich musste nach ihnen suchen. Was, wenn ihnen tatsächlich etwas passiert war und nur ich sie retten konnte?

Vorher machte ich mir nicht mal die Mühe, mich aus dem

Mantel oder meinen Schuhen zu befreien, weshalb ich erneut zur Terrassentür eilte und in den Vorgarten verschwinden wollte. In dem Moment schwang ohne ein Klopfen die Holztür auf und vier Wachen stürmten herein.

Ich wirbelte herum. »W–Was ist los?«, stammelte ich überrascht und versuchte, mir meinen rasenden Herzschlag nicht anmerken zu lassen, weil sie mich beinahe bei meiner Flucht erwischt hatten.

»Wo ist der Kronprinz?«, fragte einer der Wachmänner, der in eine hellgrüne Uniform gekleidet war. Vermutlich war er Gavriel in Westerys gleichgestellt. Einer der ersten Kommandanten. Ein Wachmann der ersten Königsgarde, denn die anderen Wachmänner trugen allesamt hellbraune Kleidung mit dunkelbraunen Absteppungen.

»Er nimmt ein Bad«, log ich und biss mir in die Innenseite meiner Wange. »Der Tag war lang …«

»Es interessiert mich nicht, wie Euer Tag war«, keifte er und trat einen Schritt weiter in den Raum. »Wo ist Prinz Clarence? Ich weiß, dass Ihr wisst, wo er ist.«

Verdammt.

Selbstbewusst hob ich das Kinn ein Stück höher. »Ich weiß nicht, wovon Ihr redet. Wie bereits erwähnt, nimmt er ein Bad.« Die Lüge kam mir leicht über die Lippen.

Der überhebliche Ausdruck in dem Gesicht des Wachmanns brachte mein Blut in Wallung. Genauso wie meine Magie gefährlich zu summen begann. »Ihr könnt gerne nachsehen, wenn Ihr so darauf bedacht seid, Euren Kronprinzen nackt beim Waschen zu beobachten.« Trotzig hielt ich den Blick des Mannes fest und setzte meine eiskalte Maske auf.

Wenn er tatsächlich vorhatte, ins Bad zu gehen, um sich selbst von Clarence' Anwesenheit zu überzeugen, würde ich tief in Schwierigkeiten stecken. Mir würde nichts anderes übrig bleiben, als zu versuchen, die vier Männer zu überwältigen. Ich könnte sie in einen Eisblock einfrieren. So wie es in dem damaligen Drohbrief gestanden hatte, der an Zane geschickt wurde.

Innerlich betete ich zu den Göttern, dass sie einfach wieder verschwinden würden.

»Und wieso seid Ihr dann hier, Prinzessin? Wieso genießt Ihr nicht Euer gemeinsames Bad?« Er verengte seine Augen.

Mein Gesicht verzog sich abwertend.

»Ihr seid widerlich«, zischte ich ihm entgegen. »Dass Ihr mir tatsächlich unterstellt, mich vor der heiligen Ehe mit einem Mann einzulassen. Was wird der König wohl über Eure Anstandslosigkeit sagen?«

Er lachte lautlos. Die drei anderen Männer taten es ihm gleich und schauten sich schmunzelnd an. »Für den Prinzen von Westerys habt Ihr ja ebenfalls nach wenigen Tagen die Beine breitgemacht. Wer weiß, wie viele schon über Eure königliche Scham gerutscht sind.«

Perplex brachte ich kein Wort hervor.

»Vielleicht sollte die Zahl vor Eurer Hochzeit morgen noch steigen. Einer mehr, oder vier, machen da keinen Unterschied.« Er trat einen weiteren Schritt an mich heran, genauso wie die anderen. »Wie traurig Ihr doch sein müsst, ab morgen nur noch einem Mann Beischlaf leisten zu können, noch dazu einem, der bereits jede in Floranys in Eurem Ehebett hatte. Aber wie ich sehe, ergänzt Ihr Euch perfekt. Vielleicht hat er überhaupt nichts dagegen, Euch zu teilen.«

Erneut trat ich einen Schritt zurück. »Verschwindet. Sofort«, presste ich hervor. Ich ballte meine Hände zu Fäusten, während sich meine Fingernägel schmerzhaft in meine Handflächen gruben und dort bereits mein Eis entfachten.

»Fasst mich an und Ihr werdet Euren Kopf verlieren. Ihr alle.«

Der Wachmann in der grünen Kleidung verzog den Mund zu einem gekünstelten Schmollen. »Sind wir Eurer Majestät nicht schön genug? Normalerweise steht Ihr auf solch Schönlinge wie Prinz Zane, verstehe. Aber Schönheit ist nicht alles, meine Prinzessin. Ein schöner Mann ist kein Versprechen, dass er Euch das geben kann, was Ihr braucht.«

»Ich wiederhole mich nicht«, zischte ich durch zusammengebissene Zähne und machte mich bereit.

»Sonst was? Wird uns einer Eurer Liebhaber töten?« Die anderen lachten.

»Nein. Aber ich.«

Erneut lachten sie. Dann kam der Kommandant auf mich zu, hob die Hand und verpasste mir mit dem Handrücken eine Ohrfeige. Noch bevor ich reagieren konnte, flog mein Gesicht zur Seite und ich schmeckte den Eisengeschmack von Blut auf meiner Zunge.

Sofort zitterte ich, überwältigt von der Situation. Das letzte Mal, als mich jemand verletzt hatte, war es Amara gewesen. Danach war ich eine Woche lang im Delirium, dem ich mich beinahe hingegeben hatte. Diese Männer wollten mir nicht nur körperlichen Schmerz zufügen, sondern mich brechen. Gegen eine gebrochene Seele würden selbst die Heilungsfähigkeiten meiner Gestaltwandlerherkunft nichts bewirken.

Ohne einen weiteren Moment abzuwarten, stampfte ich kräftig auf den Boden, der sich sofort mit einer Eisschicht überzog. Die Männer versuchten, mit ausgestreckten Armen das Gleichgewicht zu halten, doch ich streckte ebenfalls meine Arme von mir, stieß die Luft aus und lenkte einen Schneeschwall in ihre Richtung. Alle vier gingen ächzend zu Boden. Doch ich gewährte ihnen keine Verschnaufpause, sondern beschwor um mich einen Wirbelsturm aus Eiszapfen. Scharf und genauso tödlich wie eine Pfeilspitze.

Nun war ich es, die einen Schritt auf sie zutrat und ein breites Lächeln aufsetzte. Danach lenkte ich einen der Eiszapfen auf den ersten Kommandanten und versenkte ihn genau an der Stelle zwischen seinen Beinen. Mit einem ohrenbetäubenden Schrei krümmte er sich, während sein Blut aus der Wunde spritzte und den Boden befleckte.

»Nun werdet Ihr keine Damen mehr ungefragt beglücken.« Ein zweiter Eiszapfen folgte und traf einen anderen Mann direkt in den Oberschenkel, der gerade versuchte zur Tür zu robben.

Der nächste folgte und der übernächste. So lange, bis keiner mehr einen Mucks von sich gab. Wie in einem Rausch metzelte ich die Männer nieder, während meine Umgebung immer mehr verschwamm und ich nur am Rande mitbekam, was ich tat.

Der eisüberzogene Boden war eine einzige Blutlache, auf der sich vier leblose Körper aufbäumten.

Fünf. Fünf Männer hatte ich auf meinem Gewissen. Fünf Leben hatte ich bisher genommen.

Ein Gestaltwandler im Wald. Damals war ich von Kopf bis Fuß in sein Blut getränkt gewesen, nachdem ich den finalen Schlag ausgeübt hatte. Diesmal war es anders. Kein einziger Blutspritzer besudelte meine Kleidung.

Ein weiterer Unterschied zu damals war, dass ich diesmal keine Schuldgefühle verspürte. Keine Stimme in meinem Kopf, die mir zuflüsterte, was ich für ein schrecklicher Mensch war. Dass ich meine Taten bereuen musste. Nichts.

Diesmal machte sich nichts als Erleichterung in mir breit.

Ich wusste nicht, wie lange ich einfach nur dastand und ihre toten Körper betrachtete. Ihre weit aufgerissenen Augen. Die unnatürlichen Positionen ihrer Gliedmaßen. Das Blut, das bereits stockte. Der Geruch des Todes.

Jemand fasste an meine Schulter und drehte mich herum.

Geistesabwesend starrte ich gegen eine Brust, danach hob ich den Kopf weiter an.

Zane.

Seine Lippen bewegten sich, doch es drang kein Ton an meine Ohren. Unwillkürlich lächelte ich sanft. Erleichtert, dass er am Leben war, dass es ihm gut ging. Obwohl sein Gesicht und seine Tunika voller Ruß waren, war er bildschön. Doch sein Gesichtsausdruck war alles andere als erleichtert.

Er umfasste mein Gesicht und ich spürte die Berührung nur wie ein leichtes Kitzeln. Als ob der Wind eine Feder in mein Gesicht geweht hätte.

Zane war so schön. Seine Wangenknochen, die auf der linken Seite ein Cut zierte.

Ich war so verliebt. Würde er mich weiterhin lieben, jetzt, wo er gesehen hatte, was ich mit den vier Männern gemacht hatte?

Wieso hatte er einen Cut?

Ich legte den Kopf schräg und kniff die Augen zusammen. »Was ist passiert?«, hörte ich meine eigene Stimme, doch ich war mir nicht sicher, ob mein Mund die Worte tatsächlich formte oder ob es nur in meinem Kopf passierte.

Da Zane mir antwortete, hatte ich sie anscheinend laut ausgesprochen.

»Oriana, was ist passiert? Haben sie dich angegriffen? Bist du verletzt?«, hetzte Zane mit verzogenen Augenbrauen.

Als ich weiterhin nur dastand und ihn anstarrte, fing er an mich zu schütteln. Er umfasste meine Schultern und rüttelte mich, während unsere Gesichter Nase an Nase waren.

In meinem Augenwinkel bemerkte ich eine weitere Person und zuckte zusammen.

»Ich denke, sie steht unter Schock«, hörte ich die Person neben mir, wagte es aber nicht, mein Gesicht in die Richtung der Stimme zu drehen.

»Verdammt, was haben die Männer hier drin verloren?«

»Ich weiß es nicht. Sie hat sie alle … getötet.«

»Sie hat sich verteidigt«, verbesserte Zane ihn in einem wütenden Ton. War Clarence neben ihm? Hatte Zane Clarence gefunden und sie waren beide hier? Oder spielte mir mein Gehirn einen Streich und keiner von ihnen war hier. Keiner der Männer war tot, sondern sie bäumten sich über mir auf. Versuchten mir das zu zeigen, was ich sehen wollte, nur um nicht fühlen zu müssen, was sie mir antaten.

»Nein. Nein. Nein«, murmelte ich vor mich hin und raufte meine Haare.

Ich musste mich wieder umdrehen, um nachzusehen, ob die Männer wirklich dort lagen oder ob ich es mir nur eingebildet hatte.

Zane umfasste noch immer meine Schultern, als ich den Kopf in den Nacken legte und zu ihm aufsah. Ich blinzelte mehrmals,

als ich merkte, wie meine Sicht verschwamm. Anscheinend hatten sich Tränen in meinen Augen gebildet.

»Was ist passiert, meine Liebe?«, murmelte Zane behutsamer. Seine Augen glänzten ebenfalls im sanften Licht.

Wie konnten feuchte Augen einen Mann noch attraktiver wirken lassen?

»S–Sind sie wirklich tot?«, stotterte ich und suchte in Zanes dunklen Augen die Wahrheit.

Er nickte. »Ja, sind sie.«

»Hasst du mich jetzt?«

Plötzlich veränderte sich seine Miene. »Wieso sollte ich dich hassen? Weil du eine Handvoll floranische Bastarde getötet hast?« Ein emotionsloses Lachen brach aus seiner Kehle hervor. »Wenn, dann lässt es meine Bewunderung für dich noch weiterwachsen.« Er schüttelte den Kopf und legte eine Hand an meine Wange. Sofort schmiegte ich mich in seine warme, vertraute Handfläche und schloss für einen Moment die Augen.

»Du bist meine Todeskriegerin, schon vergessen? Und bei den Göttern, wie sehr ich es liebe.« Ich hatte gar nicht bemerkt, dass er sich herabgebeugt hatte. Erst als ich seine weichen Lippen auf meinen spürte – anstatt meines Blutes seinen Geschmack schmeckte –, registrierte ich, dass er mich küsste.

Jemand räusperte sich neben uns. Clarence, wie ich mittlerweile bemerkte. »Ich will eure Zweisamkeit nur ungern stören, aber wir sollten schleunigst die Leichen beiseiteschaffen. Wenn jemand bemerkt, was sich hier zugetragen hat, sind wir allesamt dran.«

»Ich musste es tun, Clarence. Es … Sie wollten … Sie haben versucht …«

»Es ist alles gut, Oriana. Sie waren Bastarde. Schlimm genug, dass ich es über meine eigenen Wachen sage, aber meine Wahl wären sie nie gewesen. Wenn du sie nicht getötet hättest, hätte ich es irgendwann selbst getan.«

Zane löste sich von mir. »Clarence hat recht. Oriana, du gehst ins Badezimmer, dich säubern«, seine Augen schweiften eine Sekunde über meinen Körper. »Clarence und ich versuchen währenddessen das Blutbad zu entfernen und die Leichen loszuwerden.«

Langsam sah ich an mir herab. Zwar hatte ich mit den Männern, als ich sie getötet hatte, keinen Körperkontakt, dennoch hatte meine Kleidung einige Blutspritzer abbekommen. Meine vorherige Vermutung, dass es diesmal anders war als damals im Wald, hatte sich in Luft aufgelöst.

»In Ordnung«, stimmte ich zu.

»Schaffst du es allein?« Zane sah mich eindringlich an.

Ich nickte. »Klar. Entfernt ihr in der Zwischenzeit … die Männer«, stammelte ich hervor.

Sofort machte ich mich auf den Weg ins Bad. Bevor ich hinter der Tür verschwand, warf ich einen letzten Blick über die Schulter, inspizierte ein letztes Mal meine Tat. Clarence und Zane standen direkt davor und wirkten so, als ob sie keine Ahnung hätten, wie sie die vier Männer aus Clarence' Gemächern verschwinden lassen sollten.

»Versperrt lieber die Tür«, räumte ich ein. »Sie sind ohne ein Klopfen ins Zimmer gestürmt. Also wäre es nicht abwegig, dass dies wieder passiert.« Danach schloss ich die Tür.

Ich umklammerte das Porzellan des Waschtisches, während seelenlose blaue Augen aus dem Spiegel zurückstarrten. Ich musste mich zusammenreißen und mich beeilen, damit ich den beiden noch helfen konnte. Also schnappte ich mir den Waschlappen, tunkte ihn mit meinen zitternden Fingern in die Waschschüssel und schrubbte danach fest über meine Gesichtshaut, um die ekelerregenden Blutspritzer von mir zu bekommen.

Ich rubbelte dermaßen fest, dass meine Haut schließlich vollkommen gerötet war.

Bei den Göttern, was hatte ich getan.

Wegen mir würden wir noch alle auffliegen.

Kapitel 40 Oriana

Zane und Clarence hatten die toten Männer, bevor ich aus dem Bad zurückkam, bereits weggebracht. Wohin wusste ich nicht. Wenn ich ehrlich war, wollte ich es gar nicht wissen.

Zanes gesamte helle Tunika war rot besudelt, genauso wie seine Hände. Vermutlich hatte er die Leichen geschultert und irgendwo im Garten versteckt. Oder im Teich in Clarence' Garten versenkt.

Dass der Versuch, mit meiner Eismagie die Blutlache gefrieren zu lassen, damit sie sich fast vollständig von den Holzdielen löste, tatsächlich funktionierte, hatte ich nicht erwartet. Es gefror zu einer riesigen dicken Eisschicht.

Clarence packte die erstarrte Blutpfütze an der einen Seite, während Zane die gegenüberliegende Seite übernahm. Gemeinsam trugen sie sie bis zur Badewanne. Danach schmolz er das erstarrte Blut und es floss den Abfluss hinab. Mit dem bereitstehenden Frischwasser, das eigentlich für ein Bad gedacht war, spülten wir den Rest nach, bis die Wanne wieder blitzeblank in einem reinen Weiß erstrahlte. Nur ein Schlückchen blieb übrig, mit dem Zane und Clarence sich säuberten. Das Schmutzwasser kippten sie danach ebenfalls in die Wanne.

Wir unterhielten uns während der gesamten Prozedur kaum. Wir besprachen nur die nächsten Anweisungen. Vermutlich stand nicht nur ich unter Schock. Bisher hatten wir noch nicht darüber gesprochen, wieso es ganz in der Nähe gebrannt hatte. Ob sie dafür verantwortlich waren oder wie Zane es geschafft hatte, Clarence zu finden, und was sich in Laurents Gemächern zugetragen hatte. Ob sich überhaupt etwas zugetragen hatte. Ob sie Laurent gefunden hatten. Obwohl ich mir diese Frage wahrscheinlich schenken konnte. Zumal sie ihn mithätten, hätten sie ihn in seinen Gemächern tatsächlich angetroffen.

Über dem leichten Blutfleck, der auf den Dielen zurückblieb, drapierte Clarence seinen hellen Bettvorleger.

Vollkommen erschöpft ließ ich mich in die Matratze sinken, während die beiden Männer wieder an ihren Loungehockern Platz nahmen. Zane saß genau so, dass man ihn nicht auf den ersten Blick sah, wenn man ins Zimmer kam. Absicht, falls erneut jemand unangekündigt in Clarence' Privatgemächer platzen würde. Natürlich nur, wenn jemand zuvor das Schloss aufbrechen würde.

»Was ist passiert?«, fragte ich mit ruhiger Stimme. Mein Blick war weiterhin an die Decke gerichtet, während ich die Stuckleisten betrachtete.

»Sie haben mich bereits erwartet«, erzählte Clarence. »In den Gemächern meines Bruders waren Dutzende Wachen, die nur darauf gewartet haben, dass ich kommen würde. Allesamt mit Onyxpfeilen bewaffnet. Einer dieser Pfeile und ich hätte nicht nur eine verheerende Wunde, sondern auch alle meine Magie für eine gewisse Zeit verloren.« Emotionslos schnalzte er mit der Zunge. »Und ich Idiot bin ihnen genau in die Falle gelaufen. Wie eine orientierungslose Maus, die immer wieder in dieselbe Falle tappt, nur weil sie solche Sehnsucht nach dem Stück Käse darin verspürt.«

»Danach habe ich die Bude abgefackelt, damit niemand dem König erzählen konnte, dass sie Clarence in der Falle hatten«, erklärte Zane.

Ich stützte mich auf meine Unterarme und sah zu meinem Geliebten, als dieser weitersprach. »Puh, es war schwieriger als gedacht, ihn aus ihren Fängen zu befreien, ohne dass ihn die Flammen ebenfalls töten. Aber den Göttern sei Dank hat es funktioniert und wir sind beide heil rausgekommen.«

Zane erzählte es nebenbei, als ob es keine große Sache wäre. Er hatte Clarence' Leben gerettet und dabei sein eigenes riskiert.

Zwar bestand ein großer Teil seiner Motivation darin, das alles hier zu beenden. Dennoch. Er hatte Clarence das Leben gerettet, obwohl er ihm regelmäßig prophezeite, dass er derjenige sein würde, der ihm sein Leben nehmen würde.

Zanes Herz war so viel mehr, als man sah. So viel mehr, als irgendjemand wusste. Ausgenommen ich. Niemandem zeigte er seine guten Seiten, seine liebenswerte, aufopferungsvolle Art.

Am liebsten hätte ich ihn aufs Bett gebeten, um meine Arme und Beine um ihn zu schlingen, damit ich ihn einfach nur festhalten konnte. Doch Clarence' Anwesenheit und die neuesten Ereignisse machten mir einen Strich durch die Rechnung.

»Laurent war also nicht dort?«, fragte ich stattdessen.

Beide schüttelten verschieden schnell die Köpfe.

»Nach dem Feuer und den … Mor…« Zane warf Clarence einen Blick im Augenwinkel zu. »Und dem Verschwinden der Wachen …«, verbesserte er sich, obwohl ich genau wusste, was er zuerst sagen wollte, »werden sie den Palast akribischer bewachen. Es war haarscharf. Beinahe wären wir aufgeflogen.«

»Und ich erinnere dich gerne, wessen Schuld das war«, sagte Zane und zog eine seiner dunklen Augenbrauen in die Stirn.

»Streng genommen bin ich im Großen und Ganzen die Schuldige für alles«, seufzte ich. »Hätte ich vor über einem Jahr Clarence geheiratet, würden vielleicht meine Eltern noch leben, Laurent würde es gut gehen, selbst eure Tante würde noch leben. Obwohl mir ihr Tod nicht leidtut.« Wieder ließ ich den Kopf in die Kissen sinken und starrte an die Decke. So absurd der Gedanke auch war, es wäre alles viel einfacher verlaufen. Niemand hätte leiden müssen. Niemand, ausgenommen Zane und ich.

Kaum vorzustellen, was es für eine Qual gewesen wäre, sein Seelengegenstück kennenzulernen, von dem man wie auf magische Weise angezogen wird, nur um danach sein restliches Leben ohne ihn verbringen zu müssen.

»Dennoch wären die Gestaltwandler weiterhin unterdrückt, verbannt und hätten keinerlei Chance auf Befreiung«, merkte Clarence an. »Das soll nicht bedeuten, dass ich nicht ebenfalls lieber mit dir verheiratet wäre, als das ganze Fiasko zu durchleben.«

»So meinte ich das nicht«, stellte ich klar.

»Treib es nicht zu weit, Goldlöckchen«, murrte Zane. »Wir sind aktuell zwar Verbündete, doch das bedeutet nicht, dass ich dir nicht bei der nächsten Gelegenheit den Kopf von den Schultern trenne oder dir eine nette Brandwunde verpasse, solltest du es weiterhin für nötig erachten, dumme Bemerkungen zu machen.«

Clarence zuckte beiläufig mit den Schultern, obwohl sich sein Körper merklich anspannte. Zane entging es ebenfalls nicht, weshalb er dezent schmunzelte.

Oh, wie es ihm gefiel, den mächtigen Beschützer zu spielen. Also ließ ich ihn.

Etwas später zog sich Clarence in das Gästezimmer zurück, dass sich gleich nebenan befand. Es blieben uns nur noch wenige Stunden Schlaf, bevor unsere vorgetäuschte Hochzeit stattfinden würde.

»Willst du darüber reden?«, murmelte Zane leise an meinem Ohr. Sofort wusste ich, wovon er sprach. Bisher hatten alle so getan, als ob ich nicht vier Männer auf brutalste Weise massakriert und getötet hätte.

Und ich sprach nicht von normal getötet. Ich hatte sie wortwörtlich niedergemetzelt. War wie im Blutrausch mit meiner Magie über sie hergefallen.

Wieder sammelte sich mein Speichel in unangenehmen Mengen in meinem Mund, weshalb ich mehrmals gezwungen schlucken musste. »Sie kamen ins Zimmer. Kurz nachdem die Sirenen ertönten«, begann ich mit leiser Stimme zu erzählen. »Sie wollten nach Clarence und mir sehen. Ich meinte, er würde ein Bad nehmen und sie könnten ruhig nachsehen, doch sie wussten vermutlich, dass er nicht hier war. Vielleicht sind sie genau deswegen gekommen.« Schmerzhaft presste ich meine Augen zu, um meine Tränen zu unterdrücken.

»Was ist danach passiert?«, fragte Zane mit überraschend sanfter Stimme.

»Der Mann in der grünen Uniform sagte schreckliche Dinge zu mir, versuchte mich zu bedrängen. Er … er hat mich geschlagen.« An meinem Rücken merkte ich, wie Zanes Körper sich anspannte, jedoch schwieg er und ließ mich weiterzählen. »Er drohte. Er drohte, er würde mich … nehmen … so wie ich es verdiente … Daher überlegte ich nicht länger, ich griff sie an. Ich …«, stammelte ich und konnte den Tränenfluss nicht länger zurückhalten. »Ich habe sie getötet. Einen nach dem anderen.«

»Wäre ich nur hier gewesen, wäre ich nicht Clarence suchen –«

»Dann würde Clarence vielleicht nicht mehr am Leben sein oder sie wären hinter unseren Plan gekommen«, unterbrach ich ihn.

Er bettete sein Gesicht zwischen meinem Kopf und meiner Schulter und sog meinen Duft in sich auf.

»Jeder von uns bringt Opfer. Jeden einzelnen Tag, doch was sind diese Opfer im Gegensatz zu dem, was wir damit erreichen können?«

»So spricht nur eine wahre Königin«, raunte Zane und küsste die Stelle unter meinem Ohr. »Sie werden alle bluten«, versprach er.

Kapitel 41 Clarence

Dass Vater keine weiteren Wachen schickte, nachdem Oriana vier seiner Männer ins Jenseits befördert hatte, verwunderte mich. Irgendwie ließ mich der Gedanke nicht los, dass die Wachmänner ebenfalls eine Falle waren und Vater wusste, dass ich nach Laurent suchen und Oriana schutzlos zurücklassen würde. Von Zane wusste er ja nichts – zumindest hoffte ich das. Zwar war ein Feuer zu entfachen ein Indiz dafür, jedoch könnte jeder ein Feuer legen. Selbst in diesem Ausmaß.

Ich war nicht so dumm, zu denken, dass mein Vater uns unseren plötzlichen Sinneswandel abkaufte, denn er wusste, dass ich dies nur für Laurent tat. Orianas Motiv schien er nicht zu hinterfragen, vielleicht war es ihm auch schlichtweg egal, wenn wir die Ehe eingehen würden und sie für immer an mich gebunden wäre. Solange sie nicht an Zane gebunden wäre, denn nur darum ging es ihm wirklich, wie wir von Königin Sierra erfahren hatten.

Ich hasste ihn. Und trotzdem schmerzte es, dass mein einziges lebendes Elternteil mich mein gesamtes Leben dermaßen hinters Licht geführt hatte. Genauso dass ich nun mehr eine Schachfigur in seinem Machtspiel darstellte, so wie es auch bei Amara der Fall war.

Egal wie sehr die Erschöpfung an mir zehrte, ich fand trotzdem nicht in den Schlaf. Wie könnte ich auch nachdem, was heute alles passiert war?

Vor meinem inneren Auge sah ich die Wachen, wie sie ihre Pfeilspitzen auf mich richteten, wie sie forderten, dass ich mich ergeben sollte. Kurz bevor Zane ein Feuer in Laurents Gemächer sandte und nur mich aussparte.

Er hatte mich verschont, obwohl es für ihn ein gefundenes Fressen gewesen wäre, mir ebenfalls den Garaus zu machen. Zwar tötete mich nur eine Enthauptung, doch die Gestaltwandler in der Höhle des Emryn waren durch sein Feuer zu einem Haufen Asche verbrannt. Vielleicht lag es daran, weil es kein gewöhnliches Feuer war, sondern magisch. So wie auch Onyx jegliche Magie lahmlegte.

Doch er entschied sich dagegen.

Er ließ mich am Leben, trotz alledem, was zwischen uns vorgefallen war, und obwohl ich auf seiner Racheliste bestimmt an oberster Stelle stand. Den ersten Platz vermutlich mit meinem verlogenen Vater teilte, weil er Oriana in die Situation gebracht hatte, mich *zu heiraten*. Vielleicht verstand er, dass unsere Differenzen aktuell hintangestellt werden mussten.

Während wir zurück zu Oriana hetzten, ertönte bereits die Sirene. Kurz darauf eilten die königlichen Löscher herbei und beendeten das Inferno, sodass niemand aus dem Schloss evakuiert werden musste.

Ich musste herausfinden, was im Schloss vor sich ging, wovon wir allesamt nichts wussten. Irgendetwas war im Gange, das war klar. Die Frage war nur: Vermuteten sie unseren Plan, wie wir Laurent befreien wollten, und konnten sie uns daran hindern?

Kaum hatte ich den Gedanken fertig gedacht, verwandelte ich mich in eine Maus. So klein und unscheinbar, dass niemand Verdacht schöpfen würde, wenn ich durch die Gänge huschte.

Ich kletterte aus dem Fenster und rannte dicht an der Mauer entlang, bis ich über eine der Rosenranken in den ersten Stock kletterte und durch ein geöffnetes Fenster schlüpfte.

Noch immer waren genügend Höflinge und Wachen unterwegs. Liefen aufgescheucht umher, was dem kürzlichen Feuer geschuldet war. Die Gesprächsfetzen, die ich dabei mitbekam, bestätigten meine Vermutung.

Mein Ziel waren die Bedienstetenunterkünfte. Wenn es Tratsch im Schloss gab, dann würde ich dort fündig werden. Also steuerte ich direkt auf die letzte Tür am Ende des Gangs zu und wartete im Schatten der Gardinen, bis jemand die Tür öffnete. Was eine gefühlte Ewigkeit später auch passierte.

Nachdem ich unbemerkt zwischen den Beinen einer Bediensteten, verborgen durch deren Rock, ins Zimmer huschte, versteckte ich mich hinter dem Bein eines einfachen Holzbetts.

Es war vielleicht nicht ganz die feine Art, mir ausgerechnet die Unterkünfte der weiblichen Bediensteten auszusuchen oder unter dem Rock einer Dame hier einzudringen, aber ich wusste, dass die Putzdamen, Zofen und Köchinnen das meiste aufschnappten, da niemand damit rechnete, dass diese zuhörten. Aber ich war nicht so dumm, sie zu unterschätzen.

Ich wartete und wartete, bis alle in ihren Betten lagen und das erhoffte Tuscheln begann.

»Wieso, denkt ihr, ist das Feuer ausgebrochen?«, ertönte eine junge Stimme. »Ihr könnt mir nicht erzählen, dass es zufälligerweise genau in dem Abteil zu brennen beginnt, in dem Prinz Laurents Gemächer liegen, kurz nachdem Prinz Clarence mit einer Braut auftaucht.«

Ich grinste innerlich in mich hinein. Meine Idee war perfekt.

»Willst du Prinz Clarence der Brandstiftung beschuldigen?«, fragte eine der Frauen.

»Niemals. Aber habt ihr gesehen, wer seine Verlobte ist?«

»Nein. Ich war den gesamten Tag in den Stallungen, um den Pegasus vom König zu striegeln.«

Ein Kichern drang durch den Raum. »Es ist die Prinzessin aus Aseria. Die, um deren Hand die Prüfungen abgehalten wurden. Ich hörte, dass der Prinz aus Westerys ihre Hand gewann, aber anscheinend hat sie sich doch für unseren goldenen Prinzen entschieden.«

»Ich hörte, dass der Prinz von Westerys ein stattlicher Mann sein soll, also weshalb sollte sie sich umentschieden haben? Zumal die Prüfungen bestimmt nicht ohne einen triftigen Grund abgehalten wurden«, fragte eine ältere Stimme.

Das Bett über mir knarzte und ich zog mich weiter zurück. »Vielleicht ist sie mit Prinz Clarence durchgebrannt, weil sie die

Hitze in Westerys nicht ausgehalten hat«, scherzte die Dame, die auf dem Bett saß, unter dem ich mich versteckte.

»Was weißt du schon über die Hitze in Westerys, Sarila?«

»Ich … lese«, stellte die Dame – die anscheinend Sarila hieß – klar. »Kann ich dir sehr empfehlen, vielleicht würde dein Weltbild dann weiter als bis zu den Schlossmauern reichen.«

»In deinem Alter würde ich nicht so unverblümt sprechen, Fräulein.«

Wieder knarzte das Bett und diesmal erschienen ein paar schlanke Beine vor mir.

»Wenn Sarila es sich nicht erlauben kann, so zu sprechen, wer dann? Als neuer Liebling von Eurer Majestät hat sie nichts zu befürchten«, sagte eine Frau mit zynischem Unterton. »Sie wärmt bestimmt das Bett des Königs. Weshalb sollte sie sonst plötzlich von einer Putzkraft zu einer seiner persönlichen Berater befördert werden und solch eine hohe Position bekommen?«

»Eifersüchtig?«, spottete Sarila und erhob sich von der Matratze.

Neugierig, wie ich war, verließ ich mein Versteck, um einen Blick auf den vermeintlichen Liebling von meinem Vater zu erhaschen. Ich bewegte mich dicht an der Mauer entlang, dort, wo Schatten meinen Mäusekörper verhüllten, bis ich hinter einem herumliegenden Paar Stiefel in Deckung ging.

Und Götter.

Zwar hatte ich sie erst zwei Mal gesehen, jedoch könnte ich die junge Dame, die mir eine verdammte Spritze in den Hals gerammt hatte, niemals vergessen. Ihre weit aufgerissenen Augen, als sie bemerkt hatte, dass ich meine Bewusstlosigkeit nur vorgetäuscht hatte.

Sarila ging quer durch den Raum und warf sich einen dunklen Mantel über. »Ihr könnt gerne weiterhin eure wilden Theorien besprechen. Jedoch ohne mich.« Sie schloss den Knopf ihres Umhangs und ging zur Tür.

»Seht ihr, sie geht bestimmt zum König«, meinte die ältere Dame von zuvor, während Sarila die Tür öffnete. Doch sie machte keine Anstalten, der Bemerkung etwas hinzuzufügen, sondern trat aus dem Raum.

Sofort hetzte ich los. Duckte mich unter ihrem wehenden Umhang und schlüpfte gerade noch rechtzeitig aus dem Raum, als die Tür hinter uns ins Schloss fiel.

Wenn diese Sarila meinem Vater so nahestand, dass er ihr die Aufgabe übertragen hatte, meinen Bruder und mich alleine aufzusuchen, musste sie tatsächlich eine wichtige Rolle für ihn spielen. Weshalb ich meinen ersten Plan in den Sand schmiss und ihr folgte. Wo auch immer sie zu so später Stunde hinwollte.

Die Flure waren jetzt nur noch spärlich bevölkert. Die meisten Höflinge hatten die vorherige Aufruhe überwunden und sich in ihre Gemächer zurückgezogen.

Sarila durchquerte mehrere Flure, bog einmal links, dann wieder rechts ab und ich folgte ihr wie ein Schatten. Bis sie schlussendlich an einer Tür am Ende des Flurs innehielt und ohne zu zögern in den Raum trat. Und ich folgte ihr natürlich wieder. Ohne zu überlegen, wohin sie mich führte.

Die Tür schloss sich hinter uns und wir standen in einem stockdunklen Raum. In den ersten stillen Sekunden regte sich nichts. Weder hörte ich, wie ihre Schuhsohlen über den Boden klapperten, noch gab sie nur einen einzelnen Ton von sich.

Und ich? Ich hockte wie ein Jüngling mit viel zu schnellem Herzschlag in der Ecke und überlegte, ob mein Ideenumschwung nicht vielleicht mein Todesurteil war.

»Wieso verfolgst du mich?«, murmelte Sarila in die Dunkelheit.

Shit.

Damit hätte ich jetzt nicht gerechnet.

Wusste sie etwa, dass ich ihr folgte, oder redete sie mit wem vollkommen anderes? Ich hoffte auf Letzteres. Deshalb blieb ich stumm. Vielleicht lag es auch daran, dass ich die Hosen voll hatte – wenn ich Hosen tragen würde.

Einige Sekunden vergingen, bis sie erneut das Wort ergriff. »Für einen derartigen Feigling hatte ich dich nicht gehalten.«

Wieder blieb ich ruhig.

»Mäuschen, Mäuschen, komm heraus –«, summte sie mit einer Stimme, die mir über die Haut – das Fell – kribbelte.

Ich verwandelte mich.

Was blieb mir auch anderes übrig?

Nach einem hellen Aufblitzen stand ich ihr in meinem menschlichen Körper gegenüber und straffte die Schultern. Zwar sah sie mich nicht, dennoch verschaffte mir diese Geste etwas mehr Selbstbewusstsein, nachdem ich ihr wie ein Spanner gefolgt war.

»Wie habe ich mich verraten?«

Sie lachte. »Denkst du, dein Vater hält mich ohne Grund als seinen *Liebling*?« Sie machte einen Schritt auf mich zu. Zwar sah ich sie nicht, trotzdem spürte ich ihre nähere Präsenz wie einen Luftzug, der um mich tanzte.« Ich spürte deine Magie in dem Moment, in dem du unter dem Rock der Dame ins Zimmer geschlichen bist. Übrigens ist das nicht die feine Art.«

»So war das nicht –«, versuchte ich zu erklären. Aber was machte ich mir vor? Es war genau so.

»Ach nicht?«

»Wieso spürst du meine Magie?«, stellte ich als Gegenfrage.

Wieder lachte sie emotionslos. »Hat dich dein Vater dermaßen außen vor gelassen?« Und erneut fühlte ich ihre Präsenz wie einen Luftzug. »Es gibt immer eine Person neben König Garbhan mit meinen Fähigkeiten.«

»Könntest du vielleicht zur Sache kommen und weniger in Rätseln sprechen?«

Dass sie bemerkte, wie ich ihr gefolgt war, intensivierte mein Schamgefühl schon genug. Jetzt aber wie ein dummer Junge vor ihr zu stehen, der keine Ahnung hatte, was in seinem eigenen Zuhause vor sich ging, brachte meinen gesamten Stolz ins Wanken.

Ein leises Klicken ertönte, woraufhin ein gedämmtes Licht den Raum beleuchtete. Sarila stand nur wenige Zentimeter von mir entfernt und hielt noch immer die Schnur, die von der Decke baumelte.

Zuerst sprangen ihre Augen unruhig in meinen hin und her,

danach wanderte ihr Blick tiefer. Mustert meinen Körper, und als sich ihre Augen weiteten, realisierte ich, dass ich ihr splitterfasernackt gegenüberstand. So wie die alten Götter mich schufen.

In einer winzigen Abstellkammer.

Götter, wie klischeehaft.

»Wieso verdammt bist du nackt?« Ihre Augen fanden wieder meine.

»Wieso bist du es nicht?«, konterte ich und musste dabei schmunzeln. Versuchte so, die angespannte Luft zwischen uns zu entschärfen.

Sie fummelte in ihren Haaren herum, die sich in hellbraunen Strähnen über ihre Schulter ergossen und im Licht glänzten, als würde sie ein Goldschimmer überziehen. »Ich bin keine deiner Lustdamen, die sich bei deinem Erscheinen bereits die Kleidung selbst vom Leibe reißen.«

»Was weißt du schon über meine Lustdamen?«

»Jeder weiß davon, Clarence. Außerdem bin ich schon mein halbes Leben im Palast. Auch wenn du mich bisher vermutlich nie bemerkt hast.«

Das stimmte. Ich hatte sie nur zwei Mal gesehen. Jeweils an dem Tag, an dem ich in Floranys nach der Onyx-Attacke aufgewacht war.

»Clarence«, wiederholte ich amüsiert. »Nicht Eure königliche Hoheit, Prinz Clarence?«

»Ich denke, wir sind darüber hinaus.«

»Weil du mir eine Spritze in den Hals gerammt hast? Zwei Mal wohlgemerkt und danach bist du sofort zu meinem Vater gerannt wie sein Schoßhündchen?«

Sie warf sich die Haare über die Schulter und reckte das Kinn. »Wenn du sowieso alles zu wissen scheinst, wieso dringst du in die Bedienstetenunterkünfte ein und folgst *mir*? Wer von uns beiden ist jetzt das Schoßhündchen?«

»Du hast mich hierhergeführt, richtig?« Ich verengte die Augen und überlegte, was sie von mir wollte, dass sie mich hierherlockte. Sie hatte gewusst, dass ich ihr folgen würde.

»Ich weiß, wer für das Feuer verantwortlich ist, und es ist nur eine Frage der Zeit, dass es dein Vater erfährt.«

»Irgendein leichtsinniger Brandstifter –«

Eine ihrer zarten Augenbrauen wanderte nach oben. »Ich spürte die Magie – die Feuermagie.«

»Ich habe keine Ahnung, wovon du sprichst –«, begann ich und versuchte ihre Behauptung ins Lächerliche zu ziehen.

»Halte mich nicht zum Narren. Ich spürte die Feuermagie von Westerys. Also brauchte ich nur eins und eins zusammenzuzählen. Prinz Zane würde dir seine Verlobte bestimmt nicht einfach ohne Konsequenzen übergeben«, vermutete sie. »Also gibt es zwei mögliche Szenarien. Das erste wäre, dass Prinz Zane euch gefolgt ist und nun versucht, dich zu töten. Das zweite, dass ihr ihn absichtlich mitgebracht habt. Warum auch immer.«

Sie lag mit beiden Erklärungen sehr nahe an der Wahrheit. Zu nahe dafür, dass sie mit meinem Vater sympathisierte.

»Selbst wenn du mit einer der wilden Behauptungen recht hättest, kannst du nichts beweisen.«

»Noch nicht.« Eine Sekunde lang entglitt ihr die Standfestigkeit, mit der sie mir ins Gesicht sah. Sie riskierte einen flüchtigen Blick über meinen entblößten Körper, bevor sich ihr Blick wieder in meinen bohrte.

»Was bist du?«, wollte ich wissen und nun war ich es, der ihre Gesichtszüge erforschte – ihren Körper. »Ich habe so jemanden wie dich nie zuvor kennengelernt. «

»Was meinst du?« Ihre Stirn warf eine Falte der Unwissenheit.

Fasziniert von ihren verschiedengroßen Sommersprossen, die in einem warmen Braunton die Haut um ihre Nase und Wangen zierten, antwortete ich nicht sofort.

Wieso musste eine derartige Frau nur so lieblich aussehen. Wieso konnte sie keinen Buckel haben und eine Hexennase. Das würde die Situation entschärfen.

»Du erwähntest zuvor, dass du meine Magie spürst, dass du angeblich westerische Feuermagie spürtest.«

»Nicht angeblich. Meine Sinne trügen mich nicht.« Sarila verschränkte ihre Arme vor der Brust und errichtete somit eine verbale Mauer zwischen uns. »Ich fühle Magie, sehe die Auren von den Menschen oder Wesen, wie sie um sie tanzen.«

»Bist du ein magisches Wesen?«

Nach kurzem Zögern nickte sie.

»Alles, was ich dir verraten kann, Prinz, ist, dass euer Plan zum Scheitern verurteilt ist, wenn ihr versucht, den König zu täuschen. Niemand glaubt, dass die Eisprinzessin freiwillig hier ist. Jeder wartet nur darauf, dass der Krieg ausbricht.«

Ich schüttelte den Kopf und strich danach meine Locken zurück. »Es wird keinen Krieg geben. Oriana wird mich heiraten, so wie es mein Vater für mich vorherbestimmt hat.«

»Manchmal verbirgt sich hinter den Personen, von denen man denkt, man wüsste alles über sie, die größten Überraschungen«, murmelte sie und nickte, als sie an mir vorbeitrat und bereits zur Türklinke griff.

»Wohin willst du?«, fragte ich und fasste automatisch nach ihrem Arm.

Ihr Blick wanderte von der Klinke zu meiner Hand, die ihren Oberarm umfasste. »Ich habe bereits alles gesagt, was ich sagen konnte.« Sie nickte. »Wenn du mich also entschuldigst, ich würde lieber bei lebendigem Leib verbrennen, als weiterhin mit dir – nackt – in einer Abstellkammer zu bleiben, wenn du sowieso nichts anderes als Lügen erzählst.«

Wenn das nicht mal die Übertreibung des Jahrhunderts war.

Auch wenn ich ihre Gegenwart aus irgendeinem Grund nicht zum Sterben schrecklich empfand, erwiderte ich. »Dito.«

Ihre Hand drückte die Klinke nach unten, doch ich stoppte sie. »Wie kommt es, dass du mir damals wie ein erschrockenes Reh entgegengestarrt hast und jetzt voller Selbstbewusstsein strotzt?«

Sie verschränkte die Arme vor der Brust und wandte sich mir zu. »Wie bitte?«

»Du hast mich schon verstanden. Neben meinem Vater hast du wie eine unschuldige junge Frau gewirkt, du spürst die angebliche

Magie von Zane und bemerkst, wie ich dir folge.« Ungläubig schüttelte ich den Kopf. »Das ergibt alles keinen Sinn.«

»Nicht jeder von uns wurde mit denselben Privilegien geboren wie du als Kronprinz. Manche von uns müssen sich ihr Dasein verdienen, auch wenn es bedeutet, sich anders zu präsentieren, als man in Wirklichkeit ist.«

»So viele Rätsel.«

»Gute Nacht«, sagte sie und hielt für einen Moment meinen Blick fest.

Als sie diesmal aus dem Raum trat, hielt ich sie nicht zurück.

Kapitel 42 Clarence

»Steh auf«, flüsterte ich zu Zane und rüttelte an seinem Arm, den er um Oriana geschlungen hielt. Vor Kurzem hätte mich der Anblick augenblicklich in zerstörerischer Wut aufgehen lassen, aber ich dachte aktuell nur an Laurent und unser Vorhaben.

Zane raunte kurz, bevor er sich versteifte und sich aufsetzte. »Was ist los?«

»Es wird gleich jemand kommen, um Oriana vorzubereiten, also verschwinde verdammt.«

Vorsichtig zog er seinen Arm zurück und blickte sich im Raum um. »Wohin? Aber sicherlich nicht wieder in deinen Kleiderschrank.«

Ich schüttelte den Kopf und nickte zur Tür, die zu dem Zimmer führte, in dem ich geschlafen hatte und das eigentlich als Gästezimmer diente. »Da rein, bis dein Moment kommt. Ich werde mich in anderen Gemächern herrichten, also bleib bis dahin unbemerkt, wenn das dein Riesenego zulässt.«

Zane setzte sich an die Bettkante. Erst als die Bettdecke von seinem Körper rutschte und er aufstand, erkannte ich, dass er nackt geschlafen hatte. Mit Oriana.

Was hatte ich über die vorherige Wut gesagt, die nicht aufblitzte? Jetzt meldete sich ein kleiner Teil davon.

Er sah an sich herab, als er aufstand und meinen Blick bemerkte. »Noch nie einen Schwanz gesehen?« Er stieß mich gegen die Brust, sodass ich einen Schritt zurückstolperte.

Wie ich diesen Mann hasste.

Danach schnappte er sich seine Kleidung, zog sie über und verschwand im Gästezimmer.

Ich öffnete die Tür und wollte aus meinen Gemächern verschwinden, als ich Sarila mit einer Kleiderhülle vor der Tür entdeckte. Sie war gerade dabei anzuklopfen.

»Was machst du hier?«, fragte ich mit leiser Stimme, packte sie an der Hand und zerrte sie quer durch den Raum ins angrenzende Badezimmer.

Erst als ich einen Blick riskierte und überprüfte, ob Oriana noch immer schlief, schloss ich die Tür hinter uns.

»Ich werde deine Braut ankleiden.«

»Bist du etwa für alles zuständig? Geheime Spionin, Zofe, Geliebte meines Vaters und Spritzenverabreicherin?«

Sie hängte die Kleiderhülle über die Badewanne. »Geliebte deines Vaters«, prustete sie und belächelte meine Behauptung. »Hättest du mich denn gerne als deine neue Stiefmutter?«

Auf gar keinen Fall. Nicht nur weil sie in meinem Alter zu sein schien, sondern auch weil solch eine interessante Dame zu gut für meinen verlogenen Vater war.

»Was bist du sonst?«

»Deine Rettung.«

Ich kniff die Augenbrauen zusammen und musterte sie.

»Ich kann dir nicht viel verraten, aber vertraue *Laurent* nicht blind.« Sie strich sich die Haare aus dem Gesicht und atmete tief durch. »Zumindest … Arg.«

»Was?«

»Vertraue niemandem blind, wenn du dir nicht sicher bist, wer diese Person wirklich ist.«

»Kannst du es bitte lassen, in solchen Rätseln zu sprechen? Die helfen mir nämlich nicht weiter.«

Sie sah zur Tür, die in mein Schlafgemach führte. »Ich kann dir nicht mehr verraten, als ich bereits getan habe, aber wie ich sehe, wird sie dich anscheinend wirklich heiraten, wenn du selbst nachts bei ihr bist. Dann hast du nichts zu befürchten.« In ihrem Unterton schwang etwas mit, das ich nicht deuten konnte.

Mein Mundwinkel zuckte amüsiert nach oben. »Eifersüchtig?«

»Auf eine erzwungene Heirat, bei der die Braut vermutlich

einen anderen Mann liebt oder dieser andere Mann dir die Haut irgendwann aus Rache abziehen wird?«, sagte sie süffisant und winkte mit der Hand ab. »Nicht mal in meinen Träumen empfinde ich deswegen Eifersucht, Clarence.«

Das saß.

»Geh ruhig meine geliebte Oriana richten. Ich verschwinde.« Mehr sagte ich nicht, sondern drehte mich zur Tür um und verschwand.

Oriana

»Guten Morgen, Prinzessin«, vernahm ich am Rande. »Der Tag Eurer Hochzeit ist angebrochen. Wir müssen Euch richten, damit Ihr die schönste Braut sein werdet, die Floranys jemals gesehen hat.«

Erst die Sonne, die mich durch meine geschlossenen Augenlider blendete, katapultierte meinen Körper zu seinem vollständigen Bewusstsein. Ich kniff die Augen einen Spalt breit auf. Realisierte kaum, wo ich mich befand, noch wer die junge Stimme war, die etwas über Hochzeit faselte.

Ich wollte einfach nur schlafen.

Verdammt.

Ruckartig schlug ich die Augen auf.

Ich war in Floranys. Zane lag neben mir. Wenn sie ihn sehen würde, dann …

Auf einmal saß ich kerzengerade, wirbelte herum und entdeckte, dass ich allein in dem verschnörkelten Bett lag. Keine Spur von Zane. Hoffentlich hatte er es noch rechtzeitig aus dem Bett geschafft, bevor die Dame hereinkam. Dame war vielleicht der falsche Ausdruck, wie ich nun bemerkte.

Vor mir stand eine junge Frau. Die Haare brünett, die Augen haselnussbraun – so weit ich erkennen konnte. Die Vielzahl an Sommersprossen, die die Haut rund um ihre Nase und Wangenknochen säumten, ließen sie lieblich wirken.

»Wie ist Euer Name?«, fragte ich und beäugte sie genau.

Sie fasste in ihren blauen Rock und machte einen vornehmen Knicks. »Sarila, meine Prinzessin.«

Mein Blick suchte den Raum nach Zane oder Clarence ab. Doch wie es schien, war ich allein mit Sarila. Auf einem der Loungesessel hing eine Stoffhülle eines Kleides. Mein Hochzeitskleid vermutlich. König Garbhan meinte, dass bereits alles bereit sei für eine Vermählung. Dass sie nur noch auf mich gewartet hätten.

»Euer Verlobter Prinz Clarence wird in anderen Gemächern für die Trauung gekleidet«, erklärte sie mit einem lieblichen Lächeln und beantwortete damit eine meiner ungefragten Fragen. »Er war bereits weg, als ich kam. Es würde Euch großes Unglück bescheren, wenn er die Braut vor der Hochzeit sehen würde.«

Das Unglück hatte bereits eingesetzt, doch das sagte ich nicht. Mehrmals hatten mich meine Träume aufgeschreckt.

Träume, in denen ich die vier Männer nicht überwältigen konnte.

Träume, die sich viel zu real angefühlt hatten.

Selbst als ich aufwachte, fühlte ich ihre Finger an meinem Körper. Ihr grässliches Gelächter, als wäre es tatsächlich passiert.

»Ich habe Euch bereits ein Bad eingelassen.« Sarilas Stimme lenkte meine Aufmerksamkeit wieder in die Gegenwart.

Erneut wanderte mein Blick zu dem Kleid. Ich fragte mich, wie es wohl aussah. Wie es sich auf meiner Haut anfühlen würde und ob ich darin genügend Bewegungsfreiheit hätte, um unseren Plan durchzuziehen.

Als ich geistesabwesend auf die Hülle starrte, richtete Sarila das Wort erneut an mich. »Eure Trauung wird in drei Stunden stattfinden. Ich will Euch auf keinen Fall irgendwie drängen, aber wenn wir Euch nicht fertigmachen, werdet Ihr zu spät zu Eurer eigenen Hochzeitsfeier gelangen.«

Ein aufgesetztes Lächeln zierte ihre dünnen Lippen.

»Das steht bestimmt nicht in Eurem Interesse.«

»Aber natürlich«, sagte ich und schlug die Decke beiseite, dabei stieg mir Zanes vertrauter Geruch in die Nase und ich fragte mich, wo er verdammt noch mal steckte. Ob er vielleicht wieder in Clarence' Kleiderschrank hockte. Oder ob er in eines der angrenzenden Zimmer verschwunden war. Und wieso er mich nicht geweckt hatte.

Ich schlüpfte aus dem Bett und schlenderte ins Badezimmer. Sah die bis fast obenhin gefüllter Badewanne und musste sofort an gestern Abend denken. Da war die Wanne ebenfalls befüllt gewesen, jedoch mit dem Blut der vier Männer.

Mit einem ekeligen Gefühl auf der Haut sank ich ins Wasser und konnte den Gedanken nicht verdrängen, dass vor wenigen Stunden hier drin noch Blut gewesen war. Obwohl ich dermaßen angewidert war, versuchte ich meine Miene nichtssagend zu halten. Obwohl ich die dickflüssige Masse beinahe auf mir spüren konnte. Denn die Dame beobachtete jede meiner Regungen genau. Sie war bestimmt eingeweiht darüber, dass ich nicht ganz freiwillig dieser Hochzeit zugestimmt hatte.

Wie könnte es auch anders sein.

Ich musste alle Gedanken verdrängen und mir unseren Plan ins Gedächtnis rufen. Da ich anscheinend keine Möglichkeit mehr bekommen würde, um mich vorab nochmals mit Clarence oder Zane zu besprechen, musste alles genau so ablaufen, wie wir es in Westerys besprochen hatten. Nur so könnte unser Plan erfolgreich vonstattengehen. Es war unsere einzige Chance, zu gewinnen.

In meinen Augen blitzten Tränen auf, als ich mich im Spiegel betrachtete. Mein Haar hatte Sarila vollständig hochgesteckt, sodass nur noch einige Locken um mein Gesicht fielen. Sie bestand darauf, dass ich meine Kette mit dem Diamantanhänger abnahm. Die Kette, die ich vor mehreren Monaten von Zane geschenkt bekommen hatte. Die ich seither nie mehr abgenommen hatte, da sie das Einzige war, was mir noch blieb. Seitdem ich mein Kristallarmband nicht mehr an meinem Handgelenk hatte, war es wirklich das Einzige, was mir noch Kraft schenkte. Weshalb ich ihre Hand beiseite schlug, als sie versuchte, mir die Kette abzunehmen.

Es fühlte sich so verdammt falsch an, diesen Albtraum aus Tüll und Spitze zu tragen. Nicht dass das Kleid daran schuld wäre. Es war sogar überraschend hübsch.

Es lag daran, unter welchen Umständen ich es trug.

Ich trug es im falschen Königreich.

Für den falschen Mann.

Alles war falsch …

Die Sonne stand hoch am Himmel, als ich durch die beige melierten Leinenvorhänge hindurchspähte. Unzählige Gäste waren gekommen, von denen ich keine Menschenseele kannte. Vermutlich bestanden die geladenen Gäste aus dem floranischen Adel und Höflingen. Bestimmt war alles, was Rang und Namen trug, hier, jedenfalls alle, die weniger als eine Tagesreise entfernt wohnten.

Dementsprechend waren keine Adeligen oder Königsfamilien aus den anderen fünf Königreichen anwesend. Ich wusste nicht mal, ob König Garbhan Raben in die anderen Königreiche geschickt hatte, um unsere Hochzeit anzukündigen. Wahrscheinlich wusste selbst meine Familie in Aseria nichts davon. Wir hatten ihnen absichtlich unsere Reise nach Floranys inklusive unseres Plans verschwiegen. Dusan hätte sicherlich alles darangesetzt, es uns irgendwie auszureden. Je weniger davon wussten, umso sicherer war es für uns.

Erneut fragte ich mich, wo Zane sich aufhielt. Wo er sich versteckte. Was er fühlte, wenn er mich in diesem Kleid sehen würde. Was es mit ihm machte, mich auf der vorgetäuschten Hochzeit mit Clarence zu sehen.

»Nur noch wenige Augenblicke«, säuselte Sarila. »Seid Ihr aufgeregt?«

War ich aufgeregt? Auf jeden Fall. Aber nicht aus den Gründen, die sie zu glauben dachte. Also nickte ich nur knapp.

»Wunderschön«, hörte ich hinter mir und wirbelte im selben Moment herum. König Garbhan stand dicht hinter mir. Ich hatte ihn nicht kommen gehört. Augenblicklich erschauderte ich.

Ich machte einen theatralischen langsamen Knicks und senkte dabei respektvoll den Kopf, während die Galle in mir hochstieg.

»Eure Exzellenz«, begrüßte ich ihn und erhob mich wieder. König Garbhans Gesicht zierte ein schiefes Grinsen, das dem von Clarence zum Verwechseln ähnlich war. Beängstigend ähnlich. »Was verschafft mir die Ehre?«

»Da Euer Vater nicht anwesend ist, werde ich Euch zum Altar

begleiten. Als Schwiegervater und König ist es meine Aufgabe, dafür zu sorgen, dass Eure Hochzeit bestmöglich vonstattengeht.« Er beugte sich zu mir herab und hauchte mir einen Kuss auf die Wange, was mich komplett unvorbereitet traf.

»V–Vielen Dank, König Garbhan. Wie gütig von Euch«, antwortete ich und versuchte meine freundliche Maske beizubehalten, obwohl ich ihm am liebsten die Augen auskratzen würde. Selbst meine Magie meldete sich warnend, als er mir den Kuss auf die Wange gab. Wenn ich eines mit König Garbhan vermeiden wollte, dann war es eindeutig Körperkontakt.

Sein Blick fiel über meine Schulter, dahin, wo Sarila stand. Er nickte in die Richtung der Tür und ich vernahm, wie die Ledersohlen des Mädchens über die Dielen klapperten, bevor sie aus dem Raum verschwand. Nun war ich mit diesem Mistkerl allein.

Fantastisch.

»Das ist bestimmt die Hochzeit, von der Ihr träumt, seitdem Ihr ein kleines Mädchen wart, nicht wahr?« Er beäugte mein Gesicht genau.

»Wenn ich ehrlich sein darf, Eure Hoheit, ich sehnte mich nicht mein gesamtes Leben danach, irgendwann zu heiraten. Doch dass mir jetzt die Ehre widerfährt, Euren Sohn zu meinem Gemahl zu nehmen, erfüllt mein Herz mit purer Freude.« Danach setzte ich das strahlendste Lächeln auf, das ich im Talon hatte, während die Worte giftig auf meiner Zunge brannten.

Garbhan stieß ein emotionsloses Lachen aus und trat dabei näher an mich heran, sodass ich meinen Kopf in den Nacken legen musste, um seinem Blick standzuhalten. »Du kleine Eisblume.« Er umfasste mein Kinn, hielt es noch weiter hoch. »Eure Lügen schmecken wie bittersüßer Honig auf meiner Zunge. Schon gestern in der Empfangshalle merkte ich jede davon. Also versucht nicht, mir diesen bitteren Honig ums Maul zu schmieren und mir als Wahrheiten aufzutischen.« Seine Augen sprangen in meinen hin und her, bevor er erneut süffisant lachte und ruckartig mein Kinn losließ. »Das beleidigt meine Intelligenz.«

Ich stolperte einen Schritt zurück, unsicher auf den Beinen

durch den plötzlichen Verlust seines festen Griffs. »Zweifelt Ihr an meinen aufrichtigen Gefühlen für Euren Sohn?«

Bei den Göttern, wie gerne ich ihm mein Knie in die Mitte rammen würde.

»Ich habe eine andere Frage an Euch.« Er machte eine theatralische Pause, strich sich seine schulterlangen brünetten Haare hinters Ohr. »Wisst Ihr, was mit den vier Wachmännern passiert ist, die gestern plötzlich verschwunden sind? Ich hörte, sie wollten Eure Sicherheit überprüfen. Nun sind sie spurlos verschwunden.« Er legte den Kopf schräg. »Alle vier. Äußerst mysteriös.«

Beinahe verschluckte ich mich an meiner eigenen Spucke, so unvorbereitet traf mich seine Frage. Die vier Männer, die ich getötet hatte. Die ich zu Tode gefoltert hatte, indem ich ihnen langsam ein Eisgeschoss nach dem anderen in den Körper trieb. Sie dabei möglichst lange am Leben ließ, damit ich ihren Schmerz, so gut es ging, in die Länge zog. Um ihn besser auszukosten. Was das wohl über mich aussagte.

Meine Gesichtszüge entglitten mir einen Augenblick lang, was König Garbhans selbstgefällige Miene nur verstärkte.

»Welche Wachmänner?«, fragte ich mit gekünsteltem Schmollmund.

Er verengte die Augen. »Spielt nicht mit mir. Wie gesagt, Eure Lügen kann ich auf Kilometerweite schmecken. Ich muss jedoch zugeben, mir gefallen Eure tadellosen Manieren«, räumte er ein. »Jedoch habe ich großes Interesse daran, was mit meinen Männern passiert ist. Dass solch eine zierliche Dame alleine sie überwältigt, damit habe ich wohl nicht gerechnet. Falls Ihr es überhaupt alleine wart.«

Nun war ich es, die ihn mit zusammengekniffenen Augen musterte.

»Ihr«, zischte ich und vergaß jegliche Scheu. »Ihr wart es. Ihr habt ihnen den Auftrag erteilt, mich anzugreifen.« Kühl brannte die Wut in meinen Adern. Wenn er doch unbedingt wollte, dass ich seinen Sohn heiraten würde, wieso hatte er die Männer in unsere Gemächer geschickt?

Zögernd schüttelt er den Kopf und schmunzelte erneut. »Unterstellt Ihr tatsächlich Eurem König solch eine verabscheuenswerte Tat?«, fragte er und lachte. »Das würde ich an Eurer Stelle nicht laut aussprechen. Mich einer Lüge zu bezichtigen, grenzt an Hochverrat, und Ihr wisst genau, welche Strafe darauf steht.« Er hob einen Finger, als ob er etwas vergessen hätte. »Denn ich habe ihnen niemals aufgetragen, Euch anzugreifen. Mein tatsächlicher Wortlaut war: Vergewaltigt sie, solange ihr wollt. Aber anscheinend haben sie nicht mal das hinbekommen.«

Mein Kiefer mahlte schmerzhaft und meine Magie summte so laut in mir, dass ich sie beinahe nicht mehr zurückhalten konnte. Genau das war es, dass er wollte. Aber wieso?

»Ihr wolltet unbedingt, dass ich Euren Sohn zum Gemahl nehme. Weshalb die Unannehmlichkeiten? Was habt Ihr davon?«

Er zuckte beiläufig mit den Schultern. »Vielleicht wollte ich mich selbst davon überzeugen, wie stark Eure Kräfte sind. Eure Eismagie und …« Er sprach nicht weiter, doch ich spürte die Schwere in seinen nicht gesagten Worten. Er deutete meine Abstammung an. Dass ich eine Gestaltwandlerin war.

Eine ziemlich schlechte, nebenbei bemerkt.

Als ich nicht antwortete, fuhr er fort. »Aber wie ich sehe, habe ich bei Euch aufs richtige Pferd gesetzt.« Danach klatschte er einmal in die Hände. »So. Alles wartet auf Euch. Auf die atemberaubende Schönheit aus Aseria. Das floranische Volk wird außer sich sein, wenn es Euch das erste Mal zu Gesicht bekommt. Solch exotische Gäste sind am Hofe eine wahre Rarität geworden. Zu lange ist es her, dass wir Besuch aus dem nördlichen Königreich hatten.« Einer seiner Mundwinkel zuckte nach oben, als er sich fragend ans Kinn fasste. »Bestimmt schon über ein Jahr. Genauer gesagt, eineinhalb Jahre.«

Die Beschreibung *exotisch*, drang nicht mal richtig zu mir durch. Schmerzhaft biss ich meine Zähne aufeinander bei seiner Anspielung auf meine Eltern. Ich könnte ihn angreifen, ihn wegschleudern, in einen Eisblock einfrieren, oder wie die vier Männer langsam mit Eisgeschossen quälen. Unendlich viele Möglichkeiten, doch keine davon konnte ich in die Tat umsetzen, ohne meine Freunde zu gefährden. Noch nicht.

Innerhalb weniger Sekunden würden die Wachen, die außerhalb der Kapelle stationiert waren, hereinstürmen und mich innerhalb von wenigen weiteren Sekunden in Stücke reißen. Dabei würde mir weder meine Eismagie noch meine Wandlerblutlinie etwas nützen. Damit wäre niemandem geholfen. Nicht nur Laurent würden wir verlieren, sondern alle.

»Wie lange soll mein zukünftiger Ehemann noch auf mich warten, während wir beide dieses äußerst informative Gespräch führen?«, säuselte ich und glättete dabei meine zuvor angespannte Miene. »Sollten wir nicht langsam nach draußen schreiten?«

Wenn er etwas mit dem Tod meiner Eltern zu tun hatte, würde er dafür bezahlen. Nicht jetzt, aber bald.

König Garbhan nickte zustimmend und hielt mir nach kurzem Zögern seinen Arm hin. Mein Blick wanderte zu seinem Arm und ich benötigte einen tiefen Atemzug, bevor ich ihn ergriff. Ich legte meine spitzengehüllte Hand an seinen Arm und von außen wurden die Glastüren geöffnet.

Wie in Zeitlupe kamen mir die nächsten Sekunden vor.

Ein Orchester spielte eine klassische Symphonie, als wir den ersten Schritt aus der Kapelle machten. Links und rechts waren unzählige Stühle aufgebaut, von denen sich die Gäste erhoben hatten, die nun die Köpfe nach hinten reckten, um einen möglichst guten Blick auf uns zu erhaschen. Ein weißer Pfad, der sich stark von dem saftigen Grün der blumenbewachsenen Wiesen abhob, führte direkt zu meinem zukünftigen Scheineheman.

Clarence befand sich am Ende des Wegs unter einem weißen Pavillon. Gekleidet in einen vornehmen weißen Seidenanzug. Selbst von Weitem konnte ich die grasgrünen Stickereien darauf erkennen, die seinen Kragen und die Ärmel säumten. Sein Blick war direkt in meine Richtung gewandt.

Es war so falsch. So, so falsch.

Bevor ich entführt wurde, plante ich meine Hochzeit mit Zane und jetzt lief ich hier. Vor dem falschen Mann. Eingehakt in ein Scheusal.

Erneut fragte ich mich, ob Zane mich gegenwärtig sah und was er dabei fühlte. Ob es dieselben Gefühle waren, die auch in mir aufstiegen. Ebenfalls schlich sich ein plötzlicher Anflug von Mitleid Clarence gegenüber in meine Brust. Schnürte sie langsam, aber sich immer enger, sodass das Atmen mir schwerfiel. Vielleicht trug das unmenschlich enge Korsett ebenfalls seinen Beitrag dazu bei.

Ich erinnerte mich an das Gespräch, das wir in der Zelle in der Höhle des Emryn geführt hatten. Als er seine Gefühle mir gegenüber gestanden und ich ihn behandelt hatte, als ob er der letzte Dreck wäre. Na ja, damals hatte er es einfach verdient, nachdem er mich eiskalt entführt hatte, um mich seiner psychisch kranken Tante auszuliefern.

Doch seither war einige Zeit vergangen, die unsere Differenzen geglättet hatte, da wir allesamt an einem Strang ziehen mussten, um unsere Ziele zu erreichen. Dass er jetzt das erlebte, was er sich vermutlich die ganzen Monate über eindringlich gewünscht hatte, musste ihn innerlich brechen. Zu wissen, dass alles nur eine Lüge war, ein Trick, um seinen Bruder zurückzubekommen.

Langsam, mit anmutigen Schritten stolzierte ich mit dem König den Pfad zwischen den Stühlen entlang. Im Augenwinkel versuchte ich, unter den Gästen Laurents bekanntes Gesicht zu finden. Ich konnte ihn jedoch nicht ausfindig machen, da ich nicht zu offensichtlich nach ihm Ausschau halten konnte.

Erst als ich nur noch wenige Schritte von Clarence und dem Priester entfernt war, erkannte ich Laurent, der etwas abseits neben seinem Bruder stand. Clarence' Blick war jedoch wie hypnotisiert auf mich gerichtet. Ich war mir nicht mal sicher, ob er überhaupt noch blinzelte. Oder atmete.

Laurent schien sich jedoch der Situation, in der er sich befand, mehr als bewusst zu sein. Denn seine Miene war völlig erstarrt, als er seinen Blick auf mich warf. Seine blauen Augen schrien förmlich *Danke*.

Laurent war ein intelligenter Mann und konnte sich deshalb bestimmt die aktuellen Gegebenheiten zusammenreimen. Außerdem konnte er mit Clarence wie stumm kommunizieren, nur über Augenkontakt und Mimik. Dies hatte ich schon öfter beobachtet. Alleine deswegen konnten die Behauptungen, die Amara und König Garbhan aufgestellt hatten, nicht der Wahrheit entsprechen. Wie könnten sie solch eine innige Verbindung aufweisen, wenn sie keine Zwillinge wären. Vom Optischen ganz abgesehen.

Als ich vor den zwei Stufen, die auf den Pavillon führten, stehen blieb, trat Clarence einen Schritt näher und streckte die Hand nach mir aus.

»Deine Braut, mein Sohn«, sagte König Garbhan neben mir und hauchte mir einen flüchtigen Kuss auf die Wange, bevor er mich seinem Sohn übergab. Ich konnte den Drang, mein Gesicht angewidert zu verziehen, nicht zurückhalten. Genauso wenig, wie dass ich mit dem Handrücken demonstrativ über meine Wange wischte.

Garbhan steuerte direkt auf Laurent zu.

Clarence schmunzelte kurz, doch so schnell, wie seine Mundwinkel nach oben gezuckt waren, waren sie wieder zu einer geraden Linie verzogen.

»Prinzessin Oriana«, sagte Clarence mit ruhiger Stimme und nahm meine Hand in seine.

Obwohl er mittlerweile wieder einige Sympathiepunkte gesammelt hatte, fühlten sich seine Finger in meinen so verdammt falsch an. Der Ausdruck in seinen Augen ließ mich darauf schließen, dass er dasselbe fühlte. Zwar nicht die Abscheu meiner Berührung gegenüber, aber dass es sich falsch anfühlte. Dass er bemerkte, wie unangenehm es für mich war.

Dass er wusste, dass so was nicht erzwungen werden sollte, was wir hier taten.

Mit meiner freien Hand hob ich den Rock meines spitzenbesetzten Kleides an und stieg die zwei Stufen hinauf. Sowie wir auf dem Podest standen, sah ich an Clarence' Schulter vorbei zu Laurent, von dem Garbhan gerade Abstand nahm. Er presste die

Lippen fest aufeinander und nickte kaum merklich. Ich wusste nicht, ob sich Clarence, während ich mit seinem Vater in eine unschöne Diskussion verwickelt war, mit Laurent unterhalten hatte. Jedoch schien er der Situation gefasst gegenüberzustehen.

Direkt vor dem Priester blieben wir stehen, erst dann nahmen die Gäste wieder Platz.

»Eure Hochzeit«, sagte der Priester mit erhobener Stimme und deutete eine Verbeugung an, während er einen Blick hinter mich warf. Vermutlich hatte König Garbhan seine Position gewechselt und stand jetzt direkt hinter mir. »Prinzessin Oriana, Prinz Clarence«, nun nickte er uns zu, »und alle anwesenden Gäste. Egal ob von adeliger Herkunft oder vom gemeinen Volk. Ich freue mich, im Segen der Götter mit Euch die heilige Verbindung zwischen Prinzessin Oriana und Prinz Clarence zu besiegeln.«

Jedes seiner Worte brachte mein Herz dazu, heftiger zu hämmern.

Jedes seiner Worte brannte giftig auf meiner Haut.

Danach zückte er ein weißes Tuch, hielt es mit beiden Händen in die Höhe und zeigte es durch die Menge. »Dieses heilige Tuch wird die Verbindung der Liebenden besiegeln.«

Clarence streckte die Hand aus und griff nach meiner. Erneut standen wir mit verschränkten Fingern da.

Der Priester nahm das Tuch und tunkte es in ein Becken, das aussah wie ein Vogelbecken, und drückte es sorgfältig aus. Danach trat er wieder an uns heran, faltete den zerknüllten Stoff auf und war dabei, ihn auf unsere Hände zu legen, um unsere Verbindung zu besiegeln.

Fest presste ich die Lider aufeinander und spürte Clarence' Blick auf mir.

»Ihr müsstet den Handschuh ausziehen, Prinzessin«, flüsterte der Priester in meine Richtung. Er wollte, dass ich die weißen Handschuhe abstreifte, die das violette Band verdeckten.

Einige Herzschläge vergingen, in denen ich es nicht wagte, mich zu rühren. Clarence nahm mir die Entscheidung ab, zupfte mit seiner freien Hand am Stoff und zog mir den Handschuh vorsichtig aus. Nur damit er sofort seine Finger über den Ring legen konnte. Damit ihn niemand sah.

Er nickte mir zu und ich erwiderte die Geste mit einem stummen *Danke* auf den Lippen.

»Mögen die Götter Euch, Prinzessin Oriana, einen fruchtbaren Boden bereiten und Euch mit vielen Söhnen und Töchtern beschenken«, sagte der Priester und legte das Tuch auf unsere Finger.

Das kühle Tuch schickte mir einen Schauer über den Rücken und ich öffnete die Augen, starrte auf das weiße Stück Stoff. Fühlte die Schwere, die von ihm ausging. Fühlte sie in jeder Faser meines Körpers und am liebsten hätte ich es von mir gerissen und lauthals losgeschrien. Geschrien, bis die Kapelle einstürzen würde. So laut, bis jeder der Gäste sich unter den Stühlen verkriechen würde, weil meine aufgestauten Empfindungen wie ein Orkan über sie hinwegfegten.

Doch nichts in der Weise geschah.

Ich stand einfach nur da.

Clarence und ich standen einfach nur da, schwiegen die gesamte Eheschließung über und ließen die Zeremonie wortlos über uns ergehen.

Wir warteten.

»Um die Ehe vor den Göttern zu vollenden, wird bei Sonnenuntergang die Beischlafzeremonie stattfinden«, verkündete der Priester.

Jetzt sah ich wieder von unseren Händen auf, direkt in Clarence' Gesicht, danach in Richtung der Gäste. Warf einen Blick auf die Kapelle, die am Ende aufragte. Prägte mir die verschnörkelten Rahmen um die Fenster und Türen ein. Und wartete.

Einen Moment später explodierte eines der vorderen Fenster mit einem ohrenbetäubenden Knall. Danach folgte das nächste. Und das nächste. Sofort bildete sich ein warmes Gefühl in meinem Magen, genauso wie sich ein Schmunzeln auf meine Lippen schlich und ich meine Finger aus Clarence' löste.

Erschrocken wirbelten die Gäste allesamt herum, um zu sehen, woher der Knall kam. Dann wurde die Glastür zerschmettert. Erstickte Schreie hallten durch die Menge, während die Gäste zurückwichen.

So sprengt man eine Hochzeit, dachte ich mir.

Die Wachen kapselten den König ab und bildeten eine schützende Wand um ihn.

Clarence und Laurent traten neben mich. »Da ist wohl dein Liebster in seinem Element«, säuselte Clarence neben mir und schmunzelte.

»Wortwörtlich« räumte ich ein und sah zu ihm, danach zu seinem Bruder.

Während die Gäste wild umherliefen und versuchten sich in Sicherheit zu bringen, eskortierten die Wachen den König in die Richtung des Palasts.

»Hast du ernsthaft Clarence geheiratet, um mich zu retten?«, wollte Laurent wissen und sah mich eindringlich an.

Beiläufig zuckte ich mit den Schultern. »Jetzt sind wir quitt.« Damit spielte ich auf die Beihilfe meiner Rettung aus der Höhle des Emryn an.

Nachdem alle Scheiben zerschmettert waren, loderten feine Rauchschwaden aus den Fensterrahmen. Wachen stürmten auf die Kapelle zu, doch nur wenige Sekunden später peitschten tödliche Flammen hervor und zwangen die Männer zurück. Darauf folgte eine Explosion, welche die Wachmänner endgültig wegkatapultierte.

Das war unsere Chance, den Schreckensmoment für uns zu nutzen. Clarence schnappte mich am Ellenbogen und zog mich mit sich. Laurent folgte.

Ohne zu wissen, wo Zane war, loszulaufen, fühlte sich genauso nach Verrat an wie die vorgegaukelte Hochzeit mit Clarence. Er hatte sich hoffentlich bereits in Sicherheit gebracht und wartete bei unserem vereinbarten Treffpunkt auf uns.

Wie sehr ich es hasste, dieses Kleid zu tragen. Wie sehr es mich in meiner Bewegungsfreiheit einschränkte. Selbst als wir weit entfernt vom Palast waren, hielt Clarence meinen Ellenbogen fest umschlungen und schleifte mich wortwörtlich hinter sich her, da ich nicht mit ihnen mithalten konnte. Was ich den vielen Schichten aus Tüll, Stoff und Reifrock, genauso wie dem viel zu engen Korsett zuschrieb.

Mein Atem ging abgehackt, während sich meine Lunge nicht vollständig mit Luft vollpumpen konnte. Stechend pochte mein Zwerchfell, weshalb ich am liebsten meine Hände dagegen gedrückt hätte, um irgendwie den Schmerz zu stillen.

»Wie weit noch?«, keuchte ich außer Atem und merkte, wie ich noch langsamer wurde.

»Es ist noch ein ordentliches Stück«, sagte Laurent.

»Ich … Ich kann nicht mehr. Ich bekomme … kaum … Luft.«

Die beiden Prinzen stoppten abrupt ab.

Sowohl Clarence als auch Laurent zerrten sich bis auf die Unterhose die Klamotten vom Leib.

Verwirrt sah ich von einem zum anderen, als plötzlich ein kurzer Lichtblitz aufflackerte, als Laurent sich in ein haselnussbraunes Pferd verwandelte. Clarence packte mich an der Taille, hievte mich eine Sekunde später auf Laurents Rücken und drückte mir dessen Kleidung in dic Hand. Sofort galoppierte er los, während Clarence sich in seine Adlergestalt verwandelte und mit einem lauten Krächzen in die Lüfte erhob. Ebenfalls mitsamt seiner Kleidung in einer Klaue.

»Was tut er?«, fragte ich und versuchte, mit einer Hand die Schnürung meines Korsetts zu lockern.

»Er sucht vermutlich nach deinem Geliebten«, meinte Laurent. »Hoffen wir bei den Göttern, dass es ihm gut geht und der König ihn nicht erwischt hat.«

Nachdem ich mein Kleid etwas angenehmer gemacht hatte, vergrub ich beide Hände tief in der braunen Mähne und legte meinen Oberkörper beinahe vollständig auf Laurents Pferdegestalt.

»Das hört sich beinahe so an, als ob du dich tatsächlich um ihn sorgen würdest.«

»Natürlich sorge ich mich. Wäre zu schade, wenn er bei meiner

Rettung draufgehen würde«, erklärte er. »Außerdem könnte ich es nicht ertragen, dir dabei zuzusehen, wie du dein Seelengegenstück verlierst. Wir beide wissen, wie selten solch eine Verbindung existiert.«

»Woher weißt du davon? Hat Clarence dir davon erzählt?« Laurent war nicht anwesend gewesen, als wir unsere Verbindung vor allen besprochen hatten. Wieso wusste er davon?

»Vermutlich weiß ich es schon länger, als euch beiden bewusst ist.«

»W–Woher?«, stotterte ich. »Wieso hast du nichts gesagt? Wie konntest du es wissen?« So viele Fragen lagen mir auf der Zunge. Wie hatte er davon gewusst, wenn selbst ich mir nicht sicher war.

»Ich hatte so ein Gespür. Frag mich nicht wie, aber ich wusste es einfach. Eine ganze Weile sogar.«

Kapitel 43

Oriana

Wir ritten immer tiefer in den Wald. Es waren bestimmt schon Stunden vergangen seit dem Tumult bei der Trauung.

Stunden, in denen wir nichts von Zane oder Clarence gehört hatten.

Stunden, in denen Laurent sich vollkommen verausgabt hatte, nur um uns möglichst weit weg vom Palast zu bringen.

Stunden, in denen mir meine verkrampfte Brust beinahe die Luft zum Atmen abgeschnürt hatte.

Erst als die Abenddämmerung über uns hereinbrach und Laurent sich kaum noch auf den Beinen halten konnte, erreichten wir unseren Treffpunkt. Mitten im dicht bewachsenen Wald befand sich eine alte, heruntergekommene Hütte, die mich sofort an das Märchen mit der alten, bösen Hexe und den zwei unschuldigen Kindern denken ließ. Zwar war sie aus Holz gefertigt und nicht aus Lebkuchen und Süßigkeiten, dennoch erinnerte mich die Atmosphäre sofort an die Kindergeschichte. Automatisch schoss mir ein Schauer über den Korper und ließ mich trotz der angenehm warmen Temperaturen kurz frösteln.

Es war so ruhig hier draußen. Ein starker Kontrast zu der Aufregung von vorhin.

Langsam traten wir auf die Hütte zu, blickten forschend um uns, ob wir uns tatsächlich in Sicherheit befanden. Nicht dass hinter einem Baum plötzlich Wachen aus Floranys hervorspringen würden oder etwas noch schlimmeres.

Efeu bewuchs beinahe die gesamte rechte Seite der Hütte und bedeckte sogar eines der Fenster vollständig. Auf jeden Fall wirkte es so, als wäre schon jahrelang niemand mehr hier gewesen.

Es war perfekt, um uns Unterschlupf zu bieten.

Leider blieb von Clarence und Zane weiterhin keine Spur. Was meine Sorge um die beiden nur schürte.

Ich schwang mich von Laurents Rücken, der sich kurz danach wieder in seine menschliche Gestalt verwandelte und seinen Körper dehnte. Den Rücken überstreckte, genauso wie die Arme. Zwar war es nicht ich gewesen, die sich verausgabt hatte, jedoch war ein solch holpriger Ritt ebenfalls kräftezehrend für mich. Ich tat es ihm gleich, hielt den Blick aber starr auf sein Gesicht gerichtet. Ich drückte ihm seine Kleidung in die Hand, die er sofort überstreifte.

»Danke«, brachte ich hervor und wandte mich ihm zu.

Er verzog fragend die Stirn. »Wofür? Ich bin derjenige, der tief in deiner Schuld steht«, sagte er. »Nicht jeder hätte einer vorgetäuschten Hochzeit zugestimmt, nur um einen seiner Feinde zu retten. Wenn ich es mir recht überlege, würde diesem Plan niemand, der sein Gehirn nur ein wenig benutzt, zustimmen.«

»Ganz schön undankbar, mich zu beleidigen«, feixte ich und stieß ihm spielerisch gegen die Seite.

Seine Miene wurde strenger. »Ich meine es ernst. Ich weiß nicht, wie ich mich jemals revanchieren kann. Vermutlich ist das gar nicht möglich.«

»Denkst du, Zane geht es gut?«, fragte ich, während die Sorgen um ihn meine Brust beschwerten. »Wir haben schon so lange nichts mehr vom ihm oder Clarence gehört. Denkst du, es geht ihnen gut?«

»Ich denke«, begann er, »dass sie bestimmt schon auf dem Weg hierher sind und wir uns in die Hütte zurückziehen sollten, bevor uns noch jemand Falsches entdeckt.«

Ich nickte. »Du hast vermutlich recht.«

Laurent riss die Efeuranken beiseite, die den oberen Bereich der Tür überzogen. Hätte er genauso wie sein Bruder über die Magie der königlichen Blutlinie verfügt, hätte er sie einfach mit seinen Kräften entfernen können.

Ob König Garbhan und Amara recht hatten?

Von der Seite beobachtete ich ihn zum ersten Mal genauer. Versuchte, die Verschiedenheiten zwischen ihm und Clarence zu erkennen. Doch abgesehen von Haar- und Augenfarbe sahen sie identisch aus.

Laurent hatte meinen eindringlichen Blick bemerkt und warf mir einen belustigenden Seitenblick zu. »Bereust du etwa deine Wahl mit deinem Geliebten oder wieso starrst du mich so an?«

Ungläubig schüttelte ich den Kopf. »Götter, nein«, prustete ich. »Das hättest du wohl gerne.« Dabei riss ich die letzte Ranke herunter.

»So hübsch, wie du auch sein magst, Oriana, du wärst keine Frau für mich. Glaub mir.«

»Das kränkt mich aber.« Theatralisch zog ich einen Schmollmund. »Du stehst eher auf so kratzbürstige Frauen wie Vivienne, stimmst?«

Mit einer Hand auf der Türklinke hielt er inne. »Vivienne?«

»Sie wollte mir mehr als einmal die Augen auskratzen. Doch dann hatte sie mir geholfen, aus meiner Zelle auszubrechen, zumindest hatte sie mir verraten, wo sich Lyra befand, damit ich fliehen konnte. Alles nur im Tausch dafür, dass ich dafür sorgen würde, dass es dir gut geht«, erklärte ich. »Du scheinst ihr viel zu bedeuten.«

Plötzlich wirkte Laurents Miene nachdenklich. »Sie ist eine der Gestaltwandler, die noch nie in ihrer menschlichen Hülle waren. Die in den Fluch hineingeboren wurden.«

»Und du magst sie«, stellte ich fest.

Es dauerte einen Moment, bis er antwortete. »Ich würde vermutlich beinahe alles geben, damit sie die Erfahrung machen könnte, ein Mensch zu sein. Nur so wäre es möglich, mit ihr zusammen zu sein. Doch –« Er schluckte merklich. »Doch nur fast alles.« Dabei wirkte er plötzlich nachdenklich und unnahbar.

Meine Stirn warf eine Falte. »Ich werde euch helfen. Zane und ich können gemeinsam den Bann aufheben. Wir sind dafür bestimmt.« Ich umfasste seine Schulter. »Sie wird ein Mensch werden, genauso wie du und ich.« Danach lächelte ich, als er langsam zu mir aufsah.

»Tut es nicht«, murmelte er fast atemlos.

»Wieso?« Ich zog meinen Arm wieder zurück und umfasste meine eigenen Oberarme schützend. »Wieso sollen wir es nicht tun?«

»Tut es einfach nicht«, wiederholte er und drückte danach die Türklinke der Hütte hinunter.

Die rostigen Scharniere raunten, als er die Tür aufstieß und einen ersten prüfenden Blick hineinwarf.

»Ich sterbe tausend Tode, wenn da Spinnen drin sind«, erklärte ich, weiterhin meine Arme um meinen Oberkörper geschlungen. Zu intensiv war das ekelerregende Gefühl, das mir auf der Haut klebte. Das mulmige Gefühl wurde immer intensiver, sodass sich mein feiner Flaum im Nacken warnend aufstellte.

Laurent wagte den ersten Schritt in die Hütte und ich folgte ihm geduckt. »Ich denke, Spinnen sind aktuell unser geringstes Problem.«

»Hat Clarence vor der Trauung mit dir gesprochen?«, wollte ich wissen, denn plötzlich kam mir der Gedanke, woher Laurent von der Hütte wusste.

»Ja. Er hat mit mir gesprochen, mir von der Hütte erzählt«, meinte er und blieb mitten in der Stube stehen. »Vor der Hütte hatten wir, als wir noch Kinder waren, immer schreckliche Angst. Es gab Erzählungen, dass eine böse Hexe hier drin wohnte, die nie die Hütte verließ und sich nur von Ratten und Ungeziefer ernährte. Und von gelegentlich vorbeikommenden Menschen, die sich im Wald verirrten.«

»Also wie in dem Märchen«, feixte ich und blickte um mich. War beinahe darauf vorbereitet, dass tatsächlich diese besagte Hexe plötzlich hervorspringen würde.

Mehr als eine halb vermoderte Essecke und ein Herd daneben befand sich nicht in der Hütte.

Laurent kramte in einer alten Kommode herum. Zog die erste Schublade heraus, die sofort in ihre Einzelteile zerbrach.

»Was machst du?«, fragte ich, als die Hälfte der Schublade auf den Boden fiel.

»Mich umsehen«, erwiderte er, während er weiterhin in der Kommode herumstöberte. »Vielleicht gibt es hier irgendwo eine Öllampe.« Als er keine fand, schob er die Schublade wieder zurück und stemmte nachdenklich die Hände in die Hüften.

»Wenn Zane zurückkommt, kann er eine kleine Flamme lodern lassen. Jetzt ein Feuer zu machen, ist zu riskant.«

»Du hast recht. Wir warten, bis sie kommen. Das müsste nicht mehr allzu lange dauern.«

Ich schlenderte zur Eckbank, wischte mit meinem Unterarm den groben Dreck beiseite und ließ mich seufzend nieder. »Na gut, dann warten wir.«

Laurent folgte mir, setzte sich auf den klapprigen Stuhl daneben und streckte die Beine von sich.

»Wo warst du gestern Abend?«, fragte ich, um die Zeit etwas zu vertreiben.

»Hm?«

»Gestern Abend. Wo warst du? Zane und Clarence waren in deinen Gemächern. Wir wollten dich holen, damit es erst gar nicht zur Hochzeit kommt.«

Laurent streckte die Arme aus, verschränkte sie danach an seinem Hinterkopf und stützte seinen Kopf damit. »Gestern –«, begann er und wirkte, als ob er überlegen musste. Nachdem, was er durchgemacht hatte, verwunderte es mich nicht. »Der König brachte mich in anderen Gemächern unter, da er schon davon ausging, dass ihr mich suchen würdet.«

»Geht es dir denn gut? Hat er dir etwas angetan?«

»Alles in Ordnung«, antwortete er knapp.

Es verweilte ein Moment der Stille, bevor Laurent erneut das Wort an mich richtete. »Weißt du, was ich mich schon länger frage?«

Ich schüttelte den Kopf. »Was denn?«

Mittlerweile saßen wir im Stockdunkeln und konnten nur noch die Umrisse des jeweils anderen erkennen. Obwohl ich befürchtete, dass Laurent einfach seine Augen mit seiner Fähigkeit anpasste, damit er bei den schlechten Sichtverhältnissen sehen konnte. Genauso wie er es immer wieder mit seinen Ohren machte.

Ich hörte, wie er geräuschvoll die Luft ausstieß. »Ich frage mich, wie du Zane damals als Liebhaber sehen konntest, nachdem, was seine damalige Geliebte in Westerys mit deinem Kleid angestellt hatte.«

Ich konnte seine Miene nicht erkennen, jedoch fragte ich mich, woher er davon wusste.

»Es war nicht so, als hätte Zane persönlich den Wein über mein Kleid gekippt. Eifersüchtige Damen gibt es auf jedem Hof zur Genüge.« Ich strich meine Haarsträhnen aus dem Gesicht, die sich bei dem wilden Ritt hierher aus meiner Brautfrisur gelöst hatten.

»Wie wärt ihr in Aseria mit solch einem Umgang einer gewöhnlichen Magd gegenüber einer Prinzessin umgegangen?« Als ich nichts erwiderte, fuhr er fort. »Ich kann dir sagen, wie wir in Floranys mit solch einem Szenario verfahren wären.« Ich bemerkte, wie seine Umrisse sich verzogen. Vermutlich lehnte er sich jetzt mit den Armen auf seine Knie. »Die Auswahl hätte zwischen Verrotten im Kerker und Enthauptung bestanden. Welche Strafe hat Zane ihr auferlegt?« Als ich schwieg, sprach er weiter. »Sie durfte weiterhin am Hof leben, ohne Einschränkungen. Nach allem, was sie getan hatte, tauchte sie tatsächlich auf dem Ball auf.«

Ich hätte gelogen, wenn ich behaupten würde, dass ich mir darüber noch nie den Kopf zerbrochen hatte. Natürlich wusste ich, dass sie nur am Hof bleiben durfte, da ihre Mutter eine von Sierras Zofen war. Aber solche Worte aus Laurents Mund zu hören, war eigenartig.

»Ich denke, wir sollten sie suchen gehen. Vielleicht ist ihnen etwas zugestoßen. Sie müssten schon längst hier sein«, lenkte ich vom Thema ab und erhob mich von der knarzenden Bank.

Laurent stieß ein emotionsloses Lachen aus. »Und wie willst du das anstellen? Du kannst dich augenscheinlich nicht verwandeln, also kann ich mir nicht vorstellen, wie du dich im Dunkeln in fremden Wäldern behaupten willst. Und dann noch deine zwei verschollenen Freunde aufspüren willst. Das ist schlichtweg unmöglich.«

Ich stemmte die Hände in meine Hüften und unterdrückte meine auflodernde Magie. »Hier tatenlos rumzusitzen, während sie vielleicht unsere Hilfe benötigen, ist Schwachsinn.«

»Setz dich wieder und sei ruhig.«

Hatte ich da gerade richtig gehört?

Ich gestikulierte wild mit meinen Armen, um mein Gesprochenes zu unterstreichen. »Nein, wir müssen ihnen helfen, was, wenn –«

Plötzlich stand Laurent neben mir und umfasste grob meinen Oberarm, weshalb ich innehielt.

»Ich habe gesagt, setz dich und sei ruhig«, wiederholte er gepresst. Die Dunkelheit verhüllte seine Gesichtszüge, weshalb ich mir seine angespannte Miene nur vorstellen konnte.

Mit einem Ruck entriss ich ihm meinem Arm, den er überraschenderweise losließ, und trat einen Schritt zurück. »Wenn du mich noch mal anfasst, wird es dir leidtun«, drohte ich durch zusammengebissene Zähne. »Hast du mich verstanden?«

Er trat wieder an mich heran, so nahe, dass ich seinen warmen Atem auf meiner Haut spüren konnte. »Und ich habe gesagt, setz dich und sei ruhig.«

Was war nur mit ihm los?

Ich legte meinen Kopf in den Nacken und blickte in sein dunkles Gesicht, versuchte meine Magie nicht herauszulassen, denn diese würde nur allzu gerne dieses Gesicht vor mir zerkratzen. »Du hast nicht so mit mir zu reden!«, schnauzte ich wutentbrannt. »Weißt du eigentlich, welche Risiken wir deinetwegen auf uns genommen haben? Vielleicht ist Zane und Clarence etwas zugestoßen, während du nichts Besseres zu tun hast, als mich anzuschnauzen!«

»Du hast recht«, lenkte er ein.

»Na, geht doch.«

»Du hast recht damit, dass ihr euch ein extremes Risiko aufgebürdet habt. Alles nur für den Bastard von Floranys, der nicht mal das Element seines Königreichs beherrscht.« Theatralisch stieß er ein bitteres Lachen aus, welches mir einen Schauer über den Rücken jagte.

Diese Seite von Laurent war mir vollkommen neu. Normalerweise war er immer zu Scherzen aufgelegt, legte – ähnlich wie sein Bruder – immer blöde Bemerkungen an den Tag. Ihn auf einmal auf diese Weise kennenzulernen, fühlte sich an, als ob es nicht Laurent wäre, der gegenwärtig vor mir stand. Sondern eine fiese, ungehobelte Version von ihm, die nicht davor zurückschreckte, mich grob anzupacken.

»Deine gegenwärtige Art kannst du dir schenken.« Ich verschränkte die Arme vor der Brust, während ich weiterhin in sein verdunkeltes Gesicht sah.

Sein Mund verzog sich zu einem breiten Grinsen, sodass nur seine weißen Zähne leicht in der Finsternis zu sehen waren.

»Du dir deine Naivität genauso. Sie wird dir irgendwann den Kragen kosten. Vermutlich früher als später.«

»Wenn ich nicht jetzt naive, dumme oder für andere nicht nachvollziehbare Entscheidungen treffen kann, wann dann?«, presste ich hervor und ich bemerkte, wie meine Finger blau glühten. »Außerdem ist das mein verdammtes Leben, also darf ich meine Entscheidungen treffen, unwichtig, wie du sie findest.«

Ich hörte, wie er geräuschvoll einatmete, jedoch innehielt. Ein Geräusch ertönte vor der Hütte und beendete schlagartig unseren Streit. Der nebenbei erwähnt sowieso ins Nichts führte.

»Was war das?«, fragte ich mit gedämpfter Stimme.

»Psst«, zischte Laurent und bedeckte mit seiner Hand meinen Mund. »Ich habe doch gesagt, du sollst verdammt noch mal ruhig sein. Deinetwegen hat uns wer bemerkt.«

Meine eigene Hand schnellte auf seine und ich jagte einen Eisschauer darüber, woraufhin er zurückzuckte. Den Laurent, der er im Moment war, konnte ich nicht ausstehen.

»Weit und breit ist nichts. Wie soll uns da jemand gehört haben? Ich vermute eher, dass Clarence und Zane uns endlich gefunden haben«, murrte ich. Ein Blick nach unten bestätigte mir, dass meine Fingerspitzen weiterhin blau glühten. »Solltest du mich nur noch einmal ungefragt anfassen, gefriere ich deine Hände so stark, dass sie absterben und abfallen. Ich bin gespannt wie lange dein Wandlerblut benötigt, um diese wieder vollständig zu heilen.«

In dem Moment wurde die alte Holztür aufgestoßen. Wie vom Wind hereingetragen, stürmten Zane und Clarence herein. Zane hielt vor sich eine kleine Flamme, die genügend Licht spendete, um ihre angespannten Gesichter zu erkennen.

Wortlos umfasste Zane meine Taille und schob mich hinter sich.

Alles ging so schnell.

Gleichermaßen hatten Angst und Erleichterung Besitz von meinem Körper ergriffen. Zane war hier und augenscheinlich war er unverwundet. Doch ihre Anspannung signalisierte mir, dass irgendetwas nicht stimmte.

»Was ist hier los«, krächzte ich und wirbelte zu Clarence herum, der neben mir stand.

Er nickte über seine Schulter. Sofort richtete ich meinen Blick hinter Clarence.

»Nein«, hauchte ich beinahe lautlos, während ich im Augenwinkel ein grelles Licht vernahm.

Wie vom Blitz getroffen stand ich regungslos da, während ich kaum noch Luft bekam. Meine Beine wurden von einem heißen Prickeln durchflutet, weshalb ich über Zanes Stütze mehr als dankbar war.

Hinter Clarence befand sich eine dritte Person, die noch im Türrahmen stand. Wenn ich mir nicht überdeutlich bewusst wäre, dass ich wach war, würde ich denken, es war ein Traum.

Laurent.

Laurent stand hinter Clarence.

Das schulterlange braune Haar klebte ihm an der Stirn und am Hals.

Atmen, Oriana, atmen.

Alles rauschte.

»Vorsicht«, rief Clarence und zog mich noch rechtzeitig zurück, bevor mich eine herunterfallende Diele treffen konnte.

Zanes Stütze um mich war verschwunden.

Mit den Knien voran fiel ich zu Boden und spürte den Schmerz, der sich durch meinen Körper zog, kaum. Ich wusste nicht, wo ich zuerst hinsehen sollte. Zu viele Dinge passierten gleichzeitig.

Clarence fasste mir unter die Arme und zog mich hoch. Währenddessen wirbelte mein Kopf rechts neben mich, dorthin, wo ein Licht erneut den Raum erhellte.

Wurzeln brachen zwischen den Dielen hervor, zersplitterten das Holz, sodass dieses im hohen Bogen quer im Raum verteilt wurde. Schlängelten sich um die Arme und Beine von Zane und versuchten, ihn in die Knie zu zwingen. Doch ein Griff seiner glühenden Finger reichte aus, um die Ranken zum Reißen zu bringen.

Die Wurzeln und Ranken stammten nicht von Clarence, genauso wenig wie von Laurent – da er diese Kräfte nicht besaß. Sondern eine vollkommen andere Person stand Zane gegenüber. Die Person, die zuvor vorgegeben hatte, Laurent zu sein. Ein Gestaltwandler mit den Kräften der königlichen Blutlinie von Floranys.

König Garbhan.

König Garbhan war ein Gestaltwandler.

»Das kann nicht sein«, murmelte ich.

Stundenlang war ich auf seinem Rücken geritten, während er mich vom Palast wegbrachte. Eine Ewigkeit hatte ich mich mit ihm unterhalten, und dennoch schien jetzt alles verständlich. Seine schlechten Manieren, die ungehobelte Ausdrucksweise mir gegenüber genauso wie sein grobes Verhalten. Es hätte mir früher dämmern müssen, dass Laurent nicht so war.

König Garbhan war ein Gestaltwandler und hatte uns alle getäuscht. Götter, was er mit mir vorgehabt hätte, wenn die drei nicht aufgetaucht wären.

»Ist alles in Ordnung?«, fragte Clarence und packte meine Oberarme.

Ich nickte.

»Achte darauf, dass du nicht stirbst«, sagte er und wirbelte herum.

Clarence' Hand schnellte in die Luft und sofort schoss eine dicke Wurzel aus dem Boden. Mit einem Wirbeln seiner Hand lenkte er diese auf seinen Vater zu, der jedoch mit einer beiläufigen Geste Clarence' Wurzel zu Staub zerbröselte.

Verdammte Götter.

Bisher war ich der festen Überzeugung, dass Clarence mit der Kombination aus den Kräften der königlichen Blutlinie und dem Gestaltwandlerblut der Mächtigste unter uns war. Doch er war nichts gegen seinen Vater.

»Was willst du?«, schrie ich Garbhan entgegen und ballte die Fäuste neben meinem Körper.

Garbhan hielt seine Hände kapitulierend in die Höhe und setzte ein spöttisches Grinsen auf. Clarence hatte so viel von ihm. Zane und er zogen ihre Magien für den Moment zurück.

»Dachtet ihr, ich wusste nicht, dass die Trauung nicht ohne Zwischenfälle vonstattengehen würde?« Nun sah Garbhan an Zane und Clarence vorbei, direkt in mein Gesicht. »Herzchen, bist du wirklich so naiv?«

Sowie die Worte seinen Mund verließen, schleuderte Zane eine seiner Flammen auf ihn zu, doch erneut wirbelte Garbhan mit der Hand und blitzschnell dämpften seine Ranken den Feuerball. Zanes ungläubiger Blick verursachte einen Anflug von Panik in meiner Brust. Wenn selbst Zane keine Chance hatte, dann möchten die Götter uns beistehen.

»Vater«, sagte Clarence. »Das hier muss so nicht enden. Wir können darüber reden.«

»Enden? Darüber reden?«, lachte sein Vater und schüttelte den Kopf. »Es gibt nichts mehr zu bereden. Ihr habt mich verraten. Du, Clarence, du hast unseren Deal nicht eingehalten und ich werde euch nicht tatenlos davonkommen lassen.«

»Der Deal? Der Deal war nur zu deinen Gunsten und ich weiß endlich, wieso du so scharf drauf warst, dass ich Oriana heirate.« Er stieß ein emotionsloses Lachen aus. »Besser gesagt, dass sie niemand anderen heiratet. Ich weiß, wer den Fluch aufheben kann. Ich weiß, wer für die Verbannung verantwortlich war.«

»Und trotz allem, was du zu wissen scheinst, bist du zurückgekommen?«, knurrte König Garbhan.

»Hatte ich denn eine Wahl?« Clarence zuckte mit den Schultern.

Garbhan schnaubte. »Aber natürlich hattest du eine Wahl. Du hättest deinen Halbbruder zurücklassen können. Somit hättest du dein eigenes Wohlergehen genauso wie das von Oriana gewährleisten können. Doch du hast dich dagegen entschieden und mir nicht nur deine kleine Freundin, sondern auch ihr Seelengegenstück auf dem Silbertablett serviert. Die einzigen beiden Personen, die meine Pläne durchkreuzen könnten.« Garbhans Mund kräuselte sich zu einer hinterhältigen Fratze. »Also danke dafür, mein Prachtsohn. Besser hättest du es nicht machen können.«

»Was wollt Ihr gegen uns ausrichten?«, spottete Zane und machte eine abwertende Geste in seine Richtung. »Wir sind zu viert, Ihr ganz alleine, und ohne auch nur eine einzige Eurer Wachen.«

»Da täuschst du dich aber ordentlich, Bürschchen.«

Wie auf Kommando flog die Tür auf. Zumindest wurde sie vollständig aus den Angeln gerissen, während das morsche Holz in tausend Teile zerbrach. Dutzende von Garbhans Männern stürmten herein. Bei einigen blitzten schwarze Onyxfesseln hervor. Der Stahl ihrer Schwerter glänzte bei den übrigen.

»Verdammte Hölle«, fluchte Zane und packte mich an der Hüfte, nachdem er einen Feuerschwall direkt auf die Männer gelenkt hatte. Viele von ihnen fingen sofort Feuer und schmerzerfüllte Schreie hallten in meinen Ohren wider.

»Kommt. Hier entlang.« Clarence hatte gleichzeitig die dünne Holzwand so weit beschädigt, dass wir hindurchschlüpfen konnten.

Meine Finger umfassten die von Zane und er schob mich voran durch die Lücke. Mit geducktem Kopf kletterte ich in die Dunkelheit, was das Brautkleid, das unwohl auf meiner Haut kratzte, erschwerte. An einer zerborstenen Diele blieb der Tüllstoff hängen, den Zane mit einem Ruck wegriss, damit ich freikam. Sowie ich mich wieder aufrichtete und bemerkte, dass Zane hinter mir ebenfalls draußen stand, sah ich die unzähligen Wachen, die die gesamte Hütte und die umliegenden Wälder umzingelten. Fackeln erhellten die Nacht und ich hielt instinktiv die Augen zusammengekniffen.

Wie Dorfbewohner, die mit gezückten Fackeln und Mistgabeln Kreaturen in den Wäldern jagten. Die nachts ihre Kinder verschleppten. Doch wir waren nichts dergleichen. Garbhan war das wahre Monster. Die einzige Bedrohung, die niedergestreckt werden musste.

Zane verstärkte seinen Griff um meine Finger und trat neben mich.

»Was jetzt?«, murmelte ich, während mein Blick unsere gesamte Umgebung auf einen möglichen Fluchtweg absuchte.

Zane schaute über die Schulter, dort, wo Clarence und Laurent aus der Öffnung kletterten, danach wieder zu mir. »Ein paar floranischen Wachmännern Feuer unterm Hintern machen, wie es scheint«, sagte er mit einem Schmunzeln.

»Und ein paar schockfrosten«, ergänzte ich.

Daraufhin drückte er mir einen flüchtigen Kuss auf die Lippen. »Sei meine Naturgewalt.« Danach folgte ein weiterer Kuss. »Wir werden sie alle töten.«

»Gemeinsam.«

Seine Finger lösten sich aus meinen und sofort wirbelte er mit beiden Händen in der Luft herum und beschwor seine Magie. Wie ein Lauffeuer verteilte er es über die umstehenden Männer.

Ich atmete mehrmals tief durch und fühlte das vertraute Prickeln unter meiner Haut, als mein Eis meine Venen kühl durchströmte. Meine Arme schossen in die Höhe, während ich meinen Kopf in den Nacken schmiss und in den tiefschwarzen Himmel emporschaute. Der Eissturm, der von mir ausging und sich um meinen Körper schlängelte, baute sich wie ein Tornado um mich auf und wirbelte meine Haare rund um meinen Kopf in alle Richtungen.

Dann öffnete ich die Augen und bemerkte, dass meine Füße nicht mehr den Boden berührten. Schwerelos schwebte ich einen Meter über dem Untergrund, nur von meinem Eissturm in der Luft gehalten.

Mitten in der Menschenmenge lagen verkohlte Kadaver. Manche Männer standen lichterloh in Flammen und wälzten sich am Boden, versuchten ihren Brand zu löschen. Doch nur Sekunden später blieben sie regungslos liegen, während ihre Körper weiterhin zu Asche verbrannten.

Früher hätte ich bei solch einem Anblick Abscheu oder Mitleid empfunden, doch gegenwärtig bewohnte nur eine Emotion meinen Körper.

Angst.

Ich hatte verdammte Scheißangst um unser aller Leben.

Und diese Angst spornte meinen Überlebenswillen an. Genauso wie gestern Abend, als die vier Männer in Clarence' Gemächer gekommen waren, mich bedrängten und ich sie langsam und qualvoll in den Tod geleitete, übernahm dieser Instinkt meinen Körper.

Über meinem Kopf umkreisten sich meine Hände, bis sie genügend Eis gesammelt hatten. Wie einen blau glühenden Ball hielt ich es in den Händen und lenkte es danach auf eine Gruppe von etwa drei Dutzend Männer zu. Aus dem Ball lösten sich unzählige Splitter, die die Wachen wie Pfeilspitzen durchbohrten.

Die Zahl der Menschen, die durch meine Hand den Tod gefunden hatten, würde heute Abend ins Unermessliche steigen.

Ganz nahe blitzte ein Licht auf, dort, wo sich Laurent in seine Wolfsgestalt verwandelte und eine Sekunde später schon sein Maul um die Kehle eines Mannes geschlungen hatte, um dessen Kopf von seinem Körper zu trennen.

Clarence und Zane kämpften Schulter an Schulter mit mir und metzelten innerhalb weniger Minuten Unzählige nieder.

Schreie hallten durch die Nacht, während der Geruch von Blut sich über die Landschaft legte und einem bis ins Mark kroch.

»Wo ist König Garbhan?«, rief ich Zane entgegen, der gerade zwei Männer in Flammen steckte.

»Ich weiß es nicht«, stöhnte er und tötete einen weiteren. »Seitdem wir die Hütte verlassen haben, habe ich ihn aus den Augen verloren.«

»Vielleicht bewohnt er eine andere Gestalt«, warf Clarence von der Seite ein, bevor er einem Mann mit seinen Ranken das Genick brach.

Ein Winseln von Laurent unterbrach meine Attacke und ich wirbelte herum, als ich sah, wie eine Wache sein Schwert in Laurents Seite versenkte. Sofort rannte ich los und überlegte keine Sekunde. Streckte währenddessen jeden nieder, der mir im Weg stand. Mit einer Hand hielt ich den unpraktischen Stoff hoch, mit der anderen lenkte ich meine Magie auf die Menschen. Männer fielen wie Zündholzmännchen, bedeckten mit ihren leblosen Körpern den grasgrünen Waldboden. Tagsüber war er noch in einem frischen grünen Ton erstrahlt, doch jetzt tränkte das Blut unserer Feinde den Boden unter unseren Füßen. Im Slalom kämpfte ich mir meinen Weg zwischen den Leichen hindurch zu Laurent, der knurrend nach den Wachmännern schnappte.

Schweißnass klebten meine Haare in meiner Stirn und meinem Nacken, als ich endlich bei ihm ankam. Es würde nur einige Minuten dauern, bis er sich von der tiefen Stichwunde so weit erholen würde, bis er wieder imstande wäre, sich selbst zu beschützen. Nur so lange musste ich eine schützende Mauer vor ihm bilden.

»Bleib hinter mir«, wies ich ihn an, wirbelte einmal im Kreis, sammelte dabei meine Kraft und fegte alle in einem Radius von zwanzig Metern um.

»Hast du meinen Vater –«, fragte Laurent und räusperte sich. »Garbhan gesehen?«

Ich schüttelte daraufhin den Kopf. »Er muss sich versteckt haben, der verdammte Feigling.«

Kapitel 44 Oriana

Nachdem wir die Mehrheit der Männer geschlagen hatten und nur noch eine überschaubare Menge übrig blieb, war noch immer keine Spur von Garbhan. Ausgenommen von Laurents Stichverletzung war keiner von uns verwundet.

»Es war zu einfach«, sagte Zane und blickte über das Menschenmeer der Toten. Sprach das laut aus, was uns vermutlich allen durch die Köpfe ging.

»Du hast recht«, stimmte ich zu. »Garbhan wusste, dass wir seine Armee innerhalb kürzester Zeit zunichtemachen würden, weshalb also hatte er sie trotzdem geschickt? Er wusste, dass wir gemeinsam stärker sein würden.«

»Damit sie unsere Kräfte schwächen«, sagte Zane. »Jetzt wartet er auf das Finale.«

Sowie die Worte Zanes Lippen verließen, wackelten die dichtgewachsenen Bäume direkt vor uns. Eine Totenstille breitete sich übers Land aus. Selbst die wenigen Überlebenden richteten ihre Aufmerksamkeit auf den Wald. Zwischendrin wurden Baumkronen wie Grashalme niedergerissen, während sich ein dunkler Schatten auf uns zubewegte.

»Was ist das?«, fragte Clarence, trat einen Schritt auf die Gestalt zu und verengte die Augen.

Ich schnaubte. »Ich denke, dein alter Herr.«

Die letzten paar Bäume, die sich vor uns befanden, knickten um und entblößten den ersten Blick auf die Bestie. Der dunkle Körper mit dicken Schuppen überzogen. Die Flügel, auf denen er sich abstützte, mit ledriger Haut bedeckt. Zwei grün leuchtende Augen blitzten zwischen den schwarzen Schuppen hervor, als ein tiefes Grollen ertönte, welches mir direkt unter die Haut kroch.

Bei den verfluchten Göttern im Himmel.

König Garbhan.

Nur Menschen, die mit der Magie der königlichen Blutlinie genauso wie im Erbe eines Gestaltwandlers geboren worden waren, konnten sich in übernatürliche Gestalten verwandeln. Drachen waren vor Jahrhunderten ausgestorben, weshalb ich noch nie einen in natura gesehen hatte. Obwohl es sich gegenwärtig um König Garbhan handelte, verspürte ich einen kurzen Anflug von Faszination. Jedoch war es nicht so, dass sie länger als nur einen Augenblick verweilte und mich hinderte, einen klaren Kopf zu wahren.

Er würde fallen. Koste es, was es wolle.

Egal ob er gegenwärtig ein Drache war oder ein Einhorn. Es war vollkommen irrelevant. Am Ende des Tages war er dennoch ein Gestaltwandler, dem man den Kopf abschlagen musste, um ihn zur Strecke zu bringen.

Im Augenwinkel vernahm ich, wie jeder eine kampfbereite Position annahm und unsere Magien aufflackerten. Laurent verwandelte sich wieder in seine Wolfsgestalt, die er im Kampf bevorzugte.

»Clarence«, rief ich. Sein Kopf wirbelte herum. »Verwandle dich.« Der Boden zwischen uns vibrierte. »Einen Kampf zweier Drachen mitzuerleben, ist bestimmt eines der aufregendsten und gleichzeitig seltsamsten Dinge, die ich je erleben werde.«

Garbhan blieb wenige Meter vor uns stehen. Sein mächtiger Schädel schwenkte vor uns hin und her, während er uns genauestens musterte.

»Jetzt, wo der größte Spaß vorbei ist, traut Ihr Euch nur aus Eurem Versteck, Ihr Feigling?«, spottete Zane und strich sich lässig seine in Schweiß und Blut getränkten Haare aus dem Gesicht. »Ihr seid mir mal ein guter König. Lasst Eure Armee abschlachten, während Ihr Euren Schwanz einzieht.«

Rauchschwaden stiegen aus dem Maul des Drachens auf, als er es öffnete.

»Ergebt Euch«, knurrte er. »Dann werde ich vielleicht Gnade walten lassen und Euch nicht öffentlich hinrichten, sondern Euch ein gemütliches Plätzchen in meinem Kerker bereitstellen.«

»Ihr könntet uns niemals öffentlich hinrichten«, räumte Zane ein und lachte emotionslos. »Außer Ihr wollt Krieg mit Aseria und Westerys. Vielleicht auch mit den anderen Königreichen.«

»Wenn ich Euch heute Nacht nur in Gegenwart der Sterne niedermetzle, wird es jedoch niemand erfahren. Was hältst du davon, Prinz Siebenschlau?«

Alleine bei dem Gedanken, seine Drohung könnte sich bewahrheiten, drehte sich mir der Magen um. Alle mir zur Verfügung stehenden Mittel würde ich verwenden, um es zu verhindern. Selbst mein eignes Leben würde ich riskieren, um meine Freunde zu retten.

Es vielleicht sogar geben.

»Oder ich verbrenne dich Stück für Stück«, sagte König Garbhan an Zane gerichtet. »Das gefällt dir doch. Das Spiel mit dem Feuer. Es wäre äußerst interessant, dich mit deinen eigenen Waffen zu schlagen.« Nun wandte er seinen Blick zu mir. Sofort gruselte es mir meiner Wirbelsäule entlang. Seine leuchtenden Augen durchbohrten mich förmlich. »Vielleicht gefällt es deiner Geliebten genauso sehr, wenn ich sie etwas verbrenne. Das magst du bestimmt, du schöne Eisblume.«

»Wieso habt Ihr die Wandler verbannt, wenn Ihr selbst einer seid?«, brach es ungefragt aus mir hervor. Alle Blicke wirbelten zu mir. Vermutlich verwundert über meine Frage. »Wieso das Ganze? Wieso?«

Der Drache stieß ein Geräusch aus, eine Mischung aus Knurren und einem gehässigen Lachen. »Weshalb willst du das wissen? Denkst du, ich sympathisiere dann mit dir und alles geht gut aus? So wird es nicht enden, Kleines.«

»Wenn Ihr uns sowieso tötet und kein Weg daran vorbeiführt, dann könnt Ihr uns genauso gut verraten, was damals passiert ist. Wieso die Verbannung, wieso die ganzen Spielchen? Weshalb der ganze Aufwand? Was habt Ihr davon?« Die Worte sprudelten nur so aus mir raus, dass ich danach kräftig durchatmen musste, um meine Lungen zu füllen.

Garbhan rückte weiter heran, sodass meine Magie noch warnender prickelte. Sein gewaltiger Schädel schwebte nur eine Handbreit vor meinem Gesicht. Sofort trat Zane an mich heran. Doch ich starrte weiterhin nur in die giftig grünen Augen.

»Ganz schön tough für eine Gestaltwandlerin, die ihre Fähigkeiten nicht beherrscht«, feixte er, verzog dabei sein Maul, sodass seine Zähne hervorblitzten. Jeder einzelne so groß wie mein Unterarm.

»Das ist nicht wahr«, log ich und hielt meinen Kopf hoch erhoben.

»Schon vergessen? Ich kann jede deiner Lügen bitter auf meiner Zunge schmecken.«

»Selbst wenn, was ändert es?«, sagte ich schroff. Als er nicht gleich antwortete, fügte ich hinzu: »Genau nichts. Es ändert nichts daran, dass ich mit Zane gemeinsam Euren Bann aufheben kann. Es ändert nichts daran, dass wir zu viert sind. Zwei mit der königlichen Blutlinie. Ein Gestaltwandler. Und einer mit beidem.« Einer meiner Mundwinkel zuckte belustigt nach oben, während ich demonstrativ meine Mitkämpfer betrachtete. »Überraschung«, sagte ich im Singsang. »Ihr zieht den Kürzeren, König.«

Ich trat einen Schritt zurück, legte meinen Kopf schief, bevor ich einmal kräftig auf den Boden stampfte und damit den Untergrund in eine spiegelglatte Eisschicht verwandelte, die sich von mir bis tief in die Wälder ausbreitete. Ich warf meinen Kopf in den Nacken, riss meine Arme in den Himmel empor und sandte meine Kraft hinauf. Wie ein Feuerwerk explodierte sie und breitete sich wie ein Lauffeuer aus glitzernden Schneeflocken über unseren Köpfen aus.

Nachdem König Garbhan belustigt den Himmel und den Boden betrachtet hatte, meinte er: »Mit dem bisschen Eis willst du mich beeindrucken?« Er lachte lautlos auf. »Seine Wandlerfähigkeiten nicht kontrollieren zu können, grenzt schon an Peinlichkeit, doch diesen kleinen Trick mir vorzuführen, beschämt alles, was ich jemals war. Beschämt alles, was dein Familienstammbaum jemals war. Deine Eltern würden sich im Grabe umdrehen, wenn sie dich jetzt so sehen würden. Die Hure, die von Königreich zu Königreich wandert.«

Kochend heiß stieg mir das Blut in den Kopf. »Sprecht nie wieder über meine Eltern. Sie wären verdammt noch mal stolz auf mich, wenn sie sehen könnten, was aus mir geworden ist. Dass ich nicht vor solch einem Scheißkönig, wie Ihr einer seid, das Knie beuge.«

Vor Wut ballte ich meine Hände zu Fäusten. So fest, bis sich meine Fingernägel in mein Fleisch bohrten. Mit einem dramatischen Blinzeln entfachte ich um diese einen blauglühenden Schimmer, der beinahe wie gefrorenes Feuer wirkte. Vielleicht hatten sich Zanes und meine Magie so weit vermischt, dass mittlerweile einige Arten, seine Magie anzuwenden, auf mich übertragen wurden.

»Du bist genauso leichtsinnig, wie deine Mutter es war. Wäre sie nur halb so kooperativ gewesen, wie ich es gefordert hatte, würdest du heute nicht hier stehen, sondern weiterhin gut behütet in deinem kleinen Eispalast leben«, lachte Garbhan. »Eins muss ich dir lassen, die Ader deiner Selbstüberschätzung hast du eindeutig von ihr.«

»W–wovon redet Ihr?«, stotterte ich und versuchte, aus seinen verwirrenden Worten einen logischen Zusammenhang zusammen zu spinnen.

Erneut wandte er sich Clarence zu. »Hast du es ihr nicht erzählt?«

Clarence schüttelte den Kopf. »Lass es gut sein.«

»Was gut sein?«, fragte ich und sah zu Clarence, der mit weitaufgerissenen Augen wie versteinert dastand.

»Ja, Sohn, erzähl doch deiner Herzensdame die ganzen kleinen schmutzigen Details, die du ihr so lange Zeit verschwiegen hast. Nur weil du dachtest, du hättest tatsächlich den Hauch einer Chance gegen den Schönling.«

Nun drehte ich mich nach rechts zu Clarence. »Wovon spricht

er?« Ich räusperte mich und blinzelte mehrmals, als er auf den Boden vor meinen Füßen starrte und meinen Blick mied. »Was hat das alles zu bedeuten?«

»Soll ich es ihr verraten?«, spottete sein Vater und blies uns belustigt eine seiner Rauchschwaden entgegen. Umhüllte uns damit, als ob wir von dichtem Nebel umgeben wären.

»Beantworte endlich ihre Frage«, knurrte Zane und ich sah durch den Schleier, wie seine Flammen aufloderten. Noch heller als zuvor. »Ich schwöre, ich bringe dich vor deinem Vater um. Vielleicht helfe ich ihm auch dabei.«

»Clarence«, sagte ich mit ruhiger, jedoch zittriger Stimme. »Sag mir die Wahrheit. Was ist los? Was hast du mir verschwiegen?«

»Ja, Clarence, erzähl ihr, was mit ihren Eltern passiert ist, wieso ihre kleine Zofe gegen sie gearbeitet hat. Erzähl, dass du von Anfang an von ihrer Verbindung wusstest.« Er lachte bittersüß auf. »Und vergiss nicht zu erwähnen, was geschieht, wenn sie und der westerische Prinz den Bann brechen.«

»Es ist noch nicht zu spät, es zu beenden, Vater«, warf Clarence ein, den ich nur gedämpft durch den Schleier meines Zorns vernahm.

»Du hast recht. Aber ich will es schlichtweg nicht beenden. Es bereitet mir doch solch eine Freude«, knurrte er und stampfte mit den hornigen Spitzen seiner Flügel auf den Boden, sodass meine Eisschicht aufbrach.

Unwillkürlich zuckte ich zusammen, als ob er einen Teil meiner Selbst zersplittert hätte. Auch meine eisigen Flammenhände erloschen für einen Moment. Sofort entflammte ich sie wieder und Zane tat es mir diesmal gleich.

»Wovon spricht er, Clarence«, fragte ich und zog die Stirn kraus. »Was weißt du über meine Eltern?«

Wenn Clarence tatsächlich die gesamte Zeit, seitdem wir uns kannten, von dem Schicksal meiner Eltern gewusst hatte, würde ich ihm das niemals verzeihen. Er hatte sich über die vergangenen Monate so einiges erlaubt, doch dies … Dies war unverzeihlich. Dafür würde er mit seinem Vater gemeinsam in den Tod finden.

»Er versucht uns nur auseinanderzubringen«, erklärte Clarence, während er seine Hände durch seine goldenen Locken raufte. »Geht nicht auf seine Lügen ein.«

»Lügen?«, rief Garbhan süffisant. »Lügen, mein Junge, sind das, was du deinen Begleitern tagtäglich auftischst. Sie in dem Glauben lässt, ihr wärt Freunde. Obwohl du von Anfang an ihr Verderben warst.« Aus seinen Nasenlöchern stiegen graue Rauchschwaden auf, die sich um seinen Schädel schlängelten und danach in der Schwärze der Nacht verschwanden.

»Sag die Wahrheit«, mischte sich Zane von der Seite ein und trat mit seinen glühenden Händen warnend auf ihn zu. »Sonst wirst du noch, bevor eine weitere Lüge deine Lippen verlässt, deinen Kopf verlieren.«

Clarence warf einen Blick auf Zanes Flammenhände, danach sah er ihm ins Gesicht, dann wanderte sein Blick zu mir. »Es … Es tut mir leid«, stotterte er und senkte den Kopf.

Mein Blut gefror.

»Was tut dir leid?«, hakte ich nach und trat auf ihn zu.

Er schluckte merklich. »Es war nicht so, wie es mein Vater darstellt.«

»Wie war es dann?«, knurrte Zane.

»Ich habe euch von der Abmachung mit meinem Vater erzählt … Mein Vater … Er …«

»Spuck's verdammt noch mal aus!«, brüllte Zane.

»Er hatte schon vor unserer Abmachung versucht, eine Ehe zwischen Oriana und mir zu arrangieren«, erzählte er mit ruhiger, dennoch unsicherer Stimme. »Deine Mutter, Oriana. Sie hat der Ehe nie zugestimmt, sie hat sich dagegen gewehrt. Doch mein Vater bestand darauf, um die Bindung zwischen Zane und dir niemals so weit kommen zu lassen, dass sie zu stark wird. Obwohl deine Eltern nie zugestimmt haben, ließ mein Vater es auf sich beruhen.« Danach sah er zu Zane. »Erst als du sie zu deinem Ball geladen hast, ist meinem Vater sein Plan wieder bewusst geworden, und er wusste, dass er diesmal handeln musste. Seine Spione haben euch beobachtet und sofort bemerkt, dass ihr euch in den Wochen, die Oriana in Westerys war, sofort ineinander verliebt habt. Er wusste, dass er es um jeden Preis verhindern musste. Also köderte er mich mit der Abmachung, dass Laurent der Thron zugesprochen würde, sollte es mir gelingen, Orianas Hand zu gewinnen. Damals kannte ich sie nicht, geschweige denn konnte ich erahnen, welche Gefühle sie in mir auslösen würde. Aber eines müsst ihr mir glauben. Ich wusste nichts davon, dass mein Vater etwas mit dem Tod des aserischen Königspaars zu tun hatte.«

»Deshalb haben meine Spione eine von Prinz Zanes Liebhaberinnen dazu angestiftet, die kürzlich entstandene Verbindung zwischen euch zu sabotieren. Genauso wie bei ihrer Zofe«, sagte Garbhan und lachte. »Nachdem Oriana abgereist war, dachte ich, es hätte funktioniert. Damit, dass Prinz Zane sich nach nur zwei Wochen wie ein liebeskranker Narr aufführen würde und Briefe nach Aseria schickte, hatte niemand gerechnet. Danach war ich gezwungen, zu handeln.«

»Ihr wart es«, murmelte ich und sah danach zu Garbhan auf. Blickte ihm direkt in seine leuchtenden Augen. »Ihr habt meine Eltern getötet, um danach Dusan den Floh ins Ohr zu setzen, mich zu verheiraten.« Ich raufte mir die Haare. »Natürlich. Jetzt ergibt alles einen Sinn. Die Prüfungen, die verschwundenen Briefe, die Sabotage, der … Die Morde. Mabel.« Einige Sekunden starrte ich den Drachen wie gebannt an. Ließ die Wahrheit sacken. Hinter allem steckte König Garbhan, von Beginn an. Es blieb nur noch eine letzte Frage. »Wieso die Verbannung? Wieso der gesamte Aufwand?«

»Nachdem ihr all das erfahren habt, stellt ihr tatsächlich diese Frage?«

»Ich will verstehen, weshalb meine Eltern sterben mussten. Nicht wegen der Verbindung zu Zane, sondern wieso durften wir den Bann nicht lösen. Ihr seid doch selbst ein Gestaltwandler.«

»Meine Frau. Königin Madeline. Nachdem sie in unserem Ehebett Laurent zur Welt gebracht hatte, sah ich, dass er nicht von mir stammen konnte. Seine … seine Haare, seine Haut … Es war nicht mein Sohn, da bestand kein Zweifel. Doch, anstatt ihre Untreue zu gestehen, log sie. Sie behauptete, dass es an seiner Wandlerabstammung liegen würde, dass er so aussah, wie er aussah.« Fast schmerzhaft schloss er einen Moment die Augen. »Beinahe drei Jahr lang ließ ich ihr die Lüge durchgehen. Drei Jahre, in denen ich Laurent wie meinen eigenen Sohn großzog. Als wir seinen dritten Geburtstag feierten und er keine Anzeichen zeigte, dass er die Erdmagie von Floranys geerbt hatte, konnte ich ihre Lügen nicht weiter akzeptieren. Ich konnte ihr nicht mehr in die Augen schauen, während sie mich von vorne bis hinten belog. Mich für dumm verkaufte, obwohl ich ihren Bastard wie mein eigen Fleisch und Blut behandelte. Sie verschwand weiterhin beinahe jede Nacht. Gaukelte irgendetwas vor, sie wäre bei euch Jungs, doch ich wusste, wo sie war … Bei ihrem Liebhaber.« Er blickte zu Laurent. »Die Höflinge tuschelten, dass Laurent der Bastard der Königin war. Dass es nur eine Frage der Zeit wäre, bis ich ihn töten lassen würde, damit ich dem Abbild ihrer Untreue nicht mehr tagtäglich in die Augen sehen müsste. Aber ein Kind töten … Ein Kind, das mich als Vater sah … Ihr denkt vielleicht, ich sei ein Monster, doch so grausam bin selbst ich nicht. Deshalb musste ich einen anderen Weg finden.«

»Ihr habt Unruhen zwischen den Gestaltwandlern und den Dorfbewohnern gestreut, um diese kurzerhand zu verbannen. Aber wieso sehen Clarence und Laurent wie Zwillinge aus?«, fragte ich. Ich musste alles erfahren, bevor ich ihn töten würde. Denn für das, was er getan hatte, verdiente er den Tod wie kein zweiter. Doch ich konnte nicht zulassen, dass er die Wahrheit mit ins Grab nahm. Dafür hatten wir allesamt zu viel durchgemacht. Viele ihr Leben deswegen gelassen.

»Bevor wir alle verbannt wurden, brachten wir ihn zu den Ältesten der Wandler«, ertönte eine Stimme hinter Garbhans Drachengestalt. »Damals war er noch ein Säugling gewesen. Die Ältesten hatten versucht sein Aussehen an dem, von seinem größeren Bruder Clarence anzupassen. Dabei hatten sie bemerkt, dass Laurent die Erdmagie der floranischen Blutlinie nicht geerbt hatte. Was allerdings nicht daran lag, dass er nicht in dieser Blutlinie geboren worden war, sondern an einem Gendefekt.«

Der graue räudige Fuchs, der mit Amara zusammengearbeitet hatte, erschien wie aus dem Nichts. *Was passierte hier?*

»Lark?«, fragte Clarence und trat einen vorsichtigen Schritt an ihn heran. »Was tust du hier?«

»Ich war dabei, als Madeline Laurent zu den Ältesten brachte«, erklärte er und blieb neben Laurent stehen, der den Fuchs von oben bis unten musterte.

»Bruder«, zischte Garbhan und bäumte seinen gigantischen Körper auf. »Du müssest genauso tot sein wie Madeline.«

»Da muss ich dich leider enttäuschen, Eure Hoheit«, meinte Lark und verzog seine graue Schnauze zu einer süffisanten Fratze. »Leider hat nur einer von uns überlebt und traurigerweise war ich es. Doch mit mir hat auch die Wahrheit überlebt. Die Wahrheit über dich. Was du getan hast.«

Noch bevor irgendwer die Frage stellen konnte, die uns allen auf der Zunge lag, eskalierte die angespannte Situation. König Garbhan richtete seinen gewaltigen Körper auf und stützte sich auf seine Hinterfüße, während er mit seiner mächtigen Flügelspannweite kräftig schlug. Automatisch wichen wir mehrere Schritte zurück und beschworen unsere Kräfte.

Das Schlagen seiner ledrigen Flügel ließ die Wälder rund um uns erzittern, sodass die Blätter regelrecht von den Baumkronen gerissen wurden.

Mit einer Erschütterung, die einem Erdbeben glich, stützte er sich auf die hornigen Spitzen seiner Flügel und öffnete sein Maul. Tief in seinem Schlund loderten dieselben tödlichen Flammen, wie sie sonst von Zane ausgingen. Doch diesmal schrie jede Faser meines Körpers: Lauf!

So gut es ging, versuchte ich diesen Fluchtinstinkt zu ignorieren und den Klumpen in meiner Kehle hinterzuschlucken.

Wir waren mittlerweile zu fünft. Seine Handvoll Wachen, die wir nicht getötet hatten, hatten beim Auftauchen des Drachens bereits die Flucht ergriffen, weshalb er nun allein dastand.

Jedoch verhielt er sich so, als ob eine Armee von Tausenden hinter ihm stehen würde. Kein Funken der Angst strömte von ihm aus, als er seine Flammen sammelte und sie uns entgegenspuckte.

Zane errichtete um uns ein glühendes Schutzschild. Solch eines wie damals im Eisskulpturengarten.

»Erweckt alte Erinnerungen«, scherzte er und blickte zu mir über die Schulter, während seine Arme waagerecht nach vorne zeigten.

Neben uns vernahm ich einen kurzen Lichtblitz. Clarence' Körper wuchs in seine Drachengestalt, die in etwa so groß und angsteinflößend war wie die von seinem Vater. Es blieb keine Zeit, mir Gedanken zu machen, worüber Clarence Bescheid wusste und worüber nicht. Oder wie tief er tatsächlich in die wirren Taten seines Vaters verstrickt war. Sobald wir dem hier ein Ende gemacht hätten, konnten wir uns ihm widmen.

Laurent hetzte von der Seite auf eines von Garbhans Beine zu und versenkte seine Zähne in dem schuppigen Fleisch. Doch Garbhan schüttelte ihn ab, als wäre er nichts weiter als eine lästige Fliege, die ihn kitzelte.

Clarence breitete seine Flügel aus und erhob sich mit einigen kräftigen Schlägen.

»Ergib dich, Vater«, forderte er und sah auf Garbhan herab.

Als Antwort stoppte er sein Feuer, sah zu seinem Sohn auf und erhob sich danach.

»Bei den Göttern«, murmelte ich, als sich die beiden Kreaturen fauchend aufeinanderstürzten. Zähne, Flammen, Klauen schrammten aneinander. Grölende Schreie hallten in der Nacht wider und prophezeiten einen nie da gewesenen Kampf.

Ich spreizte meine verkrampften Finger und war dabei, Garbhan einen Schwall meiner Eismagie entgegenzuschleudern, doch Zane umfasste mit einer Hand meine Handgelenke. »Du könntest genauso gut Clarence damit treffen«, räumte er ein und ließ mich danach sofort wieder los. »Obwohl ich nichts dagegen hätte, aber vielleicht tötet er zuvor seinen Vater, bevor du ihn tötest.«

»Du hast recht«, sagte ich und blickte dabei in den Himmel, beobachtete die zwei dunklen Gestalten, die miteinander rangen. »Aber wir müssen ihm doch irgendwie helfen können, Garbhan zu töten. Garbhan ist stärker als er. Ansonsten stehen wir danach noch schlechter da als jetzt.«

Clarence schleuderte seinen Vater in die umliegenden Baumspitzen, die unter seinem Gewicht sofort nachgaben, sodass er zwischen den abgeknickten Ästen zu Boden fiel. Die Vibration seines Aufpralls kroch mir bis in die Knochen.

Clarence selbst ließ seinem Vater keine Sekunde Verschnaufpause und spie sein Feuer auf die Wälder, in denen Garbhan lag. Zane lenkte seine Magie ebenfalls in dieselbe Richtung. Doch nur wenige Momente später schoss ein enormer Flammenschwall auf uns zu.

Ohne zu überlegen, warf ich mich vor die anderen und schleuderte dem Feuerschwall mein Eis entgegen. Kurz bevor es uns treffen konnte, gelang es mir, Garbhans Feuer in einen Eisklumpen zu verwandeln.

Zwischen den Bäumen schoss Garbhan in seiner Drachengestalt hervor, und noch bevor irgendjemand reagieren konnte, packte seine Klaue mich um die Mitte und riss mich mit ihm.

Niemand konnte reagieren.

Die Luft entwich meiner Lunge, als sich seine Krallen enger um mich schlossen. Mein Schrei blieb mir in der Kehle stecken. Als ich meinen Blick nach unten richtete, sah ich Zane, wie seine Flammen um ihn peitschten und er auf die Knie sank, das Gesicht in den Himmel gerichtet. Er konnte seine Magie nicht verwenden, zu groß wäre das Risiko gewesen, mich zu treffen.

Meine Finger umklammerten die dicken Schuppen von Garbhan und ich gefror seine ledrige Haut, soweit ich konnte. Jedoch schien er nicht besonders beeindruckt davon. Dass meine Magie durch den Kampf so weit geschwächt war, dass es mir Kopfschmerzen bereitete, je mehr ich mich anstrengte, verstärkte meine Panik nur. Genau das wollte Garbhan. Uns so weit schwächen und auseinandertreiben, bis er seinen finalen

Schlag ausüben konnte. In dem Fall war ich dieser besagte finale Schlag.

Mit gezielten Flügelschlägen lenkte Garbhan uns immer tiefer in den Wald. Und ich konnte rein gar nichts dagegen tun.

Kapitel 45 Zane

Eine Hand in den Himmel gerichtet, warf ich Clarence einen Feuerball nach, der dabei war, seinem Vater und Oriana nachzufliegen. »Nimm mich verdammt noch mal mit!«, rief ich ihm entgegen. Momentan war egal, ob er von dem, was Orianas Eltern zugestoßen war, wusste. So schlimm es auch war, aktuell hatten wir andere Prioritäten. Zumal wir – im Gegensatz zu dem, was bereits geschehen war – die Zukunft noch ändern konnten.

Als er nicht reagierte, folgten meine nächsten Flammen.

Dann entschied er sich doch dazu, meiner Aufforderung nachzukommen. Nachdem er in einem Sturzflug vor mir landete, schwang ich mich wie bei einem Pferd auf den Rücken und umklammerte die Stacheln auf seinem Schuppenkleid. »Wenn ihr irgendetwas zustößt«, knurrte ich.

»Trennst du den Kopf von meinen Schultern. Ich weiß«, erwiderte er und folgte seinem Vater. »Wir holen sie zurück.«

Wie oft würde ich noch versagen. Immer und immer wieder versprach ich, auf sie zu achten, sie zu beschützen, doch jedes Mal brach ich dieses Versprechen aufs Neue. Die Entführung von Clarence, die Wachmänner von gestern Abend, nun das. Jedes Mal war ich nicht da, wenn sie mich brauchte.

»Wohin bringt er sie?«

»Ich weiß es nicht, vermutlich will er sie als Druckmittel nehmen oder sie töten, damit ihr die Gestaltwandler nicht befreien könnt. Er sieht sie sicher als einfacher zu töten als dich«, sagte Clarence.

»Da täuscht er sich aber gewaltig.«

Neben uns tauchten plötzlich Laurent und Lark auf, jeweils in dem Körper eines Greifvogels. Ihnen fiel es merklich schwer, mit dem Tempo von Clarence mitzuhalten, genauso, wie dicht bei uns zu bleiben, denn die kräftigen Flügelschläge drängten die beiden von uns.

»Er wird sie auf dieselbe Weise töten wie Madeline«, warf Lark ein. »Der Feigling ist zu schwach, es alleine zu beenden. Es war vor zwanzig Jahren schon so.«

»Was war vor zwanzig Jahren?«, fragte Laurent und flog näher an uns heran.

»König Garbhan hatte befohlen, eure Mutter und mich töten zu lassen, bevor er die restlichen Gestaltwandler verbannte.«

»Warum euch beide?«, fragte Laurent.

Lark zögerte, bevor er antwortete: »Wegen unserer Liebe. Ich ... Ich liebte eure Mutter.«

»Eurer was?«, krächzte Laurent und wirbelte seinen Schädel zu Lark.

»Ich habe eure Mutter geliebt. Doch als mein Bruder herausfand, was ich für seine Frau empfand und was sie für mich empfand, jagte er uns fort. Zwang sie, ihre beiden Söhne zurückzulassen, und hetzte uns seine Männer auf den Hals. Wir suchten in der Höhle des Emryn Zuflucht, doch Garbhans Männer fanden uns. Wir kämpften. Wir kämpften um Leben und Tod. Beinahe wäre es uns gelungen, sie zu überwältigen, doch einem der Männer gelang es, Madeline zu verwunden. Als ich zu ihr eilte, schlug mich ein anderer hinterrücks nieder und ich musste zusehen ... Musste zusehen, wie ihr in einem Zug der Kopf abgeschlagen wurde.« Schmerzend schloss er einen Moment die Augen, bevor er seinen Blick wieder gerade nach vorne richtete.

Clarence' Drachenkörper spannte sich unter mir an, während er den Kopf leicht bewegte, als ob er sich selbst wieder in die Realität zurückverfrachtet hätte.

Wenn er aus Eifersucht seine eigene Frau brutal ermorden ließ, was würde er dann mit einem fremden Mädchen anstellen, das seine Pläne durchkreuzte.

»Bist du … Bist du mein *echter* Vater?«, stammelte Laurent atemlos.

Ohne zu Laurent zu sehen, nickte er knapp und schlug kräftiger mit seinen grau besetzten Federn. »Wie bereits erwähnt, müsstest du eigentlich die Erdmagie besitzen, nur nicht von Garbhan, sondern von mir. Die Ältesten konnten das Fehlen der Magie nur einem Defekt zuschreiben.«

Garbhan hatte bemerkt, dass wir ihm auf den Fersen waren, denn anstatt tiefer in den Wald zu fliegen, schlug er einen Haken und lenkte nach links ab.

»Er fliegt zurück zum Palast«, stellte ich fest. »Er holt Verstärkung.« Allein bei dem Gedanken loderte die Wut in mir noch heller als zuvor. Wenn er tatsächlich dachte, dass uns ein paar weitere seiner Wachmänner davon abhalten würden, ihn zu töten, lag er falsch. Er würde dafür bezahlen, was er verursacht hatte.

»Das dürfen wir nicht zulassen!«, rief Laurent und hetzte seinem Vater – *Stiefvater* – nach.

»Setzt euch auf meinen Rücken«, befahl Clarence. »Dann sind wir schneller.« Laurent ging dem Vorschlag nach. Ganz im Gegenteil zu seinem richtigen Vater.

»Ich kann die magische Mauer nicht übertreten«, erinnerte uns Lark. »Sobald die Mauer fällt, werde ich euch finden.« Danach flog er auf der Stelle, als wir das Königreich erreichten.

»Na dann«, feilschte ich und klopfte Clarence auf seinen Schuppenpanzer. »Leg einen Zahn zu.«

Clarence legte seinen Schädel ein Stück zur Seite und stieß ein tiefes Grollen aus, das die Bäume unter uns erzittern ließ. Dann legte er den geforderten Zahn zu, der mich zurückriss, sodass ich mich fester an seine Rückenstacheln klammerte, um nicht das Gleichgewicht zu verlieren.

Bisher war es immer ein *Clarence gegen mich*. Zumindest war das seine Sicht der Dinge. Seitdem Oriana ihre Gefühle, die sie mir gegenüber empfand, offen eingestanden hatte, verflog jeglicher Konkurrenzkampf meinerseits. Mittlerweile arbeiteten wir zusammen, kämpften miteinander, um unsere Ziele zu erreichen.

Was er tatsächlich über Orianas Eltern wusste und ihr verschwiegen hatte, mussten wir noch klären.

Oriana in Garbhans Klauen so hoch über dem unendlich scheinenden Abgrund baumeln zu sehen, verdrehte mir den Magen und verstärkte meine enorme Wut wie Brandbeschleuniger. Zwar lag zwischen uns solch eine geringe Distanz, jedoch fühlte es sich an, als wäre ich Welten von ihr entfernt.

Jedes Mal, wenn ich einen ihrer schluchzenden, verzweifelten Schreie vernahm, durchzuckte mein Feuer glühend heiß meine Adern. Jedes Mal, wenn sie erfolglos versuchte, mit ihrer Magie seinen Griff zu brechen, prickelte es in meinem Nacken und ich biss meine Zähne knirschend fest aufeinander.

Wenn ich nur irgendwie meine Magie anwenden könnte …

Doch jeder Versuch würde das Risiko bergen, Oriana zu verletzen, was ich beim besten Willen nicht eingehen konnte. Und genau das war die größte Qual. Sie so nah vor mir in einer lebensbedrohlichen Situation zu sehen, ohne dass ich ihr helfen konnte.

Bei jedem Schrei malte ich mir aus, wie ich ihn später am besten leiden lassen würde. Wie ich seinen Körper langsam und qualvoll verbrennen würde. Und er würde heilen. Immer und immer wieder würde sich das Szenario wiederholen.

Beim Erreichen der Palastmauern verabschiedete sich die Nacht und der nächste Tag brach über uns herein. Und mit ihm ein Funken Hoffnung, dass wir es allesamt unversehrt hier raus schaffen könnten. Die ersten goldenen Strahlen brachen durch die Baumkronen und ließen den aus Holz und Stein gefertigten Palast wie eine Elfenburg aus einem Märchen erstrahlen. Den Palast, den ich bis auf die Grundmauern niederbrennen würde, wenn es sein müsste. Irrelevant, wie schön und magisch er wirkte. Wem er ein Zuhause schenkte.

Garbhan grub die Hornspitzen seiner Flügel genauso wie die freie Klaue in die Holzfassade und schlängelte seinen Körper rund um den höchsten Turm des Palasts.

Die wenigen Leute, die zu so früher Stunde unterwegs waren, schrien panisch und versuchten sich geduckt in Sicherheit zu bringen. Niemand hatte seit Jahrhunderten einen Drachen zu Gesicht bekommen. Geschweige denn ihren König in einer Drachengestalt. Aber das wussten sie ja nicht.

Clarence stieß einen schrillen Pfiff aus, der sich merkwürdig aus dem Maul solch einer Bestie anhörte, da kam wenig später schon sein geflügeltes Pferd herangeflogen.

»Lyra wird dich tragen«, erklärte er mir und schwenkte den Kopf etwas zu mir.

Ich nickte und kletterte auf den Rücken des weißen Pegasus. »Clarence«, rief ich, noch bevor er startete. Er hielt inne und sah mich an. »Stirb nicht. Vorerst. Denn ich denke, Oriana will dich eigenhändig erwürgen.«

»Ebenfalls.« Danach schoss er im Sturzflug auf den Turm zu und breitete, kurz bevor er ihn mitsamt seinem Gewicht niederreißen würde, die Flügel aus und schlug kräftig damit.

Laurent flog an mich heran und grinste hinterlistig. »Los, wir haben einen König zu töten.«

Meine Finger vergruben sich tief in der seidigen Mähne des Pegasus und gleichzeitig drückte ich meine Beine etwas in ihre Seite. »Auf geht's, meine Schöne.«

Mit einem Wiehern stimmte sie ein und flog direkt auf den Turm zu.

Vergeltung prickelte in mir, loderte wie Gift und war mehr als bereit herauszubrechen.

Kapitel 46 Oriana

Einst aus Schnee und Eis geboren, stieg ein kleines Kind empor. Nachts, wenn alles ruhig und still, träumte es von kleinen Wesen, die es holen will. Stieg eines Nachts in die verzauberte Welt hinab, so weit, dass es nicht zurückgefunden. Erst als Mutter Tränen geweint, bis sie beinahe d'ran ertrunken, fand das Kind zurück ins Bett und hatte dabei seine Mutter gefunden.

Hingezogen zu dem Feuer, wird es die Bestimmung finden. Gut verborgen und unvorhersehbar, wird es sich daran binden. Doch keine Gefahr geht davon aus, nur dem Fluch macht es den Garaus.

Mit Seele und Leib werden sie verbunden sein, bis in alle Ewigkeit.

Aus Garbhans Griff zu fliehen, verursachte nur, dass er den Druck, mit dem er meinen Körper hielt, dermaßen verstärkte, dass ich kaum noch Luft bekam. Meine Lungen schmerzten von den erstickten Schreien und der zu geringen Luftzufuhr. Das Knacken meiner unteren Rippen verpasste mir noch den Rest.

Zwar versuchte meine Wandlermagie mich zu heilen, doch verschlimmerte es mein Leid nur. Meine schief gedrückten, gebrochenen Rippen heilten exakt in ihrer Position zusammen. Schief, krumm und in meine Organe drückend. Während des Heilungsprozesses brachen Schreie aus mir heraus. Schreie, die das Menschliche weit überschritten. Schreie, die mich an Amara und ihre Klauen erinnerten. An die darauffolgende Ohnmacht durch das Onyxpulver, das sie mir damit injiziert hatte.

An die Stimme meiner Mutter …

Sie hatte von Zanes und meiner Verbindung gewusst. Sie hatte gewusst, was wir gemeinsam vollbringen konnten und mich dennoch nicht dazu gedrängt, mein Leben dafür zu riskieren. Mir nie die Bürde auf die Schultern aufgeladen, einen fremden Mann zu lieben, um einen Bann zu brechen, der doch so viele Wesen betraf. Und trotzdem mussten sie ihre Leben lassen für mich. Meinetwegen …

Wie Clarence in die Sache verwickelt war, musste ich noch herausfinden.

Garbhan war ein Monster.

Ein Monster, dem man den Kopf abschlagen musste.

Als der floranische Palast vor uns erschien, schloss ich für einen Moment die Augen, biss die Zähne fest aufeinander und sandte ein stummes Gebet an die Götter.

Mochten sie mich erhören.

Mochten sie meiner Bitte nachgehen und verdammt noch mal uns beistehen.

Mochten sie jedem einzelnen meiner Freunde beistehen.

Kurz nachdem Garbhan den höchsten Turm des Palasts wie eine Schlange umschlängelte, ging alles so schnell.

Während Clarence im Sturzflug auf uns zuraste, ritt Zane auf Lyra, gefolgt von Laurent und Lark. Aus dem Plast stürmten unzählige bewaffnete Männer. Pfeile schnitten durch die Luft. Schreie ertönten. Der Geruch von verbranntem Fleisch stieg mir in die Nase.

Doch Garbhan blieb unversehrt. Niemand wagte es, auf ihn zu feuern. Weder Clarence noch Zane, Laurent oder Lark. Und das lag einzig und allein an mir. Noch immer von Garbhans Klaue gefangen, beschwor ich das Prickeln in mir. Die frostige Magie, die durch meine Adern schoss, vermischte sich mit dem glühenden Gefühl in mir. Bis sie wie zu einer Einheit verschmolzen und ich meine gänzliche Kraft sammelte. Bisher hatte ich versucht, Garbhans Klaue zu lösen, niemals sein Bein einfach abzutrennen. Also beschwor ich eine Art Lanze aus glühendem Eis und ließ sie über mir in das Fleisch des Drachens sinken. Sie durchschnitt Schuppen, ledrige Haut, genauso wie Fleisch, Sehnen und Knochen, als wäre es Papier.

Ein ohrenbetäubendes Brüllen folgte, das die Grundmauern erschütterte. Seine Klaue löste sich, während ich fiel. Genauso wie sein abgetrenntes Bein nur wenig über mir in die Tiefe stürzte.

»Sei ein Vogel. Sei ein Vogel. Sei ein Vogel. Flügel. Schnabel. Federn. Fliegen. Bitte. Bitte«, brach es panisch aus mir hervor, während ich meine Lider fest aufeinanderpresste. Als ich irgendwie hoffte, meine Wandlerfähigkeiten würden erscheinen und mich retten.

Plötzlich wurde mein freier Fall abgebremst und ich knallte gegen jemanden. Besser gesagt, auf jemanden. Unter mir tauchte Zane auf Lyra auf und fing mich.

Sofort schlang ich meine Arme um seinen Hals und vergrub eine Sekunde lang mein Gesicht in seiner Halsbeuge, während die Tränen aus mir hervorschossen. »Verdammt, ich dachte, ich sterbe.«

»Wie dir vielleicht aufgefallen ist, bin ich zwar nicht der beste Beschützer, dafür der umso bessere Retter in der Not«, scherzte er, umfasste mit einer Hand grob meinen Kiefer und hauchte mir einen sehnsüchtigen Kuss auf die Lippen. Ich schmeckte alles in diesem viel zu kurzen Kuss.

Gleich nachdem ich mich von ihm löste, legte ich meine Lippen an sein Ohr, knabberte spielerisch daran und raunte: »Verbrenne sie alle.«

»Das lasse ich mir nicht zweimal sagen«, grinste er, wirbelte mich herum, sodass ich nun nicht mehr auf seinem Schoß, sondern vor ihm auf Lyras Rücken saß.

Daraufhin wirbelte er seine Hände durch die Luft, beschwor ein regelrechtes Höllenfeuer, das er auf direktem Weg zu Garbhan schickte. Währenddessen blies ich einen Hagelregen auf seine Männer und verschonte niemanden. Hagelgeschosse durchbohrten ihre Körper, zertrümmerten ihre Schädel.

Und ich? Ich lächelte dabei.

Als Zane dieses Lächeln bemerkte, umfasste er erneut meinen

Kiefer und hob meinen Kopf zu ihm zurück. »Verdammte Götter, ich liebe dich.« Dann trafen unsere Lippen erneut aufeinander. Diesmal leidenschaftlicher.

Ich hatte keinen Spaß am Töten. Stattdessen durchflutete mich die Euphorie, Garbhans Armee zunichtezumachen.

Clarence stürzte sich auf seinen Vater, dass die Dachziegel des Turms wie tödliche Geschosse vom Himmel regneten. Lyra lenkte zur Seite ab, um uns aus der Gefahrenzone zu bringen.

Zähne, Klauen, Feuer schrammten aneinander. Garbhan, deutlich geschwächt vom Verlust seines Beines, schlug um sich, doch Clarence gelang es immer öfter, ihn zu verletzen. Seine Krallen schlugen tiefe Spuren in die Seite seines Vaters, sodass dessen Blut das Holz des Turmes tränkte.

»Clarence schlägt ihn«, sagte ich und zeigte mit dem Finger zu ihnen.

Anscheinend war es Garbhan genauso bewusst, denn statt nach dem nächsten Schlag auszuholen, blieb er regungslos auf den Turmtrümmern liegen.

»Du hast gewonnen, Sohn«, schnaufte er und versuchte, sich zu erheben. »Es war nicht alles richtig, was ich in der Vergangenheit tat.«

»Du hast meine Mutter getötet. Du hast Orianas Eltern getötet und beinahe uns allesamt. Nur wegen deiner beißenden Eifersucht. Du bist das einzig Böse in diesem Leben. Du wirst dafür in der Hölle schmoren, das verspreche ich dir, Vater.«

Sein Vater schmunzelte belustigt, hob den Schädel ein Stück und sah seinen Sohn eindringlich an. »Du warst immer das Einzige, was ich in meinem Leben bedingungslos geliebt habe. Dich und deine Mutter. Doch Liebe und Hass sind nur eine Haaresbreite voneinander entfernt und können sich innerhalb weniger Sekunden verändern.« Clarence drückte den Körper von Garbhan wieder nach unten, als dieser sich aufzurappeln versuchte. »Für alle meine Sünden werde ich in der Hölle schmoren, du hast recht. Doch ich nehme noch jemanden mit.« Daraufhin stürzte er sich vom Turm, direkt auf uns zu.

Überrumpelt von der plötzlichen Wende, konnte niemand von uns sofort reagieren. Niemand außer Zane.

»Ich liebe dich«, murmelte er, umfasste meine Schultern und drückte mir einen Kuss auf den Hinterkopf. Alles innerhalb eines Augenblicks. Ohne Vorwarnung stieß er mich von Lyras Rücken.

Nein. Nein. Nein. Nein.

Während ich auf den Boden zuraste, bemerkte ich im Augenwinkel, wie Zane samt Lyra in Garbhans Maul verschwand.

Ich schrie.

Ich schrie so laut, dass ich nichts mehr vernahm als das schrille Geräusch, das aus mir kam.

Ungebremst knallte Garbhan voller Wucht auf den Boden. Mehrere Hütten wurden unter seinem Gewicht mitgerissen, aus denen sich die überlebenden Bewohner zu retten versuchten. Panisch rannten Höflinge umher. Kinder schrien.

Laurent schnappte mich mit seinen Raubvogelkrallen und bewahrte mich somit vor dem sicheren Tod. Doch das kümmerte mich nicht mehr.

Nach einem Lichtblitz verwandelte sich Garbhan wieder in seine menschliche Gestalt, blieb jedoch regungslos liegen, genauso wie Lyra und Zane neben ihm.

Mein Inneres wurde schlagartig von einer tiefen Leere erfüllt, als ich Zanes leblosen Körper in den Trümmern sah. Noch gut konnte ich mich an den Moment erinnern, als ich das letzte Mal diese endlose Leere in mir fühlte. Die Person, die mir geholfen hatte, über diese hinwegzukommen, war nun der Grund dafür, dass sie sich wieder in meine Brust schlich. Dass sie sich anstatt dem Parasiten, den ich *Liebe* nannte, in mein Herz nistete.

Ich bekam kaum mit, wie Laurent mich am Boden absetzte oder wie sich meine Beine bewegten und ich zu Zane hetzte. Wie ich auf die Knie fiel. Alles um mich herum fühlte sich wie verschwommen an, wie ein Fiebertraum, der mich Dinge sehen ließ, die nicht real waren. Dinge, die aus meinen tiefsten Ängsten heraufbeschworen wurden …

Ich redete mir ein, dass das nicht echt war. Es konnte nicht echt sein. Er … er ist mein Seelengegenstück … Die Götter konnten ihn mir nicht nehmen. Unsere gemeinsame Zeit war viel zu kurz, gefüllt von Intrigen, die wir aufdecken mussten. Hindernissen, die uns in den Weg gelegt worden waren, weshalb wir beide … wir beide viel zu kurz kamen.

Egal wie sehr ich versuchte, zu verdrängen, was gerade passiert war, es klappte nicht. Nichts würde mehr klappen …

Tränen brannten auf meinen Wangen, während ich mich über seinem Körper aufbäumte.

Meine Finger strichen sein blutbeflecktes Haar vorsichtig aus dem Gesicht.

»Zane«, flüsterte ich dicht an seinem Gesicht, das ich in meine Hände bettete. »Zane, mach die Augen auf. Es ist vorbei … Der Kampf, er ist vorbei. Alles wird gut.«

Als ich an seinem Körper hinabschaute, sah ich das Blut, das aus seinem Bauch sickerte und mittlerweile den dreckig weißen Stoff meines Kleides in ein dunkles Rot färbte.

Sofort presste ich meine Hände fest auf die offene Wunde. »Du wirst wieder«, versprach ich mit bebender Unterlippe. »Zane, hörst du mich? Du wirst wieder gesund. Versprich es mir. Bitte.« Er zeigte keine Regung. Weiterhin lag er mit geschlossenen Lidern unter mir. »Zane, bitte bleib bei mir.« Ich legte meine Stirn an seine, während meine Tränen wie Bäche voller Trauer aus mir herausströmten und unsere Gesichter bedeckten. »Du kannst nicht gehen. Du …« Meine Stimme brach, »Du kannst nicht, Zane. Lass mich nicht alleine.« Mein Hals stand in Flammen bei jedem Wort, das ich versuchte zu sprechen.

Als ich einen Blick neben mich riskierte, sah ich Lyras Körper … Ihren kopflosen Körper.

Ein kehliger Schrei brach aus mir hervor, als ich ihren zerfetzten Leib sah und meine Hand vorsichtig nach ihr ausstreckte. »Nein. Nein. Nein. Nein.« Meine mit Zanes Blut befleckten Finger strichen über ihr Fell. Tränkten ihren geschundenen Körper nur weiter mit Blut.

Ich schloss die Augen, fühlte, wie sich die Leere in mir rasend schnell über meinen gesamten Körper ausbreitete. Nichts war mehr von Belang. Nichts.

Selbst die Hölle, die sich rund um uns abspielte, nahm ich nicht wahr.

Langsam öffnete ich wieder die Lider. Sah in Zanes Gesicht. Streichelte federleicht über seine Konturen. Über seine hohen Wangenknochen, über die kurzen Bartstoppeln über seiner Oberlippe – die mich bei jedem seiner Küsse kitzelten. Seine vollen Lippen und versuchte, mir alles von ihm einzuprägen. Jedes noch so kleine Detail sog ich in mein Gehirn auf und speicherte es doppelt und dreifach dort ab, sodass ich sein Gesicht niemals vergessen würde.

Garbhan hätte genauso gut seine Klauen in meine Brust rammen und mir mein Herz inklusive meiner Seele herausreißen können. Jeden Funken, der mich ausmachte, aus mir stehlen können, denn genauso fühlte es sich an, sein Seelengegenstück, seine einzige wahre Liebe direkt vor einem sterben zu sehen.

»Wir … Wir wollten doch heiraten. Unser ganzes Leben stand uns noch bevor. Ein Leben mit ganz vielen Babys. Irgendwann.« Ich sah auf den violett schimmernden Ring. Das Zeichen unserer Liebe.

Mit zittriger Stimme murmelte ich: »Du hast mir versprochen, mich nie wieder zu verletzen, Zane.« Ein kehliges Schluchzen brach aus mir hervor. »Du hast gesagt, wenn das hier zwischen uns irgendwann enden sollte, mögen die Götter dir beistehen.« Ich legte meinen Kopf in den Nacken und sah in den Himmel empor, bevor ich wutentbrannt schrie: »Und wo sind die verdammten Götter jetzt?! Wo seid ihr, wenn man Euch braucht?! Ihr nehmt nur einen Menschen, den ich liebe, nach dem anderen.« Weiterhin sah ich schweigend in die goldenen Strahlen des Tages, die zwischen den Wolken hervorblitzten, so als ob ich tatsächlich auf eine Antwort von ihnen warten würde. Fragte mich, ob meine Eltern da oben waren, oben bei den Göttern. Ob Zane bereits …

Wie ein Kätzchen rollte ich mich neben ihm zusammen, krallte meine Finger in seine blutrote Tunika und bettete meinen Kopf an seiner Brust. So wie immer. Doch dieses Mal hob und senkte sich seine Brust nicht unter mir. Dieses Mal strich er meine Haare nicht zurück und hauchte mir keinen Kuss aufs Haar. Sagte nicht, wie sehr er mich liebte … Nichts davon würde je wieder passieren.

»Ich liebe dich für immer, Zane. Hörst du? Für immer. Und ich weiß, dass du dort oben auf mich wartest.« Meine Finger umfassten seine. »Irgendwann, mein Herz. Irgendwann werden wir wieder vereint sein. Das verspreche ich.«

Mit diesen Worten sammelte ich alles in mir, jeden Funken Kraft, der noch übrig geblieben war, und sandte ihn mit ausgestreckter Hand direkt in den Himmel. Violette Funken sprühten aus meiner Handfläche und zogen in die Luft. Ein Strahl gefertigt aus Schmerz und Wut, Trauer. Und Liebe.

Zwischen den Wolken hindurch, erst dann zerbarst der Strahl wie eine Bombe aus Tausenden Eis- und Feuersplittern, die den gesamten Himmel überzogen. So weit das Auge reichte, glitzerte es, funkelte wie die Leuchtfische, die Zane mir einst gezeigt hatte. Ein Abend, der mir für immer in Erinnerung bleiben würde, der mir so unendlich viel bedeutete. Weil er so viel mehr war.

Du wärst der Hellste von ihnen.

Du wärst der Hellste und der mit der sattesten violetten Farbe.

Violett.

Die Farbe, die entsteht, wenn man Blau und Rot mischt.

Violett.

Wenn man Eis und Feuer mischt.

Die Farbe unseres Bandes.

Ich schloss die Augen und spürte die feinen Partikel auf meinem Gesicht. Wie *unsere* Magie wie winzige Schneeflocken vom Himmel regneten, als ob selbst der Himmel weinen würde.

Irgendetwas über mir warf einen Schatten, sodass ich die Augen zusammenkneifen musste, um zu erkennen, um wen es sich handelte.

Clarence streckte mir seine Hand entgegen. Er war vollständig bekleidet, trotz seiner kürzlichen Verwandlung. Woher er die

Tunika und Stoffhosen hatte, war momentan nicht von Belang. »Oriana«, sagte er vorsichtig. »Wir müssen gehen.« Überall an seinem Körper klafften Wunden, die bereits dabei waren, sich zu schließen, zumindest hatte die Blutung aufgehört. Seine Tunika hing in Fetzen an seinem geschundenen Leib.

Kaum merklich schüttelte ich den Kopf. »Ich kann nicht«, murmelte ich und schloss die Augen, schmiegte mich näher an Zanes Körper.

»Ich weiß«, sagte Clarence, selbst den Tränen nahe. »Aber wir müssen … es zu Ende bringen.«

»Du meinst …« Ich beendete den Satz nicht, denn Clarence nickte bereits leicht.

Ich stützte mich auf einen Ellenbogen auf und sah nur wenige Meter weiter, dort wo Garbhan lag.

»Es musst du sein oder Zane«, bestand er und ich sah, wie der Muskel in seinem Kiefer zuckte.

»Woher weißt du das?«

Er schüttelte nur den Kopf.

»Clarence … Ich kann Zane nicht zurücklassen. Es geht nicht.« Die Worte brannten in meiner Kehle wie flüssiges Gift.

»Das würde ich niemals verlangen.«

Automatisch wich ich ein Stück zur Seite, als Clarence sich herabbeugte, unter Zanes Arme fasste und ihn hochstemmte, um ihn danach über seine Schulter zu legen.

Den leblosen Körper von Zane über Clarence' Schulter baumeln zu sehen, verpasste mir die nächste Pfeilspitze direkt in mein Herz.

Ich rappelte mich vom Boden auf und atmete mehrmals durch, um meine Gedanken zu klären. Clarence hatte recht. Ich musste dem allen ein Ende setzen. Laut Sierras Erzählungen über die alten Götter und darüber, was damals vorgefallen war, konnte nur Zane oder ich dem ganzen trotzen. Da Zane …

Nun lag es allein an mir. Ich war für das Schicksal der Gestaltwandler verantwortlich, denn nur ich konnte jetzt noch einen Schritt in die richtige Richtung machen. Angefangen bei der Enthauptung von Clarence' Vater.

Die wenigen Meter hatte ich schnell überwunden und so stand ich vor Garbhan, der wie ein Häufen Elend schwer verletzt und nackt am Boden lag. Die Gliedmaßen standen in unnatürlichen Winkeln von seinem Körper ab.

Ich beugte mich herablassend über ihn, betrachtete das gesamte Ausmaß seiner Verletzungen und empfand nichts. Nichts außer giftige Genugtuung, die in meinem Magen brodelte beim Gedanken, dass er genau das bekam, was er verdiente.

»Wie habt Ihr sie getötet?«, presste ich hervor und vergrub meine Fingernägel schmerzhaft in meinen Handflächen.

Garbhan schaute zu mir auf und hustete, bevor er antwortete. »Das willst du nicht wissen.«

»Antwortet!«

Erneut hustete er, doch diesmal spuckte er Blutspritzer hervor. »Ich habe ihnen Gift in ihren Wein gemischt. Solch ein Gift, das sie langsam schwächer werden ließ, sodass meine Männer sie überwältigen konnten, als sie aus Seylen abreisten.«

Ich biss die Zähne fest aufeinander in der Hoffnung, der Schmerz würde mich vor dem in meinem Inneren ablenken.

Ich reckte das Kinn und spürte das eiskalte Feuer, das durch mich strömte. Ließ es in jeden Zentimeter meines Körpers fließen.

Es war unsere Magie.

Zanes und meine.

Genau diese würde ihm sein Ende bereiten.

»Ihr seid nichts als ein widerwärtiger Feigling, der aus Eifersucht eine gesamte Spezies verbannt hat. Und genau als solch ein Feigling werdet Ihr vor die Götter treten.«

Mit unserer Magie erschuf ich ein Schwert aus glühend violettem Eis, das ich mit beiden Händen fest umfasste, als ich es über meine Schulter hob. Eine Sekunde lang betrachtete ich unser Band an meinem Finger, das ich nur noch schwach erkannte. Dann sauste das Schwert voller Wucht zu Boden und schlug Garbhan den Kopf von den Schultern.

Er akzeptierte sein selbst gewähltes Schicksal.

Er machte nicht mal Anstalten, sich zu wehren, geschweige denn mich davon zu überzeugen, ihn am Leben zu lassen.

Sein Kopf rollte zur Seite, so wie damals, als ich dem Wandler im Wald den Kopf abgeschlagen hatte.

Weiterhin umklammerte ich den Griff und wartete. Wartete, dass das Gefühl von Erleichterung sich in mir ausbreitete, doch stattdessen herrschte dieselbe eintönige Leere, die alles in sich zu verschlingen drohte.

Garbhan war tot.

Der Mann, der für alles Schreckliche in meinem Leben verantwortlich war, lebte endlich nicht mehr.

Und ich fühlte nichts.

Von der Seite trat Laurent auf mich zu. »Es tut mir so leid, Oriana«, murmelte er. Seine Augen gerötet, rannen gefühlt Bäche aus ihnen. »Es tut mir so verdammt leid.« Er wandte einen Moment den Blick ab, als er zu Zane und Clarence rübersah.

Er schloss die Augen und nach einem kurzen Lichtblitz verwandelte er sich in einen tiefschwarzen Pegasus. Beinahe sah er so aus wie Zanes nachtschwarzer Hengst, nur mit majestätischen Flügeln. Sofort schoss mein Blick zu Lyras geschundenem Körper.

Klirrend ging das Schwert zu Boden und ich trat auf Clarence zu.

»Clarence.« Ich fasste nach seiner Hand, drückte seine Finger. »Es tut mir so leid um Lyra.«

»Wir müssen verschwinden«, war das Einzige, was er antwortete. Danach legte er Zane auf Laurents Rücken, der mir mit einem Nicken zu verstehen gab, dass ich mich ebenfalls auf seinen Rücken setzen sollte. Zuerst riss ich voller Kraft an dem bauschigen Tüllstoff meines blutgetränkten Brautkleides, bis die Nähte nachgaben und ich den größten Teil davon runterriss.

Vor einigen Monaten war es mein Verlobungskleid, das voller Blut gewesen war. Damals war meine größte Sorge, dass ich einen Gestaltwandler getötet hatte. Mittlerweile hatte ich so viele Leben auf meinem Gewissen, die ich nicht mal mehr zählen konnte.

Damals hatte ich Herzschmerz wegen einem Hinterhalt empfunden. Wie lächerlich es sich im Nachhinein anfühlte, wenn ich meine derzeitige Situation betrachtete.

Clarence packte mich und half mir auf Laurents Rücken. Eine Hand in der seidigen Mähne vergraben, mit der anderen hielt ich Zanes Tunika fest umschlungen.

Clarence schlüpfte aus seinen Kleidern und drückte sie mir in die Hand, bevor er sich in eine Adlergestalt verwandelte.

Sowie sich Laurent in die Luft erhob, brach hinter uns das pure Chaos aus. Zumindest verdrängte ich alles, was geschehen war, so weit, dass ich meine Umgebung wieder wahrnahm. Das Röhren der Sirenen genauso wie die Schreie der Menschen vibrierte in meinen Ohren.

Der Mann, der für den Tod von Clarence' und Laurents Mutter und meinen Eltern verantwortlich war, war endlich tot.

Er war tatsächlich tot.

Was eigentlich ein Triumph sein sollte, entpuppte sich jedoch als reinster Horror. Und machte alles nur noch schlimmer …

Lyra war tot. Zane war …

Ich schluckte.

Ich konnte nicht weiterdenken, sonst würde der Drang, mich von Laurents Rücken zu stürzen, ins Unermessliche steigen.

Nach einer Weile, – ich wusste nicht mal, in welche Richtung wir flogen oder was unter Ziel war – fragte ich: »Wohin fliegen wir?«

Laurent warf nur einen kurzen Blick zurück, antwortete jedoch nicht.

Kapitel 47 Clarence

Uns lief die Zeit davon.

Es blieb keine Zeit.

Ich in meiner Adlergestalt, Lark in seiner anderen Greifvogelgestalt – die ich nicht entziffern konnte, irgendetwas zwischen Habicht und Aasgeier, flogen wir jeweils neben Laurent immer tiefer in die Wälder.

Von oben hatte ich den perfekten Überblick. Es dauerte zwar etwas, doch ich fand, wonach ich suchte. Danach nickte ich Laurent zu und schoss im Sturzflug Richtung Boden.

Es durfte nicht so enden.

Nicht, wenn noch ein Funke einer Chance bestand.

Es war das Einzige, was ich tun konnte.

Mit kräftigen Flügelschlägen kam ich auf der Erde auf, schlüpfte wieder in meinen richtigen Körper und stürzte mich in den erstbesten Bach, den ich finden konnte. Spritzte das Wasser um mich. »Heee, hier bin ich«, rief ich mehrere Minuten lang. Als nichts passierte, nahm ich erneut die Gestalt des Adlers an, erhob mich in die Lüfte, bis ich das nächste Gewässer fand, und wiederholte das Prozedere. Es brauchte sicher fünf Anläufe, bis ich ein passendes Gewässer fand.

Als die unzähligen, wie Ungeziefer wirkenden kleinen Wesen endlich auftauchten, sprang mir beinahe das Herz aus der Brust, so erleichtert atmete ich aus. Und das, obwohl sie mich, sobald sie mich ins Visier nahmen, erbarmungslos attackierten.

»Ein Tausch«, rief ich und hielt dabei die Arme schützend vor mein Gesicht, versuchte so die Wassergeister abzuwehren. »Ich fordere einen Tausch. Ein Geheimnis gegen ein Geheimnis.«

Doch sie attackierten mich weiter, machten keine Anstalten, damit aufzuhören. »Stopp«, rief ich erneut und schlang meine Arme um den eingezogenen Kopf. »Ein Tausch. Ein Geheimnis gegen ein Geheimnis.« Plötzlich stoppten tatsächlich die Angriffe und ich richtete mich vorsichtig wieder auf.

»Ich muss wissen, wie ich Zanes Leben retten kann. Einer von beiden wird sterben, damit der Fluch gebrochen wird. Bitte.«

»Ein Geheimnis?«, feixte der kleine Wassergeist, bevor sie höhnisch kicherte und die anderen ihres Volkes in das Gelächter einstimmten. »Als ob ich mit solch unwichtigen Dingen handle wie Geheimnissen. Zumal ich sowieso alle davon kenne.«

Als ob Oriana mir eine Ladung ihrer Eismagie in den Körper geschossen hätte, breitete sich eine immense Kälte in meinem Inneren aus. »Aber … Aber …« stammelte ich. »Das letzte Mal wolltet ihr doch ein Geheimnis.«

Wieder kicherte die kleine, blau leuchtende Fee. »Eine meiner Schwestern handelt mit Geheimnissen. Schon immer habe ich mich gefragt, was es ihr nützte, aber das soll nicht meine Sorge sein.«

»Mit was handelt ihr?«

Ihre blauen Lippen kräuselten sich zu einem breiten Grinsen. »Mit Magie.« Danach musterte sie mich von Kopf bis Fuß eindringlich, als ob sie meine Magie riechen konnte. Als ob sie wüsste, wie viel davon in mir schlummerte.

»Ihr wollt meine Magie«, sagte ich resigniert und glättete mein angespanntes Gesicht. »Ihr wollt einen Teil meiner Magie für eine Antwort?«

Sie schüttelte heftig den Kopf. »Nein. Nein. Nein. Nein«, trällerte sie mit lieblicher Stimme, danach stimmten die anderen in den Singsang ein.

»Was dann?«, presste ich hervor.

»Einen Teil deiner Magie für die Unverschämtheit, unsere Gewässer zu betreten«, erklärte sie und machte danach eine theatralische Pause. Automatisch rollte ich mit den Augen.

»Und was wollt Ihr für eine Antwort?«, knurrte ich und biss die Zähne fest aufeinander.

»Den Rest davon.«

»Den Rest von …«

»Deiner Magie.« Langsam flatterte sie vor meiner Nase in der Luft herum und versprühte mit ihren Fingern einen blauen Glitzer.

»Ist das nicht ein etwas hoher Preis dafür?«

Beiläufig zuckte sie mit den Schultern. »Der Preis ist so hoch, wie du bereit bist, dafür zu bezahlen. Es kommt ganz darauf an, wie wichtig dir die Antwort auf deine Frage ist.« Danach lächelte sie unschuldig.

Diese kleine Kreatur wusste genau, wie wichtig es war, wie dringlich und dass ich keine andere Wahl hatte. Dass sie mehr fordern konnte als unter normalen Umständen.

»Ihr seid ein Monster, das die Not von jemandem schamlos ausnutzt«, zischte ich ihr entgegen und musste mich beherrschen, sie nicht mit meinem Zeigefinger wegzuschnippen.

»Das ist nur für dich ein Problem, nicht für uns«, demonstrativ deutete sie mit beiden Händen rund um sich.

Ich überlegte eine Sekunde. Nur eine einzige. Denn meine Entscheidung bezüglich ihrer lächerlichen Frage war klar.

Das war sie von Anfang an.

Kapitel 48

Oriana

Wäre nicht gerade mein Seelengegenstück gestorben, wären wir nicht auf der Flucht – wissen die Götter wohin – hätte ich mich vermutlich gefragt, was Clarence' eigenartiges Verhalten sollte. Er tauchte immer wieder ab, entfernte sich von unserer Gruppe und kam wenig später zurück. Flog ein Weilchen neben uns her, bis er ohne ein Wort wieder verschwand.

Doch ich fragte nicht, denn seine Antwort hätte keinen Wert. Nichts hatte in meinen Gedanken Platz, ausgenommen von der Frage, wie es weiterging. Und damit meinte ich nicht, wohin wir flogen oder ob ich wieder zurück nach Aseria gehen würde, jetzt, wo ich offiziell kein Mitglied vom westerischen Königshof war. Nicht mehr die Verlobte ihres Kronprinzen, denn ihr Kronprinz war ….

Ein Blick vor mich reichte, dass mich die Realität einholte und meine Trauer sich nicht länger verstecken ließ.

Vermutlich würden die anderen mich für verrückt halten, wenn sie meine Gedanken lesen könnten. Denn der Einzige, der sich immer wieder zwischen die bemüht rationalen Gedanken zwängte, war: Wie würde ich es schaffen, wegzukommen aus diesem unendlichen Schmerz. Würde Clarence zustimmen, wenn ich ihn bitten würde, ein Schwert an meinem Hals niedersausen zu lassen, so wie ich es bei seinem Vater getan hatte? Oder vielleicht Laurent, würde er zustimmen?

Eines war glasklar. Ohne mein Seelengegenstück gab es für mich nichts mehr. Das mochte vielleicht für Außenstehende dramatisch wirken, naiv oder krank, doch es war das, was ich fühlte. Das, was die meisten fühlten, wenn sie ihren Partner verloren, doch Zane war nicht *nur* mein Partner, sondern ein Teil meiner selbst. Ein Teil meines Wesens, meiner Seele. Der Teil, der sich außerhalb meines Körpers befand und den ich trotz der schrecklichen Dinge, die wir durchmachen mussten, gefunden hatte.

Den ich geliebt hatte.

Den ich liebe.

Ich liebe Zane, bis in den Tod.

Nachdem wir gewusst hatten, dass zwischen uns eine Seelenverbindung bestand, noch dazu keine zufällige, war mir bewusst geworden, wie verletzlich es mich machte. Wie blind, närrisch, emotional und vor allem verletzlich. So war die Liebe. Und dennoch hätte ich mich jedes Mal wieder dafür entschieden. Hätte dafür gekämpft, selbst in dem Wissen, welch kurze Zeit uns beiden geschenkt wurde.

Eine Verbindung, für die meine Eltern ihr Leben gelassen hatten. Eine Verbindung, die wir uns bitter erkämpfen mussten, indem wir Qualen durchlebten, nur um unsere gemeinsame Bestimmung zu finden. Sie zu hüten.

Wir hatten Laurent aus den Fängen seines Vaters befreit, ihn besiegt und erfahren, wie es dazu gekommen war. Aber zu welchem Preis? Schlussendlich gingen wir dennoch als Verlierer hervor. Natürlich waren wir uns des Risikos bewusst gewesen. Es jedoch zu spüren, war etwas anderes.

Und ich war der Grund dafür.

Ich war der Grund, wieso Zane starb.

Wäre ich niemals nach Westerys gereist, hätte ihn niemals kennengelernt, wären er und vielleicht sogar meine Eltern noch am Leben. Obwohl mir eine kleine Stimme in meinem Hinterkopf zuflüsterte, dass ich mir im Nachhinein die Was–Wäre–Wenn Fragen sparen könnte, drängten sie sich an die Oberfläche.

Was machte ich mir nur vor?

Alles war meine Schuld.

Alles.

Meine Eltern.

Zane.

Alles.

Diesmal dauerte es eine gefühlte Ewigkeit, bis Clarence aus den Wäldern zurückkam. Was wissen die Götter, was er dort suchte. Und diesmal war es anders. Er keuchte wild, rang um Luft, als wäre seine Lunge zu klein für seinen Körper ausgefallen. Noch immer in seiner Adlergestalt verweilt, ließ er sich hinter mir auf Laurent nieder.

Ich wirbelte herum, noch immer eine Hand in Laurents Mähne vergraben, die andere um Zanes Tunika geschwungen. In dem Moment blitzte das altbekannte Licht auf und Clarence erhielt seine menschliche Gestalt zurück.

»Wo warst du?«, fragte ich mit verzogener Stirn.

Er antwortete nicht, sondern blickte mit starrem Blick auf seine Hände, hob sie vor sein Gesicht und begutachtete seine Finger, als ob er dort etwas suchen würde. Oder als ob er sie zum ersten Mal gesehen hätte.

Danach schlüpfte er in seine Kleidung, die er zuvor bei mir gelassen hatte.

Erneut versuchte ich es. »Clarence.« Ich atmete tief aus. »Was ist passiert?«

Doch anstatt mir zu antworten, klopfte er Laurent mit der flachen Hand auf die Seite und rief: »Sturzflug. Aber vorsichtig.«

»Wohin genau?«, schnaubte Laurent.

»Eine Meile südlich liegt eine Höhle.«

Eine Höhle? Sofort drängten sich die Erinnerungen von der Höhle des Emryn in mein Bewusstsein. An die Zeit der Gefangennahme, Amaras Demütigungen, an die Trainings mit Clarence und wie wir entkommen waren.

»Clarence, noch mal überlebe ich es nicht, solltest du mich in eine Höhle bringen, wo einer deiner psychisch gestörten Verwandten auf mich wartet und wegsperrt –« Ein Schauer rieselte über meinen Rücken. »Davor springe ich *wirklich* von Laurents Rücken in die Tiefe.«

Laurent wieherte wie ein richtiger Pegasus und zog nach Süden ab. Beim Geräusch seines Bruders versteifte sich jeder Muskel in Clarence' Gesicht. Man musste kein Genie sein, um zu wissen, was der Grund dafür war.

Stumm fragte ich ihn, was *tatsächlich* hier los war. Zum gefühlt hundertsten Mal.

Diesmal antwortete er. »Wir müssen zu den Ältesten der Gestaltwandler.« Mehr sagte er nicht, nur rückte er ein Stück näher an mich heran, sodass mein Rücken fest an seine Brust gepresst wurde. Nur damit er mit beiden Händen um mich greifen konnte, um Zane festzuhalten – und mich.

»Halt dich gut fest«, murmelte er.

Ich starrte auf meine Hand, die noch immer in Zanes Tunika vergraben war. »Ich …«

»Ich halte ihn, versprochen.«

Erst danach löste ich sanft meine Finger und vertraute auf Clarence. Er war mit seinen Wandlerfähigkeiten sowieso um einiges stärker als ich. Was sein Vater darüber gesagt hatte, dass er über gewisse Dinge Bescheid wusste, hatte gegenwärtig nichts verloren. Da es nichts daran änderte, Zane verloren zu haben.

Zwischen den dichtgewachsenen Bäumen hindurch wand sich Laurent einen Weg, bis wir endlich festen Boden unter unseren Füßen spürten. Zuerst rutschte Clarence von dem Rücken seines Bruders, danach war ich an der Reihe. Erst als ich mit beiden Beinen am Boden stand, bemerkte ich, wie heftig ich noch immer am ganzen Körper zitterte. Da ich nicht wollte, dass alle um mich mitbekamen, wie es mir ging, biss ich die Zähne zusammen und atmete tief durch. Doch als Clarence Zanes leblosen Körper erneut über seine Schulter stemmte, verflog jeder Funken meiner Selbstbeherrschung und ein Schluchzen brach aus mir hervor.

Den gesamten Flug über hatte ich versucht, zu verdrängen, was geschehen war. Es fühlte sich nicht real an, obwohl ich mit meinen eigenen Augen verfolgt hatte, wie Garbhan sich auf Zane und Lyra gestürzt und sie damit getötet hatte. Die wenigen Sekunden, die es gedauert hatte, wiederholten sich immer und immer wieder vor meinem geistigen Auge.

Aber dass er weg war … wahrhaftig weg, wollte ich nicht wahrhaben.

Das Feuer in mir glühte flach, doch es war noch immer da.

Zane war noch immer da. In mir. Ich fühlte ihn. Er konnte nicht einfach weg sein.

Obwohl es genauso eine Täuschung meines Herzens gewesen sein könnte.

Aber die violetten Funken … Sie waren doch echt gewesen … Oder?

Vielleicht war es nur Einbildung gewesen. Doch das violette Band unserer Verbindung war noch da. Aber ich wusste nicht, ob es verschwinden würde, wenn jemand von uns beiden starb.

Instinktiv fühlte ich tief in mich. Ließ meine Magie durch meine Adern fließen, fühlte sie kühl brodeln. Als wären meine Venen so tiefgefroren, dass sie sich anfühlten, als würde ein Flammeninferno in ihnen wüten. Das intensive Prickeln erinnerte mich daran, wie es war – gemeinsam mit Zane. Wie es sich angefühlt hatte, wenn unsere Magien im Gleichklang miteinander tanzten. Wie sich unsere Körper umschlungen hatten, wie unsere Haut sich aufeinander anfühlte, unsere Küsse schmeckten.

Ich versuchte das Prickeln, das durch mich zog, zu ihm zu schicken. Versuchte meine Magie in ihn zu lenken.

Clarence unterbrach mich. »Wir müssen uns beeilen.« Mit dem Kopf nickte er vor uns. »Siehst du den riesigen Baum dort drüben?«

Mit zusammengekniffenen Augen spähte ich in die Richtung, in die Clarence’ Kinn wies und fand sofort den vermeidlichen Baum. Wie könnte man ihn auch übersehen? Einige Meter vor uns ragte er auf und es wirkte, als ob seine Krone in den Wolken hängen würden. Der Stamm so dick wie Dutzende andere Bäume zusammen.

»Dort ist eine Ausbuchtung, eine Art Höhle«, erklärte er und sah danach zu seinem Bruder, der neben seinem – vermutlich – *echten* Vater stand.

»Alles in Ordnung?«, fragte Laurent mit gerunzelter Stirn.

Clarence schulterte Zanes Körper so, dass er ihn besser im Griff hatte. »Aber natürlich.«

»Was ist in der Höhle?«, wollte ich wissen.

»Beeilt euch, es bleibt keine Zeit«, meinte er und ignorierte wieder mal meine Frage.

Seiner beharrlichen Dringlichkeit nach zu urteilen, musste es sich um etwas Wichtiges handeln.

Ohne länger Zeit zu verschwenden, gingen wir im Schnellschritt auf den riesigen Baum zu. Laurent, genauso wie sein Vater, fragten mehrmals, ob sie helfen könnten, Zane zu tragen, doch Clarence lehnte jedes Mal dankend ab.

Strenge, gemischt mit etwas Nervosität, stand ihm ins Gesicht geschrieben, während er Zanes Körper gerade so halten konnte. Er wirkte geschwächt, weshalb ich mir automatisch die Frage stellte, was mit ihm nicht stimmte. Abgesehen vom Offensichtlichen. Vermutlich hatte der Kampf mit seinem Vater ihn schlimmer erwischt, als ich gedacht hatte.

Magisch. Magisch war das einzige und noch dazu perfekte Wort, um den mächtigen Baum, der eine gewaltige Ausbuchtung an der Vorderseite aufwies, zu beschreiben. Es wirkte wie verzaubert.

Moos überwucherte die Rinde vom Fuße des Stamms an bis etwa vier Meter hinauf. Nur ein bisschen höher als der Eingang der Höhle war.

»Was machen wir hier«, fragte ich wieder. Rechnete nicht mal mehr mit einer Antwort. Überraschenderweise bekam ich diesmal eine.

»Hier leben die Ältesten der Gestaltwandler«, erklärte Clarence kühl und betrachtete den Eingang.

»Clarence, woher weißt du, wo sie sind?«, schnauzte Laurent, deutlich entrüstet. »Ich dachte, du hättest keine Ahnung, wo man sie findet. Hast du nur nicht gewusst, wo wir sie in Westerys finden, oder hast du mich eiskalt angelogen? Du weißt, dass wir wegen der Suche nach den Ältesten von unserem …« Er hielt einen Moment inne und riskierte einen flüchtigen Seitenblick zu Lark, bevor er weitersprach. »Deinem Vater gefangen genommen wurden.«

Clarence' Miene verfinsterte sich, als sein Kopf zu seinem Bruder herumwirbelte. »Ich wusste es nicht.« Dann schüttelte er den Kopf und sein Ausdruck glättete sich. »Ich habe es eben erst erfahren.«

Lark mischte sich ein. »Es könnte funktionieren.« Die Köpfe der Zwillingsbrüder – oder Halbbrüder – schossen zu Lark, als er weitersprach. »Die Chance ist gering, das gebe ich zu, dennoch …« Er kratzte sich nachdenklich am Kinn. »Könnte es klappen«, beendete er den Satz.

»Könnte was klappen?«, warf ich in die Runde ein, da anscheinend jeder wusste, um was es ging, ausgenommen ich. »Es wäre nett, wenn ihr mich nicht außen vor lassen würdet«, fügte ich noch hinzu.

Clarence blickte zwar kurz zu mir, erwiderte jedoch nichts.

Schon wieder.

Er richtete Zane auf seiner Schulter, dann betrat er ohne ein weiteres Wort die Höhle. Wie angewurzelt stand ich da, während Lark ihm folgte. Laurent bemerkte mein Unbehagen und umfasste meinen Arm. »Komm.« Er zog mich etwas nach vorne und da machte mein Körper von selbst schnelle Schritte und hetzte Clarence und Lark nach.

»Vorsicht, Wurzeln«, warnte mich Laurent und packte erneut meinen Arm, als ich über eine stolperte und beinahe zu Boden ging.

Feuchte Luft legte sich in meine Lungen, sodass ich mich räuspern musste, bevor ich ein Wort rausbekam. »Danke«, schnaufte ich und hielt meine freie Hand an mein rasendes Herz.

»Du musst aufpassen, wo du hintrittst. Hier sind überall Wurzeln und Steine, vielleicht sogar Löcher, in die du hineinfallen könntest.«

Clarence drehte den Kopf genau so weit nach hinten, dass er über die freie Schulter überprüfen konnte, ob es uns gut ging. Ich gab ihm nickend zu verstehen, dass alles in Ordnung war. Soweit man es als in Ordnung beschreiben konnte.

Da wir Clarence und Lark dicht auf den Fersen waren, legte ich meinen Kopf etwas näher zu Laurent. »Was geht hier vor sich? Wieso verhält sich Clarence so eigenartig? Abgesehen von den offensichtlichen Gründen natürlich«, flüsterte ich, worauf Laurent seufzte. »Und die wichtigste Frage: Was wollen wir von den Ältesten der Wandler?«

»Wenn es das ist, was ich vermute, wirst du es gleich sehen.«

»Danke. Deine Antwort ist genauso hilfreich wie die von deinem Bruder.«

Er setzte an. »Aber er hat nicht –« Dann klappte sein Mund wieder zu, als er realisierte, was ich meinte. »Schon klar.«

Es wunderte mich, wie ruhig ich mich verhielt, wenn man die Geschehnisse bedachte. Diese seltsame Ruhe kam erst, als wir vor dem Höhleneingang gestanden hatten, so als wäre dieser Ort tatsächlich verzaubert. Das war nicht *ich*.

»Irgendetwas stimmt nicht«, sprach ich meine Gedanken laut aus.

Laurent kicherte leise und verlegen. »Ach Oriana, sei nicht so verkrampft. Es ist alles in bester Ordnung.« Danach stieß er mich spielerisch mit der Schulter an.

Ich entzog ihm meinen Arm und schubste ihn weg. »Nichts ist in bester Ordnung«, knurrte ich und warf ihm einen vielsagenden Blick zu. »Bist du jetzt vollkommen wahnsinnig geworden? Findest du das hier etwa komisch?« Ich fühlte die Wut, die heiß in meinem Magen brodelte, genau in dem Moment, als ein unkontrolliertes Kichern aus mir herausbrach. Sofort schlug ich beide Hände auf meine Lippen, als könnte ich damit den Laut ersticken, der jedoch schon von den Höhlenwänden widerhallte.

Clarence blickte wieder über die Schulter. »Es ist die Luft hier drin. Sie ist geschwängert mit einem süßen Rauch. Er benebelt die Sinne.«

Das erklärte das belegte Gefühl, das ich in meiner Kehle spürte, als wir die Höhle betreten hatten. Es war nicht die zuvor angenommene Luftfeuchtigkeit gewesen, sondern dieser eigenartige Rauch. Sofort wurde das drückende Gefühl in meinem Magen schwerer, intensiver, als würde mein Instinkt die Gefahr wittern.

Trotzdem folgte ich Clarence weiter, was sollte schon Schlimmeres passieren, als schon geschehen war. Nichts. Nichts könnte schlimmer werden, als Zane zu verlieren …

Einen kurzen Moment bahnte sich ein Gedanke an, während ich wortlos Clarence und Lark immer tiefer in die Höhle folgte. Wieso war Clarence dermaßen geschwächt, dass es ihm körperlich schwerfiel, Zane zu tragen. Und wieso hatte er ihn, ohne etwas zu erwähnen, mitgenommen?

Je tiefer wir in der Höhle verschwanden, umso drückender wirkten die mit Wurzeln und Steinen durchzogenen Wände. Zwar war es düster, dennoch hell genug, um etwas zu erkennen. Obwohl ich nirgends eine Lichtquelle ausmachen konnte. Keine Öllampen, kein natürliches Licht, auch keine Magie. Zumindest keine, die offensichtlich zu entdecken war.

»Wir sind gleich da. Denke ich«, sagte Clarence deutlich außer Atem.

»Geht es dir gut?«, fragte ich vorsichtig.

Er schüttelte den Kopf und richtete seinen Blick nach vorne. »Ich?«, prustete er. »Aber natürlich doch.«

Ich glaubte ihm kein einziges Wort.

»Wir sind –«, fing Clarence an und verstummte, als ich mich an ihm vorbeidrängte.

»Da«, beendete ich den Satz für ihn und machte einen ersten prüfenden Schritt in die Ausbuchtung.

Zimmer oder Raum wären unpassende Beschreibungen. Es sah aus wie eine kleine Stube, die direkt in das Holz geschnitzt worden war. Genauso wie die Stühle, Tische und Kronleuchter, die ich erkennen konnte, aus demselben Holz gefertigt waren. Doch mein Blick wanderte nicht lange in der Stube umher, denn er fixierte einen Punkt, der dem Eingang direkt gegenüberlag und meine gesamte Aufmerksamkeit einnahm.

»Was bei den Göttern im Himmel«, murmelte ich mit weit aufgerissenen Augen.

Laurent legte einen Arm lässig über meine Schulter. »Was meinst …« Als er sah, was ich sah, weiteten sich seine Augen und er verstummte für einen Moment. »Bei den Göttern im Himmel«, murmelte er einen Atemzug später.

»Meine Rede.« Wir beide starrten unsere Gegenüber schamlos an. Die Verwunderung vermutlich in Großbuchstaben auf die Stirn geschrieben, denn niemand von uns hatte so etwas jemals zuvor gesehen. Zumindest lag es nahe, dass der Ausdruck in Clarence' und Laurents Augen genau derselbe wie in meinen war. Lark jedoch stand selbstsicher – noch immer in seiner zerrupften Vogelgestalt – da. Die Flügel eng am Rumpf gefaltet.

»Kommt näher«, forderte eine alte Stimme, die wie Stahlborsten über meine Haut kratzte. »Wir wollen unsere Besucher näher sehen.«

»So viele Jahre sind vergangen, seitdem sich das letzte Mal Gäste zu uns verirrten«, mischte sich eine andere Stimme darunter. »Kommt näher.«

Mein Herz pochte in meinem Hals und ich musste die Worte aus meiner zu engen Kehle quetschen. »Wer … Wer seid Ihr?«

Höhnisches Gelächter hallte aus allen Richtungen auf uns nieder, sodass ich suchend meinen Kopf herumwirbelte, auf der Suche nach dem Ursprung.

Von einer Sekunde auf die nächste verstummte das Lachen, als die alte Stimme fortfuhr. »Eine närrische Frage für ein so schlaues Mädchen. Ihr seid es doch, die ihr ohne Einladung unsere Ruhe gestört habt. Ich hoffe doch mit einem triftigen Grund.«

Die Worte kribbelten wie unzählige Insekten über meine Haut, sodass ich erschauderte. »Es … es tut mir leid. Ich wollte nicht unhöflich sein«, erwiderte ich mit möglichst viel Reue in der Stimme. Zumal ich nicht wusste, was für Kreaturen wir da gegenüberstanden, und ob von ihnen eine Gefahr ausging oder nicht.

Deshalb schien es mir klüger, ihnen mit dem nötigen Respekt gegenüberzutreten, denn sie hatte recht. Wir waren es, die sie ohne Einladung störten. Anscheinend sogar etwas von ihnen wollten.

»Wir brauchen Eure Hilfe«, sagte Clarence und ging einige Schritte in die Richtung der drei Gestalten. »Unser Freund, er …« Clarence verstummte und warf mir einen mitleidigen Blick zu. »Er wurde verwundet. Ihr müsst ihn heilen … Bitte.«

»Verwundet?«, krächzte eine der Stimmen. »Du meinst wohl eher, dass er beinahe den Löffel abgegeben hat.«

Erneut ergriff Wut Besitz von meinem Körper und ich vergaß jegliche Zurückhaltung. »Wie könnt Ihr es wag–« Laurent schlang einen Arm und meine Taille und bedeckte mit der anderen meinen Mund, als ich auf die Kreaturen losgehen wollte, getrieben von ihren gehässigen Worten.

»Mach nur nichts Unüberlegtes«, knurrte Laurent dicht an meinem Ohr, sodass sich meine Nackenhaare dank seines drohenden Tonfalls aufstellten. »Du und dein Herzblatt würden bitter dafür bezahlen.« Danach entfernte er seine Hände von mir und trat einen weiteren Schritt zurück, nickte dabei nach vorne. »Geh ruhig. Aber reiß dich verdammt noch mal zusammen.«

»Verstanden.«

»Dein kleiner närrischer Körper wäre höchstwahrscheinlich schon zwei Meter unter der Erde, wenn deine Freunde nicht wären«, säuselte die Kreatur süffisant.

»Wem sagt Ihr das«, erwiderte ich und spürte die Wahrheit jedes seiner Worte. Wenn Clarence nicht gewesen wäre, wäre ich in der Wildnis von Aseria erfroren oder ein Wandler hätte mich nachts gerissen. Ohne Laurent wäre ich niemals Amaras Fängen entwischt.

»Wir brauchen –«, begann Clarence.

»Wir wissen, was Ihr von mir und meinen Geschwistern wollt. Kommt nur näher«, unterbrach einer der Ältesten.

Clarence sah über seine Schulter und nickte uns zu, gab uns damit zu verstehen, dass wir ihm folgen sollten. Was wir taten.

Blieb uns denn was anderes übrig, als zu den gruseligen, angsteinflößenden Kreaturen zu gehen, damit sie sehen konnten, wie unglaublich appetitlich wir vom Nahen aussahen?

Je näher wir ihnen kamen, umso flauer wurde das Gefühl in mir. Und umso stärker summte meine Magie und machte sich auf eine mögliche Auseinandersetzung gefasst. Obwohl wir allesamt keine Chance gegen die Ältesten der Wandler hätten, sagte eine leise Stimme in mir: *Sie wandelten vermutlich seit Jahrhunderten auf Erden, vielleicht noch länger.* Außerdem würde der Funke, der von meiner Magie noch übrig war, kaum reichen, um einer Fliege etwas zuleide zu tun.

Einen Augenblick lang vergaß ich, wie man atmet. Vergaß, wie man aufrecht stand, ohne dabei wie ein verängstigtes Kleinkind auszusehen.

Bei den verdammten Göttern im Himmel.

Vor uns befanden sich drei aus Holz geschnitzte Throne. Sofort fielen mir die verschnörkelten Ornamente auf, die sich über die Armlehnen bis hoch über die Köpfe und Körper schlängelten.

Anders als zuerst vermutet, saßen keine drei alten Gestaltwandler auf den drei Thronen, sondern die drei Ältesten der Gestaltwandler waren verschmolzen mit ihnen. Ihr Fleisch vereint mit dem Holz ihres Thrones. Das Holz des magischen Baumes, wie es mir dann dämmerte.

Sie waren der Baum.

Und der Baum war sie.

Alle drei.

Nur ihre hölzernen Gesichter zeichneten sich ab, der Rest war vollkommen verwachsen. Wurzeln wuchsen aus ihren Leibern, und erst da realisierte ich, dass nicht der Baum sie vereinnahmt hatte, sondern aus *ihnen* der Baum wuchs.

»Seht euch das an, meine Brüder«, säuselte der mittlere, der auf dem größten Thron saß – der größte Thron war. »Drei vollkommene Gestaltwandler.« Sein Blick ruhte auf Clarence, Laurent und Lark, wanderte danach weiter zu mir. »Und eine Prinzessin, die zwar in der Linie eines Gestaltwandlers geboren wurde, die Magie daraus aber nicht schöpfen kann.« Mit angewiderter Mundpartie schüttelte er kaum merklich den Kopf, dann sah er zurück zu Clarence. »Und ein toter Prinz. Was für ein amüsantes Gespann.«

»Was seid ihr bereit, zu geben?«, sagte der Wandler, der links außen saß.

»Wofür?«, fragte ich. Wieder ertönte das schrillende Gelächter, als würden Dutzende kleine Hexen auf uns hinabkichern. Diesmal jagte es mir jedoch keinen Schauer über den Rücken, sondern verpasste mir einen ordentlichen Dämpfer. Augenscheinlich wusste jeder, um was es ging, ausgenommen ich.

Ich wirbelte zu Clarence und verspürte einen tiefen Stich in dem Moment, in dem ich Zane wiedersah. Trotzdem schluckte ich die bittere Galle, die in mir aufstieg. »Clarence. Was ist los, was passiert hier. Erzähl mir sofort, was los ist.«

»Oriana.« Seine Stimme war ganz sanft und ruhig. »Wir Gestaltwandler heilen schneller nach einer Verletzung, wie du weißt. Und man kann uns nur endgültig töten, indem man uns enthauptet.«

»Was hat das mit dem Hier und Jetzt zu tun?«, unterbrach ich ihn.

»Wenn man sein Seelengegenstück findet und die Götter einen vereinen, dann ist man miteinander verbunden.« Er sah zu meiner Hand. Zu dem Band. »Zane und du seid miteinander verbunden. Eure Kräfte, eure Seelen und genauso –« Er schluckte merklich, bevor er die restlichen Wörter hervorpresste. »Genauso deine andere Fähigkeit.« Meine Augen wurden groß, als er noch ergänzte: »Die Fähigkeit zu heilen.«

»Du … du willst mir sagen … Zane … Zane ist nicht tot? Aber … aber er hat keinen Herzschlag, Clarence …« Sofort wurden meine Augen wässrig, als sich ein winziger Hoffnungsschimmer in mir bildete, Zane könnte tatsächlich leben.

Jetzt ergab alles Sinn. Wieso ich sein Feuer in mir spürte. Das glühende Eis. Unsere Magien, die plötzlich im Gleichklang miteinander verschmolzen. Sich ergänzten. Das Violett. Alles.

Er war noch nicht vollständig weg. Etwas vom ihm war noch da.

Laurent half seinem Bruder, Zane vorsichtig auf den Boden zu legen. In wenigen Schritten hetzte ich zu ihm, fiel auf die Knie und bettete seinen Kopf in meinem Schoß und strich ihm vorsichtig die Haare aus dem Gesicht.

Dann blickte ich auf und sah zu den Ältesten. »Was kann ich tun?«

Der Wandler begann: »Einst aus Schnee und Eis geboren, stieg ein kleines Kind empor. Nachts, wenn alles ruhig und still, träumte es von kleinen Wesen, die es holen will. Stieg eines Nachts in die verzauberte Welt hinab, so weit, dass es nicht zurückgefunden. Erst als Mutter Tränen weinte, bis sie beinahe d'ran ertrunken, fand das Kind zurück ins Bett und hatte dabei seine Mutter gefunden.«

»Hingezogen zu dem Feuer, wird es die Bestimmung finden. Gut verborgen und unvorhersehbar, wird es sich daran binden. Doch keine Gefahr geht davon aus, nur dem Fluch macht es den Garaus«, beendete ein anderer. Die nächsten Worte betonte er besonders. »Mit Seele und Leib werden sie verbunden sein, bis in alle Ewigkeit.«

»Als Amara mich so stark verletzt hatte und ich eine Woche weggetreten war, hörte ich die Stimme meiner Mutter. Ich hörte sie auch später in meinen Träumen, immer und immer wieder wiederholte sie dieses Gedicht«, murmelte ich und mein Herz schaffte es beinahe nicht, den Schmerz, der es durchzog, zu überstehen. Ich hatte es mir nicht eingebildet, es war die Stimme meiner Mutter, die mir dieses Gedicht vorgetragen hatte. Bisher dachte ich, es wäre ein einfaches Märchen, ein Reim, der belangloser nicht sein könnte. Doch ich hatte mich getäuscht. Ich murmelte die Worte vor mich hin … und da fuhr die Erkenntnis wie ein Blitz durch mich hindurch.

Wieso hatte ich nicht früher daran gedacht? Es als wichtig empfunden.

Hingezogen zu dem Feuer, wird es die Bestimmung finden.

Gut verborgen und unvorhersehbar, wird es sich daran binden.

Unsere Verbindung. Die Seelenverbindung zwischen Zane und mir.

Doch keine Gefahr geht davon aus, nur dem Fluch macht es den Garaus.

Damit war das Brechen des Banns der Gestaltwandler gemeint.

Mit Seele und Leib werden sie verbunden sein, bis in alle Ewigkeit.

Zane und ich waren verbunden. Unsre Körper genauso wie unsere Seelen, weshalb er sich heilen konnte. Dies musste meine Mutter damit gemeint haben, meine Fähigkeiten zu beherrschen.

Verzweifelt hielt ich mich an dem aufblitzenden Hoffnungsschimmer fest.

»Wieso heilt er sich nicht von selbst? So wie es mein Körper tut?«, wollte ich wissen. »Wie kann er sich heilen?«

»Er muss es zulassen, erst dann wird er sich heilen können.« Clarence sah Zane an, danach mich.

»Wie soll er es zulassen, wenn er nichts davon weiß und momentan halb tot ist?!«, schnaubte ich wutentbrannt. Sie hätten mir früher davon erzählen müssen. Gleich nachdem Zane …

»Deshalb seid ihr hier«, sagte nun der Älteste, der rechte Thron. »Ihr beide habt eine Seelenverbindung, du musst sie nur richtig nutzen, Oriana.«

»Aber wie? Wie dringe ich zu Zane durch?« Tränen benetzten meine Wangen und rannen über meinen Hals hinab. »Ich tue *alles.*«

»Wir können dir zwar helfen, Oriana. Aber es liegt an euch, an eurer Verbindung. Nun kommt es darauf an, ob ihr stark genug seid.«

Mit der flachen Hand wischte ich fest über mein Gesicht und wischte jede Träne davon. Ich musste stark sein. »Zeigt mir, wie ich die Verbindung nutzen kann.«

Wenn es eine Möglichkeit gab, würde ich alles Erdenkliche dafür geben, um sie zu nutzen.

Es war noch nicht zu spät.

»Gut, aber zuvor muss er sterben, damit du ihn zurückholen kannst.«

Ich riss den Blick von Zane los. »Ich lasse ihn doch nicht sterben, wenn es eine Möglichkeit gibt, ihn zu retten.«

»Einer von euch muss sterben, damit der Fluch aufgehoben wird. Garbhans Tod ist nicht genug. Damit haben wir den Strippenzieher besiegt, jedoch nicht das Problem.« Clarence' Stimme war sanft und ruhig. So unpassend in der gegenwärtigen Situation.

»Woher weißt du davon?«

»Dafür ist jetzt keine Zeit«, sagte Clarence und raufte sich die Haare, bevor er auf Zane und danach auf mich zeigte. »Sein Herz schlägt nur noch flach. Ich spüre es durch meine Erdmagie – das Leben. Du kannst ihn zurückholen. Du schaffst das. Du musst nur auf den passenden Moment warten.«

Kapitel 49 Oriana

Zane lag direkt vor mir, während ich mit geschlossenen Augen über ihm kniete, meine Hände auf meine Brust legte und tief in mich fühlte. Kühl und warm, summend und prickelnd zugleich strömte unsere Magie durch mich hindurch. In jedem Quadratzentimeter spürte ich die Energie, die mich erfüllte. Zwar war sie stark geschwächt, aber sie musste reichen.

Es gab keine andere Möglichkeit. Sie musste reichen.

Vor meinem inneren Auge stellte ich mir unsere Verbindung vor.

Gab ihr eine Farbe. Violett.

Einen Geruch. Vanille und dunkler Rauch.

Ein Gefühl. Liebe, ehrliche, niemals endende Liebe.

Danach zog ich jeden Funken der Magie in meine Hände zurück, bis diese von einem violetten Schimmer überzogen wurden und fürchterlich intensiv kribbelten. Vorsichtig sandte ich sie durch unsere Verbindung hindurch. Kniff dabei die Augen fest aufeinander und verharrte in voller Konzentration.

»Komm schon«, murmelte ich und schmeckte meine eigenen Tränen dabei. »Zane, mein Herz, du musst die Magie annehmen, hörst du? Du musst dich heilen. Du kannst das.« Ich biss die Zähne so fest aufeinander, dass alleine das Knirschen mir eine Gänsehaut verpasste. »Komm zurück zu mir. Komm zurück. Bitte.«

Langsam öffnete ich die Augen, als ich die Hitze, die Kälte fühlte, die immer abwechselnd zwischen uns funkten. Feine farbige Partikel tanzten in der Luft um uns herum. Neben uns hörte ich jemanden deutlich die Luft einziehen.

Es muss genug sein. Es muss genug sein. Es ist genug, redete ich mir ein.

Zwar sagte Clarence, dass ich auf den perfekten Moment warten musste, aber ich versuchte es ab dem Zeitpunkt, an dem ich erfuhr, dass es noch Hoffnung gab.

Ich würde alles tun, um ihn zu retten.

Obwohl seine Brust unter meinen Handflächen weiterhin bewegungslos blieb. Obwohl ich unzählige ewige Minuten versuchte, zu ihm durchzukommen, ohne sichtlichen Erfolg, gab ich meine Hoffnung nicht auf.

»Es funktioniert nicht«, presste ich hervor und strengte mich weiter an, bis jeder meiner Muskeln brannte, als würde er im Höllenfeuer schmoren.

»Versuche es weiter.« Clarence trat an mich heran und war dabei, seine Hand an meinen Rücken zu legen, doch einer der Ältesten unterbrach ihn.

»Fass sie bloß nicht an, wenn dir etwas an deinem Leben liegt.«

»Wieso?«, fragte Clarence und zog seine Hand instinktiv so schnell zurück, als hätte er sich an den Worten des Ältesten verbrannt. Oder an mir, obwohl er mich nicht berührte.

»Du würdest bei ihrer Verbindung mitmischen, sie stören. Mehr, als du es ohnehin schon getan hast.«

Clarence trat wortlos zurück. Mir blieb keine Zeit, mir Gedanken darüber zu machen, wie sehr ihn diese Worte verletzten. Obwohl ich eine Sekunde lang an sein Geständnis in meiner Zelle zurückdenken musste. Aber nur eine einzelne, verstohlene Sekunde.

Je länger ich brauchte, umso verbissener versuchte ich es.

Je mehr Magie ich in ihn sandte, desto schwerer fühlte sich mein eigener Körper an. Doch dies fiel mir erst deutlich auf, als ich den letzten Funken meiner – unserer – Magie durch unsere Verbindung geschickt hatte. Erst nachdem ich ihm wieder und immer wieder sagte, er solle nach der Magie greifen, er solle sie annehmen und zu mir zurückkommen.

Er zeigte keinerlei Reaktion.

Mit einem lauten Keuchen lenkte ich den letzten verbliebenen Funken der Magie in ihn, mit den letzten Worten, die meine Lippen verließen: »Ich liebe dich.« Meine Lider flatterten, egal wie sehr ich mich anstrengte, sie offen zu halten. Danach brach ich auf Zanes Brust zusammen.

Jemand rief meinen Namen. Mehrere Stimmen, die immer wieder meinen Namen riefen, die ich nur gedämpft wie durch dichten Nebel wahrnahm. Um die Ränder meiner Wahrnehmung wurde alles verschwommen, dunkler und farblos.

Ich blinzelte. Einmal. Zweimal.

Vernahm ein sanftes Pochen, leicht und kaum merklich, unter mir, bevor mein Körper versagte und ich in die altbekannte Dunkelheit gerissen wurde. Eine Dunkelheit, die sich über die vergangenen Monate wie ein treuer Freund den Weg in mein Leben gebahnt hatte. Die einen wie ein ungeladener Gast regelmäßig besuchte.

Kapitel 50 Oriana

In meinem Schädel dröhnte es, als hätte mich eine Kutsche mit vollem Karacho überfahren. Allein meine Finger und Zehen nur ein bisschen zu bewegen, erfüllte mich mit einem höllischen Schmerz. Langsam öffnete ich meine Augen, konnte jedoch nur helle, verschwommene Umrisse erkennen, dermaßen blendete mich das Licht.

Jemand neben mir stieß einen Laut aus. »Holt sofort den Prinzen«, befahl diese Stimme, die sich schwer nach Miss Merry anhörte.

Verdammte Götter, was war passiert?

Ein dunkler Schatten bäumte sich über mir auf. »Oriana. Hört Ihr mich?« Noch bevor ich antwortete, tätschelte sie meine Wangen. Fester als vermutlich nötig.

Mehrmals blinzelte ich, um mich an die Helligkeit zu gewöhnen, und da erkannte ich ihr Gesicht. Es war tatsächlich Miss Merry, die mir weiterhin gefühlte Ohrfeigen verpasste, dass meine Wangen bereits brannten. Die dunklen kurzen Locken sprangen rund um ihren Kopf.

»Ich bin wach«, murmelte ich mit heiserer Stimme und räusperte mich, bevor ich weitersprach. »Hören Sie bitte auf, mich zu schlagen. Ich weiß, wir sind nicht gerade die besten Freunde, aber ich habe aktuell genügend andere Schmerzen.«

Plötzlich umfasste sie mit beiden Händen mein Gesicht, legte ihre Finger an die vermutlich bereits geröteten Stellen. »Prinzessin Oriana, ich würde Euch niemals –« Ein tiefes Seufzen folgte. »Prinz Zane wird gerade über Euer Erwachen informiert.«

Als ich Zanes Namen aus Miss Merrys Mund hörte, begann

mein Herz fürchterlich kräftig gegen meine Rippen zu hämmern. »Zane? Geht es ihm gut?«, presste ich durch meine zu enge Kehle gebrochen hervor.

In dem Moment flog die Tür zu meinen Gemächern auf, sodass die Klinke gegen die Wand dahinter schlug und etwas von dem Putz herunterbröselte. Er blieb einen Atemzug im Türrahmen stehen, seine Brust hob und senkte sich merklich, während sein Blick starr auf mich gerichtet war.

Miss Merry griff mir unter meine Arme und half mir, mich im Bett etwas aufzurichten. Vorsichtig stemmte ich mich auf meine zittrigen Unterarme, während sie mir ein dickes Kissen unter den Kopf schob. Sie in solch einer Fürsorge für mich zu sehen, war einerseits ein ungewöhnliches, andererseits ein schönes Gefühl. Anscheinend hatte sie doch etwas Sympathie für mich übrig, die sie mir jedoch nie zuvor gezeigt hatte.

Zane warf ihr einen kurzen Blick zu, der lasst *uns allein* bedeutete. Sofort nickte sie, und ihre Sohlen klapperten über den Boden, als sie hinauseilte.

Zane stand weiterhin wie versteinert da, beobachtete mich. »Sag mir, dass ich nicht halluziniere.« Erst jetzt machte er einen zögernden Schritt vorwärts. »Das hier ist echt, oder?«

Ich biss mir in die Innenseite meiner Wange bei dem Anblick vor Zanes Verlegenheit, seiner Unsicherheit, die so befremdlich bei ihm wirkte. »Du halluzinierst nicht«, lachte ich zart. »Außer es ist eine Halluzination, die beidseitig funktioniert. Doch den Schmerzen nach zu urteilen, ist das hier echt. Obwohl es sich, wenn ich ehrlich bin, wirklich anfühlt, als wäre es ein Fiebertraum, denn ich habe dich sterben sehen.« Einen Herzschlag lang schloss ich die Augen, da die Erinnerung tiefer schmerzte, als jede körperliche Verletzung es je könnte.

Nun brauchte es keine Sekunde, bis er die Distanz überwunden hatte und vor meinem Bett stand. Unter den aufgerollten Ärmeln seiner Tunika traten seine Adern deutlich hervor, was wohl seinen geballten Fäusten geschuldet war.

Instinktiv streckte ich meine Hand nach ihm aus, um ihn zu

berühren. Zanes Blick verfolgte meine Bewegungen genau, sodass sich meine Haut nicht nur wegen der Schmerzen anfühlte, als stünde sie in Flammen. Auf halbem Weg kam er mir entgegen, verwob unsere Finger vorsichtig ineinander.

Bei der ersten Berührung unserer Haut durchzuckte mich eine Energie, die mich aufkeuchen ließ.

»Das hier ist echt«, murmelte er und setzte sich auf die Bettkante, küsste langsam jeden meiner Fingerknöchel, bevor er unsere Hände in seinem Schoß bettete und seine andere Hand darüber hielt. Als wollte er die Verbindung zwischen uns mit allen verfügbaren Mitteln beschützen. »Du hast mich gerettet, Oriana. Du ganz alleine.« Er schmunzelte und schüttelte dabei den Kopf. Die kleinen Fältchen rund um seine Augen, wenn er lachte, erwärmten mein Herz, meinen Körper.

»Ach was«, scherzte ich und winkte ab. »Das war doch gar nichts.«

»Ohne dich wäre ich tot. Du hast mich mit deiner Liebe wortwörtlich zurück ins Leben geholt.« Er beugte sich zu mir, umfasste mit seiner freien Hand meine glühende Wange.

Seine Augen verweilten eine Sekunde länger auf der brennenden Haut, dabei verfinsterte sich seine Miene. Da räumte ich ein: »Miss Merry wollte auf Nummer sichergehen, dass ich tatsächlich wach war. Obwohl ich denke, dass sie einfach die Chance genutzt hat, mich endlich zu vermöbeln.« Dabei grinste ich breit. »Ein paar zu gut gemeinte Tätscheleien einer alten Dame stecke ich gut weg, im Gegensatz zu dem, was ich sonst alles schon durchmachen musste.«

»Am liebsten würde ich Garbhan wiederbeleben, einfach nur, damit wir ihn ein weiteres Mal töten können. Dafür, was er deinen Eltern angetan hat, Clarence' und Laurents Mutter und allen Gestaltwandlern. Was er dir angetan hat.«

Bei der Erwähnung von Garbhan fragte ich mich sofort, was mit Clarence und Laurent war. Ob es ihnen gut ging.

Anscheinend stand mir meine Frage ins Gesicht geschrieben, denn Zane sagte: »Den beiden geht es gut. Sie werden dich bestimmt baldmöglichst besuchen, wenn sie erfahren, dass du aufgewacht bist.« Er schluckte merklich, genauso wie seine Miene plötzlich bedrückter wurde, als würde ihn etwas beschäftigen.

»Was ist es?«, fragte ich und kniff die Augen zusammen. »Irgendetwas stimmt nicht. Ich sehe das.«

Zane schloss seine Augen. »Clarence hat seine … seine Magie gegeben. Er hat sie für die Information eingetauscht, wo sich die Ältesten der Wandler befinden. Er machte einen Deal mit den Wassergeistern.« Nachdem er seine Augen geöffnet hatte, sah ich die Schuld, die sich darin widerspiegelte. Der gequälte Ausdruck raubte mir beinahe die Luft zum Atmen.

»Clarence hat was?«, keuchte ich entrüstet. »Er hat seine Kräfte eingetauscht? Du meinst alle seine magischen Fähigkeiten?«

»Er ist noch immer ein Gestaltwandler. Genauso hat er noch genügend Magie in sich, dass er für Floranys die magische Mauer erhalten kann, jedoch –« Seine Schulter sackte kaum merklich nach unten. »Ist ihm nur so viel geblieben, um die wichtigsten Dinge auszuführen. Mehr haben sie ihm nicht gelassen.«

Clarence hat den Großteil seiner Kräfte für den Funken einer Chance gegeben, Zane zurückzubekommen.

»Woher wusste er davon? Ich meine, dass die Ältesten uns helfen könnten und dass unsere Verbindung so was kann?«

Er zuckte mit den Schultern. »Am besten, du besprichst das mit ihm persönlich. Ihr habt euch bestimmt einiges zu sagen. Zumal das mit deinen Eltern noch im Raum steht. Aber er meinte, dass er, als er von unserer Seelenverbindung erfahren hatte, nachgelesen hat, was es damit auf sich hat. Dabei ist er wohl auf den Teil gestoßen, der ihm verriet, dass sich zwei Seelen *alles* teilen. Selbst ihre Magie.«

»Oder er hat damit gerechnet, dass früher oder später einer von uns beiden draufgehen würde, er aber uns beide braucht, um den Fluch zu brechen.«

Momentan wog ich ab, welche Nachricht mich mehr aus der Bahn warf. Die Tatsache, dass ich Zane mit unserer Verbindung tatsächlich zurück ins Leben geholt hatte oder dass Clarence dafür seine Kräfte gelassen hatte. Der Clarence, der Zane bis aufs Blut hasste, hatte genauso zu Zanes Rettung beigetragen wie ich. Sogar noch mehr. Und ich wusste genauso, dass er es nicht für Zane persönlich getan hatte, sondern für mich. Er hatte seine Kräfte für meine Liebe zu einem Mann gegeben, der nicht er war.

Wie könnte ich ihm das jemals nur annähernd zurückgeben?

Mit nichts auf der Welt.

»Ist er in Westerys?«, wollte ich wissen.

Zane schüttelte den Kopf. »Er und Laurent sind in Floranys, jetzt, wo ihr – Clarence' – Vater tot ist, braucht Floranys einen neuen König.«

»Ich habe ihn getötet.«

Zane nickte. »Ich weiß.«

»Wirst du mich ausliefern?«

Zanes Stirn warf eine tiefe Falte. »An wen ausliefern? An Floranys, weil du ihren König getötet hast? An Clarence und Laurent? An Aseria zu deinem Bruder oder an Westerys, dein Zuhause? Viele andere Königreiche bleiben nicht übrig.«

Er gab mir eindeutig zu verstehen, wie unsinnig meine Frage seines Erachtens war.

»Wie lange war ich weggetreten?«

Er stieß einen langen Atemzug aus. »Drei Tage. Ich habe versucht, dir etwas Energie über unsere Verbindung zu schicken, so wie du es für mich getan hast.« Er schmunzelte. »Während du dich erholt hast, habe ich mich etwas in das Thema eingelesen. Über die Verbindung kann man nicht nur Energie senden, sondern sogar kommunizieren, wenn man es trainiert.«

Mit zitternden Armen versuchte ich mich weiter aufzustemmen. Zane half mir sofort. »Das hört sich fantastisch an.«

»Sobald es dir besser geht, können wir mit dem Training loslegen.«

»Hoffentlich verläuft es dieses Mal besser als mit meinen Wandlerfähigkeiten.« Zuerst lachte ich und Zane stimmte ein, bis mir ein anderer Gedanke in den Kopf schoss. »Was ist mit dem Fluch?«

»Aufgehoben durch Garbhans Tod. Dadurch, dass du ihn mit *unserer* Magie getötet hast, nachdem einer von uns beiden gestorben war. Laurent hat mir alles erzählt. Glaub mir, die Zwillinge haben alle Hände voll zu tun in Floranys, genauso wie meine Eltern und Dusan.«

»Du hast mit Dusan gesprochen?«, fragte ich. Mein Bruder hatte nichts von unserem Plan gewusst, geschweige denn, wie schrecklich er verlaufen war.

»Ich habe einen Raben geschickt.« Beiläufig zuckte er mit den Schultern. »Er wird uns in der nächsten Zeit besuchen und mir den Kopf abreißen, nachdem du erneut in Lebensgefahr warst in meiner Obhut.«

»Du hast damit nichts zu tun«, versicherte ich ihm.

»Erzähl das mal deinem Bruder.« Nun war er es, der theatralisch mit den Augen rollte. »Zitat: ›Wenn ich in Westerys ankomme, rate ich dir, dich tief in den Wäldern zu verstecken. Aber selbst dann werde ich dich finden.‹«

Ich runzelte die Stirn bei den harschen Worten meines Bruders, jedoch winkte ich mit der Hand ab. »Ach, so meint er das bestimmt nicht.«

»Du weißt doch noch, was er das letzte Mal mit mir angestellt hat.«

»Du lebst noch«, scherzte ich. »So schlimm kann es also nicht gewesen sein.«

Wir beide lachten. Unterhielten uns weiterhin über die Dinge, die während meiner Abwesenheit passiert waren. Wie Zane aufgewacht war und beinahe wieder an dem Schock gestorben, als er merkte, dass ich noch schlief. Dass er dachte, ich hätte ihm zu viel durch die Verbindung geschickt.

Sowie das Thema aufkam, spürte ich, wie die Erschöpfung an mir zerrte. Wie schwer sich meine Lider plötzlich anfühlten und mein Körper nach mehr Ruhe verlangte.

Zane hauchte mir einen sanften Kuss auf die Stirn. »Schlaf noch etwas. Ich bereite währenddessen alles in *unseren* Gemächern vor.«

»Das wäre schön«, murmelte ich mit halb geschlossenen Augen. »Ich liebe dich, Zane.«

»Ich liebe dich.« Nun streiften seine warmen zarten Lippen meine. Dann entspannte ich meine ächzenden Muskeln und fiel zurück in die selige Ruhe.

Und zwar ohne jeglichen negativen Gedanken.

Zum ersten Mal seit Monaten schlief ich ohne Sorgen.

Ohne Angst.

Nur mit Liebe im Herzen.

Kapitel 51

Oriana

Mit tief geneigtem Kopf kniete Clarence vor Laurent, stützte sich dabei auf eines seiner Zwillingsschwerter, während er seinen Eid schwör, seinem Bruder – dem König – treu ergeben zu dienen.

Alleine bei dem Anblick, wie Laurent mit der floranischen Dornenkrone auf dem Haupt auf dem verwachsenen Thron saß wie ein gerechter Herrscher, der er sein würde, brannten meine Augen vor den aufsteigenden Tränen. Alles an seinem Sein war elegant, erhaben und dennoch war kein Fünkchen von Übermut darin zu erkennen. Vivienne stand in ihrer menschlichen Gestalt neben Laurent. Ihr honigfarbenes Haar hochgesteckt, gekleidet im Floranys-Grün, mit einem breiten Lächeln auf ihren rot geschminkten Lippen.

Das perfekte Paar.

Diese gehässige Frau derart zahm und liebevoll zu sehen, war genauso unglaublich, wie die gesamte Situation.

Zane fasste in seine Anzugjacke und hielt mir ein weißes Seidentaschentuch hervor. »Hier.«

Ich blinzelte mehrmals, um meinen Tränenschleier zu klären, als ich es dankend annahm. »Ich dachte nicht, dass es so emotional wird.«

»Deine erste Krönung?«, feixte er mit erhobener Augenbraue.

»Ausgenommen die von Dusan, ja.« Ich warf ihm einen typischen Hundeblick zu.

Zane lehnte sich an mich heran, sodass sein warmer Atem mein Ohr umspielte. »Ich hoffe, dass du unsere Krönung genauso rührend finden wirst.«

Mein Kopf wirbelte empört in seine Richtung, sodass unsere

Gesichter nur Zentimeter voneinander entfernt waren. »Du wünschst dir, dass ich bei unserer Krönung heule wie ein Schlosshund?«

Er stieß ein leises, jedoch herzhaftes Lachen aus. »Ich wünsche mir, dass dir die Zeremonie genauso nahegeht.«

»Du hast nur Angst, dass du der Einzige bist, der dabei heult«, zog ich ihn auf und stieß ihn mit der Schulter an. »Mittlerweile weiß ich, was für ein weicher Kern hinter dieser perfekt trainierten Brust schlummert.« Mit der flachen Hand klopfte ich an seine Brust.

Kapitulierend hielt er die Hände vor sich. »Du hast mich erwischt. Genau das ist der Grund.«

»Pscht«, knurrte Lark – Laurents Vater – neben uns und sofort hielten wir die Klappe.

Zane demonstrierte, wie er seinen Mund mit einem imaginären Schlüssel verschloss und diesen danach wegschmiss. Bei der absurden Geste schoss meine Hand sofort auf meinen Mund, damit ich den aufsteigenden Lacher noch vorzeitig ersticken konnte.

Lark war der Vater, den Laurent verdient hatte. Den Clarence und Laurent verdient hatten. Denn er machte keinen Unterschied. Madeline war die Frau, die er über alles geliebt hatte, und somit waren Clarence und Laurent seine Kinder. Irrelevant, was die Genetik sagte.

Clarence hatte zwar gewusst, dass sein Vater unbedingt eine Heirat zwischen uns erzwingen wollte, jedoch von den Morden an meinen Eltern war er angeblich nicht eingeweiht gewesen. Im Nachhinein war es leider unmöglich für uns, die tatsächliche Wahrheit herauszubekommen. Diese Unklarheit würde für immer eine Distanz zwischen uns bilden, wodurch ich ihm nie wieder vertrauen konnte. Doch selbst wenn wir die gesamte Wahrheit ans Licht bekommen hätten, würde es mir meine geliebten Eltern nicht zurückbringen.

Vier Monate war es mittlerweile her, dass wir Garbhan getötet und die Wandler befreit hatten.

Vier Monate, in denen wir alle Hände voll zu tun hatten, die aufsässigen Gestaltwandler unter Kontrolle zu bringen und die Wandler auf der Höhle des Emryn in den verschiedenen Königreichen einzubürgern. Sie mit ihren Familien zusammenzuführen.

Vier Monate, seitdem wir erfahren hatten, dass es die ganze Zeit Garbhan war.

Der Mord an Madeline.

Der Tod meiner Eltern.

Mabels Tod.

Der Sabotage von Zanes und meiner Bindung.

An allem war er schuld. Er und seine verdammte Eifersucht.

Ich betete zu den Göttern, dass seine Seele für alle Zeiten in der Hölle schmoren würde. Im Fegefeuer am besten.

Laurent klärte seine Stimme, während er sich von seinem Thron erhob. »Das, was vor über zwanzig Jahren passierte, gehört nur noch den Geschichtsbüchern an. Niemals wieder wird etwas Derartiges unter meiner Herrschaft geschehen. Die Gestaltwandler, die unter den Intrigen jahrzehntelang litten, gehören zu unseren fünf Königreichen, wie jeder einzelne von uns.« Die Menge lauschte gespannt, als er einen Moment verweilte, bevor er weitersprach. »Die Wandler, die in den Wäldern für Unruhen sorgten, werden ihre gerechten Strafen beziehen, genau wie jede andere Person, die es wagt, gegen die Gesetze zu verstoßen. Aber dies hier soll ein freudiger Tag sein, also lasst uns feiern, uns freuen auf ein neues Zeitalter, in dem wir alle Seite an Seite in Frieden miteinander leben. So wie es immer hätte sein sollen.« Er überblickte die Menschenmenge, dann setzte er sich anmutig auf seinen Thron, als die Leute im Beifall ausbrachen.

Nachdem die Zeremonie vorbei war, fand ein pompöser Ball statt, auf dem wir alle vereint feierten und mit unzähligen Kelchen auf uns anstießen.

Auf den Frieden, den wir gemeinsam geschlossen hatten.

Auf unsere Freundschaften, die trotz der unzähligen Intrigen, die wir durchstehen mussten, dennoch zu solch einer starken Einheit verknüpft waren.

Auf unseren gemeinsamen Sieg.

Ab jetzt würde sich alles zum Guten wenden.

Epilog

Über zwei Jahre waren mittlerweile vergangen, seitdem ich meine Erinnerungen das letzte Mal angesehen hatte. Zwei Jahre, seitdem ich meine Hände dicht an das Eis gelegt und Zane gezeigt hatte, was sich in der Eisskulptur befand. Damals hatte Zane mich gefragt, wieso sich meine Erinnerungen ausgerechnet in einem Drachen verbargen.

Jetzt kannte ich die Antwort. Und ohne die tatsächliche Wahrheit zu kennen, spürte ich dieses wohlige Gefühl, dass meine Mutter genauso gewusst haben musste, dass die Götter mich irgendwann zu Zane führen würden. Ohne Grund hatte sie bestimmt nicht das westerische Familienwappen als die Hülle meiner Erinnerungen gewählt.

Von Beginn an hatte mich das Feuer angezogen wie ein Magnet, denn obwohl die Kälte, das Eis und der Schnee meine Gabe und Herkunft waren, benötigte ich den Funken Feuer in mir.

Dieser kleine Funke, der mein Herz erwärmte, war Zane.

Denn zum ersten Mal machte mir die klirrende Kälte in Ascria nichts aus, als wir zum Eisskulpturengarten abbogen. Zane zeigte mir, wie ich das Glühen durch meine Adern leitete, um meine Körpertemperatur zu regulieren. Was mir nach mehreren Anläufen hervorragend gelang.

»Ich dachte immer, dass ich niemals die Chance bekommen würde, meine Geschichte in dem Drachen zu vervollständigen, sobald ich an irgendjemanden verheiratet werden würde«, sagte ich Zane und sah seitlich zu ihm auf. »Ich dachte, die drei Prüfungen wären das Ende von *mir*. Aber da irrte ich mich, denn es war der Beginn von allem.«

»Ich hätte niemals zugelassen, dass du an irgendjemanden verheiratet wirst.« Er zog mich näher an seine Seite und drückte mir einen Kuss auf den Scheitel. »Niemals.«

»Du meinst niemanden, der nicht *du* bist.«

Er nickte zustimmend. »So kann man es auch betrachten.«

Einige Momente standen wir einfach nur da und starrten die Skulptur an, bis ich zögernd meine Hand ausstreckte und dicht an das Eis legte. Ich betrachtete das violett leuchtende Band – unsere Verbindung – und den Ring, der ebenfalls am gleichen Finger ruhte. Dieser war weder magisch noch von den Göttern erschaffen und trotzdem von solch großer Bedeutung.

Die Drachengravur auf dem Goldring stellte das perfekte Gegenstück zur Skulptur dar und bei dem direkten Vergleich rieselte ein Schauer über meine Wirbelsäule.

Ich schloss die Augen und fühlte tief in meine Magie hinab. Ließ mich vom Blau meiner Eismagie, vom Rot von Zanes Feuermagie und dem Violett unserer Verschmelzung durchströmen, bevor ich sie in die Drachenhülle lenkte.

Hinter meinen geschlossenen Lidern brannten die darunter drückenden Tränen. Aber ich war diesmal nicht traurig – ganz im Gegenteil. Hier zu stehen, nach allem, was ich die letzten Jahre durchstehen musste, erfüllte meine Brust mit purer Erleichterung.

Das Einzige, das Trauer in mir hervorbrachte, war, dass meine Eltern dies hier nicht mehr sehen konnten. Obwohl Zane mir immer wieder ins Gewissen rief, dass sie von dort oben herab alles sahen.

Wie ich für ihre Vergeltung gekämpft, die Gestaltwandler vom Fluch befreit und dabei nicht nur ein Ehebündnis, sondern auch mein Seelengegenstück gefunden hatte.

»Es ist vollständig«, flüsterte ich, als ich meine Augen wieder öffnete und die zarten Schneewirbel in der Eisskulptur tanzten und meine Geschichte formten.

Meine Mutter erschien bei meiner Geburt. Danach meine Geburtstage, wie ich meine Eismagie entdeckte, Rohanas Geburt und unzählige andere prägende Ereignisse.

Und zum ersten Mal sah ich, was ich neu hinzugefügt hatte.

Ich, wie ich neben Dusan und Rohana saß, als die Prüfungen stattfanden, die Tänze mit Zane, wie ich mein Kristallarmband ablegte und die Heilung meiner Gestaltwandlerblutlinie zuließ.

Zwar konnte ich mich nicht verwandeln, aber das war nicht nötig, um die Blutlinie meiner Mutter vollständig zu akzeptieren.

Sie hatte Zanes Leben gerettet. Und meines.

Danach zeigte das Schneegestöber, wie ich Garbhan hinrichtete, wie wenige Monate darauf Dusan mich Zane übergab und wir uns vorm Altar gegenüberstanden. Ich sah die Tränen, die in seinen Augen aufblitzten, als er den Schleier zurückzog und mein Gesicht enthüllte. Wie wir uns gegenseitig die Ringe an die Finger steckten und er vor mir kniete, bevor er mir das Vulkansteindiadem auf mein Haupt setzte. Das perfekte Gegenstück zu seiner Krone.

Obwohl ich unsere Hochzeit selbst erlebt hatte und ich öfter in meine Magie abgetaucht war, um diesen Moment Revue passieren zu lassen, übermannten mich die Gefühle, als ich sie nicht nur vor meinem inneren Auge sah, sondern in der Skulptur. Zusammen mit Zane.

Ich spürte die Wärme in mir, die reine mächtige Liebe, die zwischen uns lag, als wäre der Moment gegenwärtig.

Die Schneewirbel verstummten langsam und das Eis verwandelte sich zurück in seine glasklare Gestalt.

»Götter«, murmelte Zane atemlos und beugte sich zu mir herab. Seine Augen glänzten im Mondlicht und ich war augenscheinlich nicht die Einzige, der dies so unendlich viel bedeutete. »Liebe beschreibt nicht, was ich für dich empfinde, Oriana. Keine Worte der Welt könnten beschreiben, was es für mich bedeutet, dass du mein Seelengegenstück und meine Ehefrau bist.« Danach hauchte er mir einen Kuss auf die Lippen und ich lehnte mich automatisch an ihn.

»Ich würde alles ein weiteres Mal durchstehen, wenn es dies benötigte, damit ich dich finden würde. Alles.« Und jedes Wort war die reine Wahrheit. Das Leid, den Schmerz, die Intrigen – alles.

Solange das Resultat dasselbe wäre.
Zane und ich.
So wie es von Beginn an von den Göttern bestimmt war.

Ende.

Danksagung

An erster Stelle schulde ich den Leserinnen und Lesern meinen größten Dank. Eine Geschichte ist nichts ohne die Menschen, die sich dafür entscheiden, sie zu lesen.

Ganz weit oben auf meiner Dankesliste steht mein Partner Manuel, der mich seit über zwei Jahren bei meinen Buchideen, Schreibupdates und alles, was sonst noch dazugehört, mit voller Leidenschaft unterstützt.

Ebenfalls möchte ich meinen Freundinnen und zwei Schwestern danken, die mich bei jedem Weg in meinem Leben begleiten.

Und nicht zu vergessen: Ein großer Dank an den VAJONA Verlag, der meiner Debütreihe ein Zuhause gegeben hat.

Folge uns auf:

Instagram: www.instagram.com/vajona_verlag
Facebook: www.facebook.com/vajona.verlag
TikTok: www.tiktok.com/vajona_verlag
Website: www.vajona.de
Shop: www.vajona-shop.de